U0022573

魯迅的科學思維

張夢陽

論魯迅

目次

下編　試以科學思維研究魯迅

附錄

引言

科學思維乃是魯迅最本質、最重要的思想。中國魯迅學的歷史，主要是逐步發現與深掘魯迅這一思想的歷史，也是中國魯迅學本身逐步走向科學思維的歷史。

只有把魯迅的科學思維探究透澈，才可能給予這位文化偉人以科學的歷史定位，也才能從魯迅經典中汲取最珍貴的精華，為現實服務。

魯迅的最大價值，在於他對中國人思維的批判，扭轉了數千年的傳統思維定勢，變奴性思維為科學思維，從而為中華民族的理性自覺做出了劃時代的歷史貢獻。因為無論是中國反封建的「政治革命」還是「思想革命」，立足點都是人，是人的思維。只有人的思維改變了，政治和思想才能變化。否則，一切照舊。即使表面變了，實質仍然一樣。思維與語言的關係最直接，魯迅和陳獨秀、胡適的五四文學革命，使中國書面文字從文言轉型為白話，實質上也是一場中國人的思維轉變。這不僅是文、言一致，最重要的是思維與文字的一致，是思、言、文三維一致。也就是心頭、口頭、筆頭「三頭」一致。這對於扭轉中國人的傳統思維，接受現代思想具有極為關鍵的作用。試想倘若仍然是文言，用白話思維，再轉換成文言寫作，怎麼能很好地接受現代思想？而魯迅是推動與實踐白話文最有力者，也是改變中國人思維的最強動力。

並且，魯迅又是以思想家兼文學家的思辨加形象化的方式，致力於中國人思維的扭轉的。所以比單一的哲學家或者文學家產生了大得多的綜合效應，在中國近現代思想文化史上發揮了少有人可比的巨大影響。對此有必要進行深入的研究與闡發。

以魯迅為代表的現代文化，是一種深層次的厚重文化，與當下流行的速食文化是對立的。只有深讀才能讀懂魯迅。所謂深讀，就是深入地慢慢地讀，這與目前流行的淺讀，即浮淺地快速閱讀是對立的。深讀，不僅要讀魯迅的文字，而且須深入到文字後面的思想方法、思維方式中去，探究一下魯迅在寫作這些文章時，是怎樣展開思維活動的？這種思維活動又是在什麼樣的時代背景、社會狀態下，針對什麼樣的對象而展開的？有哪些特點和規律性的東西值得我們借鑒？這對於我們理解魯迅以及其他歷史人物，都是極其重要的。例如魯迅在《論「費厄潑賴」應該緩行》中有一句名言：「打落水狗」。「文革」時期常用這句話來強調階級鬥爭和澈底革命，現在又用這句話來證明魯迅是否定和諧社會的，以此作為否定魯迅的論據。其實，這句話魯迅在《寫在〈墳〉後面》中明確地說：是「見了我的同輩和比我年幼的青年們的血而寫的。」在《論「費厄潑賴」應該緩行》中也已經說過：這「乃是歸納了許多苦楚的經歷之後的警句。」問題是要看對象究竟是不是「狗」，是否上岸後就「咬人」。像文化大革命中，用這句話來鬥幹部，鬥群眾，就是錯的。但如果對象是「狗」，而且「咬人」，當然要打。就是現在，對於恐怖分子也是要除惡務盡的。再譬如一九二五年一月間，《京報副刊》刊出啟事，徵求「青年愛讀書」和「青年必讀書」各十部的書目。在當時「整理國故」的熱潮中，國內文化名人紛紛向青年推薦國學經典，魯迅卻反其道而行之，提出：「我以為要少——或者竟不——看中國書，多看外國書。」但後來在《答「兼示」》中又指出抓住他這句話不放的施蟄存先生，「忽略了時候和環境。他說一條的那幾句的時候，正是許多人大叫要作白話文，也非讀古書不可之際，所以那幾句是針對他們而發的，猶言即使恰如他們所說，也不過不能作文，而去讀古書，卻比不能作文之害還大。至於二，則明明指定著研究舊文學的青年，和施先生的主張，涉及一般的大異。倘要弄中國上古文學史，我們不是還得看《易經》與《書經》麼？」在《兩地書・十九》中，魯迅還借夫子氣十足的朱希祖責備有人用假名一事，對許廣平說：「此我所以指窗下為活人之墳墓，而勸人們不必多讀中國之書者也！」說明脫離了當時的時代背景、社會狀態以及對象性質，單單挑出魯迅的隻言片語來論是非，只能得出錯誤而荒唐的結論。

本書旨在通過作者自己長年的深讀，闡釋魯迅的科學思維和中國魯迅學逐步走向科學思維的曲折過程，並試圖運用科學思維去研究魯迅，提供幾篇論文以拋磚引玉。

上編

魯迅的科學思維

一「立人」實質是立科學思維

早在二十世紀初葉，青年魯迅就在《文化偏至論》中，提出了「立人」的主張。

那時，中國慘遭列強侵略，屢戰屢敗，面對巨大挫折，中國的有識之士紛紛思考強國之道。有人「競言武事」，認為必須加強國家的軍事力量；有人提出「製造商估立憲國會之說」，主張必須發展商業，實現立憲國會制。魯迅則堅決反對，指出這不過是「輇才小慧之徒」的淺薄之論，不是「根本之圖」。

那麼，「根本之圖」是什麼呢？魯迅認為「根柢在人」。「首在立人，人立而後凡事舉」。在《摩羅詩力說》結尾大聲呼喚「精神界之戰士」的到來。

那麼，究竟應該給人下怎樣的定義呢？一直是中外哲人苦苦探索的課題。西元前四百年左右，古希臘的思想家柏拉圖在回答這個問題時，把人定義為「長著兩條腿的沒有羽毛的動物」。這種回答當時就遭到另外一些思想家的非議，有人把一隻公雞的羽毛拔光，指著雞對眾人說：「看看，這就是他所說的『人』！」倒是一百年以後，即西元前三百年左右，與柏拉圖毫無關係的中國古代思想家荀況說出了更為恰當的答案：「人之所以為人者，非特以二足而無毛也，以其有辨也。」荀況所謂的「辨」就是指思維。他的意思是：人之所以為人，並不在於「特以二足而無毛也」這個形式，而在於「有辨」、即有思維能力這個實質。還有一些思想家對人作過各種定義，如亞里斯多德認為「人是政治動物」；佛蘭克林認為「人是能製造工具的動物」；費爾巴哈認為人是「有人格、有意識、有理性的實體的東西」等等。雖然抓住了人的一些較深層的特徵，但是都不如荀況的「有辨」更切中本質。因為迄今為止，我們在其他動物身上沒有發現與人類似的思維能力。某些較高級的哺乳動物，像猩猩、海豚之類，雖然也有一定程度的知覺、學習和推論的能力，但遠遠不足以和人相比，無法稱之為「思維能力」。可以說人是思維的動物，這也許是「造物主」的有意安排，是對人類的無比恩寵，使人類獨具神奇的力量。如法國思想家巴斯卡在《思想錄》中所說：

> 人只不過是一根葦草，是自然界最脆弱的東西；但他是一根能思想的葦草。用不著整個宇宙都拿起武器來才能毀滅；一口氣、一滴水就足以致他死命了。然而，縱使宇宙毀滅了他，人卻仍然要比致他於死命的東西更高貴得多；因為他知道自己要死亡，以及宇宙對他所具有的優勢，而宇宙對此卻是一無所知。
>
> 因而，我們全部的尊嚴就在於思想。正是由於它而不是由於我們所無法填充的空間和時間我們才必須提高自己。因此，我們要努力好好地思想；這就是道德的原則。
>
> 能思想的葦草——我應該追求自己的尊嚴，絕不是求之於空間，而是求之於自己的思想的規定。我佔有多少土地都不會有用；由於空間，宇宙便囊括了我並吞沒了我，有如一個質點；由於思想，我卻囊括了宇宙。

思想這神奇的力量並非來自肢體，而是來自頭腦所獨具的思維功能。癱瘓在輪椅上、只能用眨眼表達思想的宇宙學大師史蒂芬・霍金，就雄辯地證明瞭思維的偉大。

誠如恩格斯在《自然辯證法》緒論中所說：「思維著的精神」是「地球上最高的花朵」。思維是人區別於動物的最本質的屬性和特徵。作為人腦和人的高級神經系統屬性的精神，是以人的思維活動為本源和原動力的。「人是能夠思想的葦草。」人要實現精神的解放，就要求得思維的開放；實現精神的自覺，就要求得思想的自由；實現精神的獨立，就要求得思考的獨特。

如果把思維比喻為精神的發動機。發動機能源充足、型號先進，精神就可能天馬行空，飛揚馳騁；發動機能源枯竭、型號陳舊，精神就只能萎靡錮蔽，猥瑣蜷縮。

中國近代的精神衰蔽，與中國傳統思維的弱點和近代中國的思維萎縮有著密切的關係。恩格斯還說過：「一個民族想要站在科學的最高峰，就一刻也不能沒有理論的思維。」所以要呼喚「精神界之戰士」的到來，必須對中國人的思維進行深入的反思。魯迅對中國人精神的反思深入到了思維的層面，他不僅是二十世紀中國精神解放的旗幟，而且是二十世紀中國思維變革的偉大推動者。也正因為如此，他才稱得上是中國近代最為偉大而深刻的思想家。青年魯迅所謂「立人」，呼喚「精神界之戰士」，從本質上說，其實就是呼籲中國人樹立科學的思維方式。一言以蔽之，「立人」實質是立科學思維。

魯迅在《俄文譯本〈阿Q正傳〉序》中說他旨在「寫出一個現代的我們國人的魂靈來」，又說「看人生是因作者而不同，看作品又因讀者而不同，那麼，這一篇在毫無『我們的傳統思想』的俄國讀者的眼中，也許又會照見別樣的情景的罷，這實在是使我覺得很有意味的。」這一段話使我們深思的問題是：「我們國人的魂靈」究竟是怎麼樣的？「我們的『傳統思想』」又究竟怎樣？」

這樣，就必須批判中國人的傳統思維。

青年魯迅正是這樣做的。他作於一九〇七年、一九〇八年六月在《河南》月刊第五號上發表的《科學史教篇》，就明確地批判了中國人主觀自傲的思維方式：

> 昔英人設水道於天竺，其國人惡而拒之，有謂水道本創自天竺古賢，久而術失，白人不過竊取而更新之者，水道始大行。舊國篤古之餘，每至不惜於自欺如是。震旦死抱國粹之士，作此說者最多，一若今之學術藝文，皆我數千載前所已具。不知意之所在，將如天竺造說之人，聊弄術以入新學，抑誠屍祝往時，視為全能而不可越也？雖然，非是不協不聽之社會，亦有罪焉已。

其意是說：從前英國人要在印度鋪設地下水道，印度人感到厭惡而加以拒絕，有人就說地下水道本來是印度古代賢人創造的，日子一久，技術失傳，白種人不過是竊取這種技術而加以改良罷了，這樣，地下水道才得到推廣。古老國家裡死抱住國粹不放的人們，往往達到這樣不惜自欺欺人的地步。中國死抱住國粹不放的人們，發表類似的言論最多，好像現在的學術、文藝，都是我國幾千年前就已經有的。不知他們的用意何在，是想學印度好弄權術的人那樣，靠耍花招來冒充新學問呢，還是真心崇拜過去，認為古人十全十美不能超過呢？這些人雖然如此，但並不能完全歸咎於他們，對新學術抱不合作不接受態度的社會，也是有罪過的。

兩個月之後，即一九〇八年八月，青年魯迅又在《河南》月刊第七號上發表的《文化偏至論》中，開篇就再次抨擊了這種抱殘守缺之士：

> 中國既以自尊大昭聞天下，善詆諆者，或謂之頑固；且將抱守殘闕，以底於滅亡。近世人士，稍稍耳新學之語，則亦引以為愧，翻然思變，言非同西方之理弗道，事非合西方之術弗行，挖擊舊物，惟恐不力，曰將以革前繆而圖富強也。間嘗論之：昔者帝軒轅氏之戡蚩尤而定居於華土也，典章文物，於以權輿，有苗裔之繁衍於茲，則更改張惶，益臻美大。其蠢蠢於四方者，胥蕞爾小蠻夷耳，厥種之所創成，無一足為中國法，是故化成發達，咸出於己而無取乎人。降及周秦，西方有希臘羅馬起，藝文思理，燦然可觀，顧以道路之艱，波濤之惡，交通梗塞，未能擇其善者以為師資。洎元明時，雖有一二景教父師，以教理暨曆算質學於中國，而其道非盛。故迄於海禁既開，皙人踵至之頃，中國之在天下，見夫四夷之則效上國，革面來賓者有之；或野心怒發，狡焉思逞者有之；若其文化昭明，誠足以相上下者，蓋未之有也。屹然出中央而無校讎，則其益自尊大，寶自有而傲睨萬物，固人情所宜然，亦非甚背於理極者矣。雖然，惟無校讎故，則宴安日久，苓落以胎，迫拶不來，上征亦輟，使人茶，使人屯，其極為見善而不思式。有新國林起於西，以其殊異之方術來向，一施吹拂，塊然踣傹，人心始自危，而輇才小慧之徒，於是競言武事。後有學於殊域者，近不

知中國之情，遠復不察歐美之實，以所拾塵芥，羅列人前，謂鈎爪鋸牙，為國家首事，又引文明之語，用以自文，征印度波蘭，作之前鑒。

其意是說：中國既然以自尊自大聞名天下，善於誹謗的人有的就說它頑固；並且將會抱殘守缺，直至滅亡。近來有些人士稍稍聽到一些新學的言論，也因此感到慚愧，立刻就想改革，言論不合於西方的道理不講，做事不合於西方的辦法不做，抨擊舊事物，只怕不夠有力，他們說這樣做就是改正先前的錯誤，奮發圖強了。對此我們想試加一些評論；從前軒轅皇帝打敗了蚩尤，定居在中華大地上，典章文物，從此開始，在這裡繁衍子孫後代，又加以改革、發揚，使之更趨完善。那時在周圍活動的，都是一些小部落，他們所創造的東西，沒有一樣可以值得中國效法的，所以文化的形成和發展，都是出自中國本身而不取法於別人。後來到了周、秦時代，西方有希臘羅馬興起，文學藝術、思想文化，燦然可觀，但因道路艱難，波濤險惡，交通梗塞，我們未能選擇他們的長處作為榜樣。到了元明時代，雖然有一兩個天主教傳教士把教義和曆法、數學、物理、化學傳入中國。但也還沒有普遍流行。所以到了海禁大開，白人接踵而來的時候，中國處於世界之中，見到從四方來的外國人，有的態度很好，表示要向中國學習；有的野心勃勃，妄圖實現其侵略的陰謀；但是如果就他們的文化發達程度來說，真正能夠和中國比個高低的，大概還沒有。屹立在各國之中，而又沒有可以較量的敵手，那麼它越來越自尊自大，把自己的一切當作寶貝而傲視萬物，這實在是人們常常這樣做的，也不算太違背了道理。正因為沒有可以較量的敵人，於是安生的日子過久了，衰敗之勢由此而起，沒有外來的威脅壓迫，進步也就停止，使人精神不振，困頓不前，甚至看見了美好的事物也不想去學習。有許多新的國家在西方一個個地興起，帶著他們特殊的技術來到中國，稍一施展小技，這個龐然大物便僕倒在地，人們這才開始感到自己的國家處境危險，而那些才疏學淺有點小聰明的人，便爭著大談練兵的事情，後有到外國留學的人，近不知中國的情況，遠又不去考察歐美的實際，把撿到的一點微不足道的東西，羅列在人們面前，就說製造武器是國家首先要辦的事，又引用文明的詞句，把自己裝扮一番，並且以印度、波蘭為例，當作前車之鑒。

其實，早在四百多年前，義大利傳教士利瑪竇就在《中國札記》中，以他者之眼對中國人的這種劣根性做出了犀利的觀察。他說一踏上中國的土地，就強烈感受到中國人根深蒂固的「中國中心論」，「他們把自己的國家誇耀成整個世界，並把它叫做天下」。顧及素來秉持天圓地方說的中國人「不喜歡我們把中國推到東方一角上的地理概念」，在獻給明代皇帝的世界地圖中，利瑪竇特意把中國置於世界中央，照顧了一下「中國中心論」的虛榮心。在利瑪竇看來，正是這種「中國中心論」導致中國人「認為整個世界都包括在他們的國家之內」，而據他的觀察，「與他們國家（指明帝國）相鄰的少數幾個王國——在他們知道有歐洲存在之前就僅知道這幾個國家——在他們的估計中幾乎是不值一顧的」。據利瑪竇冷眼旁觀，外國朝貢體制純粹是「中國中心論」妄自尊大、凸顯中心的外在政治形式需要。他發現，在向明朝納貢的國家中，「來到這個國家交納貢品時，從中國拿走的錢要比他們所進貢的多得多，所以中國當局對於納貢與否已全不在意了」。他進而一針見血道：「所謂進貢倒是有名無實的」，「中國人接納來自其他很多國家的使節，給國庫增加沉重的負擔。中國人知道整個事情是一場騙局，但他們不在乎欺騙。倒不如說，他們恭維他們皇帝的辦法就是讓他相信全世界都在向中國朝貢，而事實上是中國在向其他國家朝貢」。如果說朝貢體制從制度層面支撐了「中國中心論」，那麼中華文化優越論則從精神層面滿足了「中國中心論」。利瑪竇說：「總的說來中國人，尤其是有知識的階層，當時對外國人始終懷著一種錯誤的看法，把外國人都歸入一類並且稱之蠻夷。」中國歷代正史的《蠻夷傳》與《外國傳》，可以為利瑪竇提供充足的證據。在利瑪竇看來，這種超過閾度的中華文化優越感，使得當時中國人「不知道地球的大小而又夜郎自大，認為所有各國中只有中國值得稱羨。就國家的偉大，政治制度和學術名氣而論，他們不僅把所有別的民族都看成是野蠻人，而且是看成沒有理性的動物。在他們看來，世上沒有其他地方的國王、朝代或者文化是值得誇耀的。」他批評中國人，「他們的驕傲是出於他們不知道有更好的東西以及他們發現自己遠遠優勝於他們四周的野蠻國家這一事實」。與中華文化優越感如影相隨的，就是當時中國人對外部世界抱有盲目的疑懼和反感，以致「從不與他們國境之外的國家有過密切的接觸」。正如《中國札記》所說，「中國人害怕並且不信任一切外國人。他們的猜疑似乎是固有的，在嚴禁與外人任何交往若干世紀之後，已經成為了一種習慣」。利瑪竇發現，正是出於這種超國度的文化優越感，「中國人是那樣地固執己見，以致他們不能相信會有那麼一天他們要向外國人學習他們本國書本上所未曾記載的任何東西」。在他看來，這種對外來文明的頑固拒斥，使得「他們甚至不屑從外國人的書裡學習任何東西，因為他們相信只有他們自己才有真正的科學與知識」。

利瑪竇來華的年代，正是西方文明迅速反超中華文明的關鍵時期。由於拒絕外來文明中的先進因素，以推動中華文明的與時俱進，中國在世界之林中的地位自此日漸低落，利瑪竇也成為中華帝國文明夕照的最後目擊者之一。他以外人的眼光看中國的癥結，往往切中要害。四百年以後的中國，以魯迅為代表的先覺者，同樣對自己國家的弊端深深感到了切膚之痛。

短短兩個月，青年魯迅就在兩篇論文中反覆批判了中國人自尊自大的思維方式，不能不說明他對此的高度重視。概括起來，中國人的這種思維方式有如下特點：

一、以自我為中心，自尊自大。

二、崇古守舊，「耳新聲而疾走」，不思進取。

三、從一個極端跳到另一個極端。當在西方侵略下挫敗之後，又「翻然思變」，「言非西方之理弗道，事非西方之術弗行」。

四、根本的原因是目光短淺，看不到根本。「僅眩於當前之物，而未得其真諦。」

青年魯迅也分析了這種思維方式形成的原因和過程：長期居於中心地位，周圍都是小部落，「咸出於己而無取乎人」，養成了自尊自大的思維習慣。一旦遇到列強的攻擊，又不知所措，窮於應付而抓不住根本。

所以這種思維方式如果不改變，無論是「競言武事」，還是「製造商估立憲國會之說」，都不會從根本上解決中國的問題。很多論者把魯迅不同意「製造商估立憲國會之說」，當成是不主張民主，其實是一種誤讀。

阿爾伯特‧愛因斯坦說過：「應該把獨立思考和綜合判斷的能力放在首位，而非獲得特定知識的能力。」思維方式是工具的工具，絕對不能等同於一般性的知識、能力或「武事」、「商估」、「立憲國會」等實用的東西，因而必須放在首位！

而中國人的傳統思維方式又是極難改變的。青年魯迅在《文化偏至論》之前五、六個月，即一九〇八年二、三月，在《河南》月刊第二、三號連載《摩羅詩力說》，開頭就尖銳指出：

> 中國之治，理想在不攖，而意異於前說。有人攖人，或有人得攖者，為帝大禁，其意在保位，使子孫王千萬世，無有底止，故性解（Genius）之出，必竭全力死之；有人攖我，或有能攖人者，為民大禁，其意在安生，寧蜷伏墮落而惡進取，故性解之出，亦必竭全力死之。

其意是說：中國的政治理想在於不去觸犯別人，意見和以前所說的不同。如果有人觸犯了別人，或者被別人觸犯，這是皇上要嚴加禁止的，其意是在保持王位，使子孫萬代，永遠稱王，沒有止境；所以天才一出現，必定竭盡全力扼殺。如果有人觸犯了我，或者有能觸犯別人的人，這是民眾要嚴加禁止的，他們的意思是在於過安穩的生活，寧願蜷伏墮落而厭惡進取，所以天才一出現，必定竭盡全力扼殺他。所謂天才，其實就是具有超凡脫俗的創新思維的人才。不容許運用這種思維的人才出現，一出現就「全力死之」，社會怎麼前進呢？

恰如魯迅後來二十世紀二〇年代在《譯文序跋集‧〈出了象牙之塔〉後記》中所說：「恃著固有而陳舊的文明，害得一切硬化，終於要走到滅亡的路。」中國人的這種使「一切硬化」的思維方式，不容許創新思維出現，如果得不到改變，不僅會長期停滯不前，而且「終於要走到滅亡的路」。

所以青年魯迅從早期論文起，就著力開始批判中國人的思維，而且破中有立，在批判傳統思維時，系統而中肯地闡發了科學的思維方式。

他在《科學史教篇》中就指出了思維方法的重要性，說道：

希臘既冷落，羅馬亦衰，而亞剌伯人繼起，受學於那思得理亞與僦思人，翻譯詮釋之業大盛；眩其新異，妄信以生，於是科學之觀念漠然，而進步亦遂止。蓋希臘羅馬之科學，在探未知，而亞剌伯之科學，在模前有，故以注疏易徵驗，以評騭代會通，博覽之風興，而發見之事少，宇宙見象，在當時乃又神祕而不可測矣。懷念既爾，所學遂妄，科學隱，幻術興，天學不昌，占星代起，所謂點金通幽之術，皆以瘋也。顧亦有不可貶者，為爾時學士，實非懶散而無為，精神之弛，因入退守；徒以方術之誤，結果乃止於無功，至所致力，固有足以驚歎。

其意是說：希臘沒落以後，羅馬也衰敗下去，但阿拉伯人接著起來，向基督教和猶太人學習，翻譯注釋事業大興；為他們教義的新奇所迷惑，產生了迷信，於是科學觀念淡薄，進步也就停止了。因為希臘羅馬的科學，在於探索前所未知的，而阿拉伯的科學則在於模仿前人所已有的，所以用注釋來代替實驗，用評定來代替融會貫通，博覽群書的風氣興盛起來，而新的發現卻很少，宇宙現象在當時便又成為神祕而無法測知的了。所念念不忘的既是如此，所仿效的也就是荒誕無稽的東西，科學衰退，幻術盛行，天文學不發達，占星術就代之而起，所謂煉金術、接種學也都得以冒頭。但是也還有不能加以貶責的地方，就是當時的學者確實不是懶散而無所作為，因為精神鬆懈而陷入倒退保守；只是由於方法的錯誤，結果才勞而無功，至於他們全力以赴的精神，本來是足以令人驚歎的。

魯迅在這裡是批評阿拉伯人的錯誤的思想方法，但不也是對當時中國古代長期沿襲的思維方式的批判嗎？孔子以來，無數學者兩千年來述而不作，專事考證，不注重新發現，不是中國千百年來停滯不前的重要原因嗎？魯迅有很深的自然科學修養，他早在一九〇三年十月就在《浙江潮》第八期發表了介紹居里夫人原子學理論的《說鈤》，所以在《科學史教篇》中又闡釋了科學的思維方式：

若其執中，則偏於培庚之內籀者固非，而篤於特嘉爾之外籀者，亦不云是。二術俱用，真理始昭，而科學之有今日，亦實以有會二術而為之者故。

內籀就是歸納，歷史上為培根所提倡；外籀就是演繹，為笛卡兒所宣導。因而魯迅在上文中說：如果採取公平、執中的態度，那麼偏重於培根的歸納法固然不對，而深信笛卡兒的演繹法，也不能說是對的。兩種方法都採用，真理才能昭明，而科學能夠達到今天的水準，其實也正因為有人這兩種方法綜合起來加以運用的緣故。

在二十世紀初葉，就對科學史上的歸納法和演繹法作出如此精闢的闡述，可說是極為難得的。

魯迅還在《科學史教篇》中提出客觀事物是曲折發展，不是直線前進的：

所謂世界不直進，常曲折如螺旋，大波小波，起伏萬狀，進退久之而達水裔，蓋誠言哉。

其意是說：世界不是直線發展的，經常曲折如螺旋，又如大波小波，起伏萬狀，進進退退，久而久之，才能達到岸邊，這話確是不錯。

客觀世界既是如此「曲折如螺旋」，那麼，人的思維方式自然也必須是曲折的，不能走直線了。要堅持思維的批判性，就必須強化內省。青年魯迅在《文化偏至論》中一再強調「騖外者漸轉而趨內，淵思冥想之風作，自省抒情之意蘇」。「去現實物質與自然之樊，以就其本有心靈之域；知精神現象實人類生活之極顛，非發揮其輝光，於人生為無當」。「內部之生活強，則人生之意義亦愈邃」。在二十世紀初葉，人類生活日益偏趨「質化」的時代，魯迅大力宣導精神的內力，不能不說是極為可貴，至今更顯重要的。

英雄所見略同。胡適也持同樣的看法，他認為：「今日大患，在於國人之無思想能力也」。並把「思想能力」歸結為「有三術焉，皆起死之神丹也；一曰歸納的理論，二曰歷史的眼光，三曰進化的觀念」。胡適所說的「思想能力」，與魯迅所說的「沉思」、「內省」是相通的，他還根據西方的科學方法進行了演譯和解釋。所謂「歸納的理論」，就是說不能僅僅拘泥於眼前的一點實際而看不到全域，應該懸離某一定位、從宏觀視野進行全面的歸納與綜合，這種抽象的理論思維能力是中國人所缺乏的。所謂「歷史的眼光」，就是說對過去的東西要歷史地去看，既不要苛求古人，也不要拘囿成法。所謂「進化的觀念」，就是說要相信現在和未來會比過去發展和進化，青年會超過老年。具備這「三術」，才可能不做古人、成法、眼前一時得失的奴隸，從習慣性思維的窠臼中解脫出來。

而更為重要的是，青年魯迅在《摩羅詩力說》中對自己提出的科學思維方式做了這樣的概括：

首在審己，亦必知人，比較既周，爰生自覺。

這就是說：首先在於審視自己，也必須瞭解他人，相互比較周全合宜，才能產生自覺。用現代的哲學語言解釋，則是：認識自己，又認識世界，在周嚴的比較中達到主觀世界與客觀世界的統一，然後才能昇華到自覺的境界。

中華民族的文化自覺從哪裡來呢？就是從正確地認識自己與認識世界，在自己與外界周密的比較中產生的。青年魯迅還在一九〇八年十二月，最後發表在《河南》月刊第八號的《破惡聲論》中指出：

人各有己，而群之大覺近矣。

這就是說如果人人各自有了自己的個性，樹立了科學思維方式，那麼群體的大覺悟就近了。

據林非《魯迅和中國文化》闡釋，魯迅的這一觀點源自章太炎。章氏早在一八九四年就在《明獨》中提出：「大獨必群，群必以獨成」，「小群，大群之賊也；大獨，大群之母也」。其意是說只有通過「大獨」這種個人的自覺，才能實現健康、完整的社會群體。倘若像專制社會那樣，把個人變成家族、宗派和小團體的附庸與奴隸，就只能造成社會群體的嚴重隔閡和無謂糾紛，妨礙社會群體的正常成長。這種思想無疑是中國近代思想史上宣導個性解放的起始，具有異常重要的意義。但因帶有古奧的色彩，不如魯迅所說的清晰明瞭，沒有產生更大的影響。魯迅則將「群之大覺」與「人各有己」的邏輯關係表述得更加明朗了：人的個性自覺，是群體覺悟的根基。只有首先有了「個」的自覺，才能出現群體的覺悟。而不是相反，由群體的帝王、頭目去馴化與制服個體。這個邏輯關係是絕對不容顛倒的。

對魯迅「立人」思想的發現與闡發，實質是新時期以來魯迅研究最重要的收穫之一。一九八一年，王得后在《魯迅研究》第五輯上發表了長篇論文《致力於改造中國人及其社會的偉大思想家》，首次提出魯迅獨特的思想是「立人」。一九九〇年，林非的《魯迅和中國文化》，應該說是對魯迅的「立人」思想予以了系統、獨到的深刻闡釋。以後，魯迅研究的前沿學者實際上都在繼續從事著這一工作。而到一九九七年底在北京召開的「魯迅『立人』思想學術討論會」和中國魯迅研究會於一九九八年七月在遼寧丹東市召開的「魯迅的『人學』思想」學術研討會上，這一研究的宗旨就完全明確化了。錢理群的《絕對不能讓步》認為：「魯迅的基本思想，他的元思想，出發點與歸宿」，「就是魯迅的『立人』思想」。「立人」「也即人的澈底解放，這是中國現代化的出發點（「人立而後凡事舉」），也是最後的歸宿。」「在他看來，國家（民族）的獨立、富強、民主，是必須以保障每一個具體個體精神自由為前提的；如果相反，以對個體精神自由的剝奪與壓抑來換取國家的獨立，統一，富強與民主，那麼，就不可能有真正意義上的現代國家（「人國」）——人依然沒有擺脫被奴役的狀態（不過是以新的奴役形式代替了舊的奴役形式），也就是沒有從根本上走出原始的『奴隸時代』。」「儘管魯迅終生也沒有找到使中國人與人類澈底走出『奴隸時代』之路，但他最後仍然堅持（或者說又回到了世紀初的起點）『人的個體精神自由』的目標，這本身即是有著重大的意義的。」「在具體的操作層面上，個人利益與民族國家利益是可能發生矛盾的，這需要彼此的協調，以至一定程度的妥協；但在終極價值層面上，在現代化的目標上，『個體精神自由』是絕對不能讓步的。這是『做人』還是『為奴』的最後一條線。守不住這條線，就永遠走不出『奴隸時代』，這本是本世紀現代化歷史已經證明了的。」

而「個體精神自由」，從本質上說，也就是樹立科學的思維方法，上升到理性的自覺境界。「立人」，就是立科學思維。

魯迅終生堅持對中國人思維的批判

早期論文之後，經過十年的沉思，一九一八年五月，五四運動前夕，魯迅在錢玄同鼓勵下寫出了第一篇白話小說《狂人日記》，在《新青年》第四卷第五期發表。從此一發而不可收，寫了一系列的小說與雜文，在新文學領域產生巨大影響。而這些文章批判的矛頭，仍然是中國人的傳統思維。

魯迅在他的第一本小說集《吶喊》自序中說他棄醫從文的原因，是在日本仙台醫專課間看到畫片上的中國人，一個綁在中間，被當作俄國偵探，要被日軍砍下頭顱來示眾，而圍著的便是來賞鑒這示眾的盛舉的中國人，許多站在左右，一樣是強壯的體格，而顯出麻木的神情。他深切感到「醫學並非一件緊要事，凡是愚弱的國民，即使體格如何健全，如何茁壯，也只能做毫無意義的示眾的材料和看客，病死多少是不必以為不幸的。所以我們的第一要著，是在改變他們的精神，而善於改變精神的是，我那時以為當然要推文藝，於是想提倡文藝運動了。」

改變中國人的精神，正是魯迅從事文學的宗旨。而改變精神，實質上，就是改變思維，從思維方法上澈底改變中國人思考問題、行為處事的方式。這恰恰是中國人的「第一要著」，魯迅為此奮鬥了一生。儘管魯迅與胡適等思想家和理論家所見略同，魯迅對二十世紀中國思維變革的推動力卻要大得多。其中一個重要原因，是魯迅不僅從理論上談見解，而且以不朽的文學形象和形象化的語言對中國人的思維予以了形象的批判，給中國人以強烈的震撼，推轉了中國思維變革的齒輪

（一）《狂人日記》——改變中國人思維的文學起點：

魯迅是怎樣開始這場改變中國人思維的偉大革命呢？

我以為是從懷疑精神起始的。批判性思維的淵源可追溯到古希臘蘇格拉底所宣導的一種探究性質疑（Probing Questioning），即「蘇格拉底方法」或「助產術」，實質是通過質疑通常的信念和解釋，辨析它們中的哪些缺乏證據或理性基礎，強調思維的清晰性和一致性。魯迅在《狂人日記》中提出「從來如此，便對麼？」，正是對幾千年中國人思維方式的一種質疑，對幾千年「從來如此」的僵化的中國人傳統思維方式，發出了挑戰和懷疑。長期以來，在有些中國人眼中，「只要從來如此，便是寶貝。即使無名腫毒，倘若生在中國人身上，也便『紅腫之處，豔若桃花，潰爛之時，美如乳酪』。國粹所在，妙不可言。」難道這樣的思維方式還不引起質疑嗎？如果還不改變思維，再如此下去，「中國人要從『世界人』中擠出」了！

魯迅還借狂人形象寄寓了這樣的思想：「我翻開歷史一查，這歷史沒有年代，歪歪斜斜的每葉上都寫著『仁義道德』幾個字。我橫豎睡不著，仔細看了半夜，才從字縫裡看出字來，滿本都寫著兩個字是『吃人』。」

這個「吃人」的著名判斷，在五四時期曾經驚世駭俗，使魯迅獲得了極大的聲譽。而當下，魯迅把幾千年中國歷史概括為「吃人」二字之舉，常被人譏為文化激進主義。其實，魯迅的這一舉措不僅是打破「鐵屋子」的一種手段，而且是具有極高智慧的思維理性。列寧在《哲學筆記》中提請注意黑格爾《邏輯學》一書中的這段話：

> 思維的理性（智慧）使有差別的東西的已經沖淡的差別尖銳化、使表象的簡單的多樣性尖銳化，達到本質的差別，達到對立。只有那上升到矛盾頂峰的多樣性在相互關係中才是活動的（Regsam）的活生生的，——才能得到、獲得那作為自己運動和生命力的內部搏動的否定性。

魯迅對中國傳統文化所作的「吃人」、「人肉的筵宴」等澈底否定的概括，提出的「要少——或者竟不——看中國書，多看外國書」的主張，正是黑格爾所說、列寧提請注意的這種思維理性和高度的智慧，是要在文化轉型的歷史時期裡，使新舊文化這兩種「有差別的東西的已經沖淡的差別尖銳化、使表象的簡單的多樣性尖銳化，達到本質的差別，達到對立」，從而分清新舊文化的營壘，使新文化獲得一種「作為自己運動和生命力的內部搏動的否定性」，進而達到實現文化轉型的目的。那種抹平新舊文化差別的中庸之道，恰恰是違背思維理性，缺乏智慧，甚至是為舊文化張目的。

另外，《狂人日記》還深含著一般文學作品所難有的歷史哲學的底蘊。在北京二中念書時，聽韓少華老師說：馬克思也讀長篇小說，而且是幾部交替對照著讀。當時，我很納悶兒：讀一部就夠費神了，怎麼幾部一起讀？退休閒暇中，忽然想起不妨試試馬克思的這種讀法。對照著讀羅貝托・波拉尼奧的《２６６６》、加西亞・瑪律克斯的《百年孤獨》和陀思妥耶夫斯基的《卡拉馬佐夫兄弟》、索爾仁尼琴的《古拉格群島》、《紅輪》等，感到這類作家有一種共通點——歷史哲學的巨大縱深度。彷彿深海潛水夫一般，總能從水面潛至海底深處，使人們看到更為本質的存在。這一點是中國作家很少有的——往往浮於表面現象，津津樂道一些婦姑勃谿、叔嫂鬥法的身邊瑣事，壓根沒有往深裡想，其原因可能在於文、史、哲學術理論修養的匱乏，也就是有人所說的「作家非學者化」、缺乏「理論化的思維工作」所造成的。但是日前重讀魯迅的《狂人日記》等作品，卻發現魯迅的作品在中國文學中屬於異類，與其他人不一樣，不僅具有巨大的歷史哲學的縱深度，而且論思想的鋒利，手段的老辣，與外國作家相比，有過之無不及。

究竟什麼是歷史哲學？我曾經長久地思考這個問題。為此，讀了黑格爾、康德等關於歷史哲學的西方哲學著作，可能他們的表述過於西方化，也可能我未深入堂奧，始終不得要領。去年夏天聽哲學專業的朋友說：清華大學的何兆武先生對歷史哲學研究深湛，有一本《歷史理性批判論集》論述很透。於是我跑遍北京各大書店尋購此書，卻遍尋皆無。只得在盛夏三伏，冒著酷暑到清華大學出版社讀者服務部求購。服務部的女經理說有此書，但在庫房，店裡沒有，要買，須翌日他們從庫房拿出後再來。第二天更是「赤日炎炎似火燒」，我頂著毒日頭又去了，終於得到了這本藍色精裝的厚書。在回家的公共汽車上就讀了起來，從《筆談四則：三、歷史哲學與歷史學哲學》中看到這樣一段精闢的論說：

歷史哲學無論在中國還是在西方，都是淵源已久，因為人們不但想要知道歷史都是些什麼事或都有些什麼事，而且還想要理解這些歷史事件的所以然，或者說要懂得這些事情是何以會發生的。僅僅知道了歷史事實，並不等於就理解了歷史。史實僅僅是歷史研究的對象。有關歷史事實的資料無論積累得多麼豐富，其本身都不能自行成為歷史學。歷史學乃是史家對史料進行理論加工所炮製出來的成果。這項理論化的思維工作就是通常所謂的歷史哲學。這一點和自然科學的情況是一樣的。氣象臺積累了豐富的資料：溫度、氣壓、濕度、風力、雨量，等等，無論這些資料有多麼豐富——當然，積累豐富的資料對任何學科來說都是極為重要的、不可或缺的——但其本身並不就是氣象學，氣象學乃是氣象學家對於這些資料進行研究而理論上做出的總結，這種理論總結應該提供可以說明或解釋這些現象之所以然的道理。歷史學家的工作歸根到底就是要解釋歷史現象的所以然。否則，那工作就是一個檔案保管員的工作，而不是應該歷史學家的工作了。這種從理論加以理解的工作是以我們的世界觀、人生觀為其哲學前提的，這就成其為歷史哲學。

讀了這段話，如醒醐灌頂，茅塞頓開。何兆武先生的概括完全是中國化的，簡明扼要，通俗易懂。在他這段論述的基礎上，我又做了這樣的提煉：歷史學講的是「歷史如此然」，也就是歷史是如此的，而不是如彼的，用何兆武先生的話來說就是：「歷史都是些什麼事或都有些什麼事」；歷史哲學則探究的是「歷史之所以然」，也就是說明歷史為什麼是如此的，不是如彼的？歷史發生這些事的內在的深層根源是什麼？

《2666》從全景式地描寫人類本真的生命狀態出發，提醒讀者思考人類滅亡的主要原因是什麼。《百年孤獨》憑藉其深刻的政治見解和敏銳的洞察力，揭示出整個拉美的近代史陷入循環怪圈中的歷史哲學因素。《卡拉瑪卓夫兄弟》從私有制的病態的精神產物「卡拉瑪卓夫氣質」出發，揭露了人類苦難的社會根源。《古拉格群島》、《紅輪》，從自己的經歷和宗教思想出發，對俄羅斯近百年歷史形成的原因，以文學的方式做出了闡釋。也就是說他們不僅反映了「歷史如此然」；而且深掘了「歷史之所以然」，說明了歷史為什麼是如此的，而不是如彼的，達到了歷史哲學的巨大縱深度。儘管他們「從理論加以理解的工作」是以「他們的世界觀、人生觀為其哲學前提的」，我們盡可不予認同，但是不能不承認這些作品都以各種各樣的視角和方式探討了「歷史之所以然」的原因，具有很強的哲理性。而《狂人日記》則是魯迅以自己獨特的思維向度探尋幾千年的中國「歷史之所以然」的深層原由——「吃人」——人們在精神上相「吃」，互相奴隸，從未爭到「『人』的價格」，不是「想做奴隸而不得的時代」就是「暫時做穩了奴隸的時代」。青年的使命應該是創造這中國歷史上未曾有過的既沒有奴隸也沒有奴隸主的「第三樣時代」。

魯迅之所以能夠達到這般巨大的歷史哲學縱深度，就在於他深通中國的歷史，深諳中國的社會，並善於做理論化的思維工作，無愧「最懂得中國的人」。他的作品也無愧是二十世紀中國文學中最具哲理性的不朽傑作。

而魯迅的這種歷史哲學，是靠幾千字的短篇表述的。如尼采所言：「以諧談說出真理」，「在十句話中說出旁人在一本書中說出的東西」。僅就這一點而論，魯迅思想的鋒利，手段的老辣，比上面提到的外國作家有超越之處。

其實，《狂人日記》的真正成就並不在藝術上，魯迅本人就說過：「《狂人日記》很幼稚，而且太逼促，照藝術上說，是不應該的。」那麼，一篇「太逼促，照藝術上說，是不應該的」《狂人日記》，為什麼又在文學史上佔據那樣高的地位，產生那樣大的影響呢？其原因就在於對於扭轉幾千年來的思維定勢起到了劃時代的巨大意義，是二十世紀中國思維變革和精神解放的重要標誌。

其實，魯迅本人當初寫《狂人日記》只是「意在暴露家族制度和禮教的弊害」，並沒有擴大到整個傳統文化。後來推崇魯迅的論者，對這一判斷未免有誇大之嫌，這倒為當下貶損魯迅者提供了依據和空檔。我的意見是：既不要誇大，也毋須貶損。應該從魯迅文本中實事求是地分析其本意：魯迅除了「意在暴露家族制度和禮教的弊害」之外，是在批判隱含在這種「弊害」背後的中國人的思維方式。「吃人」也並非專指肉體上的相「吃」，而是指精神上的奴役與迫害，使人長期處於非人道的壓迫下，在痛苦中死去。而這樣不合理的「家族制度和禮教」竟造成「弊害」數千年，竟然沒有人提出懷疑，聽之任之，順而受之。這種僵化、死硬的思維方式，難道不應該質疑嗎？魯迅在《狂人日記》中又有一句名言：「凡事總須研究，才會明白。」其意是說凡事總需要動動腦筋，好好想一想，思考一番，才會明白。對這種「家族制度和禮教」造成的「弊害」，必須反思一下了，不能再如此下去了。因為「從來如此」的事情，並不一定都對！我們是改變自己思維方式的時候了！誠如日本魯迅學家伊藤虎丸先生所說：魯迅在《狂人日記》中「通過中國人靈魂內面的自我批判，從內部批判了封建思想和封建社會的黑暗。如果說，任何批判只有以自我批判為媒介才能成為真正的批判，那麼，在這個意義上說，《狂人日記》便為『文學革命』第一次充填了實質性的內容。」魯迅的工作就是「以《狂人日記》為軸心呈扇狀向外展開的」，他從「真的人」的立場出發，去尋求民族靈魂根柢上的全面覺醒，「通過對傳統的澈底否定而力圖全面恢復民族的個性」。

我認為，這才是魯迅在《狂人日記》中所要告訴中國人的最主要的思想。

（二）五四時期雜文中對中國人思維的批判

魯迅在五四時期還用白話文寫了大量的雜文，重申了早期論文中對中國人盲目自大思維方式的批判。

在《隨感錄三十八》中魯迅概括從「合群的愛國的自大」的五種表現：

甲云：「中國地大物博，開化最早；道德天下第一。」這是完全自負。

乙云：「外國物質文明雖高，中國精神文明更好。」

丙云：「外國的東西，中國都已有過；某種科學，即某子所說的云云」，這兩種都是「古今中外派」的支流；依據張之洞的格言，以「中學為體西學為用」的人物。

丁云：「外國也有叫化子，——（或云）也有草舍，——娼妓，——臭蟲。」這是消極的反抗。

戊云：「中國便是野蠻的好。」又云：「你說中國思想昏亂，那正是我民族所造成的事業的結晶。從祖先昏亂起，直要昏亂到子孫；從過去昏亂起，直要昏亂到未來。……（我們是四萬萬人，）你能把我們滅絕麼？」這比「丁」更進一層，不去拖人下水，反以自己的醜惡驕人；至於口氣的強硬，卻很有《水滸傳》中牛二的態度。

魯迅對這五種表現做了如下分析：

五種之中，甲乙丙丁的話，雖然已很荒謬，但同戊比較，尚覺情有可原，因為他們還有一點好勝心存在。譬如衰敗人家的子弟，看見別家興旺，多說大話，擺出大家架子；或尋求人家一點破綻，聊給自己解嘲。這雖然極是可笑，但比那一種掉了鼻子，還說是祖傳老病，誇示於眾的人，總要算略高一步了。

戊派的愛國論最晚出，我聽了也最寒心；這不但因其居心可怕，實因他所說的更為實在的緣故。昏亂的祖先，養出昏亂的子孫，正是遺傳的定理。民族根性造成之後，無論好壞，改變都不容易的。法國G. LeBon著《民族進化的心理》中，說及此事道（原文已忘，今但舉其大意）——「我們一舉一動，雖似自主，其實多受死鬼的牽制。將我們一代的人，和先前幾百代的鬼比較起來，數目上就萬不能敵了。」我們幾百代的祖先裡面，昏亂的人，定然不少：有講道學的儒生，也有講陰陽五行的道士，有靜坐煉丹的仙人，也有打臉打把子的戲子。所以我們現在雖想好好做「人」，難保血管裡的昏亂分子不來作怪，我們也不由自主，一變而為研究丹田臉譜的人物：這真是大可寒心的事。但我總希望這昏亂思想遺傳的禍害，不至於有梅毒那樣猛烈，竟至百無一免。即使同梅毒一樣，現在發明了六百零六，肉體上的病，既可醫治；我希望也有一種七百零七的藥，可以醫治思想上的病。這藥原來也已發明，就是「科學」一味。只希望那班精神上掉了鼻子的朋友，不要又打著「祖傳老病」的旗號來反對吃藥，中國的昏亂病，便也總有全愈的一天。祖先的勢力雖大，但如從現代起，立意改變：掃除了昏亂的心思，和助成昏亂的物事（儒道兩派的文書），再用了對症的藥，即使不能立刻奏效，也可把那病毒略略羼淡。如此幾代之後待我們成了祖先的時候，就可以分得昏亂祖先的若干勢力，那時便有轉機，LeBon所說的事，也不足怕了。

以上是我對於「不長進的民族」的療救方法；至於「滅絕」一條，那是全不成話，可不必說。「滅絕」這兩個可怕的字，豈是我們人類應說的？只有張獻忠這等人曾有如此主張，至今為人類唾罵；而且於實際上發生出什麼效驗呢？但我有一句話，要勸戊派諸公。「滅絕」這句話，只能嚇人，卻不能嚇倒自然。他是毫無情面：他看見有自向滅絕這條路走的民族，便請他們滅絕，毫不客氣。我們自己想活，也希望別人都活；不忍說他人的滅絕，又怕他們自己走到滅絕的路上，把我們帶累了也滅絕，所以在此著急。倘使不改現狀，反能興旺，能得真實自由的幸福生活，那就是做野蠻也很好。——但可有人敢答應說「是」麼？

所謂「昏亂的心思」，其實就是昏亂的思維方式。現在也難保「幾百代的祖先」「血管裡的昏亂分子不來作怪，我們也不由自主」，而醫治這種思維的惟一方法，就是「『科學』一味」。

魯迅在前期雜文中也很注重批評中國人形式上求全的思維方式，例如在《再論雷峰塔的倒掉》中就批評了中國人的「十景病」：我們中國的許多人，「大抵患有一種『十景病』，至少是『八景病』，沉重起來的時候大概在清朝。凡看一部縣誌，這一縣往往有十景或八景，如『遠村明月』『蕭寺清鐘』『古池好水』之類。而且，『十』字形的病菌，似乎已經侵入血管，流布全身，其勢力早不在『！』形驚歎亡國病菌之下了。點心有十樣錦，菜有十碗，音樂有十番，閻羅有十殿，藥有十全大補，猜拳有全福手福十全，連人的劣跡或罪狀，宣佈起來也大抵是十條，彷彿犯了九條的時候總不肯歇手。現在西湖十景可缺了呵！『凡為天下國家有九經』，九經固古已有之，而九景卻頗不習見，所以正是對於十景病的一個針砭，至少也可以使患者感到一種不平常，知道自己的可愛的老病，忽而跑掉了十分之一了。」這種「十景病」，實質上是一種思維傳統形成的固定的思維定勢。按照前蘇聯定勢心理學派的意見，定勢是一種追求完整的心理狀態，是主體對某種行為作好的一種準備。從思維過程來看，思維定勢是思維方式追求某種完整的思維圈，形成自己的完整性。追求某種完整性，本來是任何一種思維方式都會產生的運動。但是一種歷史上的思維方式仍然頑固地表現自己的完整性，這就成為思維傳統了。如果思維傳統成為定勢的核心，那就會以舊的思維方式來看待和考察一切，而把那些對定勢無關的物體和現象拋棄一邊，從而思維傳統也就成為固定的思維定勢，形成僵化的思維方式。中國的「十景病」所形成的「思維圈」，往往是一種怪圈，追求「十全」的形式，而不看實質。這正切中了斯密斯的批評：「中國人作為一個種族具有強烈的做戲的本能。」「中國人的問題永遠不是事實問題，而總是形式問題。」按照這樣的怪圈思考下去，結果只能是拋棄了對「十全」定勢無關但卻對現實有用的許多新生事物，而固守了腐朽無用的舊事物，在實踐中造成惡果。魯迅對「十景病」的批評，正是從這種實際情況出發的，由於站在了思維變革的高度，所以談得非常深刻。

最為重要的是一九二六年十一月十一日，魯迅在《寫在〈墳〉後面》一文中提出了著名的「中間物」概念，講了這樣一段名言：「以為一切事物，在轉變中，是總有多少中間物的。動植之間，無脊椎和脊椎動物之間，都有中間物；或者簡直可以說，在進化的鏈子上，一切都是中間物。」這正是魯迅以動態、發展的世界觀，從根本上動搖了中國傳統的「天不變道亦不變」、凝固、靜止、萬世不變的皇天信條。這乃是魯迅批判中國人思維的重要基點。

（三）《阿Q正傳》——中國人思維的形象批判

而魯迅最重要的作品《阿Q正傳》，恰恰是形象而生動地對中國人的思維進行了最為深刻的批判。

魯迅在《阿Q正傳》集中筆力描繪了阿Q的精神勝利法。

1、炫耀祖先，優勝於人：

……獨有和別人口角的時候，間或瞪著眼睛道：

「我們先前——比你闊的多啦！你算是什麼東西！」

2、惟我獨尊，瞧不起人：

趙太爺錢太爺大受居民的尊敬，除有錢之外，就因為都是文童的爹爹，而阿Q在精神上獨不表格外的崇奉，他想：我的兒子會闊得多啦！加以進了幾回城，阿Q自然更自負，然而他又很鄙薄城裡人，譬如用三尺三寸寬的木板做成的凳子，未莊人叫「長凳」，他也叫「長凳」，城裡人卻叫「條凳」，他想：這是錯的，可笑！油煎大頭魚，未莊都加上半寸長的蔥葉，城裡卻加上切細的蔥絲，他想：這也是錯的，可笑！然而未莊人真是不見世面的可笑的鄉下人呵，他們沒有見過城裡的煎魚！

3、文過飾非，諱疾忌醫：

阿Q「先前闊」，見識高，而且「真能做」，本來幾乎是一個「完人」了，但可惜他體質上還有一些缺點。最惱人的是在他頭皮上，頗有幾處不知於何時的癩瘡疤。這雖然也在他身上，而看阿Q的意思，倒也似乎以為不足貴的，因為他諱說「癩」以及一切近於「賴」的音，後來推而廣之，「光」也諱，「亮」也諱，再後來，連「燈」「燭」都諱了。一犯諱，不問有心與無心，阿Q便全疤通紅的發起怒來，估量了對手，口訥的他便罵，氣力小的他便打；然而不知怎麼一回事，總還是阿Q吃虧的時候多。於是他漸漸的變換了方針，大抵改為怒目而視了。

怒目而視不成後，就說「你還不配……」這時候，又彷彿在他頭上的是一種高尚的光容的癩頭瘡，並非平常的癩頭瘡了。

4、實際失敗，精神勝利：

閒人還不完，只撩他，於是終而至於打。阿Q在形式上打敗了，被人揪住黃辮子，在壁上碰了四五個響頭，閒人這才心滿意足的得勝的走了，阿Q站了一刻，心裡想，「我總算被兒子打了，現在的世界真不像樣……」於是也心滿意足的得勝的走了。

閒人知道他有此精神上的勝利法，就先一著對他說：

「阿Q，這不是兒子打老子，是人打畜生。自己說：人打畜生！」

阿Q兩隻手都捏住了自己的辮根，歪著頭，說道：

「打蟲豸，好不好？我是蟲豸——還不放麼？」

但雖然是蟲豸，閒人也並不放，仍舊在就近什麼地方給他碰了五六個響頭，這才心滿意足的得勝的走了，他以為阿Q這回可遭了瘟。然而不到十秒鐘，阿Q也心滿意足的得勝的走了，他覺得他是第一個能夠自輕自賤的人，除了「自輕自賤」不算外，餘下的就是「第一個」。狀元不也是「第一個」麼？「你算是什麼東西」呢?!

在克服怨敵的種種妙法都施盡、不管用之後，就只好自打嘴巴：

擎起右手，用力的在自己臉上連打了兩個嘴巴，熱刺刺的有些痛；打完之後，便心平氣和起來，似乎打的是自己，被打的是別一個自己，不久也就彷彿是自己打了別個一般，——雖然還有些熱刺刺，——心滿意足的得勝的躺下了。

甚至在死刑判決書上畫圓而畫不圓時，也有精神勝利的方法：

他以為人生天地之間，大約本來有時要抓進抓出，有時要在紙上畫圓圈的，惟有圈而不圓，卻是他「行狀」上的一個污點。但不多時也就釋然了，他想：孫子才畫得很圓的圓圈呢。於是他睡著了。

到了被押赴刑場槍斃時，仍有精神勝利法支撐：

有時雖然著急，有時卻也泰然；他意思之間，似乎覺得人生天地間，大約本來有時也未免要殺頭的。人生天地間，大約本來有時也未免要遊街要示眾罷了。

5、追求表面，不問實效：

與王胡比賽捉虱一節就很說明問題，阿Q看見王胡在那裡赤著膊捉蝨子——

阿Q也脫下破夾襖來，翻檢了一回，不知道因為新洗呢還是因為粗心，許多工夫，只捉到三四個。他看那王胡，卻是一個又一個，兩個又三個，只放在嘴裡畢畢剝剝的響。

阿Q最初是失望，後來卻不平了：看不上眼的王胡尚且那麼多，自己倒反這樣少，這是怎樣的大失體統的事呵！他很想尋一兩個大的，然而竟沒有，好容易才捉到一個中的，恨恨的塞在厚嘴唇裡，狠命一咬，劈的一聲，又不及王胡的響。

於是與王胡打將起來。

6、欺軟怕硬，懼強凌弱：

抽緊筋骨，聳了肩膀挨從「假洋鬼子」的哭喪棒之後，見弱小的小尼姑來了，又把氣撒在弱者身上：

他想。

「我不知道我今天為什麼這樣晦氣，原來就因為見了你！」

他迎上去，大聲的吐一口唾沫：

「咳，呸！」

小尼姑全不睬，低了頭只是走。阿Q走近伊身旁，突然伸出手去摩著伊新剃的頭皮，呆笑著，說：

「禿兒！快回去，和尚等著你……」

「你怎麼動手動腳……」尼姑滿臉通紅的說，一面趕快走。

酒店裡的人大笑了。阿Q看見自己的動業得了賞識，便愈加興高采烈起來：

「和尚動得，我動不得？」他扭住伊的面頰。

酒店裡的人大笑了。阿Q更得意，而且為了滿足那些賞鑒家起見，再用力的一擰，才放手。

……

「這斷子絕孫的阿Q！」遠遠地聽得小尼姑的帶哭的聲音。

7、善於忘卻，麻木不仁：

「假洋鬼子」的哭喪棒拍拍的響了之後，於他倒似乎完結了一件事，反而覺得輕鬆些，而且「忘卻」這一件祖傳的寶貝也發生了效力，他慢慢的走，將到酒店門口，早已有些高興了。往小尼姑身上撤了氣，就更是高興：

> 早忘卻了王胡，也忘卻了假洋鬼子，似乎對於今天的一切「晦氣」都報了仇；而且奇怪，又彷彿全身比拍拍的響了之後輕鬆，飄飄然的似乎要飛去了。

8、主觀盲目，充滿幻想：

阿Q自以為已經革命後，飄飄然的飛了一通，回到土穀祠，酒已經醒透了。這晚上，管祠的老頭子也意外的和氣，請他喝茶；阿Q便向他要了兩個餅，吃完之後，又要了一支點過的四兩燭和一個樹燭臺，點起來，獨自躺在自己的小屋裡。他說不出的新鮮而且高興，燭火像元夜似的閃閃的跳，他的思想也迸跳起來了，開始幻想：

> 「造反？有趣，……來了一陣白盔白甲的革命黨，都拿著板刀，鋼鞭，炸彈，洋炮，三尖兩刃刀，鉤鐮槍，走過土穀祠，叫道，『阿Q！同去同去！』於是一同去。……
>
> 「這時未莊的一夥鳥男女才好笑哩，跪下叫道，『阿Q，饒命！』誰聽他！第一個該死的是小D和趙太爺，還有秀才，還有假洋鬼子，……留幾條麼？王胡本來還可留，但也不要了。……
>
> 「東西，……直走進去打開箱子來：元寶，洋錢，洋紗衫，……秀才娘子的一張寧式床先搬到土穀祠，此外便擺了錢家的桌椅，——或者也就用趙家的罷。自己是不動手的了，叫小D來搬，要搬得快，

搬得不快打嘴巴。……

「趙司晨的妹子真醜。鄒七嫂的女兒過幾年再說。假洋鬼子的老婆會和沒有辮子的男人睡覺，嚇，不是好東西！秀才的老婆是眼胞上有疤的。……吳媽長久不見了，不知道在那裡，——可惜腳太大。」

阿Q沒有想得十分停當，已經發了鼾聲，四兩燭還只點去了小半寸，紅焰焰的光照著他張開的嘴。

這種主觀盲目的肆意幻想，是阿Q，也是中國人思維的一種顯著特點。

阿Q的思維特點還可以總結一些，但主要是以上八點。魯迅將阿Q的這種思維概括為「精神上的勝利法」。而人類的精神，從根本上說，是思維造成的。因此，阿Q精神勝利法，也可以說是阿Q思維方式。而從歷史哲學的深層視角來看，《阿Q正傳》比《狂人日記》又深入一步，開掘出了中國歷史之所以然的思維方式上的原因——精神勝利法。不根除這種奴隸哲學，中國人就不可能昇華為「自覺的人」。

而從歷史哲學的深層視角來看，《阿Q正傳》比《狂人日記》又深入一步，開掘出了中國「歷史之所以然」的思維方式上的原因——精神勝利法。不根除這種奴隸哲學，中國人就不可能從「本能的人」昇華為「自覺的人」，中華民族也不可能上升到理性境界。

精神勝利法這種思維方式有哪些特徵呢？

第一、從思維方法上看，是泯滅精神與物質、主觀與客觀的界限，造成思維的混亂。阿Q在客觀物質世界中遭到了失敗，卻不能正確地總結教訓，挖掘根源，糾正自己的思維與行為方式，以在客觀實際中爭取轉機，反而是混淆界限，用精神勝利法這種錯誤的思維方法，變客觀物質上的失敗為主觀精神上的勝利，並以此自鳴得意。

第二、從思維方向上看，是「求諸內」，而不是「求諸外」。所謂「求諸內」，就是拒斥對外界現實的追求與創造，一味向內心退縮，製造種種虛設的理由求得心理平衡和精神勝利。儒、道、釋之所以在中國能實現「三教同源」，原因之一是這三教都有「求諸內」的心理淵源，合流之後更加重了這種趨向，長期積澱為一種頑固的心理定勢與精神機制，鑄成中國人的一種不敢正視現實、喜歡退回內心的弱點。魯迅對此進行了多年的深刻探究，他之所以創造阿Q，用意之一也在於要把退回內心以求精神勝利的普遍現象集中在一個人物身上，予以戲劇化的演示，讓人們在笑聲中肅然省悟自身類似的弱點，逐步克服。

第三、從思維效果上看，是造成人的盲目顢頇，與世隔膜。阿Q就是這樣一個本能的蒙昧的人，他始終不能正確地認識自己，認識世界以及自己在世界上的位置，渾渾噩噩，糊裡糊塗，得意時趾高氣揚，欺侮弱者；失敗時又靠精神勝利法，化失敗為勝利，在「瞞和騙」中尋求圓滿。賽凡提斯通過堂・吉訶德這一不朽形象表現了人類易於脫離客觀物質世界的發展變化、陷入主觀主義誤區的普遍弱點，魯迅則通過阿Q這一活生生的藝術形象，表現了當時中國的一種自欺欺人的精神現象，同時也反映了人類易於逃避現實、退入內心、尋求精神勝利的精神機制和普遍弱點。堂・吉訶德到臨死時才明白自己不過是一個平凡的普通人，並非什麼騎士；阿Q則是直到被押往法場時還不知道自己是怎麼死的。這兩個藝術形象都是絕妙的「鏡子」，啟悟人們認識自己，實現精神的自覺。而阿Q則是中國化的，對於中國人具有特殊的啟悟意義。魯迅從創造阿Q這個精神典型，到後期寫阿金這個蒙昧的娘姨形象，都是從根本點上總結中國人的生存方式，旨在啟悟他所摯愛的中華民族從精神幻覺的迷夢中覺醒，讓人們從朦朧、昏憒的醉迷中醒悟，掙脫出「瞞和騙的大澤」，敢於正視人生，正視面臨的物質實境，「直面慘澹的人生，正視淋漓的鮮血」，正確地認識自己與認識世界。這恰恰是一種最根本的精神啟蒙與哲學啟悟。

二〇〇四年訪問加拿大時，一位朋友問我，你研究了一輩子魯迅，能不能用一句簡明通俗的話說說魯迅是誰。我考慮了一下說：魯迅就是對中國人的精神進行深刻反思的偉大思想家。他教導「偏不肯研究自己」的中國人明白自己是怎麼回事，周圍世界是怎麼回事，在這樣的世界上自己應該怎麼做，活得明白點兒。由此對其他國家的人們也同樣會有所啟迪。

阿Q這個不朽的藝術典型，對於扭轉中國人「求諸內」的思維定勢的功效實在是太大了！他永遠是一面絕妙的「鏡子」，啟悟中國人注意變革自己的思維方式和精神狀態。這絕非是幾本關於思維方式的哲學著作所能相比的！

這應該看作是魯迅對二十世紀中國思維變革的最偉大的貢獻。

（四）「面子」——精神勝利法的來源

那麼，魯迅對精神勝利法的概括與對這種思維方式的批判，是怎樣形成的，他一生又是怎樣始終堅持他的批判呢？

一百多年前，即一八九四年，一位在中國生活了二十多年的美國傳教士史密斯，在美國佛萊明公司出版了外國研究中國人的第一本書——《中國人氣質》。他在第一章「面子」中就說：「『面子』正是打開中國人許多最重要特性這把暗鎖的鑰匙。」

怎樣用「面子」這把鑰匙打開中國人的特性呢？《中國人氣質》的最大特點在於有哲理深度，不限於事例的羅列，而是深入到思想方法與精神根柢中去探究因由，話雖然不多，卻很有啟發性，例如說「中國人普遍有一個習慣，這就是用事實本身來解釋事實，不追究其中的道理」。（第十章）「力量造就了西方社會所稱呼的『務實的人』，他們的生活只由兩部分構成：腸胃和錢袋。這樣的人是真正的實用主義者，你無法讓他理想他沒有看見過或聽到過的事物，他們壓根沒有追究事物原因的觀念」，（第十章）「在中國，『捉住老鼠，就是好貓。』成功就是一切」。（第九章）「若問他們某一宗教行為產生的原因，你可以得到下列兩種回答：一是認為，與上帝溝通的方式、程式是先人傳下來的，歷來如此；二是認為，大家都這麼做，我也這麼做。在中國，是機器帶動齒輪，而不是齒輪帶動機器，如果這是四海皆準的真理，那就只要求遵守了」（第十四章）。

以上這些話，雖然很簡短，也不深奧，卻很深刻有力，從思想方法與思維習慣上揭示了中國人拘泥形式、不求實效、固守既定模式、不問原因、不求變革的從眾、保守心理的哲學根源。中國的傳統思維帶有很濃厚的實用理性色彩，不像西方那樣追窮事物根由、富有抽象理性特徵，所以很容易追求「『捉住老鼠，就是好貓。』成功就是一切」的短期效應，陷入實用主義的沼澤；也很容易以「先人傳下來的，歷來如此」為根據而循古；或者以「大家都這麼做，我也這麼做」為理由而從眾；是「機器帶動齒輪，而不是齒輪帶動機器，如果這是四海皆準的真理，那就只要求遵守了」，而不去用實踐檢驗其是否是真理，追究其哲學根源。在陷入沼澤不可自拔之後，又易於自欺欺人，用「瞞和騙」安慰自己，求得精神勝利，為保住「面子」而「做戲」。這正是中國國民性種種缺陷的精神根源之一，從這裡也顯示出史密斯其人思想的深刻性。

史密斯的《中國人氣質》在美國紐約出版兩年之後。即一八九六年，日本就有了澀江保的譯本，譯為《支那人氣質》，由東京博文館出版。出版後立即風行一時，後來問世的日本漢學家研究中國人的著作幾乎無不受其影響，有的甚至是抄襲史密斯。

魯迅一九〇二年到日本留學，據許壽裳回憶，魯迅經常和他一起討論改造中國國民性的問題：

> 一九〇二年我和魯迅同在東京弘文學院預備日語，卻是不同班，也不同自修室，他首先來看我，初見時談些什麼，現在已經記不清了。有一天，談到歷史上中國人的生命太不值錢，尤其是做異族奴隸的時候，我們相對淒然。從此以後，我們就更加接近，見面時每每談中國民族性的缺點。因為身在異國，刺激多端，……我們又常常談著三個相聯的問題：（一）怎樣才是理想的人性？（二）中國民族中最缺乏的是什麼？（三）它的病根何在？對於（一），因為古今中外哲人所孜孜追求的，其說浩瀚，我們盡善而從，並不多說。對於（二）的探索，當時我們覺得我們民族最缺乏的東西是誠和愛，——換句話說，便是深中了詐偽無恥和猜疑相賊的毛病。口號只管很好聽，標語和宣言只管很好看，書本上只管說得冠冕堂皇，天花亂墜，但按之實際，卻完全不是這回事。至於（三）的癥結，當然要在歷史上去探究，因緣雖多，而兩次奴於異族，認為是最大最深的病根。做奴隸的人還有什麼地方可以說誠說愛呢？……唯一的救濟方法是革命。我們兩人聚談每每忘了時刻。我從此就佩服他的理想之高超，著眼點之遠大，他後來所以決心學醫以及毅然棄醫

而學文學，都是由此出發的。

聯想魯迅當時的精神狀態、讀書狀況和以後多次評介、力主翻譯該書的一系列意見，然後對照思考許壽裳的這段回憶，我們有充分把握得出如下結論：魯迅一九〇二年在東京弘文學院學習期間就已細讀了史密斯的《中國人氣質》，當然是澀江保的日譯本，而非英文原本。以後也仍以極大興趣思考此書，畢生受到了重要影響。

魯迅一生中多次談到《中國人氣質》列為中國人精神總綱的「面子」問題。最早的談話見於一九二三年六月三日出版的、藤原鐮兄編輯的日文《北京週報》，題目為《「面子」和「門錢」——兩周氏談》，（見《魯迅研究資料》第三輯）。在這篇談話中，魯迅詳細分析了「面子」一詞在中國的由來，指出：

> 由於「面子」一詞以表面的虛飾為主，其中就包含著偽善的意思。把自己的過錯加以隱瞞而勉強作出一派正經的面孔，即是偽善；不以壞事為壞，不省悟，不認罪，而擺出道理來掩飾過錯，這明是極為卑鄙的偽善。因而可以說，「面子」的一面便是偽善。

「兩周」之一的周作人也談了一些，擇要引錄一段，作為補充參考。周作人講了北京人指頭上蘸唾沫、裝寫字、把桌上芝麻粘著吃掉的故事後說道：

> 這種故事也表明了這「面子」的一面的意思。有實際價值的人就是不吭聲，別人也尊重他。實際價值並不高，只在表面上努力裝出有價值，那就有必要在「面子」問題上下功夫了。

周作人也把「面子」解釋為虛飾，但似乎不像魯迅的分析那般尖刻、透闢。

一九三四年，魯迅直截了當論此題，寫了《說「面子」》一文，指出：

> 「面子」是我們在談話裡常常聽到的，因為好像一聽就懂，所以細想的人大約不很多。
>
> 但近來從外國人的嘴裡，有時也聽到這兩個音，他們似乎在研究。他們以為這一件事情，很不容易懂，然而是中國精神的綱領，只要抓住這個，就像二十四年前的拔住了辮子一樣，全身都跟著走動了。
>
> 中國人要「面子」，是好的，可惜的是這「面子」是「圓機活法」，善於變化，於是就和「不要臉」混起來了。長谷川如是閒說「盜泉」云：「古之君子，惡其名而不飲，今之君子，改其名而飲之。」也說穿了「今之君子」的「面子」的祕密。

這是進一步揭了「面子」的「虛飾」的紗巾，指出其「極為卑鄙的偽善」。

關於中國人的「做戲的本能」，魯迅也有直接的論述。一九三一年，他在《宣傳與做戲》一文中說：

> 就是那剛剛說過的日本人，他們做文章論及中國的國民性的時候，內中往往有一條叫作「善於宣傳」。看他的說明，這「宣傳」兩字卻又不像是平常的「Propaganda」，而是「對外說謊」的意思。
>
> ……
>
> 不過，這些究竟還有一點影子；究竟還有幾個學堂，幾個博士，幾個模範監獄，幾個通電，幾套軍裝。所以說是「說謊」，是不對的。這就是我之所謂「做戲」。
>
> 但這普遍的做戲，卻比真的做戲還要壞。真的做戲，是只有時；戲子做完戲，也就恢復為平常狀態的。……
>
> 不幸因為是「天地大戲場」，可以普遍的做戲者，就很難有下臺的時候，……

魯迅呼籲中華民族從「這普遍的做戲」的迷夢中醒來。

無論是「虛飾」的「面子」，還是「普遍的做戲」，都是一種「欺瞞」。一九二五年七月，魯迅在《論睜了眼看》一文中大聲吶喊：

> 中國的文人也一樣，萬事閉眼睛，聊以自欺，而且欺人，那方法是：瞞和騙。
>
> 中國人的不敢正視各方面，用瞞和騙，造出奇妙逃路來，而自以為正路。在這路上，就證明著國民性的怯弱，懶惰，而又巧滑。一天一天的滿足著，即一天一天的墮落著，但卻又覺得日見其光榮。

魯迅大聲疾呼中國人民從「瞞和騙的大澤中」覺醒起來，取下假面，正視人生。

不敢正視現實的中國人，面對西方列強的侵略束手無策的時候，就往往以盲目的民族自大欺瞞自己。後期，魯迅仍然深入批判這種只講「面子」不看實際的國民性弊病。一九三六年十月，在開頭提到的力主翻譯《中國人氣質》的《「立此存照」（三）》中，他以「浮腫」與「肥胖」為例形象、生動地進行了新的開掘：

> 其實，中國人是並非「沒有自知」之明，缺點只在有些人安於「自欺」，由此並想「欺人」。譬如病人，患著浮腫，而諱疾忌醫，但願別人糊塗，誤認他為肥胖。妄想既久，時而自己也覺得好像肥胖，並非浮腫；即使還是浮腫，也是一種特別的好浮腫，與眾不同。如果有人，當面指明：這並非肥胖，而是浮腫，且並不「好」，病而已矣。那麼，他就失望，含羞，於是成怒，罵指明者，以為昏妄。然而還想嚇他，騙他，又希望他畏懼主人的怒和罵詈。惴惴的再看一遍，細尋佳處，改口說這的確是肥胖。於是他得到安慰，高高興興，放心的浮腫著了。

這段議論妙趣橫生，犀利睿智，是魯迅臨終前雜文筆法登峰造極的結晶，永遠給人以深刻的啟悟。這種「諱疾忌醫」、在「妄想」中求得精神勝利的「放心的浮腫」者，與忌諱頭上癩瘡疤的阿Q屬於同一精神類型，永遠「自我感覺」良好，永遠自欺欺人，永遠不能正視現實、不能認識自己的真實面目；陷在「瞞和騙的大澤」中不可自拔。為了療救這種普遍的精神痼疾，魯迅勸告這些「閉了眼睛浮腫著」的人，要好好「反省」，並「希望有人翻出斯密斯的《支那人氣質》來。看了這些，而自省，分析，明白那幾點說的對，變革，掙扎，自做工夫，卻不求別人的原諒和稱讚，來證明究竟怎樣的是中國人」。

魯迅在《阿Q正傳》中所做的精神勝利法這一概括，顯然借鑒了史密斯《中國人氣質》中關於「面子」的評析，但是又比之更為透闢。因為「面子」還是形式上的表現，精神勝利法則透視出人們靈魂深處的心理活動與精神機制。阿Q不是最忌諱別人說他頭上幾處不知起於何時的癩瘡疤嗎？「他諱說『癩』以及一切的於『賴』的音，後來推而廣之，『光』也諱，『亮』也諱，再後來，連『燈』『燭』都諱了。一犯諱，不問有心與無心，阿Q便全疤通紅的發起怒來，估量了對手，口訥的他便罵，氣力小的他便打；然而不知怎麼一回事，總還是阿Q吃虧的時候多。於是他漸漸的變換了方針，大抵改為怒目而視了。」後來又「另外想出報復的話來：『你還不配……』這時候，又彷彿在他頭上是一種高尚的光榮的癩頭瘡，並非平常的癩頭瘡了」。這種阿Q式的「癩頭瘡」系列表演，與近某些士大夫的民族自大心理不是如出一轍嗎?不正視現實而以自己精神上的勝種和愉悅為滿足的心理狀態，導致了為保住「面子」而做戲、而瞞和騙、而自吹自大等一系列虛飾的行為。這種自欺欺人、主觀盲目的精神勝利法，正是造成保守落後、不求變革等等中國國民性弊病的精神根源，是藏匿在靈魂深處的一種心理隱秘和一種思維方式。人與動物最根本的區別，就在於人是具有思維精神的。人的幸福與不幸、勝利與失敗的感覺，在一定程度上與採取什麼樣的思維方式有關。例如很窮的人，由於想得開，對生活持樂觀態度，也可能活得很愉快，並以積極進取的方式改變自己的生活；很富的人，由於種種奢望沒有完全達到，或者採取消極的生活態度，也可能活得並不快樂，甚至自殺。但是這種精神作用是有一定限度的，阿Q的樂天精神使他不至於患精神分裂症，也不至於自盡，當做無可奈何時的一種心理療救或調理的權宜之計，也未嘗不可，然而倘若總持這種精神勝利法，尤其是一個民族被精神勝利法所籠罩，就會是一件很壞的事了。魯迅塑造了阿Q這一不朽的藝術典型，批判了當時彌漫於中國社會的精神勝利法，並揭露了其根源、隱秘和方式以及作為一種人類普遍弱點的表現形態，是他對中華民族和世界文化的最大貢獻。而這一大貢獻的參照之一，是史密斯的《中國氣質》。

（五）在中外比較中反省中國人的思維

魯迅從來不拒絕外國對中國人的批評，而主張從中自省，分析，總教導「偏不肯研究自己」的中國人，「留心看看別國的國民性格」，特別注意在中外比較中「博觀和內省」中國人的思維。

一九二五年五卅運動後，魯迅提醒國人面對的是「堅強的英人」，在《忽然想到十》中說：

> 我覺得英國人的品性，我們可學的地方還多著……
>
> 中國青年負擔的煩重，就數倍於別國的青年了。因為我們的古人將心力大抵用到玄虛漂渺平穩圓滑上去了，便將艱難切實的事情留下，都待後人來補做，要一人兼做兩三人，四五人，十百人的工作，現在可正到了試練的時候了。對手又是堅強的英人，正是他山的好石，大可以借此來磨練。

他著重批評了當時中國偏重於宣傳而不務實的傾向，歸結到中國的傳統思維方式——「將心力大抵用到玄虛漂渺平穩圓滑上去了，便將艱難切實的事情留下」，讚揚了英人的堅強與切實。這絕不是什麼崇洋媚外，而是「借他山的好石，以反省、「磨練」自己。

在《今春的兩種感想》中，魯迅又從一九三二年上海一．二八事變中日本人捉殺中國人的事，比較了中外的思維差異：

上海有許多抗日團體，有一種團體就有一種徽章。這種徽章，如被日軍發現死是很難免的。然而中國青年的記性確是不好，如抗日十人團，一團十人，每人有一個徽章，可是並不一定抗日，不過把它放在袋裡。但被捉去後這就是死的證據。還有學生軍們，以前是天天練操，不久就無形中不練了，只有軍裝的照片存在，並且把操衣放在家中，自己也忘卻了。然而一被日軍查出時是又必定要送命的。像這一般青年被殺，大家大為不平，以為日人太殘酷。其實這完全是因為脾氣不同的緣故，日人太認真，而中國人卻太不認真。中國的事情往往是招牌一掛就算成功了。日本則不然。他們不像中國這樣只是作戲似的。日本人一看見有徽章，有操衣的，便以為他們一定是真在抗日的人，當然要認為是勁敵。這樣不認真的同認真的碰在一起，倒楣是必然的。

有人責備魯迅是「親日」的：「在日本人捉殺中國人時，為什麼還替日本人說話？」其實，這完全是對魯迅的誤解。魯迅是從這個事件批評中國人的不認真，提醒國人學習日本認真的精神，從思維方式改變馬虎、敷衍的毛病。

一九三四年八月，魯迅在《從孩子的照相說起》中比較中國和外國孩子的差異：

中國一般的趨勢，卻只在向馴良之類——「靜」的一方面發展，低眉順眼，唯唯諾諾，才算一個好孩子，名之曰「有趣」。活潑，健康，頑強，挺胸仰面……凡是屬於「動」的，那就未免有人搖頭了，甚至於稱之為「洋氣」。

孩子的「馴良」與「活潑」，其實也是思維方式的外在表現。「低眉順眼，唯唯諾諾」，正反映了思維的僵化與停滯；「活潑，健康」，則顯示了思維的活躍與強健。

魯迅由此歸咎出了產生這種思維方式的根源，並批評了那種「對著幹」的形而上學思維方式：

因為多年受著侵略，就和這「洋氣」為仇；更進一步，則故意和這「洋氣」反一調：他們活動，我偏靜坐；他們講科學，我偏扶乩；他們穿短衣，我偏著長衫；他們重衛生，我偏吃蒼蠅；他們壯健，我偏生病……這才是保存中國固有文化，這才是愛國，這才不是奴隸性。

其實，由我看來，所謂「洋氣」之中，有不少是優點，也是中國人性質中所本有的，但因了歷朝的壓抑，已經萎縮了下去，現在就連自己也莫名其妙，統統送給洋人了。這是必須拿它回來——恢復過來的——自然還得加一番慎重的選擇。

即使並非中國所固有的罷，只要是優點，我們也應該學習。即使那老師是我們的仇敵罷，我們也應該向他學習。我在這裡要提出現在大家所不高興說的日本來，他的會摹仿，少創造，是為中國的許多論者所鄙薄的，但是，只要看看他們的出版物和工業品，早非中國所及，就知道「會摹仿」決不是劣點，我們正應該學習這「會摹仿」的。「會摹仿」又加以有創造，不是更好麼？否則，只不過是一個「恨恨而死」而已。

日本當時是中國的敵對國，魯迅在這種環境中提出學習日本的優點，應該是很不容易的。他還在這篇文章中借批評中國照相師的攝相方式，對中國人的思維方式進行了批判：

我們這裡的有些人，卻有一種錯誤的速斷法：溫文爾雅，不大言笑，不大動彈的，是中國孩子；健壯活潑，不怕生人，大叫大跳的，是日本孩子。

然而奇怪，我曾在日本的照相館裡給他照過一張相，滿臉頑皮，也真像日本孩子；後來又在中國的照相館裡照了一張相，相類的衣服，然而面貌很拘謹，馴良，是一個道地的中國孩子了。

為了這事，我曾經想了一想。

這不同的大原因，是在照相師的。他所指示的站或坐的姿勢，兩國的照相師先就不相同，站定之後，他就瞪了眼睛，覗機攝取他以為最好的一刹那的相貌。孩子被擺在照相機的鏡頭之下，表情是總在變化的，時而活潑，時而頑皮，時而馴良，時而拘謹，時而煩厭，時而疑懼，時而無畏，時而疲勞……。照住了馴良和拘謹的一刹那的，是中國孩子相；照住了活潑或頑皮的一刹那的，就好像日本孩子相。

這裡包含很深的認識論道理：事物是發展、變化，不斷運動的，絕不是靜止的。如果人們不能全面地反映事物運動、變化的全貌，而是只斷取一截或一點，就不可能正確地認識事物。

前面提到的《「立此存照」（三）》，講的是所謂「辱華影片」事件，美國導演約瑟夫•馮史丹堡五年前拍了部《上海快車》，中國新聞界認為是對中國人的重大侮辱，他在一•二八事變後又來到上海，卻受到電影界的歡迎。因此，有人寫文章提出抗議，對之要進行「輿論的譴責」。魯迅針對此事寫道：

我們應該有「自知」之明，也該有知人之明：我們要知道他並不把中國的「輿論的譴責」放在心裡，我們要知道中國的輿論究有多大的權威。

其實，魯迅在臨終前是有重申他在青年時代強調的觀點：「首在審己，亦必知人，比較既周，爰生自覺。」也就是告誡自己的同胞須「有『自知『之明，也該有知人之明」。認識自己，又認識世界，在周嚴的比較中達到主觀世界與客觀世界的統一，昇華到自覺的境界。

然而，認識自我，絕非易事，一位名叫勃恩斯的詩人這樣寫道：

啊！我多麼希望有什麼神明能賜我們一種才能，可使我們能以別人的眼光來審查自我。

「以別人的眼光審查自我」，是神明才能賜予的才能，可見其難了。其實，神明是企盼不來的，虛下心來，多聽聽別人或別的國家對自己和本民族的看法，有者改之，無者加勉，倒可能打通認識自己的巷道。

什麼是聰明、睿智？善於花言巧語、耍小手段是嗎？絕對不是的。用魯迅的話說只是「輇才小慧之徒」和「巧滑之徒」，「搗鬼有術，也有效，然而有限，所以以此成大事者，古來無有。」真正的聰明、睿智，就是不斷地虛懷若谷地內省自己、瞭解外界，及時而準確地保持「自知之明」與「知人之明」。無此「兩明」，辦事休矣。

因此，魯迅在《隨感錄六十一‧不滿》中告誡自己的同胞：

不滿是向上的車輪，能夠載著不自滿的人類，向人道前進。多有不自滿的人的種族，永遠前進，永遠有希望。多有只知責人不知反省的人的種族，禍哉禍哉！

（六）深掘中國人傳統思維定勢形成的根源

所謂「傳統思想」，其實就是幾千年來所形成的中國人的思維定勢，即一種在長期的思維實踐中所形成的慣用的、格式化的思考模型，當面臨外界事物或現實問題的時候，就不假思索地把它們納入特定的思維框架，沿著特定的思維路徑進行思考和處理。這就是思維的慣常定勢，簡稱思維定勢。

那麼，中國人的這種「求諸內」、追求精神勝利的思維定勢究竟是怎麼形成的呢？魯迅也進行了深刻的探究，歸納出以下三點：

1、「精神的遺傳」：魯迅早在前期雜文《我們現在怎樣做父親》中就深為憂心地指出：「可怕的遺傳，並不只是梅毒；另外許多精神上體質上的缺點，也可以傳之子孫，而且久而久之，連社會都蒙著影響。」「精神的遺傳」，是魯迅長期探索人類精神現象史所得出的一個重要觀點。而中國人的「精神的遺傳」是什麼呢？魯迅在一九一二年，辛亥革命不久，在《〈越鐸〉出世辭》中指出越人後來「漸專實利而輕思理」，因而「民不再振」。一九一八年八月二十日致許壽裳的信中說：「中國根柢全在道教，此說近頗廣行，如此讀史，有多種問題可以迎刃而解。」一九二七年九月，又在《小雜感》中說：「人往往憎和尚，憎尼姑，憎回教徒，憎耶教徒，而不憎道士。懂得此理者，懂得中國大半。」道教正是中國人最為重要的「精神的遺傳」，因為道教從理論上順應並促進了中國人惟求心安、「漸專實利」的精神慣性，反過來，中國人的這種精神慣性又從實利上順應並促進了道教的發展。關於這一點，美國學者杜威有著類似的看法，他一九二二年在《中國人的人生哲學》一書中說：「中國人對於政治和社會的一切態度和兩大哲學家的人生哲學有深密的關係——一個是老子，一個是孔子，也許可以再加一個進去——便是釋迦。但是佛教思想是外來的，而孔、老的哲學，都是中國的土產。……」「老子主張自然超過人為，從這種主張所得的結論，便是『無為』的主張。……『無為』是道德行為的一種規律，是教人積極的忍耐、堅毅、靜待自然工作的一種教訓。以退為進，就是他的標語。……因為有這種見解作根柢，所以才有中國人的『聽其自然』的、知足安分的、寬容的、和平的、詼諧的、嬉樂的那種人生觀。也因為有了這種見解作根柢，所以才生出中國人的定命主義。」「孔教的一般見解，恰和道教立於相反地位。孔子的教義，誇張藝術、文化、人道主義、知識和道德的努力的重要。所以這種教義對於學者階級、上流階級發生的影響，比道教對於民眾所生的影響，自然更要深切得多了。可是有許多地方，孔教所生的實際效果，竟和道教的效果一般無二。」杜威沒有像魯迅那樣單提道教，但是卻把孔教與道教所生的實際效果看成是「一般無二」的，並把這「無二」的效果歸結到「以退為進」上來，實際上與魯迅不謀而合了。其實，孔教也是在加強著中國人「求諸內」的思維定勢。魯迅說：「中國原是『禮義之邦』，關於禮的書，就有三大部」。「禮義」自然有其優良的一面，然而捨其內容，只講形式，就可能走向反面。在中國就出現了這種現象，長期以來，封建統治者賴以維持社會的，不是法律，而是禮教，強迫人們「非禮勿視，非禮勿聽，非禮勿言，非禮勿動」，一切言行都以禮教為準。禮教是注重形式的，一舉一動都有禮儀。當初提倡禮教的時候，或者每種禮儀，都還包含精神內容，但是到了後來，環境已變，人事已改，已經不能適應社會生活的需要，封建統治者卻仍然死命固守那些繁文縟禮，絲毫不變。結果，只有軀殼，沒有精神，所謂禮教完全成為虛偽的形式，人們迫於各種壓力，或者出於各種考慮，甚至由於某種「精神的遺傳」，一種前世遺傳的主觀盲目的慣性，不顧事實而恪守形式。這樣，對於「我們的『傳統思想』」來說，行為準則就不是依據事實、以實踐為惟一標準，而是憑藉形式、以禮教或其他純精神的東西為永恆的準繩。於是，也就強化了「求諸內」的思維定勢，加重了中國國民性中背離客觀事實而向內追求形式圓滿、精神勝利的機制和心理，以至使西方人覺得中國人「具有強烈的做戲的本能」。至於釋迦呢，也同樣沿著這一心理路線被同化了。魯迅說：「佛教初來時便大被排斥，一到理學先生談禪，和尚做詩的時候，『三教同源』的機運就成熟了。」佛教之所以在中國和孔教、道教「同源」，就在於佛教中因果報應、轉世輪迴的觀念符合中國人追求精神勝利的心理機制，真正信佛、切實修煉的人，在中國很少見。萬變不離其宗，無論什麼教，歸根結蒂，都會歸於「求諸內」、追求心理平衡、精神勝利的思維定勢上來。這就算是我們的「精神的遺傳」吧！

2、地理環境因素：黑格爾這樣論述過個體與環境之間的辯證關係：「構成個體性規律之內容的環節，一邊是個體自身，另一邊是個體所面對著的普遍的無機自然界，如當前的環境，形勢，風俗，宗教等等；特定的個體就要根據這些情況才可理解。」除了以上所說的宗教等「精神的遺傳」因素之外，中國所處的地理環境，即黑格爾所說的無機自然界，也是形成中國人「求諸內」思維定勢的重要因素。魯迅早在青年時代就指出過這方面的原因，他在《文化偏至論》中說：「屹然出中央而無校讎，則其益自尊大，寶自有而傲睨萬物，固人情所宜然，亦非甚背於理極者矣。」其意是說中國的地理環境是立於中央而沒有能與之抗敵的國家，地大物博，自給自足，造成傲視萬物的心態，這本來也是人情的必然發展，並非完全違背道理的。但是如果長期下去則可能形成錯誤的思維定勢：因為地處中央、地大物博，養成自給自足、不求於人的小農經濟心態，對外擴大之野心甚少，而向內追求平衡調節之機制甚重，外敵軟弱不足以勝己時便益自尊大，而外敵強大、自己屢屢失敗時就易於退回內心、追求精神勝利。馬克思主義哲學認為地理環境包括自然地理和文化地理兩種，地處中央、地大物博屬於前一種，注重內心、講求形式屬於後一種。這兩種地理環境因素相互作用，地處中央、地大物博的自然地理環境生出一味內縮的文化心態；這種心態又加強了固守中央的自然地理意識，因而形成了一種惡性的循環圈，逐步強化了「求諸內」的思維定勢。

3、歷朝的壓抑與外族的入侵：魯迅在前面引述過的《從孩子的照相說起》中指出：「所謂『洋氣』之中，有不少是優點，也是中國人性質中所本有的，但因了歷朝的壓抑，已經萎縮了下去。」一九三六年又在致尤炳圻的信中說：「日本的國民性，的確很好，但最大的天惠，是未受蒙古之入侵；我們生於大陸，早營農業，遂歷受游牧民族之害，歷史上滿是血痕，卻竟支撐以至今日，其實是偉大的。」這就是說：雖然中華民族身受歷朝的壓抑與外族的入侵，但是「我們從古以來，就有埋頭苦幹的人，有拼命硬幹的人，有為民請命的人，有捨身求法的人……雖是等於為帝王將相作家譜的所謂『正史』，也往往掩不住他們的光耀，這就是中國的脊樑。」然而就整個國民性來說，還是受到了扭曲，出現了「人類心理的順遂的變形」。魯迅後期在《且介亭雜文》的《隔膜》、《買〈小學大全〉記》、《病後雜談》、《病後雜談之餘》等雜文中詳細地研究了《清代文字獄檔》和孟森的《心史叢刊》，分析了清代一些文字獄案件的真相；窺探了《御批通鑒輯覽》、《上諭八旗》、《雍正朱批諭旨》等皇帝批示的文件，揭露了封建統治者陰暗、專橫的心理；並例舉了明代的剝皮等酷刑，引錄了古書上關於漢民族「受游牧民族之害」、社會倒退的描述和清兵入關時「揚州十日」「嘉定三屠」的慘狀，從中不僅洞察了封建統治者統治「策略的博大和惡辣，並且還能夠明白我們怎樣受異族主子的馴擾，以至遺留至今的奴性的由來」。這裡所說的「奴性的由來」，就是「人類心理的順遂的變形」，或稱「人類心理的一切秩序的蛻變的歷史」，原本由於精神遺傳與地理環境等因素造成的「求諸內」的思維定勢，加之以歷朝的壓抑與外族的入侵，「一向被同族和異族屠戮，奴隸，敲掠，刑辱，壓迫下來的，非人類所能忍受的楚毒，也都身受過」，更加被強化、壓鑄、定型化了。

這種「求諸內」的思維定勢有三大特點：一是內縮性，思維線路是向內心收縮，而不向外發散；二是凝固性，思維狀態是孤立、凝固、靜止的，按照固有的習慣進行思考，對從來如此的事情不敢有絲毫懷疑；三是主觀性，把主觀的心理感覺當作判斷是非對錯的標準，只看形式，不看實質。

其實，許多學者已經日益看清了這一點。例如我的同事、著名學者王學泰先生就在《清代有經學無儒學說》中借用龔自珍的話說：「康雍乾」時期最高統治者對文人士大夫施以「無形的殺戮」，也就是「戮其心」，殺戮那些才士才民的「能憂心」「能憤心」「能思慮心」「能作為心」「能有羞恥心」。而且持續不斷的像溫水煮青蛙一樣的「漸」「戳」，堅持上百年。才實現了一個沒有才士才民的時代。大家都渾渾噩噩，哪裡還會有獨立的士大夫精神？哪裡還會有立志「為天地立心，為生民立命」的真儒學？又在《「康雍乾」三朝對於士人的馴化——再說清代有經學無儒學》中進一步剖析了這些強勢皇帝的「給足面子與不忘時時敲打」等巧妙而冷酷的統治術，將「令人齒冷的文士學者」逐漸被「馴化」、「奴化」，終於變成了沒了「『氣』的無恥的一群」。隨之而生的思考方式當然會發生很大的變化。

學泰先生的文章是近年來少見的鞭辟入裡的深刻之文，與魯迅的思想是一致的。

這種變了型的「令人齒冷的文士學者」的思考方式，就是魯迅所要寫出的「我們國人的魂靈」，別國所沒有的「我們的『傳統思想』」。以改變中國人精神為己任的魯迅，自棄醫從文之日起，就深入到思維層面，致力於改造國人這種「魂靈」和「傳統思想」的歷史性的工作。他在《狂人日記》中對這種思維定勢發出了振聾發聵質問：「從來如此，便對麼？」確實是推動二十世紀中國思維變革的第一聲吶喊！亞里斯多德有一句名言：「神聖的思想是對思想的思想。」魯迅的這一句發問，正是對中國人思想的思想，對一種長期存在、司空見慣的思維定勢的反思，稱得上是「神聖的思想」。《阿Q正傳》對阿Q精神勝利法的形象概括，又是對中國人思維定勢的最深刻的批判。魯迅是以一種非常之人的非常思維，扭轉沿續幾千年的思維定勢，提醒人們想一想自己的思維方式是否存在問題，以「從來如此」為衡量對錯的惟一標準是否合適？「從來如此」的歷史原來是「吃人」的，我們還能認為對麼？還能像阿Q那樣靠精神勝利法生活嗎？我們是否需要換一個方式思考歷史，變換一下「與世界打交道」的方式，改一個「活法」做人，做一個不「吃人」的「真的人」呢？

（七）歸根結底是奴性在做怪

魯迅比其他思想家更為深刻的一點，是他對中國人思維的批判，沒有止於思維方式的一般性剖析，而是歸根於奴性的做怪。

巴金在《隨想錄69・十年一夢》引過林琴南翻譯的英國小說《十字軍英雄記》中的一句話：

> 奴在身者，其人可憐；奴在心者，其人可鄙。

所謂的「奴在心者」，就是在精神上、內心裡被奴役的人，這種「精神奴隸」是最可鄙的。魯迅終生致力批判的正是這種「精神奴隸」。一九二一年，他在《〈狹的籠〉譯者附記》中就表述過這樣的觀點。《狹的籠》是俄國盲詩人埃羅先珂創作集《天明前之歌》裡的第一篇，是作者在漂流印度時有感於當地人對廢除「撒提」習俗的不滿而寫成的。魯迅翻譯了這篇文章並在附記中這樣評述道：「單就印度而言，他們並不戚戚於自己不努力於人的生活，卻憤憤於被人禁了『撒提』，所以即使並無敵人，也仍然是籠中的『下流的奴隸』。」所謂「撒提」，是印度舊時的一種封建習俗：丈夫死後，妻子即隨同丈夫的屍體自焚。「撒提」（Sait，梵文）原義為「貞節的婦女」。對於這種極端殘忍、滅絕人性的封建習俗，予以廢除自然是理所當然的。但是當時的許多印度人，甚至包括很多上層的文化人都表示反對。這些人的確如魯迅所說的是「籠中的『下流的奴隸』」！「自己不努力於人的生活」，爭取「人」的價格，卻憤憤於被人禁了「撒提」！因而「即使並無敵人」，沒有殖民者、奴隸主形式上的統治，在精神上、內心裡，他們仍然是「狹的籠」中的最下流、最可鄙的奴隸！

魯迅還在這篇文章中稱讚「俄國式的大曠野的精神」。這種「大曠野的精神」，實質上是與蜷縮在「狹的籠」中的奴隸精神相對立的，與其他作家提倡的「大荒原精神」等等精神是一致的，同是一種獨立、自由的自覺精神。魯迅又在《華蓋集·通訊》中說「其實中國並沒有俄國之所謂智識階級」，也正是認為中國缺乏俄國知識份子的那種「大曠野的精神」，多的是蜷縮在「狹的籠」中的「精神奴隸」。

一九二五年四月，魯迅又在《燈下漫筆》中對中國歷史提出了一個著名的論斷：「中國人向來就沒有爭到過『人』的價格，至多不過是奴隸，到現在還如此，然而下於奴隸的時候，卻是數見不鮮的。」號召青年們擊潰「想做奴隸而不得的時代」與「暫時做穩了奴隸的時代」，創造「中國歷史上未曾有過的」沒有奴隸、也沒有奴隸主的「第三樣時代」。

據魯迅晚年的日本學生增田涉回憶：

> 讀魯迅的著作，和在他的日常談話裡，常常出現「奴隸」這個詞。
>
> 所謂主人與「奴隸」，不是對立的兩個概念，這一現實是經常在他的生存中，經常在鼓動他的熱情，纏住他的一切思考。這一點，我們必然切實知道。因而我們知道他對自己和自己民族的奴隸地位自覺，就是跟他的「人」的自覺相聯結的，同時也應知道正在這兒就有著決定他的生涯的根據。

所謂對自己「奴隸地位自覺，就是跟他的『人』的自覺相聯結的」，其實也就是說只有真正掙脫奴隸的地位，才可能實現「人」的自覺，也才可能樹立科學的思維方式。魯迅晚年讀過《清代文字獄檔》，寫了《隔膜》和《買〈小學大全〉記》之後，於一九三四年六月二日致鄭振鐸的信中批評中國人「不悟自己之為奴」。究其實質，也是在批判中國人的思維——奴性思維。

魯迅終其一生，都在對中國人的思維進行著深刻的批判，期望自己的同胞能夠樹立科學的思維方式，實現中華民族的理性自覺。

「懸想」——對科學思維的全面闡釋

魯迅不僅畢其一生就社會世象的具體事件對中國人的思維進行著不斷的批判，而且還在晚年對科學思維作過全面的闡釋。

這就是他在一九三四年寫的《「題未定」草（六至九）》。

在這篇魯迅少有的長文中，他以自己特有的方式，用「摘句」和「選本」為例，批判了形而上學的片面性思維，指出：

> 我總以為倘要論文，最好是顧及全篇，並且顧及作者的全人，以及他所處的社會狀態，這才較為確鑿。要不然，是很容易近乎說夢的。

這實質上是闡發了全面認識事物的科學思維方法。

尤其可貴的是，魯迅在這篇長文中還提出了「懸想」這一科學的思維活動概念。他講了這樣一個有趣的故事：

> 一個土財主，不知怎麼一來，他也忽然「雅」起來了，買了一個鼎，據說是周鼎，真是土花斑駁，古色

古香。而不料過不幾天，他竟叫銅匠把它的土花和銅綠擦得一乾二淨，這才擺在客廳裡，閃閃的發著銅光。這樣的擦得精光的古銅器，我一生中還沒有見過第二個。一切「雅士」，聽到的無不大笑，我在當時，也不禁由吃驚而失笑了，但接著就變成肅然，好像得了一種啟示。這啟示並非「哲學的意蘊」，是覺得這才看見了近於真相的周鼎。鼎在周朝，恰如碗之在現代，我們的碗，無整年不洗之理，所以鼎在當時，一定是乾乾淨淨，金光燦爛的，換了術語來說，就是它並不「靜穆」，倒有些「熱烈」。這一種俗氣至今未脫，變化了我衡量古美術的眼光，例如希臘雕刻罷，我總以為它現在之見得「只剩一味醇樸」者，原因之一，是在曾埋土中，或久經風雨，失去了鋒棱和光澤的緣故，雕造的當時，一定是嶄新，雪白，而且發閃的，所以我們現在所見的希臘之美，其實並不準是當時希臘人之所謂美，我們應該懸想它是一件新東西。

魯迅講的這個故事，其實包含極為深厚的「哲學的意蘊」。他在這裡所說的「懸想」，不僅與前面所述的「思理」、「玄想」、「思想能力」相通，而且更為精闢、準確、形象。其中最關鍵的是一個「懸」字。所謂「懸」，就是要從一味「專實利」、「重實際」的狹隘思維窠臼中「懸」脫出來，提高「思理」、「玄想」和「思想能力」。實質上說的是：人們在展開思維活動時，須「變化」我們「衡量」客觀事物的「眼光」，移位換境，變換到事物原來的環境中進行設身處地的思考。因為人們在既定的凝固的視點上，從主觀心理感覺出發，對客觀事物所產生的直觀意象，表面上似乎符合實際，實質上卻是違背本來真相的。故事裡所說的那些「雅士」們就是這樣的。他們對周鼎所產生的「土花斑駁，古色古香」的意象，似乎符合當時所見的周鼎的實際，然而卻違背周鼎本來的真相。原因在於：「鼎在周朝，恰如碗之在現代，我們的碗，無整年不洗之理，所以鼎在當時，一定是乾乾淨淨，金光燦爛的」，現在所見的鼎之所以「土花斑駁，古色古香」，是由於長期埋於土中，腐蝕、變化的緣故，並非當時的真相。同樣，希臘雕刻現在之見得「只剩一味醇樸」，也由於「曾埋土中，或久經風雨，失去了鋒棱和光澤的緣故，雕造的當時，一定是嶄新，雪白，而且發閃的」的。魯迅說因此「變化了」他「衡量古美術的眼光」，從周鼎、希臘雕刻、古美術以及一切客觀事物發展變化的歷史過程中去衡量，去觀察，去「懸想」，以獲得「近於真相」的認識。在這種觀察、思考過程中，當然需要具備「進化的觀念」與「歸納的理論」。這樣，這個故事實質上把前文所說的胡適的「三術」都包含了，極為形象、深刻地闡明瞭提高「思想能力」的必要性與進行「懸想」的方法及原則。

通過這樣的「懸想」，悟出現在所見的「土花斑駁，古色古香」的周鼎並非當時的周鼎，倒是土財主無意之中將其擦得一乾二淨、發著銅光的周鼎近於當時的真相；又悟出「我們現在所見的希臘之美，其實並不準是當時希臘人之所謂美」；推而廣之，悟出自己原來的許多意象與客觀事物的本來真相之間存在極大的差距，從而有意識地調整與變化衡量客觀事物的眼光，自覺克服中國傳統思維定勢的種種弊端，學會以歷史、進化的觀點、從理論歸納的高度全面地認識事物。

而人們往往相反，喜歡以己之心度人之腹，從自己所處的境遇去猜度他人的環境。據馮乃超回憶，魯迅總愛對年輕的左翼人士舉例說的：一個農民每天挑水，一天突然想，皇帝用什麼挑水呢？自己接著很有把握地回答說，一定是用金扁擔；一個農婦清晨醒來，想到皇后娘娘是怎樣享福的，就猜道，肯定是一醒過來，就叫：「大姐，拿一個柿餅來吃吃。」[1]魯迅還把第二個例子寫進了雜文《「人話」》。

在《「人話」》中，魯迅以荷蘭作家望・藹覃的童話《小約翰》為例，形象地說明了其中的哲理；「小約翰聽兩種菌類相爭論，從旁批評了一句『你們倆都是有毒的』，菌們便驚喊道：『你是人麼？這是人話呵！』從菌類的立場看起來，的確應該驚喊的。人類因為要吃它們，才首先注意於有毒或無毒，但在菌們自己，這卻完全沒有關係，完全不成問題。」這個故事啟悟我們認識到從自己之境想別人之事的主觀主義思路，簡直可以說是一種人類的普遍弱點，其產生謬誤的哲學根源是思維方法的僵化、狹隘與認知立場的凝固、靜止。由此啟發人們在認識事

1 馮乃超：《左聯成立前後的一些情況》，《魯迅研究資料》第六輯第七十七頁，北京魯迅博物館魯迅研究室編，天津人民出版社一九八〇年十月版。

物時，一定須換位思考，「懸離」自己固有的立場，換個思路，轉換思考的方向，換到對方的立場上去進行「懸想」，努力按照世界的本來樣子去思考問題。就可能發現自己和世界以及自己與世界的關聯都不是以前想像的那個樣子。產生恍然大悟之感。

魯迅不僅在《「題未定」草（六至九）》中直接論述了這種唯物辯證的思維方法，而且在其他雜文、特別是後期雜文中時時以生動的事例啟悟人們進行「懸想」；從古人當時當事的具體環境進行「懸想」，悟出古人當時並不純厚，「經後人一番選擇，卻就純厚起來了」。（《古人並不純厚》）；採取正面文章反看法，從事物的反面進行「懸想」：「自稱盜賊的無須防，得其反倒是好人；自稱正人君子的必須防，得其反則是盜賊。」（《小雜感》）「專制者的反面就是奴才，有權時無所不為，失勢時即奴性十足。」（《諺語》）這樣上下左右、正反順逆、縱橫交錯、自由自在地進行創造性的「懸想」，有助於人們「懸」離自身既定的凝固的視點，「懸」脫主觀的心理感覺，對客觀事物進行「懸」位換境的觀察、思考，從而打破中國傳統思維定勢，克服種種弊端。

魯迅作為近代中國最深刻的思想家，就是這樣從思維方式上批判了中國傳統的思維定勢，以一種全新的思維方式推動著二十世紀中國的思維變革。

魯迅也挖掘了中國人不善於「懸想」的原因，在《中國小說的歷史的變遷》中中華民族由於生活「太勞苦」，忙於「謀生」，所以「重實際，輕玄想」，缺乏足夠的抽象力和想像力。

在《「題未定」草（六至九）》中，魯迅由此做出一個重要的科學論斷：

> 凡論文藝，虛懸了一個「極境」，是要陷入「絕境」的，在藝術，會迷惘於土花，在文學，則被拘迫而「摘句」。

「虛懸了一個『極境』，是要陷入『絕境』的」——正是從科學思維的角度，對極端化思維方式的中肯批判。

在《「題未定」草（六至九）》第九節中，魯迅還以明末黨爭為例說明「東林黨中也有小人，古今來無純一不雜的君子群，於是凡有黨社，必為自謂中立者所不滿，就大體而言，是好人多還是壞人多」。如果以《矛盾論》的哲學語言闡釋，就是要分清矛盾的主要方面與次要方面，不能搞折衷主義。

但魯迅的「懸想」是絕不脫離現實的，他最後談到剛剛發生的北平的一二·九運動，說道：

> 剛剛接到本日的《大美晚報》，有「北平特約通訊」，記學生遊行，被員警水龍噴射，棍擊刀砍，一部分則被閉於城外，使受凍餒，「此時燕冀中學師大附中及附近居民紛紛組織慰勞隊，送水燒餅饅頭等食物，學生略解饑腸……」誰說中國的老百姓是庸愚的呢，被愚弄誆騙壓迫到現在，還明白如此。張岱又說：「忠臣義士多見於國破家亡之際，如敲石出火，一閃即滅，人主不急起收之，則火種絕矣。」（《越絕詩小序》）他所指的「人主」是明太祖，和現在的情景不相符。
>
> 石在，火種是不會絕的。但我要重申九年前的主張：不要再請願！

魯迅是始終紮根在現實生活中的，他批判中國人的思維，闡釋科學思維，是為了端正現實的航向！

一、魯迅思維的藝術

通觀魯迅的著作，特別是他的雜文，可以看出他是非常講究思維藝術的。

概括地說，魯迅的思維藝術主要表現在以下方面：

（一）「從來如此，便對麼？」——質疑思維

前文說過《狂人日記》就是魯迅對中國數千年歷史發出的最大質疑，而在他的一生始終堅持這種質疑思維，從來獨立思考，絕不人云亦云。例如他對當時和後來神聖不可懷疑的革命就表示過強烈的質疑。一九二七年大革命失敗後，他在《小雜感》中就發出了這樣的質疑：

> 革命的被殺於反革命的。反革命的被殺於革命的。不革命的或當作革命的而被殺於反革命的，或當作反革命的而被殺於革命的，或並不當作什麼而被殺於革命的或反革命的。革命，革革命，革革革命，革革……。

一九三一年八月十二日，已經被推為左聯盟主、革命領袖的魯迅，在社會科學研究會講《上海文藝之一瞥》時，仍然對有些人對革命的極左理解提出了質疑，指出：

將革命使一般人理解為非常可怕的事，擺著一種極左傾的兇惡的面貌，好似革命一到，一切非革命者就都得死，令人對革命只抱著恐怖。其實革命是並非教人死而是教人活的。

不僅對大的概念，對具體歷史事件的細節，魯迅也善於質疑。例如一九三一年九一八事變後，全國學生奮起抗議蔣介石的不抵抗政策。十二月初，各地學生紛紛到南京請願。國民黨政府於十二月五日通令全國，加以禁止；十七日出動軍警，逮捕和屠殺在南京請願示威的各地學生，有的學生遭刺傷後，又被扔進河裡。事後當局報紙為掩蓋真相，誣稱學生「為反動分子所利用」、被害學生是「失足落水」等，並發表驗屍報告，說被害者「腿有青紫白黑四色，上身為黑白二色」。對此，沒有一個人一句質問，提一句抗議，有些人還笑罵學生。魯迅則在《逃的辯護》中對這種報導提出了質疑：「許多頭都恰巧『碰』在刺刀和槍柄上，有的竟『自行失足落水』而死了。驗屍之後，報告書上說道，『身上五色』。我實在不懂。」用質疑揭露了事實的真相。一九三三年四月，日軍向灤東及長城沿線發動總攻後，唐山、遵化、密雲等地相繼淪陷，平津形勢危急。國民黨政府為了向日本表示更進一步的投降，於五月上旬任黃郛為行政院駐北平政務整理委員會委員長；十五日黃由南京北上，十七日晨專車剛進天津月臺，即有人投擲炸彈。據報載，投彈者當即被捕，送第一軍部審訊，名叫劉魁生，年十七歲，山東曹州人，在陳家溝劉三糞廠作工。當天中午劉被誣為「受日人指使」，在新站外梟首示眾。事實上劉只是當時路過鐵道，審訊時他堅不承認投彈。國民黨將他殺害並製造輿論，顯然是藉以掩蓋派遣黃郛北上從事賣國勾當的真相。魯迅連續寫了兩篇雜文《保留》、《再談保留》，對此事提出質疑，大聲疾呼：「從我們的兒童和少年的頭顱上，洗去噴來的狗血罷！」

只有敢於和善於質疑，才可能對不合理的現象進行批判。正是這種質疑思維，才使魯迅成為中國人思維的批判家。

清人鄭板橋說：「書從疑處翻成悟」，強調讀書有「疑」，方能有「悟」，由「疑」到「悟」就是進步，就是讀書的理想境界。李贄則從反面指出：「學人不疑，是謂大病」。所謂「質疑」，就是切莫迷信書本，要能從書中發現問題，要帶著思考去讀書。

大凡學有所成者都善於從「疑」到「悟」。一五八九年，二十五歲的伽利略對亞里斯多德的一個理論提出懷疑。該理論斷定：如果把兩件物體從空中扔下，必定重者先落地，輕者後落地。伽利略卻認為不管是輕還是重，它們從高空落下時，都同時落地。當時，亞氏的理論被奉為金科玉律，自然無人相信伽利略的話；於是，他在比薩斜塔上進行一次實驗，結果證明物體從空中自由落下時不管輕重，都同時落地。亞氏的理論就這樣被這個初生牛犢的所悟給推翻了。地質學家李四光對當年地質學界普遍流行的「中國貧油論」大膽質疑，提出自己獨創性的地質構造理論並付諸實踐，終於從根本上摘掉了我國「貧油」的帽子，為我國石油工業的發展作出了巨大貢獻。他曾對學生說：「不懷疑就不能見真理。」如此讀書貴疑之舉，摒棄的是盲從和輕信，確立的是獨立人格和理性思維，得到的將是認識的飛躍。

所以，質疑思維實在是魯迅思維藝術的第一要領。

（二）「推背圖」——反向思維

魯迅非常善於進行「推背圖」，從反面思考問題，在人們都朝著一個方向思維的時候，魯迅卻善於與眾人思維相逆反，朝著相反的方向思考問題，往往能夠得出驚世駭俗的結論。例如一九二五年一月間，《京報副刊》刊出啟事，徵求「青年愛讀書」和「青年必讀書」各十部的書目。在當時「整理國故」的熱潮中，國內文化名人紛紛向青年推薦國學經典，魯迅卻反其道而行之，提出：

> 我以為要少——或者竟不——看中國書，多看外國書。

此言一出，天下譁然，成為許多人攻擊魯迅的一大論據。至今仍然有人以此為據反對魯迅，認為魯迅是全盤否定中國傳統文化的。其實，全是誤解。魯迅實質是在眾人惟國學為是的一邊倒思潮中，進行反向思維，提醒人們注意中國的現實，並不是反對學習中國傳統文化中精華。此文之後，作者又寫了《聊答「……」》、《報〈奇哉所謂……〉》等文予以解釋，一九三三年十月在《答「兼示」》中進一步解釋道：

〔攻擊者〕忽略了時候和環境。他說一條的那幾句的時候，正是許多人大叫要作白話文，也非讀古書不可之際，所以那幾句是針對他們而發的，猶言即使恰如他們所說，也不過不能作文，而去讀古書，卻比不能作文之害還大。

中國一向是主張「女人禍水論」的，把失敗歸於女性。魯迅則反其道而行之，堅決反對這種說法。在《阿Q正傳》中寫阿Q被小尼姑鬧得飄飄然，想起了女人，他就用反語做了諷刺道：「即此一端，我們便可以知道女人是害人的東西。中國的男人，本來大半都可以做聖賢，可惜全被女人毀掉了。商是妲己鬧亡的；周是褒姒弄壞的；秦……雖然史無明文，我們也假定他因為女人，大約未必十分錯；而董卓可是的確給貂蟬害死了。」後期在《阿金》中說道：「我一向不相信昭君出塞會安漢，木蘭從軍就可以保隋；也不信妲己亡殷，西施沼吳，楊妃亂唐的那些古老話。我以為在男權社會裡，女人是決不會有這種大力量的，興亡的責任，都應該男的負。但向來的男性的作者，大抵將敗亡的大罪，推在女性身上，這真是一錢不值的沒有出息的男人。」

在整個社會都朝著一個方向思維的時候，有人反其道而行之，進行反向思維，提醒大家從反面想一想，即使偏頗，也是有益的。

在《小雜感》中魯迅也進行了這種「推背圖」：

防被欺。

自稱盜賊的無須防，得其反倒是好人；自稱正人君子的必須防，得其反則是盜賊。

在《長城》中，在一派偉大的讚美聲中，魯迅卻從反面看到了長城可詛咒的一面：「從來不過徒然役死許多工人而已，胡人何嘗擋得住。」並由此聯想到：

總覺得周圍有長城圍繞。這長城的構成材料，是舊有的古磚和補添的新磚。兩種東西聯為一氣造成了城壁，將人們包圍。

何時才不給長城添新磚呢？

這偉大而可詛咒的長城！

這是指舊思想、舊文化的精神上的長城，還有不斷地「添新磚」，新舊「兩種東西聯為一氣造成了城壁，將人們包圍」，形成了精神的包圍圈，使革新精神無法透過氣來。由舊有的歌頌長城推導為對扼制人們精神的舊思想、舊文化的批判。

在《這個與那個》第三節《最先與最後》中，與中國人一向「不為最先」、也不敢「不恥最後」的傳統習慣，提出了針鋒相對的反向觀點：

多有「不恥最後」的人的民族，無論什麼事，怕總不會一下子就「土崩瓦解」的，我每看運動會時，常常這樣想：優勝者固然可敬，但那雖然落後而仍非跑至終點不止的競技者，和見了這樣競技者而肅然不笑的看客，乃正是中國將來的脊樑。

這種反向思維，在魯迅批判中國人思維中作用很大，在今天也自有其現實價值。

（三）「不必與之針鋒相對，只須付之一笑，徐徐撲之」——側向思維

魯迅一九三三年七月八日致黎烈文信中說：「我與中國新文人相周旋者十餘年，頗覺得以古怪者為多，而漂聚於上海者，實尤為古怪，造謠生事，害人賣友，幾乎視若當然，而最可怕的動輒要你生命。但倘遇此輩，第一切戒憤怒，不必與針鋒相對，只須付之一笑，徐徐撲之。」這裡所說的「付之一笑，徐徐撲之。」從思想方法上說，就是所謂側向思維，從側面、從邊緣進行思考。正面思維是侷限於本領域內考慮問題，在本領域內尋找解決問題途徑的思維方式。側向思維則是要求把自己研究的領域與別的領域交叉起來，並從別的領域中取得思想上的啟發，用之來解決本領域內問題的思維方式。所以，側向思維也可以說是類比思維與頓悟思維的結合，通過廣泛的聯繫，互相的類比，恍然「悟」出了解決問題的方法。側向思維能夠使一些新興學科迅速擴散開來。現代的系統論、控制論、資訊理論以及其他新興學科，一旦產生之後，立即被移植到各個領域，甚至出現一種「熱潮」，這本身就是側向思維的運行過程。打一個比方說，所謂側向思維，也可以說是一種「旁門」，就是在人們在正門擁擠的時候，魯迅能夠想到旁門新道，從而以巧致勝。例如一九三三年六月寫的《談蝙蝠》，明明是駁斥梁實秋說他穿橡皮鞋一事的，卻偏偏大談蝙蝠既不是獸類又不是鳥類的，最後歸結一句：

> 大學教授梁實秋先生以為橡皮鞋是草鞋和皮鞋之間的東西，那知識也相彷，假使他生在希臘，位置是說不定會在伊索之下的，現在真可惜得很，生得太晚一點了。

此文開始不說正題，而是環顧左右而言他，結尾打一個回馬槍，給論敵致命一擊。

正攻不利，側向包抄，從旁入題，斜打一槍，是雜文常用的方法。看似好像一種筆法，但歸根結底還是思維方式問題。魯迅常用這種方法，值得細細品味。

無論是質疑思維、反向思維還是側向思維，其實都是求異、創新。不隨流，不從眾，不媚俗，求得自己的獨立個性。所以也可以概括為求異思維，這是魯迅很重要的一個科學思維要素。所謂求異思維，就是貴在求異，出新，不陳陳相因，只是踏著前人的腳印走路，或按著別人的腔調吆喝，而是要有所發現，有所前進。這就要「異」於前人和「異」於他人。否則，不過是雷同重複，談不上有什麼意義。明清之際思想家黃宗羲在其《明儒學案》中說：「學問之道，以各人自用者為真。凡倚門傍戶、依樣葫蘆者，非流俗之士，則經生之業也。此編所列，有一偏之見，有相反之論，學者於其不同處，正宜著眼理會，所謂一本而萬殊也。以水濟水，豈是學問！」這裡強調「一本而萬殊」，不要「倚門傍戶、依樣葫蘆」，不要「以水濟水」，而要重視「一偏之見」、「相反之論」，「著眼理會」「其不同處」，正是強調學術研究應當「求異存同」。現代學者胡適、章士釗等針對喜「同」惡「異」的現象，認為「同固欣然，異也可喜」，要人做到「好同而不禁異」。學術研究就是要在「求異」中創新，在「求異」中發展。堅持陳寅恪先生的「獨立之精神，自由之思想」。

至於文藝創作則更應「求異」。因為，文藝創作是一種具有鮮明個性特色的精神勞動，如果雷同重複，就會失去任何價值，是故「脫窠臼，創新意」，成為文藝創作的首要品質。嚴羽《滄浪詩話》有言：好的文藝作品應是「自家閉門鑿破此片田地，即非傍人籬壁，拾人涕唾得來者」。李笠翁在《閒情偶寄》中說：「東施之貌，未必醜於西施，止為效顰於人，遂蒙千古之誚。」齊白石更告誡後人：「學我者活，似我者死。」巴爾扎克關於「第一個形容女人像花的是聰明人，第二個形容女人像花的是傻子」的話，也是說明文藝創作不能「嚼別人嚼過的饃」，要「求異」求新，絕不能照本宣科，販賣陳貨，而應具有極大的原創性，立意獨創，手法新穎，新見迭出，時閃異彩。「雙百方針」強調「百花齊放」「百家爭鳴」，關鍵是要有眾多不同色彩的「花」在「放」，有眾多不同聲音的「家」在「鳴」，倘若千「花」一色，百「家」一聲，只有「同」，沒有「異」，也就不見什麼「雙百方針」了。

實際上，「求異存同」所體現的創新創造精神，在社會的各個領域都需要張揚。時下不少企業的產品生產，都喜歡用一個口號，叫做「人無我有，人有我優，人優我強」，這裡的「有」「優」「強」，就是以「異」求發展，以「異」求提高。如此「求異」求變，正是當前時代創新精神的體現。

要做到求異思維，需要解放思想，突破常規思維。莫泊桑說過：「應該時時刻刻躲避那些走熟的路，去另尋一條新的路。」他強調這是「製造新生命的唯一法門」。人們熟知的司馬光砸缸和曹沖稱象的故事，就是求異思維閃光的產物。在學術研究和文藝創作中，要努力發展求異思維，把努力的重點落在「求異」上。

魯迅之所以能夠這樣靈活、多樣地展開思維活動，還在於他善於多側面、多層次、多重性地思考問題。例如在《水性》一文中說：「一，是知道火能燒死人，水也能淹死人，但水的模樣柔和，好像容易親近，因而也容易上當；二，知道水雖能淹死人，卻也能浮起人，現在就設法操縱它，專來利用它浮起人的這一面；三，便是學得操縱法，此法一熟，『識水性』的事就完全了。」以水為例講了事物的多面性。在《關於翻譯（下）》中魯迅又提出過「剜爛蘋果」的主張：「倘不是穿心爛，就說：這蘋果有著爛疤了，然而這幾處沒有爛，還可以吃得。」就將爛處剜去，留下好的吃。因為「首飾要『足赤』，人物要『完人』。一有缺點，有時就全部都不要了。」只會處在「絕境」中不可自拔。據說一九七五年五月至九月毛澤東請北京大學中文系講師蘆荻侍讀期間，曾叫蘆荻查《魯迅全集》中「剜爛蘋果」的話，出自哪篇文章，蘆荻費了很大勁才查出原文，殊不知早在一九七二年十月十九日，我在人民日報發表的《談「分」——學習魯迅後期雜文辯證法札記》一文，就引用了魯迅的「剜爛蘋果」說。這是當時媒體首次披露魯迅的這一說法，無疑對「金要足赤，人要完人」的極左思潮是一種非常形象、生動的批評，對正確對待革命幹部和文化遺產也有所啟發。一九七二年人民日報就已引用這一說法了。之所以能夠刊出這句話，一是當時開始批判林彪的極左思潮，有了求實的氣象；二是那時的人民日報編輯、老散文家、藏書家姜德明同志起到了關鍵的作用，我作為一個底層平民向他投稿時，受到他熱情接待，談到魯迅的「剜爛蘋果」一說時，他連連稱是，囑咐一定要寫進去。他的無私與熱誠以及編輯家的慧眼，令我永遠感激和欽佩。「剜爛蘋果」的比喻，形象地說明魯迅在展開思維活動時，是採取分析的態度的，善於多側面、多層次、多重性地思考問題，反對極端性、絕對化。不是絕對說「好」，也不是絕對說「壞」，而是「好處說好，壞處說壞」。

（四）「世界不直進，常曲折如螺旋，大波小波，起伏萬狀」——曲線思維

前文說到魯迅在《科學史教篇》中提出客觀事物是曲折發展，不是直線前進的，「常曲折如螺旋，又如大波小波，起伏萬狀，進退久之而達水裔」。客觀世界既是如此「曲折如螺旋」，那麼，人的思維方式自然也必須是曲折的，不能走直線了。當我們沿著一條直線，從主觀臆想出發去想問題的時候，往往會越想越僵死，越想越不通，有如鑽進了「死胡同」，有種「山重水複疑無路」之感。這時，我們不妨換個思路，轉換思考的方向，進行一下「懸想」，有時可能會「柳暗花明又一村」，發現自己和世界以及自己與世界的關聯都不是以前想像的那個樣子。從而換個角度和立場，努力按照世界的本來樣子去思考問題，這時可能會有新生之感。

魯迅正是善於曲線思維的。他在觀察形勢的時候，往往能在眾人歡呼勝利的時候，看到道路的曲折，提醒人們保持清醒的頭腦。例如在《慶祝滬寧克服的那一邊》中，眾人都陷在滬寧的克復慶祝盛典中，魯迅卻看到「最後的勝利，不在高興的人們的多少，而在永遠進擊的人們的多少」。「小有勝利，便陶醉在凱歌中，肌肉鬆懈，忘卻進擊了，於是敵人便又乘隙而起。」「慶祝和革命沒有什麼相干，至多不過是一種點綴。慶祝，謳歌，陶醉著革命的人們多，好自然是好的，但有時也會使革命精神轉成浮滑。」向革命者提出警告！事實證明魯迅的預見是非常英明的，不幾天就應驗了。

在文章寫法上，魯迅也很注意曲線思維。文貴婉曲。魯迅的前期作品，例如《自言自語》，以及《熱風》中《隨感錄》各篇有筆調平直的現象。而一九二三至一九二六年寫作《彷徨》、《野草》時期，這種現象大為減少了，在語言藝術上是有了長足的發展。其特點是婉曲。真是一波三折，一曲百轉，迴腸盪氣，沉鬱頓挫。從整篇的

文氣，到句子的婉轉，都迭宕起伏，行止有致。與一九一九年的《自言自語》相比，大不一樣了。如《野草》中的《風箏》，就比《自言自語》中的《我的兄弟》婉曲得多。開頭就是：

北京的冬季，地上還有積雪，灰黑色的禿樹枝丫叉於晴朗的天空中，而遠處有一二風箏浮動，在我是一種驚異和悲哀。

語氣沉鬱頓挫，婉曲、深沉，「一彈再三歎，慷慨有餘哀」，像河水的漩渦一般，愈轉愈深。然後文氣一轉，由北京轉到故鄉紹興，寫故鄉風箏的美麗。再一折，說現在自己「四面都還是嚴冬的肅殺，而久經訣別的故鄉的久經逝去的春天，卻就在這天空中蕩漾了。」第三段，由風箏的美麗轉到自己不愛放風箏，而弟弟愛放，又放不成。再轉到想起久日已不見他，到堆積雜物的小屋去，踩毀了弟弟將要製成的風箏，以勝利者的姿態走出。但最後勝利者轉為內疚者，而且已無法彌補……令讀者在迴腸盪氣之感。

文筆的婉曲，來自思維的曲折，從本質上看，還是一種思維藝術。

（五）「我向來的意見，是以為倘有慈母，或是幸福，然若生而失母，卻也並非完全的不幸，他也許倒成為更加勇猛，更無掛礙的男兒的。」——轉化思維

魯迅在《偽自由書・前記》中說：「我向來的意見，是以為倘有慈母，或是幸福，然若生而失母，卻也並非完全的不幸，他也許倒成為更加勇猛，更無掛礙的男兒的。」這其實講的事物在一定條件下的相互轉化。魯迅的思維是處在轉化中的，絕不呆滯。當別人陶醉在固定的一面時，他總是想到了可能轉化的另一面。例如在《對於左翼作家聯盟的意見》中，當左翼作家們都以左翼自命的時候，魯迅卻指出「『左翼』作家是很容易成為『右翼』作

家的」。並指明了「轉化」的三個條件：一、「倘若不和實際的社會鬥爭接觸，單關在玻璃窗內做文章，研究問題，那是無論怎樣的激烈，『左』，都是容易辦到的；然而一碰到實際，便即刻要撞碎了。」二、「倘不明白革命的實際情形，也容易變成『右翼』。革命是痛苦，其中也必然混有污穢和血，決不是如詩人所想像的那般有趣，那般完美；革命尤其是現實的事，需要各種卑賤的，麻煩的工作，決不如詩人所想像的那般浪漫；革命當然有破壞，然而更需要建設，破壞是痛快的，但建設卻是麻煩的事。所以對於革命抱著浪漫諦克的幻想的人，一和革命接近，一到革命進行，便容易失望。」三、「以為詩人或文學家高於一切人，他底工作比一切工作都高貴，也是不正確的觀念。舉例說，從前海涅以為詩人最高貴，而上帝最公平，詩人在死後，便到上帝那裡去，圍著上帝坐著，上帝請他吃糖果。在現在，上帝請吃糖果的事，是當然無人相信的了，但以為詩人或文學家，現在為勞動大眾革命，將來革命成功，勞動階級一定從豐報酬，特別優待，請他坐特等車，吃特等飯，或者勞動者捧著牛油麵包來獻他，說：『我們的詩人，請用吧！』這也是不正確的；因為實際上決不會有這種事，恐怕那時比現在還要苦，不但沒有牛油麵包，連黑麵包都沒有也說不定」。

看到「左翼作家」可能「轉化」為「右翼作家」，並指明了「轉化」的三個條件，說明魯迅從哲學思想上是掌握了矛盾轉化的辯證法的。他沒有謀空洞的理論，而是結合實際深入淺出地講道理。的確是很明哲，又很藝術的。

（六）「閒暇，閒暇，第三個閒暇。」——閒暇思維

在人們的印象中，魯迅總是緊張戰鬥、從不得閒的。其實不然，成仿吾在《洪水》一九二八年一月第三卷第二十五期的《完成我們的文學革命》一文中，說「魯迅先生坐在華蓋之下正在抄他的小說舊聞」，是一種「以趣味為中心的文藝」，「後面必有一種以趣味為中心的生活基調」；並說：「這種以趣味為中心的生活基調，它所暗示著的是一種在小天地中自己騙自己的自足，它所矜持著的是閒暇，閒暇，第三個閒暇。」成仿吾當時在「革命文學」

論爭中，是魯迅的對立面，但他這用意在於攻擊的三個「閒暇」，倒是歪打正著，說準了魯迅思維的一個特點——閒暇思維。魯迅一九二五年在《忽然想到二》中就說過：

> 校著《苦悶的象徵》的排印樣本時，想到一些瑣事——我於書的形式上有一種偏見，就是在書的開頭和每個題目前後，總喜歡留些空白，所以付印的時候，一定明白地注明。但待排出奇來，卻大抵一篇一篇擠得很緊，並不依所注的辦。查看別的書，也一樣，多是行行擠得極緊的。
>
> 較好的中國書和西洋書，每本前後總有一兩張空白的副頁，上下的天地頭也很寬。而近來中國的排印的新書則大抵沒有副頁，天地頭又都很短，想要寫上一點意見或別的什麼，也無地可容，翻開書來，滿本是密密層層的黑字；加以油臭撲鼻，使人發生一種壓迫和窘促之感，不特很少「讀書之樂」，且覺得彷彿人生已沒有「餘裕」，「不留餘地」了。
>
> 或者也許以這樣的為質樸罷。但質樸是開始的「陋」，精力彌滿，不惜物力的。現在的卻是復歸於陋，而質樸的精神已失，所以只能算窳敗，算墮落，也就是常談之所謂「因陋就簡」。在這樣「不留餘地」空氣的圍繞裡，人們的精神大抵要被擠小的。
>
> 外國的平易地講述學術文藝的書，往往夾雜些閒話或笑談，使文章增添活氣，讀者感到格外的興趣，不易於疲倦。但中國的有些譯本，卻將這些刪去，單留下艱難的講學語，使他復近於教科書。這正如折花者；除盡枝葉，單留花朵，折花固然是折花，然而花枝的活氣卻滅盡了。人們到了失去餘裕心，或不自覺地滿抱了不留餘地心時，這民族的將來恐怕就可慮。

主張有「餘裕」，要「留餘地」，恰恰是魯迅的本原思想。他的書和文章就「往往夾雜些閒話或笑談」，充滿了「活氣，讀者感到格外的興趣，不易於疲倦」。他還忠告自己同胞：「人們到了失去餘裕心，或不自覺地滿抱了不留餘地心時，這民族的將來恐怕就可慮。」他還主張「壕塹戰」，在致許廣平的第二封信中說：「戰士伏在壕中，有時吸煙，也唱歌，打紙牌，喝酒，也在壕內開美術展覽會，但有時忽向敵人開他幾槍。」這種閒暇思維，有益於把腦子空出來，自由自在地閒想、散想，比緊張地思索有效。正如魯迅在《讀書雜談》中所說：「嗜好的讀書，本人自然並不計及那些，就如遊公園似的，隨隨便便去，因為隨隨便便，所以不吃力，因為不吃力，所以會覺得有趣。如果一本書拿到手，就滿心想道，『我在讀書了！』『我在用功了！』那就容易疲勞，因而減掉興味，或者變成苦事了。」

道理是一樣的。像「嗜好」地讀書那樣，閒暇、散淡地思考問題，反倒會大見成效。

（七）「只看一個人的著作，結果是不大好的：你就得不到多方面的優點。必須如蜜蜂一樣，採過許多花，這才能釀出蜜來，倘若叮在一處，所得就非常有限，枯燥了。」——發散思維

魯迅在因為一九三六年四月十五日致顏黎民的信中說：「只看一個人的著作，結果是不大好的：你就得不到多方面的優點。必須如蜜蜂一樣，採過許多花，這才能釀出蜜來，倘若叮在一處，所得就非常有限，枯燥了。」這實質是強調思維須發散開去，幅射到幾個角落。這種發散性思維，是一種散淡中的閒思散想，一種大聰明和大智慧。不是為了媚俗，看著權勢者眼色和眾人好惡，而是擺脫一切羈絆，任情適性，按照客觀現實的本來情況進行自由自主的獨立思考。例如《忽然想到》一至十一系列雜感，就是發散思維的典範，天南海北，大事小事，古今中外，無所不及，時時散發著思想的火花，奇警的格言。可謂是前無古人，後無來者。要不是善於運作上天入地、毫無拘束的發散性思維，是不可能具有這種天馬行空的宇宙大精神的。

（八）「萬不要忘記它是藝術」——形象思維

魯迅在一九三五年六月十六日致李樺的信中說：「木刻是一種作某用的工具，是不錯的，但萬不要忘記它是藝術。」魯迅是一位扭轉了中國數千年的傳統思維定勢，為中華民族的理性自覺做出了劃時代歷史貢獻的偉大思想家，但他與其他思想家尤其是德國黑格爾、康德那樣專注於哲學理論的思想家們有所不同，就是他不是以理論體系和哲學概念完成他的歷史使命的，而是以形象化的感悟和人物典型，也就是藝術的方式，喚起民眾的知覺，進而「將舊社會的病根暴露出來，催人留心，設法加以療治的希望。」（《〈自選集〉自序》）在塑造阿Q等典型人物時，「方法是在使讀者摸不著在寫自己以外的誰，一下子就推諉掉，變成旁觀者，而疑心到像是寫自己，又像是寫一切人，由此開出反省的道路。」（《答〈戲〉週刊編者信》）在總結歷史經驗時，也不是從理論上講一大篇，而是予以形象化的概括。例如在《病後雜談》中提出「大明一朝，以剝皮始，以剝皮終，可謂始終不變」。實質說的是以酷刑和暴力始，又以同樣的酷刑與暴力終。從歷史學理論上完全可以寫一部甚至幾部大書，魯迅卻僅凝煉為「剝皮」一句形象的話。令人反覆品味，意味深長。直到當今，也沒有闡釋透闢。

這種形象思維在中國語言文學由古文轉變為白話、從古典轉化為現代的過程中也起到了巨大的作用，因而魯迅既是扭轉中國人思維定勢的偉大思想家，又是創造中國現代文學語言的巨匠之一。可以說，像魯迅那樣能夠用自己獨特的形象化的語言，講出那麼多流傳千古的格言警句的作家，後來實在沒有見到。

（九）「戰鬥的作者應該注重於『論爭』」——邏輯思維

魯迅在《辱罵和恐嚇決不是戰鬥》中說：「戰鬥的作者應該注重於『論爭』」。所謂「論爭」，就是講理，講究論爭中的科學邏輯。可能由於魯迅從青年時代起就受到自然科學的訓練，又具有極高的天賦，所以他的邏輯思維能力遠遠超過一般文人之上，雜文富有邏輯力量。例如《「喪家的」「資本家的乏走狗」》一文，撇開具體是非不談，單從文章的邏輯力量來看，魯迅可謂所向披靡，無人可擋。先是馮乃超與梁實秋論戰，魯迅說：馮乃超太忠厚了，由我來對付，因而寫了這篇雜文。很短，不過千把字，卻抓住梁實秋「不知道自己主子是誰」的一段話，層層推理，結果得出梁是「『喪家的』『資本家的乏走狗』」的結論，既幽默，又鋒利，預計連梁自己都啼笑皆非。

還有《「硬譯」與「文學的階級性」》，我認為就「硬譯」和「文學的階級性」具體問題來說，梁實秋自有其道理，魯迅也有其偏頗之處，然而，就論戰的思維藝術來看，魯迅卻遠勝一籌。不僅論述周正，而且不時冒出一段警言，令人歎為觀止，不能不佩服！例如：

> 自然，「喜怒哀樂，人之情也」，然而窮人決無開交易所折本的懊惱，煤油大王那會知道北京撿煤渣老婆子身受的酸辛，饑區的災民，大約總不去種蘭花，像闊人的老太爺一樣，賈府上的焦大，也不愛林妹妹的。

這段魯迅式的名言，早已膾炙人口。即使你不同意「文學的階級性」，也不能不承認魯迅擺出的事實。

魯迅說攻擊他的一些人「解剖刀既不中腠理，子彈所擊之處，也不是致命傷。」他跟許廣平在《兩地書一〇》中談所謂「『女性』的文章」時也說過：「一到辯論之文，尤易看出特別。即歷舉對手之語，從頭至尾，逐一駁去，雖然犀利，而不沉重，且罕有正對『論敵』之要害，僅以一擊給與致命的重傷者。總之是只有小毒而無劇毒，好作長文而不善於短文。」其實，所謂「『女性』的文章」，並不專指女性。有的女作家出手也非常犀利，魯迅是指那種缺乏邏輯思維，「廢話太多」，擊不中要害的文章。當年「革命文學」論者的文章多是如此，從中也顯現出了這些人的稚嫩和魯迅的老練。

（十）「他的知人論世，總是比別人深刻一層。」——深度思維

魯迅的終生摯友許壽裳說過：有人說魯迅沒有做《楊貴妃》是件憾事，其實是魯迅「看穿明皇和貴妃兩人間的愛情早就衰歇了，不然何以會有『七月七日長生殿』，兩人密誓願世世為夫婦的情形呢？在愛情濃烈的時候，哪裡會想到來世呢？他的知人論世，總是比別人深刻一層。」[1]

魯迅何止在唐明皇與楊貴妃的愛情上，「知人論世，總是比別人深刻一層。」在許多重大事件上都比別人深刻！例如前文中所說《慶祝滬寧克服的那一邊》，在眾人歡慶的氣氛中，獨他看到了「小有勝利，便陶醉在凱歌中，肌肉鬆懈，忘卻進擊了，於是敵人便又乘隙而起。」向革命者提出警告！《對於左翼作家聯盟的意見》中，當左翼作家們都以左翼自命的時候，魯迅卻指出「『左翼』作家是很容易成為『右翼』作家的」。

總之，魯迅與眾人不同，他所運作的是深度思維，絕不像有些人那樣浮淺和急躁。

（十一）「事實是毫無情面的東西，它能將空言打得粉碎。」——求實思維

魯迅在《花邊文學・安貧樂道法》中說：「事實是毫無情面的東西，它能將空言打得粉碎。」他總講究求實思維的。上世紀二十年代初，易卜生的話劇《娜拉》，亦譯《玩偶之家》，在北京上演，引起很大的轟動，大家尤其是女性，紛紛討論娜拉從家裡走後會有怎樣的命運？一九二三年十二月二十三日魯迅到北京女子高等師範學校文藝會做了講演，題為《娜拉走後怎樣》，提出了振聾發聵的見解。認為娜拉走後「實在只有兩條路：不是墮落，就是

1 許壽裳：《亡友魯迅印象記・一五雜談著作》第五十二頁，人民文學出版社一九八三年六月版。

回來。」因為「錢是要緊的」。「人類有一個大缺點，就是常常要飢餓。為補救這缺點起見，為準備不做傀儡起見，在目下的社會裡，經濟權就見得最要緊了。」要求解放的婦女必須首先「要經濟權」！在人們羞談錢的時候，魯迅旗幟鮮明地提出了錢和經濟權的問題，表明他有一種敢於直面現實的勇氣，是一種典型的求實思維，也是一種逆反思維。

但不管魯迅是運用哪種思維藝術，他都永遠不離開現實這塊硬地，永遠是要求實，求得實際的真理和成效。所以他在《忽然想到六》中堅定不移地說道：

我們目下的當務之急，是：一要生存，二要溫飽，三要發展。苟有阻礙這前途者，無論是古是今，是人是鬼，是《三墳》《五典》，百宋千元，天球河圖，金人玉佛，祖傳丸散，秘製膏丹，全都踏倒他。

而要掌握以上所說的思維藝術，最關鍵的是做到前面所說的「懸想」，只有從狹隘的思維窠臼中「懸」脫出來，離開既定的凝固的視點，移位換境，天馬行空，上天入地，前瞻後顧，左推右敲，深慮遠謀，正想反思，從客觀世界的各個角度進行多方面、多層次、多維度的換位思考，變換到事物原來的環境中進行設身處地的考慮，才可能顯現事物的原本真相。

魯迅雜文中的這種換位思考，往往令讀者如醍醐灌頂，恍然醒悟一些道理。例如《吾國征俄戰史之一頁》一文，當時有人為了配合政府所掀起的「反俄運動」，將元朝成吉思汗攻陷莫斯科，當作「吾國戰史上最有光彩最有榮譽之一頁」，魯迅一針見血地指出：

這只有這作者「清癯」先生是蒙古人，倒還說得過去。否則，成吉思汗「入主中夏」，術赤在墨斯科「即汗位」，那時咱們中俄兩國的境遇正一樣，就是都被蒙古人征服的。為什麼中國人現在竟來硬霸「元人，為自己的先人，彷彿滿臉光彩似的，去驕傲同受壓迫的斯拉夫種的呢？

倘照這樣的論法，俄國人就也可以作「吾國征華史之一頁」，說他們在元代奄有中國的版圖。倘照這樣的論法，則即使俄人此刻「入主中夏」，也就有「歐亞混一之勢」，「有足以壯吾國後人」之後人「之勇氣者」矣。

其實，這正是一種換位思考：倘若作者是蒙古人，是成吉思汗的臣民，說「吾國征俄戰史之一頁」，倒還說得過去。倘是中國人則不然了，因為那時中國與俄國境遇一樣，都被蒙古所征服；「倘照這樣的論法，俄國人就也可以作『吾國征華史之一頁』，說他們在元代奄有中國的版圖。」思考的主體，是蒙古人，還是中國人或者俄國人，得出的結論是迥然不同的。

魯迅對孔夫子的分析其實也是運用了發展變化的換位思考「懸想」法。他在《在現代中國的孔夫子》中，把活著的時候頗吃苦頭的孔夫子與死了以後種種權勢者用種種白粉化妝、抬到嚇人高度的孔夫子區別開來，從而得出這樣的結論：「孔夫子之在中國，是權勢者們捧起來的，是那些權勢者或想做權勢者們的聖人，和一般的民眾並無什麼關係。」不過是想做官者的「敲門磚」，門一開，這磚頭也就被拋掉了。「孔夫子曾經計畫過出色的治國的方法，但那都是為了治民眾者，即權勢者設想的方法，為民眾本身的，卻一點也沒有。」這有點兒像土財主把周鼎擦得閃光的故事一樣，包含深刻的「哲學的意蘊」，啟示人們「懸想」的孔夫子活著時的真相；不要把經過權勢者化妝的「大成至聖文宣王」與真的孔夫子混為一談。魯迅的這一分析到今天仍然具有重要的現實啟悟，比有些「國學家」的宣講科學得多。

只有善於不斷地換位思考，從正反順逆、前後始末各個方面、各種視角去進行觀察與思考，才能獲得對客觀世界的科學認識。因為人們從主觀心理感覺出發，對客觀事物所產生的直觀意象，表面上似乎符合實際，實質上卻是違背事物本來真相的。

一、魯迅的思維特徵

（一）感悟型思維

林非先生在二十世紀二十年代出版的《魯迅和中國文化》一書中說過：

> 作為思想家而不是作為研究思想文化史學者的魯迅，自然不會具體而微地去闡述儒家學說在中國思想文化中發展變化的全貌，而只能是從自己對於它進行犀利觀察和深邃感受的角度，作出了不少富有宏觀性和啟迪性的見解，這對於研究中國的思想文化史，研究在這個歷史演進過程中產生了重大影響的儒、道、釋三種不同的思想，都可能會具有觸發思考的啟示作用。

這一論斷的重要性在於點出了魯迅的思維特徵：不是「具體而微地去闡述」對象的「全貌」，而是通過「犀利觀察和深邃感受」，作出「富有宏觀性和啟迪性的見解」，也就是說魯迅的思維是感悟型的，不是全面、細緻地闡述性的。我們不能因為魯迅的話往往只是三言兩語而小瞧之，而必須看到魯迅的話常常「具有觸發思考的啟示作用」，對於扭轉人們的思維方式具有重大的意義。

這一點，與尼采是相通的。尼采，這位被佛洛德稱為「比其他任何活過或者似乎活過的人更能深刻地認識自己」的詩人哲學家，就習慣於在曠野，在寂靜的山谷，在海濱，在散步、跳躍、攀登之時，在腳下的路也好像在深思的地方思考，在閒逸散淡中從事創造性的精神工作。他鄙薄學者「愚鈍式的勤勉」，靠別人的思想度日，「扼殺一切教養和高尚趣味」，把自己的生命、真實的「自我」消耗在自早至晚刻板而絕無創造性的「勞作」中。讓自己的頭腦變成一個跑馬場，任別人的思想的馬匹蹂躪一通。他堅決走「自己的路」，寧死不做自己不感興趣的工作。作為真正的思想家、哲學家，他嚮往閒暇，以便自由地從事創造，玩味自己的思想，說出非他不能說出的話，「以諧談說出真理」，「在十句話中說出旁人在一本書中說出的東西」。

魯迅就是這樣的。他在《狂人日記》中把中國幾千年歷史概括為「吃人」二字，在《阿Q正傳》又形象地總結出「精神上的勝利法」，等等，就是在一句話中說出了多少愚鈍的學者經歷多少年在多少書中也說不出的真諦。二十世紀八〇年代初，廖冰兄畫了一幅很有名的漫畫。似乎題為：「解放後的知識份子」。畫的是一個蜷縮成一團的知識份子，看來原來是被囚於罐中的，如今罐雖已被打碎，他卻仍然保持著囚禁在罐中的姿態，始終衝不出思想的牢籠。魯迅在《〈狹的籠〉譯者附記》中就表述過這樣的觀點。《狹的籠》是俄國盲詩人埃羅先珂創作集《天明前之歌》裡的第一篇，是作者在漂流印度時有感於當地人對廢除「撒提」習俗的不滿而寫成的。魯迅翻譯了這篇文章並在附記中這樣評述道：「單就印度而言，他們並不戚戚於自己不努力於人的生活，卻憤憤於被人禁了『撒提』，所以即使並無敵人，也仍然是籠中的『下流的奴隸』。」所謂「撒提」，是印度舊時的一種封建習俗：丈夫死後，妻子即隨同丈夫的屍體自焚。「撒提」（Sait，梵文）原義為「貞節的婦女」。對於這種極端殘忍、滅絕人性的封建習俗，予以廢除自然是理所當然的。但是當時的許多印度人，甚至包括很多上層的文化人都表示反對。這些人的確如魯迅所說的是「籠中的『下流的奴隸』」！「自己不努力於人的生活」，爭取「人」的價格，卻憤憤於被人禁了『撒提』」！因而「即使並無敵人」，沒有殖民者、奴隸主形式上的統治，在精神上、內心裡，他們仍然是「狹的籠」中的最下流、最可鄙的奴隸！

魯迅是中國思想文化史上感悟最敏銳的人，他一生都在運用最敏捷的方式啟悟中國人擺脫奴性，成為自覺的人。

（二）「紹興師爺」型的尖刻與嚴密

魯迅出生在紹興，紹興多出師爺。清代官場有諺語云：「無紹不成衙。」說的是清代衙門中多紹興籍的幕友和書吏。幕友和書吏之所以多紹興人，與紹興人文化素養高、苛細精幹、善治案牘等特點有關，這些特點皆適宜作幕為胥。紹興向為文化之邦，紹興人處世精明，治事審慎，工於心計，善於言辭，具有作為智囊的多方面能力，故清代以師爺為業者多係紹興人。紹興師爺擅長舞文弄墨，城府極深，能翻雲覆雨，幾個字可扭轉乾坤，故有「刀筆吏」之稱。

有這樣一個紹興師爺的故事。一六八九年，康熙皇帝親臨紹興大禹陵祭禹，文武官員在禹廟臺階上列隊行九叩大禮，康熙最前，官員們按官職大小前後排列，在行禮中，浙江藩台不慎將朝冠掉落，被前排的將軍瞥見，將軍與藩台素來不和，事後便向朝廷參奏。按清朝律法，朝冠落地乃對聖上的大不敬，罪責嚴重。吏部下令要浙江巡撫查覆，浙江巡撫有心保這位掌全省財政大權的同僚，但又不敢得罪滿籍的駐浙八旗最高長官的將軍，於是祕密召來眾多紹興師爺，出高價求兩全其美的覆章。一師爺在聽了巡撫敘說後，稍加沉吟，擬出八字妙文，曰：「臣列位在前，禮無後顧。」這覆章對將軍全無得罪之處，又推卸了自己的責任，且言外之意，若將軍看到在後面的藩台掉冠，則必後顧，乃屬不敬。朝廷接到這個覆章，只好不了了之。事後，這位紹興師爺獲得一字一千兩銀子的高額報酬。

老吏斷獄，入木三分。紹興的確多出文字老練、簡潔、銳利的文人。有人罵魯迅為「紹興師爺」。其實是歪打正著，魯迅的思維和文字是有紹興師爺的特點：尖銳、鋒利、老熟、簡煉。

（三）賦之於形象

魯迅學生、散文家和畫家孫福熙論述先生時，有這樣一段話：

紹興習慣，遇事划算，預定目標以後，按步進行。越王勾踐的十年生聚，十年教訓，是其代表。進行是直線的，不多方並進，亦不走回頭路，一切都以冷靜堅忍出之。魯迅先生一生如長庚星，光芒四射，忽伸忽縮，沒有直線，也不怕回頭，於是學水師，學路礦，學醫，學文，為友為敵，為敵為友，如此感情豐富而熱烈的人，在紹興先賢中，即詩人與畫家，亦不見一人。紹興的地方色彩，可以產生學術思想家，而不宜於藝人。魯迅先生確是特殊的一人。

孫福熙和他的哥哥孫伏園都是紹興人，又都是魯迅的學生，他們對魯迅的瞭解是別人無法比的。應該說魯迅在《中國小說史略》等文學史研究中是發揚了紹興學術思想家的特長，而在小說、雜文和散文詩中，是思想賦之於形象而出之。這一點正是魯迅一個重要的思維特徵，在魯迅的思維藝術中談過，不再贅敘。

（四）熔嵇康、尼采、「野史」於一爐

魯迅畢生癖好嵇康，他最早接觸嵇康的詩文是少年時代在三味書屋讀書的時候。我在魯迅傳《苦魂三部曲》之一《會稽恥》第十三章父親病了最後一節「情在書屋」中進行了描述：

他見老壽先生常手抄漢魏六朝古文，倒對此興趣盎然，抽屜中小說雜書古典文學，無所不有。雖然不大注意正課，但也未嘗欠課，一見了了，不勞記誦，間出餘枝，為同學捉刀對句，語多發噱。最愜意的時候，是忙完了一天的事情，晚飯後回到樓上自己的屋子，把方桌擦得乾乾淨淨，在油燈下細心抄錄從小壽先生那裡借來的雜書筆記，在讀書、抄書中，將所有的憂愁都忘記了，進入了漢魏六朝的古典文學世界。

在抄魏晉雜書中，他霍然看到了一個令他驚異的名字——嵇康。

南朝宋代劉義慶所撰的《世說新語．雅量》中的一節記事，使他驚悚了——嵇中散臨刑東市，神氣不變。索琴彈之，奏《廣陵散》。曲終，曰：「袁孝尼嘗請學此散，吾靳固不與，廣陵散於今絕矣！」太學生三千人上書，請以為師，不許。文王亦尋悔焉。

這個嵇中散是何等人物？他為什麼彈奏《廣陵散》的絕響而棄世？他還有哪些詩文？魯迅有些像初讀《紅樓夢》那樣，被嵇康吸引住了。

第二天，一到三味書屋，他就向小壽先生請教。小壽先生那裡沒有嵇康的文集，只找到一些零星的詩文。魯迅下午拿回家，草草吃了晚飯，抹抹嘴，洗乾淨手，就上樓抄寫，一句五言詩又使他震撼了：

哀哉人間世，何足久托身？

魯迅想起了「矮癩胡」對自己家的譏諷：「爺爺『斬監候』，爹爹水鼓病，周家要完哉！」「哀哉！哀哉！！哀哉！！！」雖然在街上剛聽到「矮癩胡」的詛咒時，他不服氣，狠狠瞪了這傢伙一眼，但是此時冷靜細想，又不能不承認是這麼回事。自己所處的人間世真是太悲哀了！「何足久托身？」……

一邊抄寫，一邊低吟著這清詞麗句，他欽佩古人竟能用這樣簡約、精煉的文字寫出這般曲折、深奧的內容。自己也將抄文章用的紅格子紙疊成一個本子，按照線裝書的長方格樣式，用粗線繃緊右脊，在封面上工整地寫上丙申年日記，開始在本子上寫日記，把近來的所聞所見所想、滿腹的憂憤、怨氣全傾洩在日記中了。

此後，魯迅就與嵇康結緣了。據田剛教授在《魯迅與中國士人傳統》一書中考證，魯迅一九一三年至一九三一年曾九校《嵇康集》，並先後兩次細細抄錄，樂在其中，不厭其煩。

魯迅為什麼對嵇康這般鍾情呢？

我認為：除了相通的情懷和文辭之外，主要是思維方法的相合。嵇康迥異於時代主流的新穎的思維方式和嚴密的論證邏輯給魯迅以深刻的影響。

給魯迅以這種影響的還有德國哲學家尼采。魯迅在早期論文《摩羅詩力說》中就引用尼采的話作為題辭：

求古源盡者將求方來之泉，將求新源。嗟我昆弟，新生之作，新泉之湧於淵深，其非遠矣。

其意是說：尋盡了古老的源泉的人，將去尋找未來的源泉，新的源泉。我的兄弟們，新生命的誕生，新的泉水從深淵中湧出，為時不會很遠了。

在論文中又這樣論述尼采：

尼佉（Fr. Nietzsche）不惡野人，謂中有新力，言亦確鑿不可移。蓋文明之朕，固孕於蠻荒，野人其形，而隱曜即伏於內明如華，蠻野蕾，文明如實，蠻野如華，上征在是，希望亦在是。惟文化已止之古民不然：

> 發展既央，隳敗隨起，況久席古宗祖之光榮，嘗首出周圍之下國，暮氣之作，每不自知，自用而愚，污如死海。其煌煌居歷史之首，而終匿形於卷末者，殆以此歟？

其意是說：尼采不厭惡野蠻人，認為他們中間存在著新的力量，這種說法確實也有道理。文明的開端本來孕育在野蠻之中，野蠻人的外形雖然粗野，而無形的光輝去蘊藏在其內部。文明彷彿是花朵，野蠻就好比孕育花朵的蓓蕾，文明猶如果實，野蠻就彷彿是結出果實的花朵，人類就是這樣不斷前進，希望也正在這裡。

據海外華人魯迅學家張釗貽在《魯迅：中國「溫和」的尼采》一書中考證，青年魯迅留日時期就讀過日文的《尼采傳》，還從周作人處接觸到了勃蘭兌斯的英譯本《尼采導論》，並關注過當時發生在日本文壇的「美的生活」論戰，選擇性地接受了「溫和」的尼采觀點。

由此，尼采成為魯迅熱愛的外國作家。一九一八年用艱澀的古文翻譯了《查拉圖斯特拉如是說》的前三節。一九二〇年用白話譯了全篇並附解釋，刊登在《新潮》上。以後，雖然對尼采有所批判，但尼采的思維方式一直影響著魯迅，這就是超越平庸，尖銳，犀利。

孫伏園在《魯迅先生逝世五周年雜感二則》中回憶：劉半農贈給魯迅先生一副聯語：「托尼學說，魏晉文章。」當時的朋友都認為很恰當。

現在看來，以嵇康為代表的魏晉文章和尼采思想對魯迅影響確實很大，托爾斯泰就不儘然了。嵇康和尼采是魯迅情結中最重要的兩位思想家和文學家，當是毫無疑義的。

與嵇康的「在野」和尼采的「不惡野人」相通的是魯迅的愛看野史。在三味書屋裡，壽鏡吾老先生的兒子「小壽先生」喜愛閱覽明季遺老諸書，如《曲洧舊聞》、《竊憤錄》、《玉芝堂談薈》、《雞肋編》、《明季稗史彙編》、《南燼紀聞》等等，魯迅也借來盡閱之。因而使他閱讀的注意力轉向「野史雜說」方面，讀了不少野史。後來他在《魏晉風度及文章與藥及酒之關係》中說過：「在歷史上的記載和論斷有時也是極靠不住的，不能相信的地方很多」，值得一看的倒是「野史」。如王曉初在《魯迅：從越文化視野透視》等著作中所論證的：魯迅在閱讀這些野史雜說的過程中成就了他獨特的「野史思維」。

當然，魯迅還從大禹、墨子等中國傳統思想家那裡繼承了思想精華，但從主要方面講，是熔嵇康、尼采、「野史」於一爐，形成了他獨特的思維特徵：新異、銳利，周嚴精密而富有詩性。說他是詩人型的思想家和思想家型的詩人，是不無道理的。應該說魯迅的著作是二十世紀中國文學中最具哲理性的。

一、魯迅在文學史研究中的科學思維

魯迅的《中國小說史略》和《漢文學史綱要》等文學史研究著作已經出版近九十年了，這麼長久的時間裡，文學史研究中發現了難以勝數的新資料，也出版了數以百計的新的中國文學史，可以說其資料之豐富、觀點之新進，早已超過了魯迅。然而魯迅的文學史著作，至今仍然閃爍著耀眼的光輝，具有不可磨滅的價值。我想原因不在於其中的史料，而在於其內涵的思維方法——魯迅運用的是比許多愚鈍的學者高明得多的科學思維，進行了更科學更深刻的「理論化的思維工作」。

（一）竭澤而漁　銳意窮搜

魯迅的故鄉紹興，是具有深厚文化淵源、盛出學術思想家的熱土。遠的不說，僅從明末清初至今三百年來，就出現了劉宗周所開創的蕺山學派，黃宗羲的《明儒學案》、《宋元學案》所代表的梨洲學派和章學誠的《文史通義》、《校讎通義》所開闢的浙東史學。這個史學傳統集中體現為以資料的全面搜集為基礎的實證研究，強調治史要「徵信」和「原情」，「正其是非」，不泥古、棄古，注重思辨，貴在創新。到了近代章太炎的《訄書》，就更為博洽宏富，堂廡甚廣。

魯迅很早就繼承了紹興思想學術家以資料積累為基礎的優秀傳統。他十五歲時，就從玉田叔祖處借來了木板小本的《唐代叢書》，書中收集了不少唐人傳奇筆記，引起很大興趣，從中選抄了陸羽的《茶經》三卷，陸龜蒙的《五木經》和《耒耜經》各一篇，從此著力抄書。不久，又湊錢買了從《龍威秘書》等書中雜湊而成的小叢書《藝苑捃華》，共二十四冊，因而對搜集、抄錄古籍產生了極為濃厚的興趣，大抄明抄本《說郛》。在三味書屋又在壽鏡吾先生和他兒子壽洙鄰先生指導下，開始手抄漢魏六朝文章，博覽《明季稗史》、《明史記事本末》、《酉陽雜俎》、《淞隱漫錄》、《六朝文絜》、《六朝事蹟類編》、以及《蜀碧》、《立齋閒錄》等雜書，並受張澍所輯《二酉堂叢書》影響，注意輯錄會稽古籍，正如他在《〈會稽郡故書雜集〉序》中說：「幼時，嘗見武威張澍所輯書，於涼土文獻，撰集甚眾。篤恭鄉里，尚此之謂。而會稽故籍，零落至今，未聞後賢為之綱紀。乃就所見書傳，刺取遺篇，絫為一袠。」又在《〈古小說鉤沉〉序》中自述：「余少喜披覽古說，或見訛舛，則取證類書，偶會逸文，輒亦寫出。」所以他青年時期從日本回國後，就正式著手悉心輯錄、校勘，將唐以前小說佚文彙成《古小說鉤沉》，有關會稽的史地佚文匯成《會稽郡故書雜集》，同時還編有《唐宋傳奇集》、《小說舊聞抄》等等。真乃竭澤而漁，銳意窮搜，把他當時能夠找到的所有資料都找全了。在此堅實的基礎上，才開始了文學史的研究。

（二）理論思維　分類比較

有了全面、系統的資料，是否就稱得上是文學史研究呢？不是的。這只能說是有了研究的基礎，尚不能稱之為科學研究。鄭振鐸的插圖本《中國文學史》出版後，反響很大，有人評價甚高，魯迅卻持不同意見，在一九三二年八月十五日致臺靜農信中說：

> 鄭君治學，蓋用胡適之法，往往恃孤本秘笈，為驚人之具，此實足以炫耀人目，其為學子所珍賞，宜也。我法稍不同，凡所泛覽，皆通行之本，易得之書，故遂孑然於學林之外，《中國小說史略》而非斷代，

即嘗見貶於人。但此書改定本，早於去年出版，已囑書店寄上一冊，至希察收。雖曰改定，而所改實不多，蓋近幾年來，域外奇書，沙中殘楮，雖時時介紹於中國，但尚無需大改《史略》，故多仍之。鄭君所《中國文學史》，頃已在上海豫約出版，我曾於《小說月報》上見其關於小說者數章，誠哉滔滔不已，然此乃文學史資料長編，非「史」也。但倘有具史識者，資以為史，亦可用耳。

這段論說曾被淺薄者指為在背後說鄭振鐸壞話，其實不然，而是切中肯的地說明了治文學史的要旨，即資料長編與稱得上為「史」的文學史著作的區別在於要有「史識」，也就是理論思維，有超越資料長編的理論歸納與綜合以及藝術上的分析與歸納。

《中國小說史略》沒有採取斷代體，也就是沒有完全按照朝代的時間順序分章，而是總體上依照歷史朝代順沿敘述，在一個朝代之中則根據作者對小說本身的藝術品位、檔次歸類分章，例如第二十三篇清之諷刺小說與第二十八篇清末之譴責小說，就是按照「諷刺」與「譴責」之間的區別進行分章的。這就需要作者具有高度的「史識」與藝術鑒別力了。

魯迅對《儒林外史》極其推崇，在第二十三篇清之諷刺小說中，僅推《儒林外史》為諷刺小說，原因是《儒林外史》「乃秉持公心，指擿時弊，機鋒所向，尤在士林；其文又慼而能諧，婉而多諷：於是說部中乃始有足稱諷刺之書。」「無一貶詞，而情偽畢露，誠微辭之妙選，亦狙擊之辣手矣。」「是後亦鮮有以公心諷世之書如《儒林外史》者。」李寶嘉的《官場現形記》和吳趼人的《二十年目睹之怪現狀》，「雖命意在於匡世，似與諷刺小說同倫，而辭氣浮露，筆無藏鋒，甚且過甚其辭，以合時人嗜好，則其度量技術之相去亦遠矣，故別謂之譴責小說。」這就按照作品的「隱」與「露」、「巧」與「拙」，分出了不同的檔次與性質，因而在不同的章節中評述。

魯迅在《五論「文人相輕」——明術》中說過：「創作難，就是給人起一個稱號或諢名也不易。假使有誰能起顛撲不破的諢名的罷，那麼，他如作評論，一定也是嚴肅正確的批評家，倘弄創作，一定也是深刻博大的作者。」

將中國文學史上的小說分為不同檔次、不同類型，並給其起不同的稱謂，與給人起「諢名」一樣，是非常不易的，需要高超的理論思維。魯迅將《儒林外史》概括為諷刺小說，《二十年目睹之怪現狀》等概括為譴責小說，就顯現出他的高明。魯迅在《什麼是諷刺？》中說：「『諷刺』的生命是真實；不必是曾有的實事，但必須是會有的實情。所以它不是『捏造』，也不是『誣蔑』；既不是『揭發陰私』，又不是專記駭人聽聞的所謂『奇聞』或『怪現狀』。它所寫的事情是公然的，也是常見的，平時是誰都不以為奇的，而且自然是誰都毫不注意的。不過這事情在那時卻已經是不合理，可笑，可鄙，甚而至於可惡。但這麼行下來了，習慣了，雖在大庭廣眾之間，誰也不覺得奇怪；現在給它特別一提，就動人。譬如罷，洋服青年拜佛，現在是平常事，道學先生發怒，更是平常事，只消幾分鐘，這事蹟就過去，消滅了。但『諷刺』卻是正在這時候照下來的一張相，一個撅著屁股，一個皺著眉心，不但自己和別人看起來有些不很雅觀，連自己看見也覺得不很雅觀；而且流傳開去，對於後日的大講科學和高談養性，也不免有些妨害。倘說，所照的並非真實，是不行的，因為這時有目共睹，誰也會覺得確有這等事；但又不好意思承認這是真實，失了自己的尊嚴。於是挖空心思，給起了一個名目，叫作『諷刺』」。魯迅稱《儒林外史》為諷刺小說，正在於它的真實性：「多據自所聞見，而筆又足以達之，故能燭幽索隱，物無遁形，凡官師，儒者，名士，山人，間亦有市井細民，皆現身紙上，聲態並作，使彼世相，如在目前，惟全書無主幹，僅驅使各種人物，行列而來，事與其來俱起，亦與其去俱訖，雖云長篇，頗同短製；但如集諸碎錦，合為帖子，雖非巨幅，而時見珍異，因亦娛心，使人刮目矣。」例如寫馬二先生，「西湖之游，雖全無會心，頗殺風景，而茫茫然大嚼而歸，迂儒之本色固在」。寫范進「先母見背，遵制丁憂。」湯知縣擔心他忌葷，但見他「在燕窩碗裡揀了一個大蝦圓子送在嘴裡，方才放心」。因此魯迅稱讚道：「無一貶詞，而情偽畢露，誠微辭之妙選，亦狙擊之辣手矣。」又說：「述王玉輝之女既殉夫，玉輝大喜，而當入祠建坊之際，『轉覺心傷，辭了不肯來』，後又自言『在家日日看見老妻悲慟，心中不忍』（第四十八回），則描寫良心與禮教之衝突，殊極刻深」。本是生活中真實存在的事實，大家習慣了，誰也不覺得奇怪，「現在給它特別一提，就動人。」所以魯迅論定道：「是後亦鮮有以公心諷世之書如《儒林外史》

者。」相比之下，《二十年目睹之怪現狀》等只是記述「所謂『奇聞』或『怪現狀』」，並沒有揭示深處的「真實」，所以只能算譴責小說，夠不上諷刺。「『諷刺』的生命是真實。」魯迅恰恰是以「真實」這個鐵定的標準對小說的價值進行衡量的：「一個作者，用了精煉的，或者簡直有些誇張的筆墨——但自然也必須是藝術的地——寫出或一群人的或一面的真實來，這被寫的一群人，就稱這作品為『諷刺』」。否則，只是「譴責」罷了。這充分顯示了魯迅的理論分辨力和藝術概括才能。

魯迅在文學史研究中有很多這類極為精闢的概括，如在《漢文學史綱要》中稱屈原的《離騷》「逸響偉辭，卓絕一世」。又稱司馬遷的《史記》為「史家之絕唱，無韻之《離騷》」。都是千古奇絕的概括，後世多少年無人超越，總被人引用。如不是理論思維的高超、藝術感覺的精當，是不可能達到此般境界的。

（三）文學本史　把握藝術

很多文學史，尤其是二十世紀下半葉以後的文學史，往往並非文學本史，而是政治思想史或者文學派別史，講了許多政治或派別方面的話，對文學藝術本身卻對不起，很少有中肯的觸及，頂多是三言兩語就完了。但魯迅的文學史著作卻不是這樣的，評述的是文學本身的歷史，特別注意其中的藝術規律。

例如《漢文學史綱要》從第一篇自文字至文章到第十篇司馬相如與司馬遷，每一篇都是評述作家作品，沒有像後來有些文學史那樣離開文學本身而說其他。

據魯迅的好友許壽裳回憶，魯迅計畫寫作《中國文學史》的分章是：（一）從文學到文學；（二）思無邪（《詩經》）；（三）諸子；（四）從《離騷》到《反離騷》；（五）酒、藥、女、佛（六朝）；（六）廊廟和山林。其大意也曾片段地對他敘述過：「關於諸子者，他說楊子為我，只取他自己明白，當然不會著書；墨子兼愛，必使人人共喻，故其文詞丁寧反覆；老子的『無為而無不為』，總嫌其太陰柔；莊子的文詞深閎放肆，則入於虛無了。關於《反離騷》者，以為揚雄摭《離騷》而反之，只是文求古奧，使人難懂，所謂『昔仲尼之去魯兮，婓婓遲遲而周邁，終回復於舊都兮，何必湘淵與濤瀨』。但假使竟沒有可以回復之處，那將如何呢？《離騷》而至於《反離騷》，《恨賦》而至於《反恨賦》，還有甚麼意思呢？關於酒和藥者，他常常和我討論，說魏晉人的吃藥和嗜酒，大抵別有作用的，他們表面上是破壞禮教，其實是擁護禮教的迂夫子。他那篇《魏晉風度及文章與藥及酒之關係》（《而已集》），便是這部文學史的一部分。」一九三三年六月十八日，魯迅在致曹聚仁信中說：「曾擬編中國字體變遷史及文學史稿各一部，先從作長編入手」。可惜，由於時局動盪，生活緊張，魯迅沒來得及寫作這兩部著作就去世了。不過，可以彌補遺憾的是，魯迅另有兩篇重要文章，可以看作是這兩部未竟之書具體而微的縮影。一篇是《門外文談》，一篇是《魏晉風度及文章與藥及酒之關係》。這兩篇文章比他的《漢文學史綱要》、《中國小說史略》更能表達他的理論，體現他的「治學首先治史」的觀點，也說明魯迅寫文學史是專治文學本史，而不是環顧左右而言他。

魯迅專治文學本史時，特別注意把握藝術。而把握藝術的基本標準就是「真」。如他在《中國小說的歷史的變遷》中這樣談《紅樓夢》的價值：

> 至於說到《紅樓夢》的價值，可是在中國底小說中實在是不可多得的。其要點在敢於如實描寫，並無諱飾，和從前的小說敘好人完全是好，壞人完全是壞的，大不相同，所以其中所敘的人物，都是真的人物。總之自有《紅樓夢》出來以後，傳統的思想和寫法都打破了。——它那文章的旖旎和纏綿，倒是還在其次的事。

多少年來研究《紅樓夢》的論著不知出版了多少，也不知有多少學者發了多少宏論，但像魯迅這樣一語破的地道出《紅樓夢》的價值者歷來無有。魯迅的這段評論至今是《紅樓夢》研究的經典之語。

當然，僅僅做到真實是不夠的，還須「萬不要忘記它是藝術」，要講究細、曲和人情味，達到美的境界。魯迅在《中國小說史略》中評騭《聊齋志異》中說：

> （一）描寫詳細而委曲，用筆變幻而熟達。（二）說妖鬼多具人情，通世故，使人覺得可親，並不覺得很可怕。

這就是說《聊齋志異》的優點在於細、曲和人情味，具有美感。同時，魯迅也指出了它的不足：「用古典太多，使一般人不容易看下去。」

寫文學史就應該寫文學的本史，緊緊抓住藝術性進行切中肯綮的評析，具有富有藝術感的文學把握。這是魯迅文學史研究中科學思維的重要特徵。

（四）進退知止　評騭有度

「度」——是科學思維的要素。

黑格爾在《邏輯學》中說：

> 度是特殊的規定量……

又說：

規定的量既被當做外在的、本性上變化的界限，變化也就自然而然地被理解為僅僅是量的變化。但實際上，這是什麼也不能說明的；變化，按其本質而言，同時也是從一種質向另一種質的轉化，……

所以，在藝術創作中恰如其分地把握「度」，是極其重要的。不足或者過分，都是不行的。這往往是一位作家藝術品位的試金石。因而，文學評論家和文學史家也必須對「度」具有高度的敏感，能夠從中感受到作家的藝術水準。

魯迅在文學史研究中正是評騭有度的典範。例如在《中國小說史略》中批評羅貫中本《三國志演義》：

至於寫人，亦頗有失，以致欲顯劉備之長厚而似偽，狀諸葛之多智而近妖……

這其實是在批評《三國演義》的失度，在人物描寫中過「度」了。

「合度」，與中國傳統哲學中的「知止」是相通的。《易傳》有謂：「文明以止」。《大學》開宗明義：「大學之道，在明明德，在親民，在止於至善。知止而後有定，定而後能靜，靜而後能安，安而後能慮，慮而後能得。物有本末，事有終始，知所先後，則近道矣。」指明瞭「止於至善」、「知止近道」。朱熹也有言：「適可而止」。還有古人云：「文明以止，人文也」。懂得這個哲理正是人文的覺醒。

在文學史研究和文學評論中明白此理，進退知止，評騭有度。是魯迅為後人提供的重要經驗。

（五）顧及全人　兼及狀態

魯迅在《「題未定」草（六至九）》中說過：

如果隨便玩玩，那是什麼選本都可以的，《文選》好，《古文觀止》也可以。不過倘要研究文學或某一作家，所謂「知人論世」，那麼，足以應用的選本就很難得。選本所顯示的，往往並非作者的特色，倒是選者的眼光。眼光愈銳利，見識愈深廣，選本固然愈準確，但可惜的是大抵眼光如豆，抹殺了作者真相的居多，這才是一個「文人浩劫」。

倘要論文，最好是顧及全篇，並且顧及作者的全人，以及他所處的社會狀態，這才較為確鑿。要不然，是很容易近乎說夢的。

以上所說，是魯迅在文學史研究中科學思維的基點。

據馮雪峰回憶，魯迅在與他接觸中經常談到這個道理：

關於中國文學史，魯迅先生恐怕從《中國小說史略》的時候就已經開始準備，收集材料了罷。關於這，在北平的諸先生當知道得更清楚。我只知道一九二六年在廣州中山大學曾有過一個大綱，不過似乎是為講授用的，斷片的研究也曾發表過一篇，而想寫文學史及想如何寫法，在到上海以後，卻時常談起，但有些材料魯迅先生都集中到北平去，最近兩年則在上海又購買了為查考用的許多書籍。在一九二九年至一九三一年之間，翻譯科學的社會主義觀點的藝術理論的時候，他常常談起的多是文學史的方法問題。魯迅先生一向已注意到文藝與時代及社會環境的密切的關係，到這時似乎更覺得非先弄清楚歷代的經濟、政治和社會生活不可。我記得他還說過這樣的話：「中國更需要有一部社會史，不過這當然更難。」這時他對於俄國社會史的有價值的著作及西歐的藝術史（如霍善斯坦因等人的著作）都極有興趣的細閱，我覺得這和他自己準備寫文學史不是沒有關係的。有時魯迅先生還批評著他在之前介紹的日本板垣鷹穗著的《近代美術史潮論》的觀點，也曾談起他不滿意當時出版的中國文學史，如劉大白先生的之類。這時他很有即開手寫的趨向，因為記得他曾說過：「或先寫Sketch，像《魏晉風度及文章與藥及酒之關係》那樣，一斷片一斷片的寫起來再說……」但終因為別的在他看來是更緊迫的工作所牽制，並沒有實現他的宿願；而且到他逝世前也仍在同樣情形下，不能實現他的計畫，這對於中國的學術也是無法補償的損失。

馮雪峰的這一回憶，作為魯迅自己論說的參考，可以進一步理解他關於寫作文學史須顧及全人、兼及狀態的思想，領悟他科學思維的基礎。

就拿魯迅已經發表的未來文學史的斷片《魏晉風度及文章與藥及酒之關係》來說，就充分呈現了魯迅在文學史研究中的科學思維。

在這篇演講中，魯迅首先借對曹操的評價，提出了觀察歷史人物和研究某一時代的文學的「真正方法」：「至少要知道作者的環境，經歷和著作。」

他的全文正是按照這種科學的思維方法做的。

他給漢末魏初文章的評價是：「清峻，通脫，華麗，壯大。」這四點並不是單純就文章論文章得出的，而是從「作者的環境，經歷和著作」中自然而然引申出來的。「清峻」源於「董卓之後，曹操專權。在他的統治之下，第一個特色便是尚刑名。他的立法是很嚴的……影響到文章方面，成了清峻的風格。——就是文章要簡約嚴明的意思。」「通脫」，「自然也與當時的風氣有莫大的關係。因為在黨錮之禍以前，凡黨中人都自命清流，不過講『清』講得太過，便成固執」。「深知此弊的曹操要起來反對這種習氣，力倡通脫。通脫即隨便之意。此種提倡影響到文壇，便產生多量想說甚麼便說甚麼的文章。」「華麗」，則來自曹丕的提倡，他在《典論》中提出「詩賦欲麗」。「壯大」，是因為漢末文人「『以氣為主』來寫文章的了」，所以「漢文慢慢壯大起來，是時代使然」。

下面談到魏晉文章，更是深入到文章背後的深層原因。例如嵇康、阮籍的罪名，一向說他們毀壞禮教。但魯迅卻認為這判斷是錯的：「魏晉時代，崇奉禮教的看來似乎很不錯，而實在是毀壞禮教，不信禮教的。表面上毀壞禮教者，實則倒是承認禮教，太相信禮教。」比曹操司馬懿那些表面崇奉禮教的人們要「迂執得多」。所以他們不願意自己的兒子像自己一樣，「他們生於亂世，不得已，才有這樣的行為，並非他們的本態。但又於此可見魏晉的破壞禮教者，實在是相信禮教到固執之極的。」正如許壽裳所說：魯迅「看穿明皇和貴妃兩人間的愛情早就衰歇了，不然何以會有『七月七日長生殿』，兩人密誓願世世為夫婦的情形呢？在愛情濃烈的時候，那裡會想到來世呢？」在論魏晉文章中魯迅的「知人論世」，也「比別人深刻一層」。古人云：「中國之君子，明於禮義而陋於知人心。」而魯迅恰恰是「深於知人心」的。

正是由於這種深刻的思維方法，使得魯迅在文學史研究中取得了後人難以企及的成就。

一 魯迅對中國人及中國歷史的九大感悟

魯迅之所以無愧於思想家的稱號，就在於他比他的同時代人以及多少代的後來者都深刻得多、清醒得多地瞭解中國社會和歷史，他以他無可比擬的極其犀利、極其深邃的雜文和小說，對中國數千年的封建專制主義進行了全面、澈底的批判，促使中華民族從「瞞和騙」與「不悟自己之為奴」的大夢中猛醒，「睜了眼看」世界，正確地認識自己、認識世界以及自己在世界中的位置，從而提高悟性，拔除奴隸之根性，實現精神上的自覺和獨立，開闢嶄新的精神文化之路。他的文章看來是零散的、片斷的，但是綜合起來卻成為一個完整的系統。這一精神文化系統，的確實際催發了中華民族的精神覺醒，並推動了全人類的精神文化發展，豐富了全人類的思想寶庫，提高了人們對自我和對宇宙人生的認識，乃是中國精神文化新舊轉型時期必不可少的思想資源，是所有想瞭解中國社會和歷史的知識份子必須閱讀的百科全書。所謂思想家就是能夠把握事物之本質與世界之本源的思想者，魯迅正是對中國封建專制主義的本質及其所造成的奴隸根性的本源把握與揭示得最為深刻、系統的思想者，僅就這一點來說，魯迅就足可稱為中國偉大而深刻的思想家了。他不是西方黑格爾、康德那樣的建立了理論體系的思想家，而是最懂得中國的長於「知人論世」、明於知人心的本土思想家，這是他與西方思想家的區別，也是他的中國特色。

由於魯迅的思維具有感悟型、「紹興師爺」型的尖刻與嚴密和賦之於形象的特徵，所以從性質上說，他是中國歷史上最具靈異的感悟型思想家，概括起來，他對中國人及其歷史有九大感悟：

（一）感悟：「吃人」

魯迅在他的第一聲吶喊《狂人日記》中，借狂人形象寄寓了這樣的思想：「我翻開歷史一查，這歷史沒有年代，歪歪斜斜的每葉上都寫著『仁義道德』幾個字。我橫豎睡不著，仔細看了半夜，才從字縫裡看出字來，滿本都寫著兩個字是『吃人』。」

這個「吃人」的著名判斷，在五四時期曾經驚世駭俗，使魯迅獲得了極大的聲譽。而當下，魯迅把幾千年中國歷史概括為「吃人」二字之舉，常被人譏為文化激進主義。其實，魯迅的這一舉措不僅是打破「鐵屋子」的一種手段，而且是具有極高智慧的思維理性。如魯迅一九一八年八月二十日在致許壽裳信中所說：「偶閱《通鑒》，乃悟中國人尚是食人民族，因成此篇，此種發現，關係亦甚大，而知者尚寥寥也。」近百年後的今天，仍然具有深遠的現實意義。魯迅所謂的「吃人」，並不是指肉體上的相吃，而是精神上人格上的奴役，是說中國人始終沒有爭到「人」的價格，沒有真正擺脫做奴隸的時代。

（二）感悟：阿Q的精神勝利法

魯迅在《阿Q正傳》中借用阿Q這個典型形象，作出了精神勝利法這一永遠發人深省的概括。從實質上看，精神勝利法反映了人類的普遍弱點，即在遭受失敗後不能正視現實，以實際的行動轉敗為勝，而只能退縮到內心去，在精神求得虛幻的勝利，結果是一敗再敗，不可自拔。清朝末年本來自以為處於世界中心的中華帝國，遭遇到列強侵略、內部混亂的空前失敗，於是精神勝利法這一人類的普遍弱點就從上到下彌漫起來了。魯迅尖銳、深刻而又形象地點出了中國人的這個穴位，至今令人深思，實在是對中國人以至全人類的巨大精神貢獻。

（三）感悟：中國歷史只有「想做奴隸而不得」與「暫時做穩了奴隸的時代」，青年的使命是創造不當奴隸也不做奴隸主的「中國歷史上未曾有過的第三樣時代」

一九二五年魯迅在《燈下漫筆》中把中國歷史概括兩個時代，這就是：

一，想做奴隸而不得的時代；
二，暫時做穩了奴隸的時代。

他號召青年們要「創造這中國歷史上未曾有過的第三樣時代」，也就是既沒有奴隸也沒有奴隸主的時代，認為這「則是現在的青年的使命！」

這個「第三樣時代」，其實就是他後來所說的「無階級社會」。要打破搶奪「一把舊椅子」的歷史循環，使人類進入爭取到「人」的價格的平等、自由的民主社會。但究竟應該走怎樣的道路、採取什麼政治措施進入這樣的社會，魯迅並沒有說過。看來他本人始終也沒有找到正確的答案，但是他思考了，尖銳地提出這個問題了，也感悟到了許多別人連想都沒有想、甚至連感覺都沒有感覺到的問題，就已經非常偉大了。魯迅並不是政治家，也不是什麼主義者。我們不能要求他全知全能，解決一切問題。

（四）感悟：「中國根柢全在道教」

魯迅在《小雜感》中說過：

> 人往往憎和尚，憎尼姑，憎回教徒，憎耶教徒，而不憎道士。懂得此理者，懂得中國大半。

又在一九一八年八月二十日致許壽裳信中說：

> 《狂人日記》實為拙作，又有白話詩署「唐俟」者，亦為僕所為。前曾言中國根柢全在道教，此說近頗廣行。以此讀史，有多種問題可以迎刃而解。

當然，一些學者並不完全同意魯迅「中國根柢全在道教」的觀點，例如林非先生就在《魯迅和中國文化》中認為「過於誇大了，道教在中國思想文化史和民間風俗習慣中確實有較大的影響，不過它對於整個民族所引起的思想禁錮和箝制的作用，事實上是遠遜於儒家學說的。」從學理上講，林著所說是有道理的。但就「道教這種拼湊了中國思想文化土壤中許多人幾乎都習慣於接受的東西」，使人們既可以追求現世享樂，又可以使人們覺得「既為奴隸，也處之泰然，但又無往而不合於聖道」來說，魯迅感悟到「中國根柢全在道教」，也有其緣由。

（五）感悟：「不悟自己之為奴」

到了晚年，魯迅對中國人所受的精神奴役問題有了更為深刻的思考。一九三四年，他閱讀《清代文字獄檔》之後寫了兩篇雜文，值得反覆品味。

一篇是《隔膜》。寫的是魯迅從《清代文字獄檔》中感悟的一件案例：乾隆四十八年二月，山西臨汾縣生員馮起炎，聞乾隆將謁泰陵，便身懷著作，在路上徘徊，意圖逞進，不料先以「形跡可疑」被捕了。那著作，是以《易》解《詩》，實則信口開河，惟結尾有「自傳」似的文章卻很特別，大意是有兩個表妹，可娶，而恨力不足以辦此，想請皇帝協辦。雖然幼稚之極，然而何嘗有絲毫惡意？不過著了當時通行的才子佳人小說的迷，想一舉成名，天子做媒，表妹入抱而已。不料結尾卻甚慘，這位才子被從重判刑，發往黑龍江等處給披甲人為奴去了。魯迅對此案作出了極深刻的評析：

> ……這些慘案的來由，都只為了「隔膜」。滿洲人自己，就嚴分著主奴，大臣奏事，必稱「奴才」，而漢人卻稱「臣」就好。這並非因為是「炎黃之胄」，特地優待，賜以嘉名的，其實是所以別於滿人的「奴才」，其地位還下於「奴才」數等。奴隸只能奉行，不許言議；評論固然不可，妄自頌揚也不可，這就是「思不出其位」。譬如說：主子，您這袍角有些兒破了，拖下去怕要破爛，還是補一補好。進言者方自以為在盡忠，而其實卻犯了罪，因為另有准其講這樣的話的人在，不是誰都可說的。一亂說，便是「越俎代謀」，當然「罪有應得」。倘自以為是「忠而獲咎」，那不過是自己的糊塗。

一九三四年六月二日致鄭振鐸的信中，魯迅又對此案作了如下評論：

頃讀《清代文字獄檔》第八本，見有山西秀才欲娶二表妹不得，乃上書乾隆，請其出力，結果幾乎殺頭。真像明清之際的佳人才子小說，惜結末大不相同耳。清時，許多中國人似並不悟自己之為奴，一歎。

魯迅這段洞察世情的評析，具體來說，是針對馮起炎一案而談的，從哲學啟悟意義上思考，則是啟發人類悟性的警世格言，啟發我們作出這樣的反省：要真正認識自己，就必須透過表面現象的「隔膜」，去理解事物的本質，絕不可像馮起炎那樣簡單愚蠢，上了統治者美好謊言的當，「真以為『陛下』是自己的老子，親親熱熱地撒嬌討好去了」，結果禍從天降。而「不悟自己之為奴」一語，恰恰是對身受奴役而不自知者的最好評騭，一針見血地精闢概括出了這種人的精神特徵。

另一篇是《買〈小學大全〉記》。寫的也是魯迅從《清代文字獄檔》中感悟的一件案例：《小學大全》的編纂者尹嘉銓，他父親尹會一，是有名的孝子，乾隆皇帝曾經給過褒揚的詩。他本身也是孝子，又是道學家，官又做到大理寺卿稽察覺羅學。還請令旗籍子弟也講讀朱子的《小學》，而「荷蒙朱批：所奏是。欽此。」後來又因編纂《小學大全》，得了皇帝的嘉許。到乾隆四十六年，他已經致仕回家，本來可以安享晚年了，然而他卻繼續求「名」，奏章給乾隆皇帝，請求為他父親請謚，結果觸怒龍顏，招致殺身之禍。魯迅對此案的評析是：尹嘉銓的「禍機雖然發於他的『不安分』，但大原因，卻在既以名儒自居，又請將名臣從祀：這都是大『不可恕』的地方。」因為「乾隆是不承認清朝會有『名臣』的，他自己是『英主』，是『明君』，所以在他的統治之下，不能有奸臣，既沒有特別壞的奸臣，也就沒有特別好的名臣，一律都是不好不壞，無所謂好壞的奴子。」尹嘉銓招禍的原因與馮起炎相同，都是「不悟自己之為奴」，像阿Q那樣對自己的奴隸地位與將死的命運毫無所知。

不認識自己的奴隸地位，又不認識世界、不認識這個世界上的最高統治者——皇帝的本質，缺乏最起碼的悟性。「縱為奴隸，也處之泰然，但又無往而不合於聖道。」做了奴隸還很愉快。甚至「從奴隸生活中尋出『美』來，讚歎，撫摩，陶醉」，「使自己和別人永遠安住於這生活。」結果落得糊裡糊塗被發落被宰殺的下場。這就是當時許多中國人，特別是中國的所謂的知識份子的悲劇。縱然尹嘉銓可稱是位大學者，馮起炎也是生員，卻畢其一生未能認識自己，也未能認識世界。為什麼魯迅一再勸告青年學生「不要再請願」？這裡又批判尹嘉銓式的「請謚」？就在於「請願」與「請謚」雖然形式不同，本質卻是相同的，同是「將對手看得太好了」，既無自知之明，又無知人之明，精神上都屬於奴隸，沒有實現精神解放，達到思想自由和精神獨立的境界。

直到一九三六年十月五日、即臨終前十四天發表的《「立此存照」（三）》中，還在諄諄教誨自己的同胞：

我們應該有「自知」之明，也該有知人之明……

並以肥胖與浮腫為例，形象地說明了既無自知之明又無知人之明的蒙昧的人，是怎樣「安於『自欺』，由此並想『欺人』」的：

譬如病人，患著浮腫，而諱疾忌醫，但願別人糊塗，誤認他為肥胖。妄想既久，時而自己也覺得好像肥胖，並非浮腫；即使還是浮腫，也是一種特別的好浮腫，與眾不同。如果有人，當面指明：這非肥胖，而是浮腫，且並不「好」，病而已矣。那麼，他就失望，含羞，於是成怒，罵指明者，以為昏妄。然而還想嚇他，騙他，又希望他畏懼主人的憤怒和罵詈，惴惴的再看一遍，細尋佳處，改口說這的確是肥胖。於是他得到安慰，高高興興，放心的浮腫著了。

這種在「妄想」中求得精神勝利的「放心的浮腫」者，與忌諱頭上癩瘡疤的阿Q屬於同種精神類型，永遠「自我感覺」良好，永遠在自欺欺人，永遠不能認識自己的真實面目。為了療救這種普遍的精神痼疾，魯迅勸告這些「閉了眼睛浮腫著」的人，要好好「反省」，並且希望：

有人翻出斯密斯的《支那人氣質》。看了這些，而自省，分析，明白那幾點說的對，變革，掙扎，自做工夫，卻不求別人的原諒和稱讚，來證明究竟怎樣的是中國人。

這實質是教導中國人要學會「以別人的眼光來審查自我」，以別人的批評為「鏡子」照出自己的真實面目，「而自省，分析」，「變革，掙扎」，自強自勵，自立於世界民族之林，「不求別人的原諒和稱讚」。無所求於外界的內心，永遠是穩定和豐富的。有了這樣的心，這種正確地認識自己、認識世界的自覺的精神境界，在世事面前便可以榮辱無驚、樂觀灑脫，永遠立於不敗之地。魯迅是真正地深深摯愛著中華民族的，直到生命的最後一刻，他都惦念著自己的同胞，正如他在臨終前不久寫作的《「這也是生活」》中所說：「無窮的遠方，無數的人們，都和我有關」。他對於本民族的尖銳批評，敦促同胞聽取外國意見的教誨，正是出於對中華民族的熱愛，比那些廉價的讚揚和奉承要珍貴得多！我們要切切珍惜！不可辜負本民族偉大思想家的苦心！更不可以怨報恩！對他進行詆毀！

人的精神自由，是以對精神的深刻自我意識為條件的。主體對自己的意識狀態、精神世界有了深透的理解與掌握，才能自主、自覺地對己內世界實現有效的整統與完善，成為意識自我的主人。一個民族的精神要達到自由的境界，也需要以對本民族精神的深刻自我意識為條件。要做到這一點，就需要本民族的思想家，啟悟同胞們對本民族的意識狀態、精神世界有一個比較深透的理解與掌握，從而自主、自覺地對本民族的己內世界實現有效的整統與完善，成為意識自我的主人。倘若始終「不悟自己之為奴」，對自己的奴隸地位沒有感覺，怎麼可能進而改變之呢？魯迅正是本民族爭取「人」的價格、擺脫奴隸境遇的最高境界的精神反思者，僅就這一點來看，我們就應該對這位中華民族的精神偉人抱以最高的尊重。

（六）感悟：歷代統治者不過是在爭奪「一把舊椅子」

一九三一年七月二十日魯迅在社會科學研究會的講演《上海文藝之一瞥》中說：

> 至今為止的統治階級的革命，不過是爭奪一把舊椅子。去推的時候，好像這椅子很可恨，一奪到手，就又覺得是寶貝了，而同時也自覺了自己正和這「舊的」一氣。二十多年前，都說朱元璋（明太祖）是民族的革命者，其實是並不然的，他做了皇帝以後，稱蒙古朝為「大元」，殺漢人比蒙古人還厲害。奴才做了主人，是決不肯廢去「老爺」的稱呼的，他的擺架子，恐怕比他的主人還十足，還可笑。這正如上海的工人賺了幾文錢，開起小小的工廠來，對付工人反而凶到絕頂一樣。

爭奪「一把舊椅子」，是魯迅對中國歷史上不斷改朝換代、卻始終不改奴隸時代的精闢論述。值得注意的是這話講於一九三一年，是魯迅成為「左聯」盟主、所謂由進化論轉變為階級論之後。魯迅並沒有機械地完全按照當時流行的階級論觀點看人看事，把工人絕對看成好的。而是說「奴才做了主人，是決不肯廢去『老爺』的稱呼的，他的擺架子，恐怕比他的主人還十足，還可笑。這正如上海的工人賺了幾錢，開起小小的工廠來，對付工人反而凶到絕頂一樣。」這實質是說通過工人推翻資本家掌握政權的方式，是不能創造「第三樣時代」的。正如阿Q取代趙太爺成為未莊的主人，「他的擺架子，恐怕比他的主人還十足，還可笑。」阿Q式的革命與阿Q式的革命家是要不得的。

（七）感悟：「大明一朝，以剝皮始，以剝皮終，可謂始終不變」

一九三四年，即魯迅逝世前兩年，他在《病後雜談》中，談過明初，永樂皇帝剝那忠於建文帝的景清的皮，明末張獻忠也用同樣的方法剝政敵的皮之後，講了一句至理名言：

> 大明一朝，以剝皮始，以剝皮終，可謂始終不變。

這個論斷實質是開國皇帝以「剝皮」這種最殘酷的暴力方式奪取和維持政權，最後起義農民也用同樣的暴力方式對付統治者和政敵，由此循環往復總是走不出奴隸時代的怪圈。應該怎樣走出歷史的怪圈呢？魯迅沒有回答，後人也不能要求他做出回答。

（八）感悟：新奴隸主的出現及其本質與特徵

魯迅晚年的《答徐懋庸並關於抗日統一戰線問題》（以下簡稱《答徐懋庸》信），多少年來一直是牽涉面最廣最深的一大爭論焦點。出現的文章很多，觀點也各種各樣，但卻忽視了魯迅臨終前最為重要的感悟：新奴隸主的出現及其本質與特徵。

魯迅終其一生的深層心理情結是什麼？我認為就是「抗拒為奴」。

魯迅少年時代由於祖父科場案，家道中落，曾被人譏為「乞食者」，在從小康人家而墜入困頓的途路中，看到了世人的真面目，使他自小就形成了倔強不屈、不甘被人奴役的「硬骨頭」性格。到日本留學時期，更是不甘做亡國奴，要改變國人的精神，主張「尊個性而張精神」，做「精神界之戰士」。自此一生，始終如一地反對人與人之間的「精神奴役」，愈到晚年，「抗拒為奴」的心理情結愈是強烈，愈是對奴隸和奴隸主高度敏感，對人與人之間的奴役關係愈是憎惡。

魯迅晚年的日本學生增田涉在回憶錄《魯迅的印象》中說過：

> 讀魯迅的著作，和在他的正常談話裡，常常出現「奴隸」這個詞。
>
> 魯迅對於本國人民再三地說「奴隸」寫「奴隸」，我體會到那是多麼切實的帶著實體的語言。
>
> 我知道了魯迅所說的「奴隸」、「奴隸」，是包藏著中國本身從異民族的專制封建社會求解放在內的詛咒，同時又包藏著從半殖民地的強大外國勢力壓迫下求解放在內的、二重三重的詛咒。所謂主人與「奴隸」，不是對立的兩個概念，這一現實是經常在他的生存中，經常在鼓動他的熱情，纏住他的一切思考。這一點，我們必須切實知道。因而我們知道他對自己和自己民族的奴隸地位的自覺，就是跟他的「人」的自覺相聯結的，同時也知道正這兒就有著決定他的生涯的根據。
>
> 為著瞭解魯迅，我們必須知道在這種環境裡生長的他，和有了那樣的自覺之後才開始他對人類的認識。要不然，他的一切語言，就會有只被當作空洞的聲音的危險。

於事者迷，旁觀者清。增田涉的這一感受，比中國的許多魯迅研究學者深刻得多！日本魯迅學家很早就敏銳地感悟了這一點。竹內好，早在上世紀四〇年代就把魯迅精神本質概括為「抗拒為奴」。六〇年代，伊藤虎丸又由「個」的思想出發，進一步發展了竹內好「抗拒為奴」的觀念，把「真的人」與奴隸和奴隸主嚴格區別開來。由此對魯迅也有了深刻、中肯的評析。認為魯迅正是從「真的人」出發，提出「根柢在人」的「立人」思想。而要「立人」，首先是以個的自立、國民的「人各有己」，即國民主體性的確立為前提的。

魯迅是留日時期從尼采那裡汲取「個的自覺」這一歐洲近代思想的核心的。他認識到人只有通過「回心」和「反省」、「看見自己」，才可能「自己成為自己」，達到「個的自覺」。

二十世紀以來，整個人類就是在「抗拒為奴」的精神解放運動中走過來的。正是在這一點上，竹內好與日本魯迅學界感應在一起，中國魯迅學界經過一個時期的曲折後，隨著思想解放運動的深入，也日益感到了「抗拒為奴」、實現精神獨立的迫切性。正是因為如此，竹內好對日本後來的魯迅研究產生了那樣大的影響，半個多世紀以後，又受到中國魯迅學界乃至思想界高度的注意，也得到了韓國魯研界的呼應。

中、日、韓三國魯迅學界所構成的「東亞魯迅」，是以冷靜、深刻、理性的「抗拒為奴」的抵抗為根基的。這種抵抗既是針對身處的具體社會歷史環境中的奴役現象的，又是對自身奴性的抗拒。「抗拒為奴」，爭取「思想之自由，精神之獨立」，這是魯迅精神的本質，是多少年來魯迅學家們從人類整體發展進程出發所作出的普世性的共識，也是從「人學」的視角認識魯迅所獲得的真知。

究竟是什麼原因促使魯迅加入「左聯」並成為盟主呢？原因很多。我認為最主要的原因是魯迅「抗拒為奴」的心理情結與對「無階級社會」的真誠嚮往。前面說過魯迅號召青年們要「創造」的既沒有奴隸也沒有奴隸主的「中國歷史上未曾有過的第三樣時代」，其實就是他後來所說的「無階級社會」。

而「左聯」正是宣導無產階級革命文學，為共產主義理想而奮鬥的。所謂共產主義社會，其實就是魯迅一直嚮往的「無階級社會」，按照共產主義理論，是由無產階級革命而實現的。在這種情況下，魯迅的思想與「左聯」從根本上達成了契合。因而，魯迅加入「左聯」並因其文學實績和地位、聲望成為盟主，就是自然而然的事情了。

魯迅對「無階級社會」的嚮往，是極其真誠的。其真誠程度遠遠超過了許多名義上的共產黨員。然而，在這以剷除主奴關係、建立「無階級社會」為目標、應該最為平等、最沒有奴役和壓迫、既沒有奴隸也沒有奴隸主的組織裡，竟然遇到了比奴隸主還奴隸主的「文壇皇帝」，「抓到一面旗幟，就自以為出入頭地，擺出奴隸總管的架子，以鳴鞭為唯一的業績」，使「個人被當作用具」，就令他寒心不已了。

愈是對「無階級社會」嚮往真誠，對主奴關係憎惡深切，就愈是對這種新奴隸主反感之極，用魯迅《答〈戲〉週刊編者信》中的話說，就是「倘有同一營壘中人，化了裝從背後給我一刀，則我的對於他的憎惡和鄙視，是在明顯的敵人之上的。」真誠地追求民主、自由，渴望剷除不平等的主奴關係，但卻腹背受擊，只能「橫站」——魯迅的靈魂真是痛苦之極，不愧是二十世紀中國最痛苦的靈魂——苦魂。

正是由於這種緣故，所以魯迅對當時「左聯」的實際領導人周揚等產生了極大的憎惡。晚年的《答徐懋庸並關於抗日統一戰線問題》（以下簡稱《答徐懋庸》信）恰恰是與這類新奴隸主決一死鬥的結果。

要理解《答徐懋庸》信的深意，我覺得，必須從這種「抗拒為奴」的深層心理進行解讀。

《答徐懋庸》信最深刻、精彩之處，正是對新奴隸主做了入木三分的刻畫。我覺得，這是魯迅晚年給「人學」做出的最為重要的貢獻，比以前刻畫的「叭兒狗」、「乏走狗」、「癩皮狗」、「凶獸樣的羊，羊樣的凶獸」以及「二醜」、「阿金」等類型形象還要深刻得多！

這種新奴隸主，魯迅稱之為「文壇皇帝」、「元帥」等等，概括起來看，主要具有以下特徵：

一、「抓到一面旗幟，就自以為出人頭地，擺出奴隸總管的架子，以鳴鞭為唯一的業績」。

二、比「白衣秀士王倫」還要狹小的氣魄。

三、「表面上扮著『革命』的面孔，而輕易誣陷別人為『內奸』，為『反革命』，為『托派』，以至為『漢奸』」。

四、「拉大旗作為虎皮，包著自己，去嚇呼別人；小不如意，就倚勢（！）定人罪名，而且重得可怕的橫暴者。」

五、兩面派：這一點，在魯迅一九三五年九月十二日給胡風的信中刻畫得更為活靈活現：「以我自己而論，總覺得縛了一條鐵索，有一個工頭在背後用鞭子打我，無論我怎樣起勁的做，也是打，而我回頭去問自己的錯處時，他卻拱手客氣的說，我做得好極了，他和我感情好極了，今天天氣哈哈哈……」

六、「將敗落家族的婦姑勃谿，叔嫂鬥法的手段，移到文壇上。嘁嘁嚓嚓，招是生非，搬弄口舌，決不在大處著眼。」

還可以概括一些，但主要是以上六條。

魯迅在《答徐懋庸》信中還有一語足以概括新奴隸主的本質——「借革命以營私」。這一語不僅概括了當時新奴隸主的本質，也一針見血地指明了以後所有貪官和特權者的「真諦」，就是打著「革命」、「共產」等等各種各樣冠冕堂皇的旗號，去「經營」自己的私利，置大眾的利益於不顧，凡不利於他們「營私」的力量一律格殺，有利於「營私」者，則不分青紅皂白、三教九流一概擇取。對待下屬和群眾的態度是「奴化」與「馴化」，一律要做奴隸和「馴服工具」。容不得半點兒異樣與個性發展，稍有不同，必定戳除。「營私」至極，傷人甚重，還要標榜自己「偉大」、「輝煌」、「永遠正確」！

魯迅的感悟真乃深刻之極！

魯迅不是神。但他對人與人之間的「精神奴役」的確有著超人的敏感，對歷史確有著深刻的洞見。他不幸而言中，以後的歷史恰恰是這種新奴隸主在不斷地殘酷做虐。

我們不妨回顧一下上世紀後半葉以來的歷次「運動」：肅反——把胡風等魯迅周邊的人打成「胡風反革命集團」，予以殘酷的迫害；反右——把馮雪峰、丁玲等曾經與魯迅過從甚密的左翼作家打成右派，使這些文化精英成為「人下人」；反右傾——連中國共產黨內的彭德懷等功臣名將也統統打入另冊；「文革」——連劉少奇等黨的領袖以及曾經被魯迅稱為「文壇皇帝」、「元帥」的周揚也一起連鍋端了。其手段與魯迅當年概括的新奴隸主何其相似乃爾！

歷史喜歡捉弄人，喜歡同人們開玩笑。本來要到這個房間，結果卻走進了另一個房間。那些滿懷民主嚮往和美好理想的人們，為了民主、自由、剷除人奴役人的不平等關係，走進左翼營壘並為之真誠奮鬥的時候，卻遭到自己營壘中人的無情打擊、殘酷迫害，又該是何種心情？魯迅一九三五年四月二十三日在致蕭軍蕭紅信中說：「敵人不足懼，最令人寒心而且灰心的，是友軍中的從背後來的暗箭；受傷之後，同一營壘中的快意的笑臉。」把這種心境入木三分地刻畫出來了。當時，他只能跟蕭軍、蕭紅這些年輕人，直抒胸臆，對自己的所謂同志則無話可說。而胡風等人，在遭遇到比當年殘酷得不知多少倍的鎮壓之後，其心情恐怕比魯迅還要悲憤、抑鬱吧？這對於深諳歷史的魯迅來說，是早有思想準備的，他一向對所謂「黃金世界」持懷疑的態度。早在一九二五年三月十八日給許廣平的信中就說道：「我疑心將來的黃金世界裡，也會有將叛徒處死刑」。從不相信所謂「黃金世界」的預約。三〇年代，在《對於左翼作家聯盟的意見》中又告誡年輕的左翼作家們要明白「革命是痛苦的，其中也必然混有污穢和血，決不是如詩人所想像的那般有趣，那般完美」。對革命成功後的情況做了最壞的準備，一再嘲笑海涅所說的「上帝請他吃糖果」的神話，認為「恐怕那時比現在還要苦，不但沒有牛油麵包，連黑麵包都沒有」。甚至會如《「醉眼」中的朦朧》裡所說：「革命」倘若成功，自己會被「升到貴族或皇帝階級裡，至少也總得充軍到北極圈內去了。譯著的書都禁止，自然不待言。」據馮雪峰回憶，魯迅看到毛澤東的《西江月・井岡山》後，說有「山大王」氣，像《水滸傳》裡占山為王的寨主，調侃式地質問馮雪峰：「你們打來以後，會首先殺我吧？」一九五七年七月七日，毛澤東在上海中蘇友好大廈接見上海科學、教育、藝術和工商界人士。席間羅稷南問了毛澤東一個問題：「要是魯迅今天活著，他會怎麼樣？」毛的回答語驚四座：「要麼被關在牢裡繼續寫他的，要麼一句話不說。」從魯、毛兩人各自的言談與心理體味，不難看出魯迅如果活著結局會如何，魯迅對此也是有預感並有思想準備的。而對胡風等天真的人們來說，則是毫無防備的。胡風一直認為自己是忠於毛澤東的，他建國之日滿腔熱情地寫作長詩《時間開始了》歌頌新中國，又給中央上《三十萬言書》進「忠言」。據說在四川監獄裡時，還不斷面朝北京向最高領袖表忠心，對自己竟然遭到如此不講起碼法律和道德的迫害，百思不得其解。胡風逝世後，與他最親密的「胡風分子」們聚會時對此作過深刻的反省。他們所遇到的，真如魯迅所言，是「拉大旗作為虎皮，包著自己，去嚇呼別人；小不如意，就倚勢（！）定人罪名，而且重得可怕的橫暴者。」僅憑應該自由來往的通信，就定人以「反革命集團」等「重得可怕」的罪名，以至於投入監獄，判個無期徒刑，甚至把人活活整死，果真是無法無天，一星半點兒的法律、道德都不講了！遭到這麼突然的襲擊後，「胡風分子」們的心情之淒涼，之寒徹入骨，是難以想像的！明明橫整了你，還要你感恩戴德，像對封建皇帝那樣，就是殺頭也須跪謝皇恩。《國際歌》中說「從來就沒有什麼救世主，也不靠神仙皇帝！要創造人類的幸福，全靠我們自己！」，然而信奉《國際歌》的群眾須天天頌唱「大救星」。無論好壞得失，全是「大救星」的恩賜，永遠要不停地謝恩。明知相悖，卻不能言。永遠禁錮在封建專制和「感恩文化」的牢籠中不可自拔。原本夢幻般的信仰，全在現實的硬壁上碰得粉碎！真可以用「夢碎」二字概括。我完成《苦魂》之後，倘若還在人世，一定要寫構思更早的多卷長篇小說《夢碎》，以反映百年來幾代中國知識份子的「夢碎」。

魯迅對中國人及中國歷史的這第八大感悟，應該說是後世學者極少談及的最重要、最深刻、最發人深省的感悟！我們從中可以得到哪些教訓，引起哪些反思呢？例如「無階級社會」固然好，但是能夠實現嗎？究竟通過怎樣的道路才能使社會更為合理？怎樣防止新奴隸主的產生？產生後，應該運用怎樣的制度和方法加以限制，及時清除？怎樣才能真正實行民主？什麼方法更為科學？人類怎樣才能掙脫主奴關係，實現「人」的自覺，成為既不做奴隸也不當奴隸主的「真的人」，爭取魯迅所說的「第三樣時代」的到來？……等等。等等。都耐人尋味……

而最根本的一點，是一定要用自己的頭腦思考問題，絕對不能做精神奴隸，任別人的思想在自己腦袋裡跑馬。

（九）感悟：舊社會的根柢非常堅固、決不妥協的，新戰線必須「注重實力」、「非韌不可」

魯迅在《對於左翼作家聯盟的意見》中說：

對於舊社會和舊勢力的鬥爭，必須堅決，持久不斷，而且注重實力。舊社會的根柢原是非常堅固的，新運動非有更大的力不能動搖它什麼。並且舊社會還有它使新勢力妥協的好辦法，但它自己是決不妥協的。在中國也有過許多新的運動了，卻每次都是新的敵不過舊的，……要在文化上有成績，則非韌不可。

在前期雜文《娜拉走後怎樣》中，他也反覆強調：

震駭一時的犧牲，不如深沉的韌性的戰鬥。

在《兩地書》給許廣平的信中諄諄教導說：「現在的中國，總是陰柔人物得勝。」所以青年人「要緩而韌，不要急而猛。」要「壕塹戰」，不可「鋒芒太露」，以免讓「巧人取得自利的機會」。

魯迅對中國人及其歷史有著這樣深刻得令人顫慄的九大感悟，就足以使他成為百年來最偉大的感悟型思想家了！

難以避免的歷史侷限

（一）兩種解讀：諛墓性解讀與鞭屍性解讀

所有與現實有關的歷史人物都在新的時代不斷地被重新解讀。例如孔夫子就歷經了兩千多年的一代又一代的重新解讀，魯迅不能也例外，要根據新的時代精神不斷地重新解讀。倘若他已經不能也不值得重新解讀了，那麼他也就失去精神文化價值了，不值得去研究了。

對歷史人物的解讀有兩種：一種是諛墓性解讀，另一種是鞭屍性解讀。諛墓，就是對死去人的一種不加分析的純粹的歌頌；鞭屍，則是不加分析的一律顛覆。我認為這兩種態度，都是不科學的。

為魯迅這樣的偉人作傳，最根本的一條就是反對諛墓，堅持求真。紀曉嵐在《閱微草堂筆記》卷十三《槐西雜誌》（三）所講的一個人死後見到自己的墓碑過諛因而躲避的故事：「墓前忽見一巨碑，綉額篆文，是我官階姓字，碑文所述，則我皆不知，其中略有影像者，又都過實。我一生樸拙，意已不安；加以遊人過讀，時有譏評；鬼物聚觀，更多姍笑。我不耐其聒，因居於此。……」某公正色曰：「是非之公，人心俱在；人即可誣，自問已慚。況公論俱存，誣亦何榮？榮親當在顯揚，何必以虛詞招謗乎？不謂後起勝流所，見皆如是也。」這個故事正表現了有識之士對諛墓之風的憎惡。魯迅也傾吐過這種耽心：「一瞑之後，言行兩亡，於是無聊之徒，謬托知己，是非蜂起，既以自炫，又以賣錢，連死屍也成了他們的沽名獲利之具」，陷入文人的「真正的悲哀」。魯迅晚年知道他的日本學生增田涉要為他寫傳之後，曾經把鄭板橋的兩句詩贈給增田涉：「搔癢不著贊何益，入木三分罵亦精。」這其實就是魯迅對後人提出的告誡，告誡人們在寫作他的傳記時一定不要採取盲目讚頌的諛墓的態度，而要作入木三分的深刻、精闢的科學批評。實際上，真正有識見的文化偉人對後人都作過類似的要求，美國大詩人惠特曼就對準備為他作傳記的人說過：「有一天你會替我作傳記，你要說老實話。無論你怎樣寫，都不要替我打扮，我的胡言亂語都要放進去。……我恨許多的傳記，因為它們不真實。我國許多的偉人，都被他們寫壞了。上帝造人，但是傳記家偏要替上帝修改，這裡添一點，那裡補一點，再添再補，一直等到大家不知道他是什麼人了。」

對魯迅也一直存在鞭屍性解讀。一九三六年十月十九日魯迅逝世後，左翼人士隆重地悼念魯迅，在魯迅遺體上覆蓋了「民族魂」的錦繡，曾經寫出過《〈阿Q正傳〉及魯迅創作的藝術》這樣高水準的魯迅研究論文的蘇雪林，在悼念魯迅的熱潮中，竟然發表了詆毀、謾罵魯迅的一系列文字，說魯迅「腰纏久已累累」，「病則謁舊醫，療養則欲赴鐮倉」，「誠玷辱士林之衣冠敗類，二十四史儒林傳所無之奸惡小人」等等。

胡適當即對蘇雪林提出了嚴肅的批評，指出：「此是舊文字的惡腔調，我們應該深戒。」提出對魯迅應該採取這樣的態度：

> 我們盡可以撇開一切小節不談，專討論他的思想究竟有些什麼，究竟經過幾度變遷，究竟他信仰的是什麼，否定的是些什麼，有些什麼是有價值的，有些什麼是無價值的。如此批評，一定可以發生效果。

縱然胡適是站在魯迅的對立面說以上這番話的，然而我們卻不能不承認這樣的事實：胡適的態度，代表著一種極為可貴的學理精神，也就是對歷史人物的科學性分析性的解讀。這種學理精神，不僅在中國魯迅學史上具有重要的價值，就是在整個學術思想史上都有其帶有根本性的指導意義。但是至今我們仍然沒有做到這點。

（二）魯迅的歷史侷限性

前面我們說了魯迅的許多偉大之處，但是否他就絕對偉大，沒有一點侷限性呢？也就是魯迅是否有讓我們「入木三分罵亦精」之處，有應該否定或者是有其侷限性的地方呢？

同任何人都超脫不了時代的侷限一樣，魯迅也是有其侷限性。

就思維方式而言，魯迅就具有如下侷限性：

1、尚未完全超越傳統的框架

就中國人傳統思維方式而言，魯迅雖然在扭轉中國人的思維定勢中起到了巨大的作用，但是尚未完全超越傳統的框架。楊振寧先生說過：《易經》澈底定位了中華文化的思維方式，甚至在科學發展上直接導致了近代科學沒有在中國萌芽，也許這不是惟一原因，但至少是重要原因之一。他的觀點一出來，就受到了許多反對，然而我認為從深刻認識中國人傳統思維定勢的負面成分來說，不能不說是有啟悟意義的。《易經》分類精簡，堅持陰陽兩極，這雖有一定道理，但將其看作一個整體架構的話，是過於簡單了，應該代之以近代科學化的系統論。在魯迅的思維方式中，較一般中國人是複雜化了，但是並沒有跳出陰陽兩極、二元對立的思維框架，逾越非此即彼、非彼即此的思維模式，忽視以至否定了「第三地帶」或稱「中間區域」的存在。其實，這種「第三地帶」或「中間區域」並不一定就是折衷主義，是「此亦一是非，彼亦一是非」，而可能是取各方精華而去其偏頗、糟粕的。可能是一種綜合創新，或是張岱年先生提出的「取精用宏」。例如魯迅對上世紀三〇年代所謂「第三種人」的批判，就有過激之處。在《黑暗中國的文藝界的現狀》中認為：當然，魯迅「參與批評文藝自由與『第三種人』運動」，源於「當時第三國際提出了『反對中間派』的口號」，「把中間派作為主要打擊對象，認為中間派比反動派對革命的危害還要大」，不能責怪魯迅本人，但他思維方式的侷限性，也是應合這種國際思潮的原因之一。而在《我們不再受騙了》一文中說：「帝國主義和我們，除了它的奴才之外，那一樣利害不和我們正相反？我們的癰疽，是它們的寶貝，那麼，它們的敵人，當然是我們的朋友了。」就未免陷於「對著幹」式的兩極化二元對立思維中去了。在《黑暗中國的文藝界的現狀》中，斷定：「現在，在中國，無產階級的革命的文藝運動，其實就是惟一的文藝運動。」否定了其他文藝的存在，也未免過分。

2、沒有跳出黑格爾的界域

就外國哲學的影響來說，魯迅沒有跳出黑格爾的界域。黑格爾進入中國已有一個世紀的歷史，這位大哲，在中國享有其他外國哲學家難以想望的殊榮，不但作為馬克思主義的來源之一倍受尊重，而且其歷史理性、必然規律、終極目的、總體意識等思想直接支援並被整合進中國革命的意識形態。黑格爾是哲學，也是政治，上世紀五〇年代起，張中曉、顧准、李澤厚、王元化等中國的思想先驅就開始了對黑格爾的反思與告別，思想史需要繼續對黑格爾在中國的傳播與演化過程作出解釋。

我有這樣的初步感覺：黑格爾哲學融入中國的馬克思主義，首先是毛澤東的作用。他的《矛盾論》旨在闡釋「對立統一是宇宙的根本規律」，而這一點恰恰來源於黑格爾。《矛盾論》無疑在中國革命中具有關鍵性的理論意義。上世紀七〇年代初，我最初細讀《魯迅全集》時，有一個發現：魯迅的《「題未定」草（六至九）》，竟然與毛澤東的《矛盾論》有驚人的相合之處——都在強調對事物的全面認識，強調分清矛盾的主要方面與次要方面，強調矛盾兩個方面的互不相容。這恐怕是這兩位中國二十世紀出現的偉人「心有靈犀一點通」之處，也說明他們都是在二元對立的思維框架中運作自己的思維的，既符合了當時時代的需要，推動中國人的思維的深化，又未能跳出既定的思維模式，強化了矛盾的鬥爭性，而忽視甚至否認了其中的融合性，因而對中國人的思維既有積極作用，也有負面影響。而黑格爾的對立統一思想，之所以在中國一拍即合，就在於恰好與中國《易經》的陰陽兩極對立相符，出現了內外相互契合、促強的精神現象。

3、難以逾越農民的小生產者的視野、氣度和胸襟

就其根源來說，魯迅和毛澤東生活在中國這樣一個農民的國度，是他們首先深刻地認識到了農民的問題，因而成為了最瞭解中國的兩個人。但是同時也使他們難以逾越農民的小生產者的視野、氣度和胸襟。當然，魯迅與毛澤東有所不同，毛澤東突出強調農民的革命性，魯迅則側重揭示農民的侷限性。應該說，從思想上看，魯迅比毛澤東深刻一層。他一九三一年七月在《上海文藝之一瞥》中指出過：「至今為止的統治階級的革命，不過是爭奪一把舊椅子。去推的時候，好像這椅子很可恨，一奪到手，就又覺得是寶貝了，而同時也自覺了自己正和這『舊的』一氣。」希望能夠打破這種歷史的惡性循環，實現沒有奴隸、也沒有奴隸主的「第三樣時代」。這也正是他後期傾向於共產黨的內在原因，但又對如何實現這種社會理想並沒有清醒的認識，而與毛澤東一樣未能脫離小農經濟式的烏托邦的籠罩，嚮往著「無階級社會」的到來，以至對蘇聯產生誤讀，以為通過無產階級專政就可以消滅階級，進入所謂的「無階級社會」。直到晚年從一些年輕共產黨人和青年革命者身上看出了「新奴隸主」的傾向，又使他陷入更深的困惑與絕望。所有這些侷限性，都是應該認真清理的。這或許會是魯迅研究學者們今後的艱巨任務，也會是魯迅學出現新的突破和超越的契機和新生長點。

4、既不是「什麼主義者」，也不是政治家，還不是「聖人」。

一九四五年九月十日《國文雜誌》月刊第三卷第四期，發表了邵荃麟的《魯迅的〈野草〉》。這篇論文有很強的理論性，對《野草》的價值與特點作出了很好的概括，並對魯迅作了非常精闢的定位。

魯迅先生不是什麼主義者，他的思想是從血淋淋的歷史現實中間搏鬥出來，鍛鍊出來的。他並無別的

> 特點，只是永遠和歷史的發展緊緊結合著，永遠和人民的心緊緊擁抱著，因而他才能最真切的聽到歷史的聲音，最真切的感到歷史和人民的痛苦。

後來的許多論者給魯迅加上了一些「主義者」的帽子，讚譽者稱他為「共產主義者」、「反自由主義者」、「民主主義者」、「自由主義者」等等，詆毀者又稱他為「激進主義者」、「復仇主義者」、「虛無主義者」等等。其實，這都是並不符合魯迅實際，也不會被他本人認可的。最恰當的提法，還是如邵荃麟所說，「是從血淋淋的歷史現實中間搏鬥出來，鍛鍊出來的。他並無別的特點，只是永遠和歷史的發展緊緊結合著，永遠和人民的心緊緊擁抱著，因而他才能最真切的聽到歷史的聲音，最真切的感到歷史和人民的痛苦。」魯迅的思想和作品，是從中國近代被壓迫被侵略的屈辱的歷史與現實中產生的，沒有必要加上任何外在的標籤。

值得特別提請注意的是，邵荃麟這篇論文是一九四五年九月十日發表的，而在一九四〇年一月一日，毛澤東就在《新民主主義論》中提出魯迅是「共產主義者」了。在毛澤東的提法已經成為黨內「聖旨」的一九四五年九月，邵荃麟竟然指出「魯迅先生不是什麼主義者，他的思想是從血淋淋的歷史現實中間搏鬥出來，鍛鍊出來的……最真切的感到歷史和人民的痛苦。」真是夠大膽的！這充分表現了他作為一個傑出的馬克思主義文藝理論家的理論勇氣！今天重溫邵荃麟這一觀點，倍感其重要！在中華民族對魯迅的認知史上，邵荃麟關於「魯迅先生不是什麼主義者」的觀點，乃是一個非常輝煌的亮點，在當下更加具有深刻的啟悟意義，給魯迅學家為魯迅正確定位提供了科學的借鑒。從中可以看出邵荃麟「不惟上，不惟書，只惟實」的科學精神，他既不像陳伯達等理論家那樣專門揣摩、體悟上級、特別是最高領袖毛澤東的心理好惡，也不注意觀察、嗅聞「階級鬥爭」的動向、軌跡、「氣味」，只在那裡一味地埋頭實做，從理論和實踐中「叫真」，表現出十足的「書生氣」，這不預兆著在「左」的傾向占上峰時，必定難遭厄運?!

特別可貴的是，邵荃麟又在一九四二年《青年文藝》第一卷第一期上發表了更為厚重的論文《關於〈阿Q正傳〉》，提出一個發人深省的觀點：

魯迅先生並不是政治家。

因而他對於「革命形成過程的認識不夠」，是可能的。這一句往往會被讀者忽略的話，意義卻很大。由於後來把魯迅推向「神壇」，人們在潛意識中把魯迅當作了「全知全能的『神』」，似乎他說的話應該句句正確，每句話都是真理，「一句頂一萬句」；在政治上，也應該事事正確，富有預見，能夠提出正確的解決方案。這樣產生的後果，一是把魯迅的話當作政治家的指示，一律照辦，結果可能並不如意；二是用政治家的標準要求魯迅，一旦發現魯迅的某些話在現實政治中並不全對，就從一個極端跳到另一個極端，以此全盤否定魯迅。應該像邵荃麟那樣，認識到「魯迅先生並不是政治家」，而是一位在中國社會從傳統到現代的轉型時期，對中國社會和中國歷史有著深刻認識的天才文學家與本土思想家。更準確一些，是用魯迅自己的話說，就是一位「精神界之戰士」，一位從二十世紀初葉就反對世界的「質化」趨勢、主張「尊個性而張精神」、主持正義、反對不平等現象的精神鬥士。魯迅畢生致力「改造國民性」，但他並沒有提出改造的政治方略。但作為「精神界之戰士」提出的精神使命，提供了《阿Q正傳》等啟悟人們反省自我的形象的經典作品，就已經夠偉大的了，有著極其深遠的思想意義，後人不能也不必要求魯迅作全知全能的「聖人」，以政治家的標準苛求他制定具體方案。

他是一個生活在人間的活生生的人，但絕對不是一般的俗人，而是一位幾百年才出現的極為特殊的文學天才和思想天才。因之，也可能既有一般人不具備的天賦，又有一般人都有的各種各樣的缺點、弱點，甚至超過一般人的怪脾氣和激越的狂氣。我們不能因為這些所謂「毛病」，否定他的全人；更不必要，為賢者諱，把本是他缺點以至失誤的地方，美化成優點或「偉業」。以魯迅的是非為是非，以魯迅的好惡為好惡，把他當時當境作為文學家的憤激之語當作政治或法律判決。倘若魯迅「文革」時活著，他一定不會同意把周揚等所謂「四條漢子」關進監獄，殘酷對待，也不會同意將他「罵」過的人都打入「另冊」的。後來這些人遭到不公平的對待，應該反省的是我們的思想方法和政策措施有問題，不能歸罪於魯迅。

我們應該照魯迅自己所曾經說過的批評原則去做：「好處說好，壞處說壞」。但無論如何，他的文字與人格是絕對偉大的，是多少位其他賢人或巨人無法比擬的。在中國人「悟自己之為奴」、從而克服奴性、提高悟性、實現人的自覺方面，起到了無可替代的作用。但他並不是一個對社會革命實踐進行具體指導和管理的政治家，他雖然提出了對「無階級社會」的嚮往，呼籲既沒有奴隸也沒有奴隸主的「第三樣時代」的到來，但他不可能像政治家那樣為這種社會的到來設計比較合理的政治方案，摸索出比較科學的政治途徑。不但不能，有的時候，還可能有所失誤，例如對前蘇聯的情況就有誤讀之處等等。文學家需要激情，甚至「偏至」，以至於須保留「童真」；政治家則不然，最當緊的是冷靜、客觀、務實。不要以政治家的標準要求魯迅吧！一個人，即使是非常偉大的人物，也不可能全知全能、十全十美。如魯迅那樣，在中華民族認識自己、「反省」自己的過程中起到如此超凡的文學和思想的效應，就已經極其難得，肯定長存於精神文化史上了，如果這樣去思考問題，就不會出現前面所說的謬誤了。對歷史上偉大人物的認知，決非評價得越高越好，而是需要恰如其分，需要中肯、準確，需要有理性的眼光。

例如「國防文學」與「民族革命戰爭的大眾文學」的「兩個口號」論爭。我認為就魯迅作為一位「精神界之戰士」來說，「民族革命戰爭的大眾文學」有其道理。但是作為政治策略來說，卻是「國防文學」比較適宜。因為面對日本的侵略，必須動員全民族共同抗戰；一提「民族革命戰爭的大眾文學」，有些處於中間狀態的作家，可能就會嚇跑了，不敢參加了。

毛澤東在《魯迅論》中說：「魯迅在中國的價值，據我看要算是中國的第一等聖人，孔子是封建社會的聖人，魯迅是新中國的聖人。」我多年崇奉這段話，但是經過四十多年的曲折思考，開始有了新的想法。我認為：魯迅不是「聖人」。他生前就不願被人稱為「導師」和「權威」，自己也絕不做那種「鳥導師」；倘若活著，也不會接受這種「聖人」的稱謂。而且如果真的實現了「新中國」，進入了現代的民主社會，也不需要什麼「聖人」。所謂

「聖人」，只是封建專制制度下樹立的一塊神牌罷了。為了「立人」而奮鬥終生的魯迅，是絕對不會當這種「聖人」的。毛澤東對魯迅作出這種評價，在當時有其歷史價值，但對後世也有負面效應——使中國難以進入現代民主社會，始終需要一個「皇帝」和「聖人」，舊的被打倒了，也要造一個新的。從中也看出毛澤東本人在潛意識中是有著很深的「帝王情結」和「聖賢意念」。

正由於魯迅是一個人，即使天才甚高，也還是人，不是神。所以他也必然有著人所共有弱點和侷限，這些弱點和侷限像他的天才和貢獻一樣，不是天上掉下來的，而是特定的歷史時代、地域環境、家族遺傳和特定的個人遭遇、氣質個性所鑄成的。例如魯迅少年時代，祖父遭逢科場案、被判「斬監候」、父親又患病早逝，家庭迅速敗落，他從十二歲起就經歷了從小康人家墜入困頓的變遷。在這途路中，一方面使他看見了世人的真面目，開始逐步深刻地認識了中國社會和歷史；另一方面，又使他對人世極度敏感、多疑、易怒，紹興女吊的復仇精神深入骨髓。他早期提出「人立而後凡事舉」的「立人」思想，但又受到無政府主義的影響，認為「義務廢絕，而法律與偕亡矣」。中期，他在《我們怎樣做父親？》中提出了他的本原思想：「幸福的度日，合理的做人」。但究竟應該怎樣實現這一理想呢？他理想的家庭是兄弟永遠不分家，「錢是大家去掙，有錢大家花，不分彼此」。他二弟周作人也做著薔薇色的「新村」夢。結果是弟媳婦羽太信子就先鬧內訌，自己搬出苦心經營的八道灣家院，不僅「兄弟失和」，還遭到常人難以忍受的侮辱與毆打。他主張「打落水狗」，但在實際生活中又一再過分厚待一些青年，連他的愛人許廣平都說他「愚不可及」。而他在婚姻生活中也是矛盾的，不喜歡母親安排的朱安，卻又不能拒之，與自己不愛的女人成婚；與自己的學生許廣平產生愛情，卻又不敢公開，一九二八年到杭州度蜜月時，竟然叫許欽文一起「同居」，睡在三張床的中間一張上。第二天一早，許欽文要去別處看有何信件寄到，臨走魯迅認真地對他說：「晚上請你仍然到這裡來睡，一直到我們回去！」看來魯迅是既與許廣平抱有深摯的愛情，又懼怕當時北平的輿論指責，想由許欽文作證他與許廣平只是友好的師生，並無兩性關係。其實這是兩傷而無一益的事情：第一傷害了許欽文，使他異常尷尬，無所適從，又起不到什麼作證的效果；第二傷害了許廣平——天下哪裡有夫婦度密月要第三者夾在中間的事？這在一位女性來說，實在是難以承受的。無一益是這樣做對於社會輿論來說，沒有絲毫作用，只能讓人覺得是「此地無銀三百兩」。魯迅的心理是矛盾的，他渴望著人生的幸福，又要在封建世俗輿論製造假相。希望社會能夠合理、和諧，自己能安安靜靜地寫作文學史，在實踐中又一次次地看到屠殺和流血，目睹許多青年的血，層層淤積起來，將他埋得不能呼吸。他本與創造社聯合作戰，但卻被這些年輕人圍攻，斥為「法西斯蒂」。他又被擁為「左聯」盟主，卻倍感新奴隸主在背後抽鞭子。在與許廣平的婚姻生活中，也有不和諧的地方。據許廣平回憶，魯迅「不高興時，會半夜裡喝許多酒，在我看不到的時候。更會像野獸的奶汁所餵養大的萊謨斯那樣（用何凝先生的譬語），跑到空地去躺下。至少或者正如他自己所說，像受傷了的羊，跑到草地上去舔乾自己的傷口，走到沒有人的空地方蹲著或睡倒。這些情形，我見過不止一次，我能這時候把他丟下不理嗎？有一次夜飯之後，睡到黑黑的涼臺地上，給三四歲的海嬰尋到了，也一聲不響的並排躺下，我不禁轉悲為笑，而他這時倒爬起身來來了。他決不是故意和我過不去，他時常說：『我們的感情算是好的。』我明白他的天真。他對一切人可以不在意，但對愛人或者會更苛求。後來看到海嬰的對我時常多方刁難，更懂得了為什麼對最關切的人如此相待。受到社會上許多磨難的他，一有感觸，會千百倍於常人的看法的。我同情他，但不知此時如何自處，向他發怒嗎？那不是我所能夠的。向他討饒嗎？有時實在莫名其妙，而且自尊心是每個人都有的，我不知道要饒什麼。抑鬱，悵惘，彷徨，真想痛哭一場，然而這是弱者的行徑，不願意。就這樣，沉默對沉默，至多不過一天半天，慢慢雨散雲消，陽光出來了。他會解釋似地說：『我這個人脾氣真不好。』『因為你是先生，我多少讓你些，如果是年齡相仿的對手，我不會這樣做的。』這是我的答話，但他馬上說：『這我知道。』」又對許廣平常常抱歉似地說：「做文學家的女人真不容易呢，講書時老早通知過了，你不相信。」「世間會有百聽百從的好人的嗎？我得反抗一下，實地研究研究看。」這有時是許廣平的答覆，時常就這樣地和氣起來了，他們從沒有吵鬧過。魯迅最後回到故鄉女吊的夢幻中去，在絕望中死去，「一個都不寬恕」。當然，對魯迅的這句話，也可以理解為不是對「私敵」，而是對「公怨」，他畢生致力於「改造國民性」，但最後中國國民性的陰暗面依然沒有改變。

當我們走進歷史的真實時，我們眼前就浮現出一位充滿矛盾的魯迅。他具有非凡的天才，又有著遠超普通人的各種弱點與壞脾氣。然而，這就是一個真實的人，一個真實的魯迅。

天才與精神病之間可能只隔著一層紙。特別是文學藝術天才，精神和神經上往往是與常人有所不同的。如果完全相同，也就不會是天才了。面對魯迅，我們同樣處於矛盾中，不能走極端。不能因為魯迅是天才，就否定他身上的弱點與侷限；更不能因為這些弱點與侷限，而否認他的優秀作品和天才感悟。可以這樣斷言：韓愈詩曰「李杜文章在，光焰萬丈長。」我們也可說「『二周』文章在，光焰萬丈長。」魯迅和他二弟周作人，無論他們具有怎樣的弱點和侷限，經過多少年後多少作家的文章都煙消雲散了，他們的文章卻會像李白、杜甫一樣光焰照射萬代。

二十世紀四〇年代，邵荃麟先生提出的魯迅不是「什麼主義者」也「不是政治家」這兩個觀點，是異常中肯的，但「文革」中卻被當作了反毛澤東思想的罪狀，慘遭迫害。令我們痛感要發現和提出符合真理的觀點是多麼不易！實在需要付出鮮血和生命！在思想先行者的鼓勵下，如今我才大膽道出了「魯迅不是『聖人』」的觀點。渴望大家的批評。

超越魯迅，實現中華民族的理性自覺。

（一）超越魯迅

一九三八年十月十日，《申報》復刊，巴人（王任叔）接編《自由談》。十月十九日，是魯迅逝世二周年忌日，巴人以編者名義在《自由談》上發表《超越魯迅——為魯迅逝世二周年紀念而作》，提出「學習魯迅，戰取魯迅的必要條件……以我們自己的力量，繼之以我們子孫的力量，而超越魯迅！」

這個「超越魯迅」的口號，至今仍然具有重要的現實意義。

我們說的「超越魯迅」，絕對不是貶損魯迅，更不是否定他的全人，也不是說要在思想和藝術貢獻上超過魯迅，出現一位比魯迅還偉大的文化巨人。說實話，能寫出堪與《阿Q正傳》等小說、雜文相媲美的作家恐怕是不可能的。如果出現的話，也只能是另一時代的另一種方式的大作家，不會是魯迅式的。魯迅像中國古代的屈原、司馬遷、曹雪芹和外國的莎士比亞、列夫・托爾斯泰一樣，都是不可複製的。魯迅的功績，與那些在上一世紀為共產主義理想艱苦奮鬥直至獻出生命的志士仁人一樣，是永遠不可磨滅的。他對中國人思維的批判，在中國人的精神史上起到了無可估量的關鍵性作用。魯迅的這一功績是無論什麼時候、什麼人都是無法抹煞的。但是，肯定功績是一回事，總結歷史經驗又是一回事，只有既肯定魯迅批判中國人思維的功績，又指出他不可避免的時代侷限，並把這種總結上升到哲學和思維科學的高度去認識，才可能超越前人所處的那個時代，把歷史推向前進。上世紀八〇年代以來，隨著思想解放運動的深入開展，中國魯迅學逐步衝破了以魯迅的是非為是非、以魯迅的好惡為好惡的判斷框架，改換了思想發展道路、世界觀轉變的話語體系，把實踐當作檢驗真理的惟一標準，就是一個很好的起始，是中國魯迅學終於走向理性的科學軌道的標誌。我們應該相信，魯迅是經得住實踐的檢驗的。他本人正是堅持實踐標準的。一個全新的中國魯迅學話語體系定會逐漸形成，會取得真正經得住歷史考驗的學術成果。

魯迅是歡迎後人超越他的。前文提到的「中間物」概念，就充分說明他從來沒有把自己看成是什麼疑固的絕對權威，更沒有把自己神聖化，始終堅信並希望年輕人和後來者能夠超越他。他也並非覺得自己一切正確，生前就給要為他寫傳記的增田涉贈送過鄭板橋的兩句詩：「搔癢不著贊何益，入木三分罵亦精。」希望後人能夠中肯地指出他的缺點和錯誤。然而正是因為這個緣故，他的許多基本思想，特別是對中國人思維的批判，卻具有恆久的價值。對待歷史人物的科學態度，應該是鳥瞰他所處的歷史時代，而不是諛墓和奉承。那種「句句是真理，一句頂一萬句」說法，無論在什麼時候，出於什麼人之口，都只能是懷有害人野心的「討嫌」話！

所以，只有以這種科學的態度，從魯迅對中國人思維的批判及其侷限性中汲取經驗，才能使中華民族逐步昇華到理性自覺的境界。

（二）現代中國最需要什麼？

在二十一世紀第二個十年剛剛起始的時候，我們有必要重提魯迅在一百多年前，即二十世紀初葉發出的疑問：究竟現代中國最需要的什麼？是經濟總量嗎？是現代科學技術和軍事裝備嗎？是現代的民主與法制嗎？這些都是需要的，但又不是最重要的。最重要的還是魯迅曾經提出的「立人」，使「本能的人」上升為「自覺的人」。而人的自覺，最根本的是改變精神，改變人的思維方式，變傳統、落後、僵化的思維方式為現代的科學思維方式，使中華民族的多數人能夠理性地對待現實，對待生活，對待所面臨的世界上的一切問題和挑戰。

例如改革開放後的一系列有益於國計民生的正確政策，使國家實力日益強大，人民生活日益幸福，但同時也出現了貪污腐敗、貧富不均、兩極分化、道德敗壞、行賄受賄、黑惡橫行等現象，我們應該怎樣對待呢？是任這些黑暗現象蔓延，不管不顧，還是否定一切、回到過去那種封閉的社會中去呢？

這就需要理性！需要科學的思維方式！我們當然要反抗黑暗，但是須進行理性的反抗！既不能容忍黑暗，又不能回到過去，總之不能因為缺乏理性而造成國家和人民的損失！

譬如民主是一件很好的事情。但是在一個國家實行民主是要有步驟，分階段的。條件不成熟時實施過度的民主，造成社會的混亂，無益於人民「幸福的度日，合理的做人」。然而，我們又不能因為民主的階段性，而崇尚專制，應該看到民主是現代社會未來發展的必然結果，因而有步驟地推動民主的開展，逐步扼制專制的肆虐。

魯迅痛感中國人的精神在封建專制主義的禁錮奴役之下日益萎靡錮蔽，一九二四年十一月，在《苦悶的象徵》引言中寫道：

> 非有天馬行空似的大精神即無大藝術的產生。但中國現在的精神又何其萎靡錮蔽呢？

是的。沒有天馬行空似的大精神，也就沒有大藝術、大學術。沒有思想的自由，精神的獨立，蜷縮在思想的牢籠中，精神狀態萎靡錮蔽，哪裡能夠創造什麼真正的藝術和學術呢？

專制是理性的死敵，思想的牢籠。要像《國際歌》裡所說的那樣：

> 從來就沒有什麼救世主，
> 也不靠神仙皇帝。
> 要創造人類的幸福，
> 全靠我們自己！

才可能「讓思想衝出牢籠」，實現精神之獨立，思想之自由，真正運作科學的思維方式，昇華到理性的境界。

那麼，魯迅的思想本質與價值核心究竟是什麼呢？

我八年前在《魯迅的當代價值》一文說：「一言以蔽之，就是：對中國人精神的深刻反思。用長一些的話解釋，就是：在二十世紀中國從封建專制向現代文明轉型的歷史時期，對幾千年來封建禁錮下的中國人的精神進行徹底的根柢性的反思，敦促中國人衝出思想的牢籠，獲得精神的解放，達到精神的獨立和思想的自由，從而正確地認識自己、認識世界，確定自己在世界的恰當定位和自立於世界民族之林的正確方略，實現中華民族的偉大復興。」今天，我依然堅持這個觀點，但更深入一步，認為魯迅對對中國人精神的反思，集中在對中國人的思維方式做了空前深刻的批判。之所以稱魯迅為「民族魂」，我認為就在於他是對於中國人的精神、思維方式、即民族的靈魂進行深刻反思的偉大思想家。

（三）人有三性：奴性、悟性、理性。

人有三性：奴性、悟性、理性。所謂奴性，並不是身為奴者，真的給人做奴僕，而是精神上處於奴隸狀態，依賴於外在的某種力量或者自身虛構的某種東西，受其精神奴役，缺乏精神之獨立，思想之自由，屬於盲目的本能的人。悟性，則是悟己為奴，開始感悟到自己的奴性，爭取精神的解放和思想的自由，然而尚沒有達到理性的境界，對自身與外界尚沒有深刻的系統的理解。而理性，則是達到了這種境界，對主觀世界與客觀世界及其相互關係有了理性的認識，成為了自覺的理性的人。一個人的精神發展要經過奴性、悟性、理性這三個階段，一個民族同樣也要經過這三個階段。而民族的精神自覺就需要本民族的思想家、文學家，對本民族的精神進行內審與反省，並以文學為途徑把自己反思的結晶傳達給人民，以改變本民族的精神。魯迅正是為了改變中國人的精神和思維方式而走上文學道路的，他是偉大的思想家，但是並不同於毛澤東、孫中山那樣的政治領域的思想家，而是深邃探索人類精神現象、深刻反思中國人精神和思維方式的偉大思想家；魯迅是偉大的革命家，但是並不同於專門致力於政治理論與政治實踐的革命家，而是致力於改變中國人精神和思維方式的革命家；魯迅是偉大的文學家，但是並不同於茅盾、沈從文那樣的側重描摹社會世態與鄉土風俗的文學家，而是集中全力勾勒、提煉中國人精神特徵、思維方式為中國人提供自我反思「鏡子」的文學家。魯迅畢生所致力的，就在於對中國人精神的反思，啟悟中國人「悟己之為奴」，從奴性狀態上升到悟性境界。這是魯迅所承擔的歷史的職責，也是他恒久的一直延續到當代的最重要的價值。這不是從某個人或某個政治集團的角度得出的結論，而是從普世的，即中國人以至全人類精神文化發展的視角進行觀照所總結出的魯迅的當代價值。正因為魯迅具有這樣的價值，是從根柢上深刻反思中國人的精神和思維方式，所以必然觸動了每個中國人的神經中樞，牽扯到所有文化論戰的核心問題，因為種種文化論戰爭論的根柢，說到底也是應該怎樣認識人類自己與外部世界的問題。因而至今總有人罵他，攻擊他，也總有人推崇他，紀念他，每一次的文化論戰也都要把魯迅牽連進去。

魯迅給我們留下了《野草》、《彷徨》那樣的無比完美的文學文本，也給我們傳下了《中國小說史略》、《漢文學史綱要》那樣獨闢蹊徑的學術經典，但是最為重要的是他的思想和精神，是他對中國人精神和思維方式的反思。他的那些無比精美的作品，正是這種反思的結晶。

其實，這種反思，不僅對於一個民族是至關重要的，就是對於一個人，乃至整個人類，也是最為重要、帶有根本性的。日本、韓國也是從反思這一點接受魯迅的，已故的日本魯迅學家伊藤虎丸先生提出了「個的思想」，認為人只有通過「回心」和「反省」、「看見自己」，才可能「自己成為自己」，達到「個的自覺」。

魯迅絕對不是為了鬥爭而鬥爭的鬥爭狂，也不是不講策略的魯莽漢，更不是像工人綏惠略夫那樣「一切是仇仇，一切都破壞」的反抗者，和張獻忠那樣「對於不是自己的東西，或者將不為自己所有的東西，總要破壞了才快活」，「於是就開手殺，殺……」的農民起義領袖，以及「擺著一種極左傾的兇惡的面貌，好似革命一到，一切非革命者就都得死」的左傾機會主義者。他是人民隊伍中一位非常老練、理性的先鋒戰士，他的反抗是經過深刻反思的反抗，他的「革命是並非教人死而是教人活的。」沒有理性的反思就沒有理性的反抗。他認為：「震駭一時的犧性，不如深沉的韌性的戰鬥。」主張：「無論愛什麼，——飯，異性，國，民族，人類等等，——只有糾纏如毒蛇，執著如怨鬼，二六時中，沒有已時者有望。但太覺疲勞時，也無妨休息一會罷；但休息之後，就再來一回罷，而且兩回，三回……。血書，章程，請願，講學，哭，電報，開會，挽聯，演說，神經衰弱，則一切無用。」有為的青年應當牢記魯迅的這些教誨：「韌」，「注重實力」，甘做「一木一石」，去做些真正於自他兩利的有實效的工作，去努力完善中國的民主與法制，發展中國的科學與文化，「幸福的度日，合理的做人」。當然，這些堅實、長期的「韌」性的工作，比一時義憤的上街遊行、絕食抗議艱難得多，然而卻是真正有益於中華民族和整個人類的。

（四）為中華民族達到理性境界而奮鬥

在奴性、悟性、理性這三個階段中，可以說魯迅進入了悟性到理性的過度階段。然而，由於時代與自身所處的小農經濟立場的限制，尚未昇華到理性的境界。我們今天的任務，就是從魯迅那裡汲取精華，又看到他的侷限性而「超越魯迅」，使中華民族真正進入理性的境界。

今後中華民族的希望應該寄託在掌握現代高科技、高人文的新型文明階層身上，以理性自覺的態度和方法，解決自身和外界面臨的一切新矛盾、新問題，而不是採取歷史上曾經用過、雖然有其一定的合理性但卻不一定適合當代情況的方式和方法。

將來的中國青年，不僅從體魄、氣質上，而且從精神面貌和思維方式上都應該是全新的！

當下，我們的國家和民族最需要的什麼？我以為最需要的不是物質和財富，也不是軍事和武器，而是人，是人的理性，無論是執政者還是老百姓，越是在取得成績或者困難的時刻，越需要清明的理性！具有清明理性的人越多，國家和民族就越是靠得住。中華民族達到理性境界之時，也就是中華民族真正自強自立於世界之日！

中編

中國魯迅學走向科學思維的曲折歷程

魯迅——二十世紀中國思維變革的偉大推動者

思維，是人類的一個謎。

人類的祖先把思維活動看成是冥冥之物，可以超脫人的軀體而獨立存在。於是便有了靈魂之說，認為人死了，靈魂也就「走」了，人的思維活動就停止了。這種把人的思維活動寄託於神的意志的想法，導致了宗教的產生。人自身反倒「無所用心」，聽天由命，沒有開動思維的機器。從挖掘出的甲骨文來看，早在殷商時代，人們做事是要占卜的，聽憑神的「意志」而行。例如，有一片卜辭是這樣寫的：「壬子卜，弗酒小求，學」。意思是：在壬子時辰占卦，用酒求神顯靈，可以上學。連上學這樣的事，都須事先向神詢問，可見當時神的威力和人本身思維的懶惰了。隨著歷史的發展和人類認識能力的提高，人們逐漸發現思維並不是「神靈」所致，而是與人體某一個器官有關。例如，人們看到一旦心臟停止跳動，思維也就停止了，這種時間上的接近，使人們以為心臟是思維的器官。我國古代哲學家荀況就說過：「心之官，則思」。在漢字中，幾乎所有涉及思維的字詞的偏旁結構都與「心」有關，如「思」、「想」、「悟」、「惦」，等等，沒有想到是大腦在進行思維。古希臘的亞里斯多德也只是把腦看成是僅僅用來調節血液溫度的東西，即用來冷卻過熱的溫度，沒有想到腦是思維的器官。直到近現代，人們才開始認識到思維與人腦的關係，確認大腦是思維的器官，思維是大腦的功能，談到思維時，就說要動腦子想一想。而作為人腦和人的高級神經系統屬性的精神，則是以人的思維活動為本源和原動力的。人要實現精神的解放，就要求得思維的開放；實現精神的自覺，就要求得思想的自由；實現精神的獨立，就要求得思考的獨特。

亞里斯多德有一句名言：「神聖的思想是對思想的思想。」魯迅一生所致力的，正是對中國人思想的思想，對一種長期存在、司空見慣的思維定勢的反思，稱得上是「神聖的思想」。魯迅是以一種非常之人的非常思維，扭轉沿續幾千年的思維定勢，提醒人們想一想自己的思維方式是否存在問題，以「從來如此」為衡量對錯的惟一標準是否合適？「從來如此」的歷史原來是「吃人」的，我們還能認為對麼？我們是否需要換一個方式思考歷史，改一個「活法」做人，做一個不「吃人」的「真的人」呢？

二十世紀中國魯迅學的八個思維期

魯迅是二十世紀中國思維變革的偉大推動者，魯迅學也應該與其所研究的對象相適應，以全新的思維方式研究魯迅。然而，做到這點也絕非易事。二十世紀中國的思維變革走過了漫長而曲折的道路，其中有前進，也有彎路，甚至有倒退，魯迅學也不能不受到歷史條件的制約，在二十世紀中國的思維框架下運作。因而對魯迅的接受與理解，有順暢時，也有扭曲處，要做到以魯迅的思維方式研究魯迅，理解魯迅，還有很長的路要走。不過，由於魯迅創造性思維的影響，魯迅學家又往往能以新銳的思維推動中國的思維變革。所以，魯迅學與二十世紀中國思維變革之間存在著一種雙向互動的關係：既受到二十世紀中國思維框架的制約，又推動著二十世紀中國的思維變革。概括來說，二十世紀中國的魯迅學伴隨時代思維框架的演變，經歷了以下八個思維期：

（一）直覺思維期：

在對魯迅及其作品產生初步反響的時候，魯迅的研究者們處於直覺思維的狀態。所謂直覺思維，就是在新事物剛出現、材料還不豐富時，人憑著直接的感覺而產生的思維。這種思維的不足是缺乏系統性和理論性，難以反映事物的整體特徵和來龍去脈，但是也有其天然的優越性，這就是不受條條框框的束縛，沒有預設的成見，也沒有來自外界的干擾和扭曲。例如五四時期對魯迅作品的最早反響中，傅斯年說「就文章而論，唐俟君的《狂人日記》用寫實筆法，達寄託的（Symbolism）旨趣，誠然是中國第一篇好小說」。就屬於直覺思維，而這一由直覺而產生的評價卻是非常準確的。另外，說「狂人，對於人世的見解，真個透徹極了」，稱魯迅的雜文是「內涵文章」，「實在是《新青年》裡一位健者。至於有人不能領略他的意思和文辭，是當然不必怪。」也都是由直覺思維產生的非常中肯的評騭。而茅盾對《阿Q正傳》的最早評論，更是包含了天才的直覺，實質上已經包含了後來七十餘年間《阿Q正傳》研究的主要方面，切中了阿Q典型性的真義。所謂「總覺得阿Q這人很是面熟」、「是中國人品性的結晶」，正說明阿Q與中國人在「精神上相像」，能夠引發人們精神上的聯想，「由此開出反省的道路」。正是由於這種精神效應和藝術力量，阿Q進入了岡察洛夫筆下的奧勃洛摩夫等世界級藝術典型的行列。但是，後來茅盾由於受到來自外界的干擾和條條框框的束縛，對於《阿Q正傳》的評論反倒退步了，陷於阿Q是農民還是落後農民的無意義論爭之中。由此反證了直覺思維優越的一面。張定璜的《魯迅先生》較長，對魯迅有了綜述性的認識，然而仍然屬於直覺思維的產物。該文形象、準確地描述了魯迅出世前後中國精神文化界所發生的質變：「兩種的語言，兩樣的感情，兩個不同的世界！」「譬如從薄暗的古廟的燈明底下驟然間走到夏日炎光裡來，我們由中世紀跨進了現代。」極為敏銳地感悟到魯迅出世的意義，並將這種對精神文化現象的感覺形象、準確地描述出來，從而確定魯迅及其第一本小說集《吶喊》的歷史地位，認識到魯迅是中國精神文化從中世紀跨進現代的轉型期的文學家，在中國魯迅學史上具有首創的劃時期的意義。但是，這種認識，主要還是從直覺出發的。他的著名的「三個冷靜」說就仍處於感性狀態，缺乏更為具體的概括和分析，因而引起一些異議。最後所講的平鏡與凸鏡的故事縱然發人深省，但也說明此文是從鏡子裡得到的映象，尚未進行具體的理性分析，感覺出了魯迅是什麼，沒有談出為什麼。然而，也正因為如此，張定璜的感覺是非常真實自然、沒有人工造作的映象，自有其不可替代的歷史價值。

茅盾的長篇論文《魯迅論》，是魯迅映象的第二次總結。但也是直覺思維的綜述，首先總結了小學生馬玨、曙天女士和陳源教授三類人對魯迅的印象，深刻地指出了魯迅小說中所描寫的「老中國的兒女的靈魂上，負著幾千年的傳統的重擔子，他們的面目是可憎的，他們的生活是可以咒詛的，然而你不能不承認他們的存在，並且不能不懍懍地反省自己的靈魂究竟已否完全脫卸了幾千年傳統的重擔」，這實質上指出了魯迅小說在中國的精神文化意義。然而，茅盾自己也承認「這一切人物的思想生活所激起於我們的情緒上的反映，是憎是愛是憐，都混為一片，分不明白」，並沒有上升到理性認識的高度。不過，這種樸素的直覺，卻是茅盾的魯迅論中最為貼近魯迅本體的一篇，其原因仍然是沒有外界的干擾和扭曲。當然，並非所有的直覺思維都能反映客觀事物樸素的真實。不同的思維類型，會以不同的方式處理輸入到人腦的各種資訊和來自外界的刺激物，甚至會根據自己的成見和預設的框架，把輸入的各種因素建構成不同的觀念產品。例如成仿吾的《〈吶喊〉的評論》，根據自己的主觀好惡對魯迅小說進行評定，符合所謂「表現的」尺度的，就推崇備至；不符合、被他排入「再現的」之列的，就一律抹煞。結果只剩下《不周山》一篇推為傑作，《狂人日記》、《阿Q正傳》等世所公認的現實主義作品全被一筆抹煞了。成仿吾的這篇文章並沒有上升到理論思維的高度，而是從主觀浪漫精神出發，對魯迅小說所作的一種直覺判斷，照出的是一種哈哈鏡式的映象。一九二八年「革命文學」論爭中，創造社、太陽社對魯迅的攻擊，也屬於一種扭曲性的直覺思維的產物。例如僅憑表面現象，就判定魯迅的文學是「以趣味為中心的文藝」，「而這種以趣味為中心的生活基調，它所暗示著的是一種在小天地中自己騙自己的自足，它所矜持著的是閒暇，閒暇，第三個閒暇」。「常追懷過去的昔日，追悼沒落的封建情緒，結局他反映的只是社會變革期中的落伍者的悲哀，無聊賴地跟他弟弟說幾句人道主義的美麗的話。隱遁主義！」甚至於把魯迅說成什麼「二重的反革命的人物」、「一位不得志的Fascist（法西斯諦）」了！其中沒有任何邏輯推理，也沒有任何事實根據，完全是依據自己的好惡作出的扭曲性的直覺判斷。錢杏邨的魯迅論與創造社有所不同，超出了直覺思維的層面，達到了相當高的理論思維境界。但是，由於偏見做祟，還是對魯迅作出了錯誤的評價。然而，他在學理上確實下了比創造社同仁大得多的功夫，因而比他們更能承認魯迅的不可抹煞的巨大價值，這是後來的史家們必須看到的。

（二）圖式思維期：

一九三三年七月，瞿秋白的《〈魯迅雜感選集〉序言》發表。這表明中國魯迅學進入了圖式思維期。

「圖式」，在人類思維史上佔有重要的地位。康德認為，人在認識之初具有兩個因素，即一定的認識形式結構和感性材料。康德提出問題說：「直觀怎樣能夠攝於一個純粹概念之下呢？怎樣能把一個範疇應用於感官的一個對象之確定呢？」這就是說，範疇、認識形式、結構同感性材料怎樣才能統一起來。康德回答說，這就是「圖式」。他寫道：「顯然必定有某種第三種東西，一方面是和範疇同質，而另一方面又和感官的對象同質，像這樣就能使範疇適用於對象。這個中間的表像必須是純粹的，即沒有經驗成分的，然而必須同時是知性而又是感性的。這樣的一個觀念就是先驗的圖式。」因此，「圖式」本身既不是範疇，也不是感性材料，而是二者的仲介，是第三種東西。圖式依據知性範疇的認識形式去綜合、整理、構造經驗表像，從而形成知識。可見，「圖式」是一種概念性的感性結構方式、結構功能和結構原則。它是認識的形式結構，能夠主動地構造知識的規則。康德的「圖式論」使人大開生面，揭示出主體認識結構在認識過程中的重要作用，並啟示了愛因斯坦和皮亞傑，推動了現代認識論的發展。愛因斯坦認為，一方面人的認識完全是以感覺印象為根據的，但另一方面必須借助於概念和把感覺經驗與概念對應起來的思維，才能把感覺經驗整理出秩序來，世界才具有可理解性，愛因斯坦把這一成果歸功於「康德的偉大的認識之一」。在愛因斯坦那裡，思維具有三個環節：感覺材料、概念和把感覺經驗與概念對應起來的思維。第三個環節就是康德「圖式論」的環節，愛因斯坦把這一環節視為「思維」，並把它看作世界可理解性的關鍵。皮亞傑則把圖式看作是包括動作結構和演算結構在內的從經驗到概念的仲介，形成他具有自己特色的建構理論。

瞿秋白正是精明地運用「圖式論」的思維結構演譯了魯迅的思想發展道路，這個「圖式」就是「從進化論進到階級論」。儘管這個「圖式」有概念不清和未必精當之處，但是卻異常簡明而精闢地概括出了魯迅思想前後兩個不同時期的重要特徵及其轉變，從而把從一九一八到一九三三年間中國思想界對魯迅的「感覺經驗整理出秩序來」，使魯迅的世界具有可理解性。這樣做，不僅說明了「從紳士階級的逆子貳臣進到無產階級和勞動群眾的真正的友人，以至於戰士」一說的思想根據，從理論上說服中國共產黨內部的文化人理解並接納魯迅，以壯大無產階級的文化營壘，而且以魯迅為實例論證了馬克思主義理論和無產階級革命道路的正確性。連魯迅這樣的偉大作家都轉向無產階級一邊了，難道馬克思主義的階級論還不正確嗎？就當時中國共產黨的政治利益和無產階級的革命策略來說，瞿秋白可以說是站在時代的理論思維的高峰上了。與創、太二社對魯迅的簡單攻擊相比，瞿秋白的思維真是高明多了；而與一九二七年「少共」的機關雜誌的評論相比，中國馬克思主義者的思維水準更是不知提高了多少倍，那篇評論竟然以《影的告別》為例，批判魯迅的悲觀與虛無之點，斷定魯迅不願去「共產主義的黃金世界」，是「虛無派」，其觀點是幼稚的，而思維方法則是直線的、平面的，確實是膚淺極了。瞿秋白所概括出的魯迅思想發展道路的「圖式」，既是時代的賦予，又反過來推動中國馬克思主義學派向時代的理論思維高峰攀登，對魯迅在中國精神文化史上獨特價值作出了空前深刻的分析與確認。

以上是談瞿秋白「圖式」在當時的歷史作用，然而今天回頭再看「從進化論到階級論」的概括，就會發現其中存在嚴重的理論缺陷。一是魯迅的思想是極其複雜的，用「進化論」概括其前期，「階級論」概括其後期，不僅欠準確，而且會使對魯迅思想的認識簡單化，不益於魯迅研究的深入發展；二是魯迅本人即使到了後期也並沒有完全認可當時流行的「階級論」。就是已經被譽為轉為階級論的二十世紀三〇年代的魯迅，一九三一年八月十二日在社會科學研究會講《上海文藝之一瞥》時，仍然指出：「奴才做了主人，是決不肯廢去『老爺』的稱呼的，他的擺架子，恐怕比他的主人還十足，還可笑。這正如上海的工人賺了幾文錢，開起小小的工廠來，對付工人反而凶到絕頂一樣。」並不認為工人就一定品質好，他筆下的阿Q，窮得只剩下一條不能再脫的褲子，然而品性也不是太好。倘若他真的革命成功，登上權力寶座，說不定比趙太爺還壞！因為嫉妒——這人性的「陰火」，在他心中燃燒得很強烈。阿Q對趙太爺、錢太爺、「假洋鬼子」等富人嫉妒得很，所謂仇富心理，其實也是一種嫉妒，更為要命的嫉妒。當然，這不能完全歸罪於阿Q等窮人，主要是趙太爺等富人不知收斂，欺人太甚。只有儘量均富，才可能有所平衡。但對於阿Q式的仇富，總不能加以鼓動。不光對富人，對跟他一樣窮的王胡、小D等等，阿Q同樣嫉妒之極。王胡蝨子捉得比他多，咬得比他響，人家雇小D打短工，奪了他的飯碗……都成了阿Q嫉妒的緣由。對比他弱勢的小尼姑，也很嫉妒，因為「和尚動得，我動不得？」對假想的和尚充滿醋意，於是肆意欺侮小尼姑。但是，在魯迅受到柔石等青年作家被殺害的強烈刺激，更加貼近階級論時，在《黑暗中國的文藝界的現狀》中下斷語說：「現在，在中國，無產階級的革命的文藝運動，其實就是惟一的文藝運動。」把「第三種人」的中間地帶完全抹煞了，這就未免不符合當時的實際，也難以經得住歷史檢驗。而他寂寞時，閱讀了《清代文字獄檔》後，在《隔膜》、《買〈小學大全〉記》、《病後雜談》、《病後雜談之餘》等一系列雜文中，剸刺刻骨、入木三分地剖析清朝皇帝對漢人文化的嫉妒、利用和文化策略的「博大和惡辣」，又顯出了無人可比的魯迅式的尖銳、深刻。一九三二年十一月二十五日，北京師範大學學生王志之，張永年、潘炳皋一起訪問了回北平探母的魯迅，每人都寫了回憶文章，據潘文所記，魯迅在回答「中國文壇為什麼蕭條」的問題時說：「因為理論把人拘束住了吧！起先沒有理論，還可以隨隨便便地作下去，有了理論了，反倒不能寫了。」可見魯迅對階級論的教條是有所抵觸的。理論上他覺得應該寫，甚至產生過寫紅軍的設想，但是藝術的良知與文學創作的豐富經驗又使他無法付諸筆墨，又一次處於彷徨之中。魯迅後期終止創作，是不幸，也是有幸。倘若他真按照階級論寫出新的作品，肯定會成為他的污點和歷史的垃圾。魯迅也就不成其為魯迅了。因而，魯迅後期有倒退，也有深化；有從眾，也有獨立。不能籠統地說發展或者倒退。當他附合了階級論的理論概念時，就難免浮淺和偏至；而當他的如椽大筆又犀利地直刺人性的深處時，則又閃爍出劃破長空的光芒！二律背反，或許對於宇宙間所有現象都是適用的。魯迅畢生都充滿了矛盾。

因而，以人的窮富定人性的善惡，實在是不大靠得住的。如果離開了人性的解剖，僅限於階級論的範疇，連魯迅這樣的偉大作家也可能受到負面影響。至於後來的所謂新文學，給人物一律貼上階級的標籤：地主——惡霸；富農——貪財；中農——搖擺；貧農——堅決，絲毫沒有人性與個性可言，真正的文學也就跟恐龍一樣滅絕了。

由於瞿秋白所概括出的魯迅思想發展道路的「圖式」，制馭中國魯迅學界長達數十年之久。八〇年代之後，有些學者為了衝破思想禁錮，對瞿秋白的魯迅論採取了否定的態度。但是完全否定也是不妥的。我們可以分析其歷史的侷限性，卻不能抹煞其歷史的作用。魯迅學界長期走不出瞿秋白的「圖式」，是由於自己缺乏思維的創新能力，而不是瞿秋白的過錯。真正需要做的工作，是在對瞿秋白「圖式」的價值及其侷限作出科學的歷史分析之後，根據時代的變遷對魯迅的思想本質進行新的總結，提煉出新的「圖式」。九〇年代以後，汪暉所作的歷史「中間物」的概括正是這種創新的結晶。

（三）規定思維前期：

一九四〇年一月，毛澤東的《新民主主義論》發表，提出了魯迅「不但是偉大的文學家，而且是偉大的思想家和偉大的革命家」這一著名論斷。這表明中國魯迅學進入了規定思維前期。

規定思維，就是對客觀事物的性質、價值、地位作出基本規定的思維形式。當然，所有的思維形式無論對錯深淺、明確或者模糊，都是要作出這種規定的。然而，規定思維在這一點上卻是特別突出的，是專門凸現對客觀事物的某種具有高度概括力的基本規定，不過多闡釋作出這種規定的原因和過程。毛澤東對魯迅的這一評價，就是一種非常典範的規定思維。

毛澤東規定了魯迅的性質：「不但是偉大的文學家，而且是偉大的思想家和偉大的革命家」、「沒有絲毫的奴顏和媚骨」、是「共產主義者」；規定了魯迅的價值：「中國文化革命的主將」、「在文化戰線上，代表全民族的大多數，向著敵人衝鋒陷陣的最正確、最勇敢、最堅決、最忠實、最熱忱的空前的民族英雄」；規定了魯迅的地位：「中華民族新文化的方向」、「文化新軍的最偉大和最英勇的旗手」、「中國文化革命的偉人」。

毛澤東對魯迅所作出的這些規定，是否正確呢？應該說通過歷史和現實的檢驗，證明是正確的。毛澤東的這些規定，遠遠超越了中國魯迅學史上以前的所有魯迅論，把中華民族對本民族偉人的認識提升到了最高境界，長期成為中國魯迅研究的宗旨，籠罩達半個多世紀。

但是，又不能不看到，毛澤東對魯迅的這一評價屬於規定思維。毛澤東在作出這些規定之前，肯定對魯迅的著作和思想進行過大量的詳細的研究，對魯迅所處的時代環境也進行了透徹、深刻的考察，然而他不可能也不必要對這些研究和考察進行過多的闡釋和交底。對於同樣對魯迅的著作和思想及其所處環境有著深入瞭解，又與毛澤東站在同一立場、並愛動腦筋的人們來說，這些規定是可以心領神會的。而對於那些對魯迅的著作和思想及其所處環境缺乏足夠的瞭解，又不大愛動腦筋、只是死扣教條的人們來說，這些規定的豐富內容就可能被抽空，只剩下乾巴巴的條規了。

列寧從黑格爾的《邏輯學》中摘過這樣一段話：

「絕對觀念」……是……「普遍的；但是這個普遍不單單是和作為某種他物的全部特殊內容相對立的（原文如此！）抽象形式，而是一種絕對的形式，所有的規定、一個形式所奠定的全部充實的內容，都要回復到這個絕對的形式中。在這方面，可以把絕對觀念比做老人，老人講的那些宗教真理，小孩也能說，可是對於老人來說，這些宗教真理包含著他的全部生活的意義。小孩也懂宗教的內容，可是對小孩來說，這種宗教內容的意義只是這樣一種東西，即全部生活和整個世界都還在它之外。」

列寧在這段話的旁邊加了這樣的批語：

好極了！

絕妙的比較！

應當拿一切抽象的真理來代替庸俗的宗教

對魯迅作出那些規定的毛澤東和對他作出規定的內在原因心領神會、對魯迅的著作和思想及其所處環境有深入瞭解、又愛動腦筋的人們，可以比作黑格爾所說的「老人」，他們明白這些規定所包含的全部歷史和生活的意義；那些對魯迅的著作和思想及其所處環境缺乏足夠的瞭解，又不大愛動腦筋、只是死扣教條的人們，則很有些像黑格爾所說的「小孩」，這些規定「只是這樣一種東西，即全部生活和整個世界都還在它之外」，他們只會死扣教條，並不瞭解這些規定的豐富內容。隨著毛澤東權威的日益強大和極左傾向的日益猖獗，他們死死扣住的這些教條日益僵化，以至成為捆綁人們思維的繩索，顯出了負面的效應。以至於魯迅成為毛澤東文化戰略佈局中的一個棋子，只利用和發揚、扭曲符合自己需要的部分，對於不益於奪取政權、鞏固政權的方面則毫不客氣地掩蓋、曲解以至摒棄了。張緒山先生在《毛澤東棋局中的魯迅》一文中有非常中肯的論析。

在前期，即一九四〇年到一九四九年十月中華人民共和國建國之前的四〇年代，毛澤東對魯迅所作出這些規定應該說是在發揮著正面效應，對人們思維的束縛並不明顯。甚至還有人公開對這些規定表示異議，例如梅子的《魯迅的再評價》等文，就認為這是把魯迅「神化」了，是「侮辱了死者，歪曲了真理」。然而毛澤東的規定以及這些異議似乎對人們的束縛力都不很大，學者們仍然在進行著比較自由、寬鬆的研究。

巴人、李平心、何干之的研究屬於對毛澤東、瞿秋白魯迅論的進一步闡釋和發揮。巴人的《論魯迅的雜文》，以中國近代思想發展史為背景，運用比較研究的方法，分析近代主要思想家的異同，從中歸納出魯迅思維方法的繼承性和獨創性以及魯迅雜文出現的歷史與文學的淵源，表現出了獨到的理論思維能力。但是，在分析魯迅思想發展的三個時期，卻基本沿襲了瞿秋白的觀點，並沒有新的思維。李平心的《思想家的魯迅》和《論魯迅的思想》，以專門家的哲學和社會科學知識豐富和進一步闡釋了瞿秋白的觀點，具有相當高的理論思維水準，但是藝術感受不足。何干之的《魯迅思想研究》，相當全面地綜述了魯迅的思想，從文藝觀、歷史觀、社會觀到人生觀和古籍整理，涉及各個方面，但還只限於連綴和複述魯迅的各類思想和言論，缺乏理論上的學術分析和概括，並沒有上升到理論思維的境界。然而，這些論著終歸提高了中國魯迅學的思維水準。

四〇年代真正表現出思維獨立性的，是舒蕪的《魯迅的中國與魯迅的道路》。這篇論文認為魯迅是在充滿了「做戲的虛無黨」的有著特殊國情的中國，「用他的正視黑暗的眼，正視黑暗的中國，就在這樣的國家裡面『走』出了他的道路」，「作絕望的抗戰」。貫串著的一條精神線索，這就是強調魯迅主觀內在的複雜的精神結構，從個性入手研究魯迅獨特的精神特徵。與他在《論主觀》一文中所闡發的「個性解放」、「發揚主觀」的哲學思想密切相聯。然而，也正因為如此，在他的《論主觀》遭到批判的時候，他的這篇《魯迅的中國與魯迅的道路》也同樣受到了批評。

胡繩的《魯迅思想發展的道路》正是對舒蕪此文的一種反駁，認為該文「只能從一個片面去接近魯迅前期的思想」，「不承認魯迅的偉大更在於他終於從人民大眾中發現了值得信任的力量，全心全力獻身於人民大眾中的真實的希望與光明。」是「破落戶的飄零子弟」式的對魯迅的讚歌的代表。胡繩與舒蕪這兩篇魯迅研究文章的觀點對立，是與當時中國精神文化界對胡風為首的精神流派所謂「主觀戰鬥精神」的批判相關聯的。事實證明這種批判是並不恰當的，為後來對個性的壓抑、對民主的扼殺埋下了伏筆，是四〇年代末以規定思維對異常思維的最初的整肅。不過，胡繩究竟是一位堅實的理論家，所以雖然對舒蕪的觀點有所批評，卻並沒有上過高的綱，而是在重申瞿秋白關於魯迅思想發展道路論述的同時，又對魯迅後期思想的轉變、特別是「上升到無產階級的集體主義思想」這一方面作了較前更為充分的闡發，表現了胡繩所特有的科學理性思維，有益於防止舒蕪文章可能產生的偏頗，自有其與胡風、舒蕪的魯迅論共存互補的學術價值。

毛澤東另外一篇論魯迅的文章是一九三七年魯迅周年祭時做的講演《魯迅論》，說：「魯迅在中國的價值，據我看要算是中國的第一等聖人，孔子是封建社會的聖人，魯迅是新中國的聖人。」這一定論也有不妥之處，本書上編已經說過：魯迅生前就不願做什麼「導師」，也不願死後被捧做「聖人」。而且倘若中國進入了現代民主社會，也是不需要什麼「聖人」的。將魯迅規定為「聖人」，反映了毛澤東本人的「帝王情結」與「聖賢意念」。

（四）規定思維中期：

一九四九年十月中華人民共和國建國之後，各派魯迅研究學者的思維都受到毛澤東規定思維的整合，逐漸喪失了獨立性和主動性。馮雪峰在《談談雜文》中，對魯迅雜文的概念闡釋過於寬泛，顯然是對毛澤東關於今天的雜文不要魯迅筆法的觀點作出了妥協所致，從而閹割了魯迅雜文的戰鬥實質，就是一個明顯的佐證。五〇年代初阿Q典型研究出現的把階級論絕對化、庸俗化、陷入庸俗社會學的迷途的錯誤傾向，也是明證。當時，《用土改醫治阿Q》、《結束了阿Q的時代》、《武訓與阿Q》之類題目的文章反復出現在報刊上，牽強附會地使阿Q與現實掛起鉤來，以為土地改革之後，農民翻身，阿Q就不存在了，阿Q的精神勝利法之類的精神現象也一去不復返了。因而紛紛給阿Q劃定階級成分，忽視甚至反對研究阿Q精神勝利法的普遍性問題，以至於一些有相當素養的學者也不同程度地受到這種影響，認為阿Q是「二流子的典型」，是「城街流浪人」，甚至根據阿Q說過「我們先前——比你闊的多啦！」，就判定阿Q是個「沒落人物的典型」。相反，有的研究者則又從另一個極端出發，認為阿Q是「農村無產者的革命典型」，使阿Q典型研究走進死胡同。而這種種表現，其實都是硬性把自己的思維「改鑄」在規定思維框架下的結果，例如認為阿Q是「農村無產者的革命典型」的論者，就是根據毛澤東《新民主主義論》中關於魯迅是「文化新軍的最偉大和最英勇的旗手」的那段名言，對魯迅創作《阿Q正傳》時期、即五四前後的思想進行了簡單化的拔高，斷言這時「魯迅先生的精神，就是以『共產主義的宇宙觀和社會革命論』這一社會思想為基本的內容的」，否定了魯迅前後期的思想發展，並進而又把阿Q拔高成「農村無產者的革命性」的典型，這樣就完全違背了魯迅創作《阿Q正傳》的本意與阿Q這個典型人物的實際狀況，得出了一系列錯誤的結論。這說明無論是「拔高」，還是「縮小」，都是違背作家的創作主旨與作品的實際狀況的，都只能把作家、作品研究引向誤區。也說明硬性把自己的思維「改鑄」在規定思維框架下，思維就會變得直線化、平面化，得出異常荒謬的結論。

五〇年代初，對胡適學術思想和胡風文藝思想的兩次批判，進一步使來自西方的自由思維和出自內部的個性思維都被鉗制以至磨滅，魯迅研究無法取得整體性的突破。但是，在一九五七年以前，有些學者憑著自己多年積累的學術底蘊，在局部性的學術問題上還是取得了一定的進展。例如馮雪峰的《魯迅創作的特色和他受俄羅斯文學的影響》，不僅從世界文學的大格局中考察了魯迅文學上的外來淵源及其獨立特色，而且揭示了魯迅精神文化的社會經濟背景──以農業為主的東方封建社會。陳湧的《論魯迅小說的現實主義》，以深刻、單純、明晰的理論風格，完整、系統地概括了魯迅小說所反映的歷史時代，從而確定了魯迅小說的思想價值與藝術價值及其產生這些價值的根本原因，在魯迅小說綜合研究中取得了空前的整體性的突破，比以前的魯迅小說綜合研究論著具有更高的理論思維水準和更深的歷史滲透力，代表了當時《吶喊》、《彷徨》研究的最高水準。其實，陳湧的這篇大論文也是在毛澤東的規定思維框架內運作的。但是，由於毛澤東和魯迅在懂得中國這個問題上還是基本相通的。也正因為這個緣故，因為毛澤東和魯迅在懂得中國這個實踐意義上的相通，使得陳湧在寫作這篇論文時雖然是以毛澤東的理論文章為參照系的，卻並沒有出現從概念到概念的教條主義的毛病，反倒顯得非常充實和具體。不過，倘若不是由於參照系與研究對象的相通和作者陳湧對二者相通處的深刻領悟與論述才能，這種在規定思維框架內，以政治理論與文學作品相互印證的方法，往往是要落入牽強附會與庸俗社會學的陷阱的，因而也是初學者不宜輕易採取的。陳湧的另一篇大論文《為文學藝術的現實主義而鬥爭的魯迅》，則開始跳出規定思維的框架，明確地集中在真實性這個實質性的核心問題上，提出：「魯迅的一生都為文學藝術的現實主義方向而對教條主義和庸俗機械論在革命文藝運動初期的始發進行了挖掘」，說明公式化概念化自此而起，魯迅對這種現象的批評也由此而生，令人從深厚的歷史感中產生自覺，對當下的同類現象有了理性的認識。由此可以看出陳湧跳出規定思維的框架後，立即就顯現出了思維的獨立性和無窮的活力。然而，也正因為如此，他不久就被劃入了另冊。唐弢的《魯迅雜文的藝術特徵》，核心論點是認為魯迅雜文的藝術特徵在於邏輯思維與形象思維的相互結合，這一論點並非作者的獨創，而是當時文藝理論界在講文學藝術特徵時的一個流行的觀點，因而也沒有能夠因此說明魯迅雜文獨立的特徵，可見那時占主流地位的政治文化對魯迅研究及其他研究領域的禁錮之深。然而，縱然如此，唐弢的這篇論文卻仍然不失為中國魯迅學史上一篇很難得的妙文，簡直是把魯迅雜文的藝術風貌活靈活現地和盤托出了，之前沒有人做到，之後也無人企及，可以說是空前絕後。唐弢之所以能夠做到這點，就在於他本身就是一位雜文家，具有長期的豐富的雜文寫作經驗，並且對雜文的藝術技巧情有獨鍾，特別以雜文藝術手法的靈活、秀雅見長，兼之多年潛心學習以至模仿魯迅雜文，對魯迅雜文的藝術特徵心領神會，因而雖然從核心論點上受到當時主流文化的禁錮，卻能在具體論述中顯示出活力與底蘊，勃發出一派生機。事實上，唐弢寫作此文的動因也是要沖決那時占主導地位的唯政治化傾向，強調魯迅雜文的藝術特徵本身就已經是對唯政治化傾向的挑戰，對規定思維的逾越了，何況還將藝術特徵論述得如此出色呢？王瑤的《論魯迅作品與中國古典文學的歷史聯繫》，突出特點是以廣博深厚的中國古典文學修養探討魯迅作品的歷史淵源，對魯迅作品進行深廣的歷史和文學的雙重透視，宏觀地把握研究對象，從整體上全面、深入地揭示了魯迅作品與中國古典文學的歷史聯繫，成為這一專題研究的經典之作，是中國魯迅學史上不可多得的經典性論著。王瑤先生之所以能夠取得這樣的成就，除了借助於深厚的中國古典文學底蘊之外，還在於他善於從具體的文學實例入手，由小處發現魯迅作品與中國古典文學的內在聯繫。這種聯繫是客觀存在的，而不是臆造和外加的，例如嵇康文章「長於辯難」、「析理綿密」的議論性質與表現方式，確實與魯迅雜文有著相通之處，無論是從魯迅一生反覆校訂、抄寫《嵇康集》的事實來看，還是從兩人文章的內在理路揣摩，都可以無可疑義地確定以嵇康為代表的魏晉文章的確是魯迅雜文的歷史淵源，這兩種文章的確在議論性質和表現方式上有著某些共同的特點。王瑤先生是長期浸潤於魏晉文章與魯迅雜文之中，潛心涵養，燭幽發微，自然而然得出結論，而不像有些人那樣，是先立原則，再設法尋找事例證明自己先驗的觀點，因而他對於二者歷史聯繫的揭示，是完全令人信服的，毫無牽強附會之嫌，做到了宏觀與微觀的統一，由此也自然而然地躍出了規定思維的框架，顯現出自己獨特的學術風骨和思維方式。當然，要做到這一點，是大為不易的。必須具有深厚的古典文學功底和高度的學術思維能力，並且有敏銳的藝術感，對文學藝術的特殊規律和文章之道深有體悟，才可能逾越規定思維之外，而不招政治之禍。李長之的《文學史家的魯迅》，日益走向大境，成熟睿智，明晰豐厚，詳贍周密、全面深入地論述了作為文學史家的魯迅在中國文學史研究和著述中的成就、方法、見地及其歷史地位與缺點，不僅遠遠超越了以前的同題論著，就是直到今天也仍然在闡述的豐贍、分析的透闢、體悟的切實上居於領先位置。李長之的這篇大論文之所以能夠達到這樣高的水準，除了前面已經談過的具有深厚的中國古典文學功底而且是中國文學史寫作的實際操作者之外，還在於他早年在清華大學德國文學教授楊丙辰影響下攻讀哲學，受到德國古典哲學的浸染薰陶和嚴格的理論思維訓練，因而能夠站在時代的高峰上對中國文學史作出深邃的哲學透視，對魯迅作為文學史家留給後世的寶貴經驗作出學術的解析與理論的概括，使他的這篇論文學史的論文不僅史料豐厚，而且具有很強的哲學意味與方法論意義，試拿同題的談文學史的文章與之作一番比較，就不難發現李長之確實比一般的文學史學者具有更深的哲學根柢與理論修養。另外，在文章寫法和論述風格上，李長之也文思健朗，傾瀉如流，款款而談，層層深入，重大的理論問題經他一說，就變得清晰明白、朗然若揭了，給人以駕輕就熟、舉重若輕之感，不能不佩服他以深湛學術功底為基礎的過人聰穎與超群靈氣。尤其可貴的是仍然發揚了他一以貫之的批評的獨立性與學理精神，不愧是規定思維之外的一枝奇麗的思維之花。然而也正因為如此，李長之不久就遭到滅頂之災。

（五）規定思維後期：

一九五七年夏季反右運動之後，規定思維佔據絕對權威地位，馮雪峰、陳湧、許傑、李長之等魯迅研究界的權威專家紛紛落馬，戴上了右派帽子。到處在拔「白旗」，插「紅旗」，對逾越規定思維之外各種思維，不論其合理與否，一律採取嚴厲批判的態度。一時間，形而上學猖獗，浮誇風盛行，絕大多數人不僅不敢說規定思維之外的話，不敢寫規定思維之外的文，甚至不敢有規定思維之外的思了。這樣，思想僵化，聲音一律，學理精神受到重挫，虛偽代替了真實，造假戰勝了科學，媚俗阿世之風消解了獨立的精神，僵死的教條禁錮了自由的思維，中國的精神文化遭遇到了空前的厄運，科學意義上的魯迅研究隨之消亡了。根本就無任何學術可言，當然也無魯迅學可談了。

六〇年代初，思想稍有鬆動，學術又略見復興，出現了一些頗具學術功力的魯迅研究論文，如林辰的《魯迅計畫中〈古小說鉤沉〉的原貌》、《魯迅輯錄〈古小說鉤沉〉的成就及其特色》，更為純熟地運用了他在四〇年代《魯迅事蹟考》裡的「極細密謹嚴」的科學方法，察疑辨偽，見微知著，簡直達到了燭幽發微、毫髮畢現的爐火純青的境界。唐弢的《論魯迅的美學思想》，靈動、秀雅、峻潔，不是乾巴巴地擺道理，而是富有詩意、引人入勝地描述，使讀者在明瞭理論的同時，又獲得了美的享受。唐弢寫作此文的用意其實是很明確的，就是反對當時甚囂塵上的唯政治化傾向，試圖跳出規定思維的框架。他在文中說道：「當無產階級革命文學在群眾中間有了廣泛的影響以後，『為藝術而藝術』的思想被反對掉了，政治即藝術、善就是美的思想卻在一部分人的頭腦中更加滋長起來。他們抹煞了藝術的特徵，不瞭解文學藝術需要保持表達政治的特殊功能，正如文學藝術需要保持反映生活的特殊方式一樣。」所以他寫作此文的宗旨，就是為了反對以簡單的口號代替豐富的描繪、借政治點綴文藝的錯誤傾向，反對以規定思維扼殺多樣化的思維，特別是富有藝術美的形象思維。在當時那種政治氣氛下面能夠始終堅持探索文學藝術的特殊規律，抵制唯政治化的錯誤，是需要有理論勇氣和藝術功底的。在唯政治化的主流文化幾乎壓倒一切的情況下，一些文藝家以堅實的理論勇氣和深厚的藝術功底，像岩石下的萌芽頑強地從夾縫中伸出蔥綠的枝葉那樣，不斷重申著文學藝術的特徵，這是二十世紀中國精神文化史上一個獨特的現象。

六〇年代初還崛起了一些新生的魯迅研究學者，寫出了一些較高水準的論文。例如卜林扉（林非）的《論〈狂人日記〉》，能夠注意從魯迅作品的客觀實際出發，進行比較恰如其分的科學分析，防止了片面性與表面性，達到了學術理論研究的較深層次。張恩和的《對狂人形象的一點認識》，以一種新的視角和新的思維方式解讀《狂人日記》，從而提出了不同於前人的獨立見解，這就是著名的「寄寓說」，這在六〇年代初的環境中是非常難得的，二、三十年以後，在八、九〇年代的文本解讀等西方文藝學方法傳入中國的時候，人們回頭再看這篇論文，就更感到它的可貴，張恩和在那樣的時代環境中沒有從國外搬來什麼新名詞，而完全運用自己的頭腦進行獨立的分析，竟然達到了九〇年代才實現的學術境界，不能不說是中國魯迅學史上一個值得注意的現象。林志浩的《論魯迅前期的個性主義和進化論思想》，深入地剖析了魯迅早期所主張的「掊物質而張靈明，任個人而排眾數」的個性主義思想，雖然對尼采哲學的分析過於簡單，但是在六〇年代初期就能大膽肯定魯迅前期個性主義思想的進步意義，指出魯迅當時思想與尼采哲學的嚴格區別，還是很不易的。由於當時環境的侷限，該文還未能跳出當時大的思想框架，但是終歸代表了當時較高的學術水準。陳鳴樹的《論魯迅小說的藝術方法及其演變》，在魯迅小說創作方法的綜合研究中有所突破，一反過去一向認為魯迅小說只採取現實主義創作方法的傳統見解，提出：「《吶喊》基本上是體現『五四』時代革命精神的現實主義和浪漫主義相結合的作品。

儘管出現了一些較好的論著，崛起了一些新生的學者，但是這一時期的總的思維流向仍然沒有突破規定思維的框架，有些甚至是刻意在規定思維的模式裡詮釋自己的文章。例如陳鳴樹的《論魯迅小說的藝術方法及其演變》，之所以極力論證革命現實主義和革命浪漫主義相結合這一命題，就是因為毛澤東剛談過這個問題，於是國內的文藝理論家和魯迅研究家們也就跟著大論起來了。這樣，就不能不使文章帶有過多的理念化的弱點，不是從文藝實踐出發，總結帶規律性的現象，而是對別人提出的理論原則進行詮釋，從魯迅小說中去找印證，這從一個側面反映了當時魯迅研究和其他人文學科的巨大侷限性和中國知識份子的精神奴化狀態，說明了規定思維的嚴重的負面效應。陳鳴樹後來對此表示了深刻的自省，反映了中國知識份子二十世紀末對規定思維危害性的省悟，是非常難能可貴的。

六〇年代的一點微小鬆動之後，隨著階級鬥爭「弦」日益繃緊，極左思想又開始抬頭並日益猖獗，到一九六六年「文革」之前達到頂峰。規定思維的正面意義隨之消退，負面危害則發展到了極端。

（六）極端思維期：

一九六六至一九七六「文革」十年中，中國魯迅學進入了極端思維期。

極端思維期的第一個特點是：「罷黜百家，獨尊魯迅」。把所有的文化人統統打倒，還要踏上一隻腳，而唯獨把魯迅捧到天上，「神化」至極端。

極端思維期的第二個特點是：「不顧全人，惟尊鬥爭」。不顧魯迅的全人、全部著作和整體思想，唯獨從中「摘」取鬥爭的事例、詞句和觀點，脫離當時的歷史語境和面對的具體對象，加以抽象化，惟我是用，任意歪曲。

姚文元「文革」初期在紀念魯迅大會上的那篇講話《紀念魯迅　革命到底》，就是典型的例證。該文把一個活生生的完整的魯迅抽象化為一種「無產階級的革命精神」。又把這種精神與「文革」中紅衛兵式的「按照偉大的毛澤東思想」塑就的「大無畏的、澈底的革命精神」同一化，這樣，魯迅就被他們改塑成了一個為了貫徹「文革」路線而「打落水狗」、而堅韌、持久地衝鋒陷陣的政治鬥爭的工具，全沒有了自己的深刻思想、獨立精神與清醒的現實主義科學態度。在凸現魯迅的階級鬥爭觀念之外，他們還竭力把魯迅打扮成絕對忠誠的「遵命」者。會後的《紅旗》雜誌一九六六年十四期社論，竟然說什麼魯迅對「以毛主席為代表的革命路線」「俯首聽命，甘願做無產階級革命的『馬前卒』和『小兵』」。中國多少年才能產生一個的偉大思想家，成了「附首聽命」的「小兵」；「沒有絲毫奴顏和媚骨」的偉大革命家，成了毫無獨立思想的奴才，對魯迅的扭曲與改塑簡直到了無以復加的程度。

七〇年代初，即「文革」中後期，魯迅又成為當時媒體宣傳的熱點。其一是提倡讀一些魯迅的雜文，把魯迅雜文當作「階級鬥爭經驗的概括和結晶」，從中學習識別「反革命兩面派」並與之進行鬥爭的方法，仍然是「文革」初期凸現階級鬥爭那一套，但是比那時內容多了一些，用了更多魯迅雜文裡的語句和例子為當時的宣傳服務；其二是把魯迅拉入了「批孔評法」運動，中央的權威機構編輯出版了《魯迅批孔反儒文輯》，御用的寫作班子從中發現「批林批孔的銳利武器」，魯迅的一些學術觀點被硬拉來為當時的政治鬥爭服務了。

魯迅一九三五年底，在他生命的最後一年裡所寫的《「題未定」草（六至九）》中，講過一句富有哲理的名言：

> 虛懸了一個「極境」，是要陷入「絕境」的。

不幸的是，在他身後，自己的遭遇竟然應驗了這句話：被「虛懸」到了「極境」，因而也就陷入了「絕境」。達到了登峰造極地步的左傾勢頭，推魯迅走上的「神壇」，不過是「文革」宣導者們恣意捏造假魯迅的「戲臺」。這就是極端思維所造成的惡果，給歷史留下的深刻教訓。

（七）過渡思維期：

一九七六年十月「文革」結束，中國魯迅學開始復興，一方面對「文革」中的極左思潮和極端做法提出激烈的批判，另一方面又難以擺脫舊的思維窠臼和舊的真理標準。所以，這時魯迅學界所運用的思維方式仍然是陳舊的，只能稱作是過渡思維。

一九七七年，毛澤東的《論十大關係》公開發表，說阿Q是「一個落後的不覺悟的農民」。於是剛從「文革」中解放出來中國魯迅學界，大興過一陣「阿Q是落後農民的典型」熱，對此大作文章。這恰恰是規定思維的後遺症，毛澤東說什麼就一窩蜂解釋什麼，只會在既定的思維框架中進行詮釋，而不會進行獨立的、創造性的思維。

七〇年代末的魯迅思想發展研究熱，也暴露出這種過渡思維的弊病。一是不把魯迅及其著作放到一定的歷史環境中去接受實踐的檢驗，而是進行教條與教條之間的印證，用魯迅來證明某種教條的正確性，結果只能是以虛證虛，脫離了實踐的基石。二是避開艱難的哲學理論的思想分析，而只限於魯迅政治觀念的歸納與評述，使研究工作停留在表面性的淺層階段，不能朝著學術文化、思想理論的深層次推進。三是在探討魯迅世界觀轉變時間當中，進行了過多的煩瑣考證和無謂爭論，因此浪費了大量的時間和精力，卻往往離真理越來越遠。

這些弊病反映出當時整個精神文化界還難以擺脫舊的思維窠臼和舊的真理標準，一方面在提倡思想解放，另一方面卻又在使用舊的思維方式和舊的論證方法，在舊的認知邏輯軌道上翻筋斗。廖冰兄的漫畫《自嘲》形象地表現了這種精神狀態：一個曾被囚在罐中的知識份子，罐雖然已經被打破了，他卻還保持著囚禁在罐中的姿態難以自解。

到了八〇年代，中國魯迅學才進入了第八個時期：思維開放期。

一 中國魯迅學開放思維期的主要方面及其侷限

八〇和九〇年代，即二十世紀的後二十年，是二十世紀中國各方面發展的最為重要的年代，也是中國思維變革最為深刻的時期，中國魯迅學的開放思維期開始了。

思維的開放與變革，包含思維方式與認識論兩個方面。

「方式」一詞源於拉丁文（modus），意指有關的定型化的操作樣式。它最初只是指對操作過程的經驗性概括。後來，隨著社會發展和思維視野的開拓，「方式」一詞的內涵日益豐富，並運用到社會生活的各個方面，形成了生產方式、生活方式、交往方式、情感方式和思維方式等不同概念。各種方式的內涵儘管相互區別，但有一個共同點，即都具有具體的定型化的活動樣式、結構和過程。

思維方式的範疇帶有多義性和綜合性，人們可以從不同的角度、關係規定它的內涵。從主體把握客體的差別看，思維方式是主體把握客體的精神方式，主要是理性認識的方式；從社會生產的角度看，它是不同於物質生產的精神產品的生產方式；從內在結構上看，思維方式是思維模式和思維要素的統一，是它們對資訊的處理方式，即是對特定時代的經驗、知識、觀念、智慧和智慧的資訊轉換變化。

概而論之，思維方式是相對定型化的、顯現出來的社會理性活動的思維樣式、思維結構，通過這種理性活動的思維樣式、結構和過程，展現出人們對世界的理解水準、深度和廣度，表現出人們對外界資訊的處理能力，在此基礎上，人們進而編織成社會需要的精神產品，創造出人類的「感知環境」、「行為環境」和「世界圖景」。可以說，思維方式是社會智慧水準的整體凝結，是人類的精神素質和科學文化素質的總的體現。

不同的時代有不同的思維方式，中國魯迅學的不同思維期的思維方式也有很大的不同，而以開放思維期的思維方式的變革最為顯著。

這一時期中國魯迅學的思維方式變革主要表現在以下五點：

（一）變惟聖思維為惟實思維

思維方式作為社會文化在人們思想深處的積澱，構成民族文化的基因。不同的民族，由於社會生產方式、生活方式和生存環境的不同，思維方式也必然各具特色。中華民族具有五千年的文明史，創造了光輝燦爛的東方文明，雖然經歷內憂外患，卻沒有中斷而延續下來，成為世界民族文化中最為古老民族文化之一，這充分說明中國傳統思維方式有其獨特而穩定的優點。但是由於儒家思想的影響，中國傳統思維方式也存在很大的缺陷，其中最突出的，就是惟聖思維、惟經思維、惟上思維、惟書思維，把「聖」、「經」、「上」和「書」當作檢驗真理的最高標準，而輕視實踐的作用。這種思維方式對魯迅研究產生了異常深刻的影響，長期以來中國魯迅學界自覺或不自覺地以魯迅的是非為是非，凡是魯迅贊成的都認為是對的，凡是魯迅批評的都認為是錯的。這可以說是中國魯迅學史上的「兩個凡是」，是一種很不正常的現象。然而，於事者迷，魯迅學界對此幾乎已成習慣，很少覺察，也很難糾正。

七〇年代末實踐是檢驗真理惟一標準的討論，引發了八〇年代的思想解放運動，也震動了中國魯迅學界。這時出版的一部《魯迅評傳》的作者，就在前言中說：「要寫人，而不寫『神』」，「把實踐當作檢驗真理的惟一標準」：「一個側面是，把問題提到一定的歷史範圍之內進行分析，堅持嚴格的歷史性，絕不把魯迅沒有的思想硬掛在他的名下，而不管這思想是『貶低』的還是『拔高』的；另一側面是，這於每一個有關的事採取分析的態度，劃清革命和反革命的界限，正確和錯誤的界限，成績和缺點的界限。」而「這一切，都不能簡單地以親疏劃線，判定好壞。鑒於歷史情況複雜，對那些挨過魯迅的『罵』或者與魯迅有過意見分歧乃至爭論的人，尤其要慎重對待。我們評述這些歷史人物和魯迅的關係，當然要重視魯迅的論述、評價，但是，歸根到底，裁判是非的唯一標準，還是實踐。」這些認識，顯然是真理標準討論的結晶。沒有那場思想解放運動，就不可能得出這些寶貴的認識。

但是，「左」的政治枷鎖並不是很容易掙脫的，中國魯迅學界雖然言語上申明實踐是檢驗真理惟一標準的宗旨，主觀上也努力去做，並取得一定效果，然而從思維模式上仍然很難擺脫惟聖思維的束縛。一九八八年七月二十四日，袁良駿在光明日報上發表了《魯迅與現代文化名人評價問題》，從更高的理論層面上更為深入地觸及了這一問題，提出：「多年來，在我們大量的現代文學史、文化史、思想史的有關論著中，存在著十分嚴重的以人劃線的簡單化現象，致使所謂『右翼』文人的功過未能得到公正的評價」。認為：魯迅「當年對『右翼』文人的批評」，以類來分，「大致可分四類」：（1）「當時是正確的，現在看還是正確的」；（2）「當時是正確的，現在看不那麼正確了，甚或是錯誤了」；（3）「當時就既有正確的一面，也有過頭的一面；今天看來，正確的一面仍然正確，而過頭的一面更過頭了」；（4）「當時就不對，今天更要不得了」。

儘管袁良駿所論的具體問題、具體人事不一定全對，有進一步討論的必要，但是對於跳出以魯迅的是非為是非的「怪圈」、把實踐當作檢驗真理的惟一標準來說，卻是很有價值的。其意義就在於扭轉中國魯迅學界長期存在的思維定勢，變惟聖思維為惟實思維。

然而，袁良駿的這個初步嘗試，卻遭到了嚴重的反彈，九〇年代初期被人嚴厲地批判為「非要把歷史上的魯迅抹黑」。批判者似乎像是尊重魯迅，其實恰恰是違背魯迅精神本質的。因為魯迅本人恰恰就是反對以人劃線，主張惟實思維的。他一九三三年在《通信（復魏猛克）》中就說過這樣一段名言：

> 假如我們設立一個「肚子餓了怎麼辦」的題目，拖出古人來質問罷，倘說「肚子餓了應該爭食吃」，則即使這人是秦檜，我贊成他，倘說「應該打嘴巴」，那就是岳飛，也必須反對。如果諸葛亮出來說明，道是

「吃食不過要發生溫熱，現在打起嘴巴來，因為摩擦，也有溫熱發生，所以等於吃飯」，則我們必須撕掉他假科學的面子，先前的品行如何，是不必計算的。

魯迅的確極其善於打比方。他打的這個比方真是絕妙極了！極為形象生動、鮮明透闢地說明瞭以人劃線的謬誤，闡發了惟實思維的主張：不要去理會什麼秦檜，岳飛或者諸葛亮，只看他對「肚子餓了怎麼辦」這個題目做何回答，拿自己的肚子這個最具有「實踐」意義的試金石檢驗一下，看看哪種回答是正確的，哪種回答是錯誤的。魯迅一生的實踐充分證明他是一貫堅持惟實思維的，他一生的使命就是要打破中國人只看形式、不看實質、專靠「瞞和騙」「自欺欺人」的幻覺，而敦促中華民族腳踏到現實的硬地上來。無論是從理論來看，還是從實踐來看，他都絕對不會同意後人以他為線裁判是非，定人功罪的。

不管有些人怎樣從理論上不願意接受不以魯迅劃線的主張，大多數學者在實際的研究工作中是越來越自覺地貫徹惟實思維的原則，把歷史實踐當作研究的出發點。吳小美在評論孫玉石的《〈野草〉研究》時這樣說道：

把魯迅和他的作品，放在他所處的歷史時代中去考察，用歷史去說明魯迅和他的作品，而不是用魯迅和他的作品來判斷歷史，這個歷史唯物主義原則，已為越來越多的魯迅研究者所注意和遵循。

「用歷史去說明魯迅和他的作品，而不是用魯迅和他的作品來判斷歷史」。就是不以魯迅劃線判定是非，而是把實踐當作檢驗真理的惟一標準。

這樣，二十世紀的後二十年，對胡適、林語堂、梁實秋等現代文化名人的研究蓬勃地開展起來了，中國學術界對中國現代文化格局的認識日益拓展，趨近真實，魯迅的形象並沒有因此受損，反而在比較、陪襯下顯得更加高大，更加立體化了。

學者們還不斷糾正從概念和原則出發而與魯迅本體相違的惟經思維偏向，特別注意以與研究對象相符合的思維方式研究魯迅。吳小美在同一篇書評中也談到了這一點：

用複雜的思維去理解《野草》中複雜的藝術表現，而不是憑藉政治概念的推斷，去臆測詩人形象的象徵和形象的抒情，這是孫著取得的又一可喜成就。

孫玉石在《〈野草〉研究》中也強調了這一觀點：

我們不能用邏輯的思理來推斷詩歌語言的曲折。同樣，我們也不能用哲學的清晰來衡量詩歌語言的韻致。有的同志用科學的眼光來看待詩的筆法，也同樣顯得與詩歌語言藝術的隔膜。鑒賞高度的藝術作品必須有高度的美學眼光。

以美學的眼光審視《野草》，以詩學的思維方式研究這部散文詩。這正是變惟聖思維、惟經思維為惟實思維所取得的一個突出的成果。

由於思維的變革，中國魯迅學界對魯迅本身的思維特徵也有了更為準確的把握。王得后的《魯迅思想的否定性特色》，從「否定舊世界的高度自覺性」、「否定舊世界的種種內涵」、「從否定舊世界中發現新世界」三個方面，對魯迅思想否定性特色作出了精確的把握與分析，凸現出了魯迅思想的獨特個性。錢理群的《心靈的探尋》，在思維篇中從「於一切眼中看見無所有」、「於天上看見深淵」、「於無所希望中得救」等方面分析了魯迅的辯證思維特徵，又透視了魯迅在「多疑」、「尖刻」中的現代智慧，以這種嶄新的研究態度、話語系統和思維方式，開闢出了一個全新的魯迅世界。冒鍵的《站在時代巔峰上的精神鉅子：怪傑瘋子狂人——叔本華、尼采、魯迅精神風貌比較談》，提出叔本華、尼采、魯迅的「思維方式都迥異於康德、黑格爾，是屬於集深刻的思想、濃郁的感情、豐腴的文采於一身的藝術型的思想家的思維方式——直覺思維或頓悟思維。這種思維比較自由，不受拘束，常常表現為一種邏輯的中斷或思維操作的壓縮或簡化，而獨創性就常常表現在這種非邏輯思維中。因而，叔本華、尼采、魯迅由於採用這種思維方式，他們許多博大精深的思維往往就只有驚人的命題或精湛的結論，而沒有詳盡的邏輯推理程式和必要的說明，這在尼采和魯迅身上尤為明顯。」林非在《魯迅和中國文化》中，也指出魯迅「不可能如專業學術家那樣對所有的問題作出條分縷細的學術上的闡釋。他的傑出之處是在於宏觀性地揭示中國傳統文化中極端不合理性的一面，啟迪和鼓舞人們對它進行澄清。」他「只能從自己對於它進行犀利觀察和深邃感受的角度，作出了不少富有宏觀性和啟迪性的見解」。把魯迅定位為感悟型的思想家，顯然比定位成專業學術家更為符合魯迅本體，而這也正是從頓悟性思維特徵出發得出的結論。這樣從思維方式的哲學高度去把握魯迅的思維特徵，不僅達到了與魯迅本體的深度契合，而且大大提高了中國魯迅學界的理論思維水準。

（二）變趨同思維為求異思維

長期以來，中國魯迅學界習慣於趨同思維，總是力求與規定思維和從眾思維的一致，不敢越雷池一步，以免招致政治災禍。進入思維開放期後，學者們則反其道而行之，力求標新立異，以食人餘唾、蹈人窠臼為恥。

其實，學術正是在尋求與前人有所差異的求索中發展的。王富仁所提出的「中國反封建思想革命的一面鏡子」這一視角，就與五〇年代陳湧所提出的政治革命、社會革命視角有所差異；汪暉的《反抗絕望——魯迅的精神結構與〈吶喊〉〈彷徨〉研究》，又與王富仁「鏡子」說有所差異；而王乾坤的《魯迅的生命哲學》，又與汪暉有所差異。這種差異正是創新和突破之處，倘若後人的成果與前人相同，毫無差異，學術也就沒有進展和突破了。

當然，求異必須以科學為基礎。倘若僅求奇異，不講科學，甚至於以謾罵魯迅為新異，就只能重蹈歷史上罵魯迅者的覆轍，為後人所不恥。實際上，後來的謾罵魯迅者往往仍是在以前謾罵者窠臼裡轉，並沒有任何「創新」，連第一個開罵者的史料價值都不具備。

（三）變單一思維為系統思維

長期以來，中國魯迅學界習慣於以單一思維考慮問題，例如考察阿Q的性格特徵時，都是單純從社會學的角度，從它的階級根源方面著眼，常常落入給阿Q定階級成分的誤區。一九八四年二月，《魯迅研究》（雙月刊）第一期發表了林興宅的《論阿Q性格系統》，引起很大反響，雖然褒貶不一，在把握阿Q性格的主要特徵精神勝利法上有所失誤，但是這篇論文在更新中國魯迅學界思維方式，推動二十世紀中國思維變革方面自有其不可抹煞的功績。

該文認為：有關《阿Q正傳》的評論，方法論上的共同點就是對阿Q性格的整體進行機械的切刈式剝離，然後以局部求解整體，採取一種單向思維的方法，把問題放在線性因果關係的鏈條上來思考。因而主張在思維方法上進行一番變革。這就是用有機整體觀念代替機械整體觀念；用多向的、多維聯繫的思維代替單向的線性因果聯繫的思維；用動態的原則代替靜態的原則；用普遍聯繫的複雜綜合的方法代替互不關聯的逐項分析的方法。具體說來，就是把阿Q性格作為一個系統（即一個有機的整體）來研究，考察系統內部各種性格因素的聯繫以及它們構成的結構層次，從它們的有機聯繫中把握阿Q性格自身的規定性，即它的固有的本質。同時把阿Q形象放到社會大系統中，從各個側面來考察它的系統性質。並且歷史地考察阿Q典型在文藝欣賞中不同時間、空間和讀者的審美狀態等條件下所產生的不同功能和意義。進而探討了阿Q性格的自然質、功能質、系統質，並從社會學、心理學、思想史、近代史和哲學的角度，考察了阿Q性格系統。這篇論文確如劉再複所說，「用系統的方法分析阿Q性格，探討阿Q典型的性質、阿Q主義的來源及其超越階級、時代、民族的普遍性等較難回答的問題，從多種角度為我們展示了阿Q

複雜的性格世界，令人感到耳目一新。」這是因為「利用系統分析方法便能避免簡單化和片面化，更有效地認識複雜對象的整體。而人是世界上最高級、又是最複雜的事物，因此，把系統方法運用到分析人的性格，是很值得注意的。」

林興宅的這篇論文有著深刻的思想史背景。在八〇年代思想解放運動中，中國思想界掀起了一場「方法熱」，引進了二十世紀七〇年代西方興起的系統論、資訊理論、控制論，以及耗散結構理論、協同學、超循環理論、突變理論、混沌學、分型理論等，給幾十年來深陷於你死我活的鬥爭哲學泥潭中的中國人以耳目一新、振聾發聵的強烈刺激。中國學術界霍然開闢出了一派全新的思維空間，明白複雜性和非線性原來是物質、生命和人類社會進化中的顯著特徵，從而努力掌握這種觀察世界的新的方法論。林文正是其中的領先之作，而這篇開風氣之先的大論文，是從魯迅研究領域入手的，正說明魯迅學常常是處於中國思想界的前沿陣地，由此觸發二十世紀中國的思維變革。這種新的思維方式的傳播，不僅悄悄地改變著人們思維的深度模式，而且使許多意識形態謊言不攻自破。尤其是系統科學的整體性思維方式，無疑是對長期形成的以機械形而上學方法論為基礎的極左思維的最有力的打擊。悄無聲息地改變國人的觀念，打開國人的視野，改變人們習慣性的思維方式，客觀上瓦解著傳統意識形態的根基。正是在這種思想解放的大背景下，以系統論為先導的「方法熱」產生了大大超出作為科學方法論所能發揮的作用。當前是這樣一個時代：在國際政治中，對話時代取代冷戰時代；在人與自然的關係上，生態意識和可持續發展觀念取代人定勝天、掠奪自然的觀念；在經濟領域，各種經濟成分並存共榮的格局取代公有國營經濟一統天下的格局；在意識形態領域，多元並存、眾聲喧嘩的局面取代思想專制、萬馬齊喑的局面……，等等，類似這樣的偉大變動，都是全新的思維方式的產物。反過來又推動了人們思維方式潛移默化的變革，給中國魯迅學界帶來了嶄新的學術境界和學術氣派。所以，這次系統論的引進是應該充分肯定的。

（四）變直線思維為多向思維

直線思維往往是引導人們產生錯誤思想的誘因。翻開中國魯迅學史一看，就不難找到這樣的實例。例如一九二七年「少共」的機關雜誌的評論，以《影的告別》為據，斷定魯迅不願去「共產主義的黃金世界」，是「虛無派」，其思維線路就是直線和單向的。其他，如一九二八年創造社根據魯迅「抄他的小說舊聞」，就判定魯迅創作的是「趣味文學」，是「隱遁主義」！再「變作卑污說教人」。五〇年代初給阿Q劃階級成分，把《藥》結尾的「烏鴉」飛去當成是「象徵著革命者的戰鬥的雄姿」，等等，也都是直線思維做祟。所以，八〇年代以後，中國魯迅學思維變革的重要方面就是變直線思維為多向思維。

多向思維就是從盡可能多的方面、方向來考察同一問題的思維過程和思維活動。多向思維使思維不停留於一個方面、一種模式，充分發揮思維的能動性和活力，形成研究的多維視野。例如六〇年代初，張恩和的《對狂人形象的一點認識》，不同意把狂人看作是反封建戰士的意見，也不同意說狂人是發了狂的戰士，而提出《狂人日記》中的狂人「完全是一個普普通通的狂人」。「是作者通過獨特的藝術方法寄寓於作品之中，並由讀者通過聯想，理解和發掘出來的作者自己的思想。」有如尼采的《察羅堵斯德羅緒言》，「尼采利用人物作傳聲筒，魯迅也通過狂人發表出了自己的思想見解。」這就是著名的「寄寓說」。張恩和的這篇論文正是在變直線思維為多向思維，從而以一種新的視角和新的思維方式解讀《狂人日記》，提出了不同於前人的獨立見解，這在六〇年代初的環境中是很少見的。到了九〇年代，王富仁的《〈狂人日記〉細讀》就把這種多向思維發揮到更為完善的境界。該文運用細讀式的藝術批評方法，通過過細的藝術分析，深入到《狂人日記》的整個藝術結構中去，多方面、多維度地過細地分析了精神叛逆者和瘋子這兩種「狂人」的統一性和對應的思想發展過程，以及與之相對應的小說文本的意義結構與藝術結構這種最鮮明的雙關結構，進而剖析由此而構成的龐大的雙關系統，產生的陌生化效果與高寒風格，真是窮盡了可能達到的所有方面，可謂是多向思維運作而成的典範之作。薛毅、錢理群的《〈狂人日記〉細讀》，同樣運用二元對立、兩極轉換的思維方式，相當精闢地分析了《狂人日記》中常人世界／狂人世界、白天／黑夜、看／被看、常人／狂人與大眾／先覺者、仁義道德／吃人、幻覺世界／歷史事實以至文明人／野蠻人、人／動物之間的兩極關係及其相互轉換，認為《狂人日記》是「充滿著反向力量撕扯的文本」，只有運用二元對立、兩極轉換的思維方式和閱讀方法才能解讀其中的奧秘。他們的《〈孤獨者〉細讀》，也是運用二元對立、兩極轉換的思維方式進行文本解讀，深入分析了在現實世界中「狗性」圖像與魏連殳的「狼性」之間的對立以及敘述者與魏連殳的對白，分析了敘述者面對可怕的宿命而出現的認同與不認同的兩種對立傾向以及最後的雙重行為。由此說明魏連殳形象是魯迅對孤獨者譜系的最後總結，極為真切地寫了他自己，而在故事與對白的同時展開、互相滲透、交織纏繞中，也正是魯迅的絕望和在絕望之中掙扎的雙重顯現。由此可見，形而上學的直線思維已經無法解讀魯迅作品這種複雜性的經典，只有換以多向思維，才可能有所突破。

多向思維的多條線路中有必要特別闡發的是側向思維。所謂側向思維，就是從側面、從邊緣進行思考。正面思維是侷限於本領域內考慮問題，在本領域內尋找解決問題途徑的思維方式。側向思維則是要求把自己研究的領域與別的領域交叉起來，並從別的領域中取得思想上的啟發，用之來解決本領域內問題的思維方式。所以，側向思維也可以說是類比思維與頓悟思維的結合，通過廣泛的聯繫，互相的類比，恍然「悟」出了解決問題的方法。側向思維能夠使一些新興學科迅速擴散開來。現代的系統論、控制論、資訊理論以及其他新興學科，一旦產生之後，立即被移植到各個領域，甚至出現一種「熱潮」，這本身就是側向思維的運行過程。前文所說的林興宅的《論阿Q的性格系統》，也屬於一種側向思維的運行。而呂俊華的《論阿Q精神勝利法的哲理和心理內涵》，雖然有明顯的消化不良症，但是運用西方的哲學、心理學、社會學、倫理學的合理因素分析長期存疑的阿Q典型問題以拓展思路，開闢新意，卻是一種運用側向思維的有益嘗試。這種嘗試後來廣泛運用於魯迅研究領域，許多學者，尤其是青年學者汲取新興學科的新鮮視角，從側面和邊緣對長期存在的一些學術疑難提出自己的見解，往往會取得意想不到的效果。例如鄭家建的《被照亮的世界——〈故事新編〉詩學研究》，以「多重文化視野中的小說文本」為主旨，從戲擬、隱喻、文體、古代傳統、現代技巧諸方面對《故事新編》作了橫向與縱向、內部與外部的綜合考察，既有視野寬廣的宏觀論述，又在行文中有機地對各篇小說作了相當細緻而富有獨創性的闡釋，令讀者頓時產生一種「被照亮」的豁然貫通的感覺，作者自己也找到了「屬於自己的研究方法和途徑」。更有必要提起注意的是鄭家建所作的《故事新編》研究與《盧奇安對話集》的比較，這二者之間看來似乎「風馬牛不相及」：一個是中國現代小說，另一個是古希臘羅馬時代的喜劇性諷刺作品。然而，鄭家建卻從側面和邊緣中找出了共同點：都是「把神話、歷史現實化」，都具有現代荒誕派小說的基本特徵，都是尖銳而又深廣的文明批評和社會批評。通過「異中之同」和「同中之異」的探索，使讀者看到《故事新編》中的「油滑之處」，其實並非魯迅獨自在「信口開河」，而是世界文學史上一種源流甚長的現象：「有許多偉大作家的藝術，往往是在最為荒誕的形式之中，卻是最緊要地找到一條通往真實的道路。」從中可以看出魯迅是如何把握所置身的世界的特徵的，對魯迅晚年的荒誕感有了深入的理解。從大的方面看，八〇年代以來魯迅學中比較研究的興起，也是側向思維在起作用。反向思維，也是多向思維中一種異常重要的思維路向。這種思維是從事物的反面、從相反的方向考慮問題的思維活動、思維過程，是對現有思維方向的一種否定，在一定意義上，是一種否定型思維。魯迅是最善於進行反向思維的，他常常採取正面文章反看法，從事物的反面進行「懸想」。然而，魯迅的研究者卻往往不善於從反面想問題，總克服不了直線思維的習慣性定勢，看到黑暗就想不到光明，看到光明又想不到黑暗。對待《野草》黑暗面的態度，就反映出這種思維定勢的變化。在沿著直線思維的慣性想問題時，就會把《野草》的某些黑暗面歸結為是「站在個人主義的思想基礎上而從事個人主義的戰鬥」，是魯迅「一時不能準確地估計革命形勢的新發展」、「與無產階級革命事業完全融合以前」、「產生信心不足的黯淡情緒」等等。跳出直線思維的窠臼，看到黑暗面背後的深刻內涵時，就會從新的高度對《野草》所謂的「陰暗面」作了重新審視和正面闡釋，進入一個更純粹、更深刻的哲學與藝術的嶄新天地，認識到這正是「魯迅思想提供給中國歷史和中國革命的最大的價值之一」。我們應該牢牢記住，客觀世界不是直線、平面、簡單化的，而是多向、立體、無限複雜的。所以，人的思維也必須是多向、複雜的，思維線路不能「走」直線，而須「走」曲線，曲折、多維地思考問題。在實踐中，事情往往不像想像的那樣簡單，常常是彎曲，甚至是倒錯的。你打算向東走，卻可能先要往西去；渴望前進，卻可能先要倒退。希望將來光明，卻須把黑暗估計得足一些；甚至於索性將後果想得壞一些，拋卻希望而反抗絕望。魯迅說：「明知前路是墳而偏要走，就是反抗絕望，因為我以為絕望而反抗者難，比因希望而戰鬥者更勇猛，更悲壯。」就正是這個意思。魯迅是中國最懂得世界複雜性的深刻思想家，我們要理解魯迅，也必須學會像魯迅那樣進行複雜、多向、曲折的思維，使自己的思想逐步深刻化。變直線思維為多向思維的一個重要結果，就是從千方百計地排除「悖論」到承認「悖論」的合理存在，並善於抓住「悖論」，從此開始自己的研究。因為在正向、反向、順向、逆向的多向思維中，必然會感到衝突和矛盾的普遍性與合理性，必然會按照這種客觀存在的矛盾現實進行思考，進行悖論式的逆推思維。汪暉的《反抗絕望——魯迅的精神結構與〈吶喊〉〈彷徨〉研究》一書，就是以悖論的思維方式探索魯迅精神結構的複雜性的。

（五）變靜態思維為動態思維

萬物皆生皆滅皆動皆變。世界永遠處於動態發展之中，然而人們的思想卻常常是凝固靜止的。汪暉從魯迅著作中拈出「中間物」這一概念並予以論辯的意義是什麼？我以為其主要價值就在於變靜態思維為動態思維。這個變動表現在以下幾個層面：第一、變凝固靜止的魯迅映象為變動發展的。規定思維期的魯迅映象，是近於靜止的，使得一些學者常常停頓在「三個家」的詮釋上不能有所前進。而「中間物」概念的提出，促使中國魯迅學界恍然大悟地認識到：原來魯迅自己就從來沒有把自己看成是什麼凝固不變的「聖人」，「魯迅在中國現代文學史上的不可替代的大師地位，部分地應歸因於他對凝聚著眾多歷史矛盾的『中間物』意識的自覺而深刻的感受」。也正是因此，魯迅的自我反觀、自我解剖、自我否定的理論才得以建立。第二、變對魯迅思想的靜止理解為變動理解。由此明白了魯迅小說中的人物狂人、夏瑜與魏連殳、呂緯甫等等的自我否定，其實都是「中間物」的自我否定，貫穿的內在精神和心理現象都是「中間物」緊張的心靈探索的表現；明白了其中生與死、有與無的共存與轉化觀念，也正是「中間物」意識的集中表達；明白了魯迅對「黃金時代」的否定，正是建立在人類社會無窮進化的歷史信念基礎上的「中間物」思想，是一種以樂觀主義為根本的「悲觀主義」認識。第三、變凝固的魯迅研究格局為發展變動的。在規定思維框架內，魯迅研究長期處於徘徊不前的局面，「魯學」成了一座肅穆的「古堡」，需要注入歷史的「中間物」意識敦促其躍出框架，發展變革。因而，寫出《歷史的「中間物」與魯迅小說的精神特徵》的汪暉，必定會再寫出《魯迅研究的歷史批判》，這裡存在著歷史和學理的雙重必然性。

所以，「中間物」意識的覺醒和加強，也正是中國魯迅學思維方式變革的重要徵兆，是二十世紀中國思維變革的內在反映。

在認識論方面，中國魯迅學思維開放期思維變革最顯著的特點是從認識的二維性結構轉向三維性結構。

長期以來，哲學家們對認識的理解僅僅停留在二維空間中。舊唯物主義堅持反映論，這無疑是正確的，但它卻把認識看作是對客觀世界的照鏡子式的機械反映。唯心主義則堅持認識論上的先驗論，認為現實世界是觀念的產物，從根本上顛倒主觀與客觀的關係。庸俗唯物主義者，則取消了物質和意識的差異，把腦髓分泌思想等同於肝臟分泌膽汁、胃髒分泌胃液，實質上混淆了唯物主義與唯心主義的界限，取消了唯物主義的反映論。二十世紀初，美國華生所創立的行為主義學說，無視人的大腦的複雜運動，而把思維簡單地歸結為刺激—反應過程，這就是著名的s－p的二項式圖式。這些流派對認識的研究，都僅僅立足於存在與精神的二維性結構，他們努力尋找著意識的要素與引起這些要素的刺激物之間的相互依存關係。在他們看來，意識只是同現實一一對應的機械關係。在這裡，他們忽視的正是人的主體性。

與以上流派不同，現代認識論圍繞著對人的主體性的研究，出現了一派繁榮景象。他們把s－p的二項式圖式變成s－o－p的三項式結構模式；儘管對於中間項的理解，不同學派持有不同觀點，但強調在認識中有著人的主體性過程卻是一致的。當今時代，一個客觀的趨勢已經顯現出來，主體性原則使認識的二維性結構飛躍為三維性結構。這是歷史的進步，沒有中間項主體性的分化，就不會有現代認識論和現代思維科學的發展。

八〇年代以後，中國魯迅學非常敏銳地接受了現代認識論的最新成果，從認識的二維性結構轉向三維性結構，突出強調中間項——人的主體性。魯迅人學思想價值的凸現與對其認識的理性化，正是人的主體性原則在魯迅研究中的體現。一九八一年，王得后在《魯迅研究》第五輯上發表了長篇論文《致力於改造中國人及其社會的偉大思想家》，首次提出魯迅獨特的思想是「立人」，並且對魯迅的「立人」思想予以了系統、獨到的闡釋。以後，魯迅研究的前沿學者實際上都在繼續從事著這一工作。而到一九九七年底召開的「魯迅『立人』思想學術討論會」上，這一工作的宗旨就完全明確化了，認識到：「魯迅的基本思想，他的元思想，出發點與歸宿」，「就是魯迅的『立人』思想」。「立人」「也即人的澈底解放，這是中國現代化的出發點（「人立而後凡事舉」），也是最後的歸宿。」「魯迅『立人』的思想，在中國，具有劃時代的意義；根本不同於孔夫子『夫仁者，已欲立而立人，已欲達而達人』。」「魯迅的『立人』思想，一面在發揚人的心智，做到『人各有己』；一面在改變中國傳統文化規範的，不允許改變的人的生存的根本觀念，而建立新的根本觀念。」「人的生存，依託於物質條件；人怎樣生存，卻決定於生存的根本觀念。『立人』成為一種獨立的思想，魯迅是一棵獨立的大樹，大概就是這樣吧？」其實，魯迅正是二十世紀中國人的主體性原則的集中體現，突出魯迅的「立人」思想，恰恰是在魯迅研究中貫徹主體性原則的結果。而汪暉的歷史「中間物」論的提出，也正是從魯迅本體與研究者客體這兩個方面凸現了認識的中間項——人的主體性。

二十世紀八〇年代初中國魯迅學最突出的成果——王富仁的《中國反封建思想革命的一面鏡子》，其實質就是掙脫封建專制主義的思想禁錮，實現中國人的思想革命，也就是「讓思想衝出牢籠」，進行思維變革，樹立科學思維，使奴隸性濃厚的本能的人昇華為能夠自覺、獨立地自由思維的人。一句話，就是「立人」。

（六）新世紀魯迅學新人新作的特點與侷限

進入新世紀以後，中國魯迅學又出現了一些新人新作。他們實質上也屬於思維開放期。這些新人新作有哪些特點呢？

我認為有以下三點：

一、新世紀魯迅學的新人新作已經擺脫了我們這一代和我們前幾代魯迅研究學者所長期背負的沉重的思想包袱，不再滿足於詮釋領袖人物的政治觀點，而是進一步從存在主義、精神分析理論、文化心理學、敘述學等多種現代人文科學理論出發，努力從廣闊的文化視角對魯迅及其思想、作品和他所處的歷史時代進行多重的文化解讀。魯迅與中國傳統文化、特別是越文化的關係有了更為深入、系統的開掘，魯迅與外國文化的聯繫也有了更為廣闊的拓展，一個立體的多側面的近於真相的魯迅開始逐漸清晰、完整地呈現在世人面前。

二、這樣，魯迅已經走下「神壇」、「聖壇」，逐步還其真人的原貌。學者們已經不再以魯迅的是非為是非，魯迅的好惡為好惡，而是把魯迅及其思想和作品放到人類歷史的長河中與當時的歷史語境中進行「祛魅」性的考察，從而打破了兩個「凡是」的思維模式，既認識到魯迅的歷史的侷限性，又更加倍感他的恒久的價值。這種恒久的價值，包括精神價值，也包括文化與美學的價值，還含有歷史的經驗與教訓。

三、對以前的魯迅學史，開始以新一代的眼光進行審視，看到了魯迅形象重構的時代因素與內在邏輯，為下一步的學術進展做了理性的準備。

以上是我對新世紀魯迅學新人新作的大致感受，這是屬於優點方面的。還有不足點則是：

一、雖然努力從多重的文化視角和多種的現代理論審視與解讀魯迅，但由於對魯迅原作和當時的歷史語境尚「吃」得不透，結合不緊，沒有完全融化在魯迅本體中，因而有時給人以食「古」不消、食「洋」不化的油水分離的感覺。因此，尚未實現整體性的突破。尤其是從現代理論視角進行觀照、求新求奇的人多，而埋頭於魯迅生平史實的挖掘、考證、辨析、魯迅原著的校核、編輯、解讀的學人甚少。這是不益於推進魯迅學進一步發展的。

二、對魯迅進行多重的文化解讀是有必要的，但是不能完全脫離政治，把魯迅描述成一個脫離政治的單純的文化人。這樣做，同樣是不符合魯迅本體的，甚至於會離真相更為遙遠。因為魯迅畢其一生都是與國家、民族以至整個人類的政治命運緊密聯繫在一起的。這裡所說的「政治」，並不是某些政治家或政治集團的「政治」，而是關係到整個國家、民族以至整個人類命運的政治。人只要活在世上，就不可能完全脫離這種政治。特別是魯迅，和他那一輩革命家、文化人都是與這種政治血肉相聯的，他們的每一個行動和著述都是為了民族的興亡與人類的前途奮鬥的。現在已經有學者明確提出了這一點，我想這是很對的。

三、雖然新世紀出現了一些魯迅學新人，但多是在讀博士研究生時為了完成博士論文而致力於此。博士學位一拿到，就改行從事其他了。極少有專門致力於魯迅學這門學問的學人出現，因而從整體來看，不能不說中國魯迅學的前景是令人擔憂的。不僅是魯迅學，就是整個人文科學都很令人擔憂，這與大的時代環境有關，不是任何個人所能扭轉的。但是我們能不能盡我們的微薄之力儘量予以彌補呢？

所以，雖然中國魯迅學在開放思維期從思維方式與認識論兩個方面取得了以上思維變革，但是並沒有實現整體性的突破，沒有完全躍出沿續已久的思維框架，從整個人類歷史的宏觀發展視野鳥瞰魯迅和他所處的那個歷史時代，對之作出更為全面、公允的科學評價，引出歷史的教益。例如二十世紀二〇年代末和三〇年代初，世界上一大批進步知識份子轉向社會主義和共產主義一邊，魯迅也是其中突出的一位。過去對這種轉向一直持讚揚的態度，而近二十年以來卻又有人作出否定的評價。那麼，究竟應該怎樣看待這一問題呢？恐怕完全讚揚或者完全否定都是不妥的。魯迅後期在《二心集・序言》中明確說過：「以為惟新興的無產者才有將來」；「『新的』社會的創造者是無產階級」、在《且介亭雜文・答國際文學社問》中說：「確切的相信無階級社會一定要出現」。就當時的歷史語境來說，魯迅的說法仍然是對的。在那種無產階級受到壓迫、共產黨人遭到鎮壓的境況下，敢於公開說出這樣的話是需要有極大勇氣的，也是符合歷史潮流的。不能以現在的狀況去衡量當時，責怪前人。然而，如果說魯迅當時的這些說法是永恆正確的，可以指導當前的現實，則又是難以成立的了。人的品質好壞，對歷史的發展有無進步作用，恐怕不能以有無財產或財產多少來定，對無產階級革命的歷史進程以及魯迅對之的認識都有必要進行更為深入的科學審視，對之採取簡單化的態度是不妥的。而做到這一點，則還需要時間和理論上的更為充分的準備，需要有更具廣度和深度的思維變革。

著名科學家高士其說過一句名言：「科學的發展史就是一部思維的發展史。」可以這樣說：中國魯迅學的發展史就是一部思維的發展史。伴隨著二十世紀中國的思維變革，中國魯迅學經歷了走向科學思維的曲折歷程，還要為取得整體性的突破而努力！

下編

試以科學思維研究魯迅

魯迅與瞿秋白的雜文比較

（一）

金剛石與鐵石相擊才能顯示其堅硬，海洋與江河相比方可呈現其深廣。在中國現代雜文史上，魯迅和瞿秋白的雜文，是兩塊相互媲美的瑰寶，值得進行一下比較。

瞿秋白同志執筆的《真假堂吉訶德》、《王道詩話》、《大觀園的人才》等十二篇雜文，由魯迅用自己使用的筆名發表，又收入魯迅的雜文集中，與魯迅那詭峭詼諧、尖銳潑辣的風格宛然相同。這不僅在中國現代文學史上，就是在整個中國文學史和世界文學史上也是一個罕見的現象。

瞿秋白同志的雜文與魯迅雜文的相同之處，首先在於他們的雜文都是「戰鬥的阜利通（Feuilleton）」，都是適應尖銳、劇烈的新民主主義革命鬥爭而產生的一種文藝性的社會評論，是時代的「感應的神經，攻守的手足」。馬克思主義的戰鬥精神和無可辯駁的理論上的邏輯力量是他們的雜文共同的生命，是熔鑄共同的社會內容和共同的文章風格的基礎。瞿秋白同志寫得較早的《文藝雜著》和《亂彈》裡的雜文，就已經具備了這種和魯迅雜文相同的戰鬥特色，同是刺向敵人心臟的匕首和投槍。其次，瞿秋白同志的雜文，特別是在他認真學習和研究過魯迅的雜文以後，和魯迅切磋琢磨、共同商討下寫出的《王道詩話》等十二篇雜文，已經純熟地把握了魯迅雜文的藝術特徵——借用生動、形象的典故和創造深刻的、典型化了的形象闡發深邃的思想和抽象的道理。譬如《真假堂吉訶德》借用著名小說《堂吉訶德》和《儒林外史》裡的故事，諷刺蔣介石的賣國投降政策；《大觀園的人才》借用大觀園裡的壓軸戲劉姥姥罵山門和老鴇婆的假意訴苦，揭露吳稚暉和汪精衛鎮壓人民、投降日本的虛偽面目。典故、形象運用得既新穎、奇崛又吻合、貼切，真是恰到好處，深得魯迅雜文形象化寫法的要領。而且瞿秋白同志不僅把魯迅雜文的筆法學到了家，同時還豐富和發展了魯迅雜文的藝術表現形式，顯露了他超凡的才智。試看《曲的解放》竟能獨闢蹊徑地用雜劇曲調的形式來寫雜文，用生、旦、丑三角演戲的方式嘲諷了國民黨攘外必先安內的不抵抗政策。《王道詩話》將詩歌溶入雜文，幽默詼諧，富有文學趣味，與魯迅雜文那種詩的政論、政論的詩的藝術風格融為一體。不是表現了卓越的藝術才華嗎？再次，瞿秋白同志還充分掌握了魯迅雜文詼諧、幽默的特點，在雜文裡借用或創造的形象都是漫畫化的，無論是堂吉訶德那樣的戇大，還是《儒林外史》裡用豬頭冒充「君父之仇」的頭顱騙去公子們幾百兩銀子的俠客，是「老氣橫秋的大放一通，直到褲子後穿而後止」的劉姥姥，還是大唱「裝腔抵抗——何妨」的生、旦、丑三角，無不極其風趣，充滿幽默感，逗得人捧腹大笑。做到了像魯迅所說的那樣，雜文必須「生動，潑剌，有益，而且也能移人情」，「是匕首，是投槍，能和讀者一同殺出一條生存的血路的東西；但自然，它也能給人愉快和休息」。所有這些，都是魯迅瞿秋白雜文共同的特性。對於這些共同的特性的認識，經過多年來的研究，我們的思想是較為確定的了。

但是，如果我們更深入、細緻地去體味和揣摩，使我們的藝術感覺力更敏銳、深微一些，就會察覺即便是瞿秋白同志執筆的這十二篇雜文與魯迅的雜文之間，也似乎還含有一些認識不夠確定的微小差異，雖猶如毫纖之末，但確乎還是瞿秋白個人潛在的特色。這種特色在《餓鄉紀程》、《赤都心史》這些文采繽紛、汪洋恣肆的散文篇章中早已顯露，在那些明麗流暢、文詞纖巧的譯述裡也已流溢，在《亂彈》、《文藝雜著》諸種文章內均已滲透，而在這十二篇雜文的深處還在潛流。這種瞿秋白同志潛在的個人特色如果借用王安石在《祭歐陽忠公文》裡的文辭來表達就是：「豪健俊偉，怪巧瑰琦。」「雄辭閎辯，快如輕車駿馬之賓士。」試看《真假堂吉訶德》、《大觀園的人才》那立意的奇崛，《王道詩話》、《曲的解放》那構思的怪巧，整篇文氣辭采的豪俊、瑰琦，特別是那種「快如輕車駿馬之賓士」的尖銳明白、痛快淋漓的風格，不是與魯迅雜文那種凝重、樸茂的特色有所差異嗎？不是似乎更具有幾分飛動之趣、絢爛之輝嗎？

無怪乎就連魯迅這樣的文章大師也不禁要驚歎瞿秋白同志的雜文「尖銳、明白」，「真有才華」！

然而，這還不是瞿秋白雜文與魯迅雜文的最主要的差異。

最主要的差異是什麼呢？裴度《寄李翺書》有言：「故文之異，在氣格之高下，思致之深淺，不在磔裂章句，隳廢聲韻也。」據馮雪峰同志回憶：魯迅「也表示過秋白同志的雜文深刻性不夠、少含蓄，第二遍讀起來就有『一覽無餘』的感覺，等等的意見。後者這一層，秋白同志自己也承認。」儘管馮雪峰同志後邊又說「我又覺得，魯迅先生也並不以為他在閒談時表示的這種意見，是秋白同志的雜文以及一般雜文的缺點，因為他更看重文字的明白暢曉」。但是深刻性不夠仍然可以看作是由魯迅自己說出的，瞿秋白雜文的主要差距。因為明白曉暢基本是屬於辭章表達的問題，而深刻性則主要屬於內容方面，是氣格和思致的反映。瞿秋白同志的雜文，特別是他後來執筆寫的那十二篇雜文，比之同時代其他雜文家的作品是深刻得多了，但是比起魯迅的雜文來卻仍然深刻性不夠，這猶如東去的大江比之小河流水是深廣得多了，但與汪洋大海相比卻不夠深了。

那麼，與瞿秋白雜文相比較，魯迅雜文的深刻性究竟表現在哪裡呢？這確實是一個認識尚不甚確定而又值得探究的課題。

（二）

在與瞿秋白雜文相比較，探究魯迅雜文的深刻性之前，先引述一段劉大傑先生關於魯迅對古代作家進行比較的回憶，是頗有趣的。

劉大傑先生回憶一次他和郁達夫到內山書店去，遇到了魯迅，談起中國古典文學的問題，後來「談到了杜甫，郁達夫說：『杜甫的律詩高於他的古體。』魯迅不以為然。他說：『杜甫的律詩，後人還可以類比，古體的內容深厚，風力高昂，是不許人模擬的。他的《北征》就遠在韓愈的《南山》之上，韓愈用力學他，差得遠。』」

關於杜甫的《北征》和韓愈的《南山》的比較，古代文論家一直很注目，據韓愈《南山》詩題解記載：「孫莘老嘗謂老杜《北征》，勝退之《南山》詩。王平甫以謂《南山》勝《北征》。終不能相服。時山谷尚少，乃曰，若論工巧，則《北征》不及《南山》，若書一代之事，以與國風雅頌相表裡，則《北征》不可無，而《南山》雖不作，未害也。二公之論遂定。」

魯迅對古代作家作品的評價和比較，反映了他衡量文學作品深刻性的美學標準。韓愈《南山》與杜甫《北征》的差異，正在文辭工巧而深刻性不夠上面。杜甫「古體的內容深厚，風力高昂，是不許人模擬的」，魯迅的這一評價表達了對於一種古樸、醇厚、絕非可從形式上模擬的深刻性的細膩體味。而這種內容深厚、風力高昂、不許人模擬、若書一代之事的風格，這種杜甫古體式的巨大歷史深度，正是魯迅雜文深刻性的基本特徵之一。

巨大的歷史深度，貫串在魯迅的全部著作中。魯迅的小說和雜文無愧是中國民主主義革命的一代史詩。但是，我們如果從總體上比較魯迅、瞿秋白雜文的異同是不合適的。因為，瞿秋白同志正當壯年就犧牲了，他未能長久地寫作下去，繼續用他的筆評寫歷史的風雲，這確實是中國現代文化史的缺憾。我們僅能從各個單篇的雜文中，從他們倆人寫作雜文時的思維方法和寫作特點上進行比較。

就各個單篇文章來說，從給《浙江潮》、《河南》雜誌寫作的幾篇早期論文開始，魯迅就已突出地顯示出一種極力探究歷史淵源的思想家風度。《人之歷史》深究人類的起源，《科學史教篇》追溯科學的發展歷史，《摩羅詩力說》求索「摩羅詩人」即精神界之戰士勃起的源泉，《文化偏至論》則綜合探討了人類文化發展的傾向和規律。這些早期論文，從始至終給人以深邃莊嚴的歷史感，顯示出魯迅由於自幼喜讀野史、好鑽歷史而逐步形成的一種深沉、獨特的風格。這種風格經過十年抄古碑、整古籍的寂寞時期的停蓄和沉思，修練得無比雄厚、深沉、凝重，如火山爆發一般迸瀉而出，在反封建的第一篇宣言《狂人日記》中將五千年歷史概括為「吃人」二字，一登上「五四」文壇就表現出了巨大的歷史深度。與此同時寫作的雜文《我之節烈觀》、《我們現在怎樣做父親》以及給《新青年》寫的《隨感錄》，都同樣是上下求索、追本溯源，充滿了深沉、雄厚的歷史感。而這種巨大的歷史深度，隨著魯迅思想的發展、成熟，愈益顯得明晰、深刻，到了晚年所寫的《且介亭雜文》裡的《病後雜談》等文，就更具有一筆囊括千年歷史的爐火純青的特色了。可以說，極力追求巨大的歷史深度、探究各種現象的歷史淵源是魯迅的全部著作特別是他的雜文的始終一貫的特色，他的雜文不僅從總體上看是一代詩史，而且從各個單篇來看，大多數均蘊含著巨大的歷史深度。

當然，我們探究魯迅雜文所包含的巨大歷史深度，絕不能僅限於羅列魯迅雜文中那些極其豐富的歷史知識、歷史典故和歷史經驗，不能僅限於感性的敘述。如果文章裡充滿歷史知識就算有歷史深度，那麼所有寫歷史小冊子的作者就都成了具有歷史深度的了。魯迅與一般的歷史材料的陳述者不同。他不是歷史學家，卻具有一般歷史學家不具備的巨大的歷史深度。對魯迅的這種歷史深度，我們應該上升到理性去分析，從思維方法和寫作特點上進行探究。

列寧在《哲學筆記》上說：「黑格爾充分地用因果性把歷史歸納起來，而且他對因果性的理解要比現在的許許多多『學者們』深刻和豐富千百倍。」魯迅雜文的巨大的歷史深度，也正在於他善於揭示歷史現象的內在聯繫，充分地用因果性把歷史歸納起來，而且他對因果性的理解要比古代和當時的許許多多「學者們」深刻和豐富千百倍。這種例子在魯迅雜文中是不勝枚舉的。我們僅先就《論「他媽的！」》一文進行一下粗淺的分析。

「他媽的」這句「國罵」是許多中國人的口頭禪。對這一現象，一般作家是不屑一顧的，然而魯迅卻進行了深入的歷史分析。他由這句「國罵」聯想到國外類似的罵法，又追本溯源，探究「這『他媽的』的由來以及始於何代」，追溯了經史上所見罵人的話，又考證了《廣弘明集》所記北魏邢子才疑慮姓氏能否保五世的話，分析了晉朝守護極嚴的門閥制度，指出「士流既然用祖宗做護符，被壓迫的庶民自然也就將他們的祖宗當作仇敵」，發明這一句「他媽的」。然後又剖析了唐以後的等級制度，得出了「中國人至今還有無數『等』，還是依賴門第，還是倚仗祖宗。倘不改造，即永遠有無聲的或有聲的『國罵』」，這一結論。從「他媽的」這一司空見慣的口語歸溯到中國古代門閥制度的歷史原因，剖析出「他媽的」是舊中國依賴門第、倚仗祖宗的等級制度所造成的結果。這樣就充分地用因果性把「他媽的」與門閥制度這種歷史現象歸納了起來，深刻地揭示了歷史的內在聯繫，表現了巨大的歷史深度。

透過平凡的現象，尋覓歷史的線索，深掘歷史的淵源，用因果性把歷史歸納起來，的確是魯迅寫作雜文時在思維方法上的顯著特點。當他成為成熟的馬克思主義者之後，這一特點就更其明晰、深邃了。例如在《病後雜談》一文中，魯迅談了明朝末年張獻忠式的剝皮法，又談了先投降明朝封為秦王、後又投降清朝的張獻忠部將孫可望式的剝皮法；然後說明初，永樂皇帝剝了那忠於建文帝的景清的皮，也就是用孫可望式的方法。由此歸納為一句名言：

「大明一朝，以剝皮始，以剝皮終，可謂始終不變。」

明初封建統治者的剝皮與明末農民起義領袖張獻忠和叛徒孫可望的剝皮，表面看來並沒有什麼關係，而魯迅卻一語道破了這兩種剝皮的歷史的內在聯繫，用因果性把歷史歸納起來。他在《病後雜談之餘》中進一步談了對這種因果性的理解：「我常說明朝永樂皇帝的兇殘，遠在張獻忠之上，是受了宋端儀的《立齋閒錄》的影響。那時我還是滿洲治下的一個拖著辮子的十四五歲的少年，但已經看過記載張獻忠怎樣屠殺蜀人的《蜀碧》，痛恨著這『流賊』的兇殘。後來又偶然在破書堆裡發見了一本不全的《立齋閒錄》，還是明抄本，我就在那書上看見了永樂的上諭，於是我的憎恨就移到永樂身上去了。」明末以來的封建文人，常常以誇大張獻忠的兇殘來誣衊農民起義，而魯迅則揭開了封建統治者遠在張獻忠之上的極其兇殘的黑幕，洞察到封建統治者的兇殘正是導致農民起義中出現某些兇殘現象的原因，農民起義中的這種現象正是對封建階級兇殘統治進行報復和懲處的結果，「以剝皮始，以剝皮終」——正是大明封建王朝自食的惡果和必然覆滅的規律。當然，僅能以刑法的兇殘進行報復而不能根本推翻封建制度，又是農民起義侷限性、狹隘性的表現，是農民領袖只能是或者失敗或者背叛本階級變為新的封建統治者的原因之一。魯迅說過：「試將記五代，南宋，明末的事情的，和現今的狀況一比較，就當驚心動魄於何其相似之甚。」魯迅就是善於從歷史發展過程的始與末、古與今中發現相似之處，揭示其內在聯繫，用極為精煉、睿智的警句格言把歷史的因果性歸納出來，從而使他的雜文蘊含巨大的歷史深度。

瞿秋白同志的雜文比起當時其他人的雜文來是有一定的歷史深度的。如《文藝雜著》裡的《浪漫的獄中日記》，假想三千年後的考古學家發現當時一位工人的獄中日記，頗有一種悠遠深沉的歷史感，構思奇崛，筆法老練。《亂彈（代序）》一文追溯到「乾嘉之世」、「唐虞三代」，總結了平民藝術往往要被紳商階級霸佔了去，為愚民政策服務的歷史規律，主張下等人要重新再亂彈起來，貫串著唯物主義的歷史觀。收入《魯迅全集》的《王道詩話》等十二篇雜文，由於刻意效法魯迅雜文的結果，確實較前凝重、深沉得多了。《王道詩話》深掘了幫忙文人從孟夫子那裡學來的虛偽騙子的祖傳秘方，《最藝術的國家》從中華民族中庸的根性諷刺了國民黨的不抵抗政策，達到了一定的歷史深度。但是比起魯迅的雜文來，則缺乏能用幾句富有哲理的警句格言歸納歷史因果性的那種深沉的概括力，有擺出了歷史現象而未能進一步深入到歷史內在聯繫中去的感覺。當然，這絲毫不是責怪秋白同志，只是說明像魯迅雜文那樣的巨大的歷史深度，是人難以模擬的。黑格爾老人說過：「正像同一句格言，從年輕人（即使他對這句格言理解得完全正確）的口中說出來時，總是沒有那種在飽經風霜的成年人的智慧中所具有的意義和廣袤性，後者能夠表達出這句格言所包含的內容的全部力量。」秋白同志是我們黨內卓越的理論家和革命家，比一般同志是高多了，但是與魯迅相比又年輕多了。魯迅說：「我的文章，未有閱歷的人實在不見得看得懂」。秋白同志的閱歷和眼光使他比一般人更看得懂魯迅的雜文，早在三十年代就在《〈魯迅雜感選集〉序言》中對魯迅雜文予以了高度評價。他高度的馬克思主義理論水準和卓越的藝術才華又使他能掌握一般人難於企及的魯迅雜文的邏輯力量和藝術技巧，但要達到魯迅雜文的那種無比巨大的歷史深度，則還沒有到火候。如峭壁石縫中的蒼勁老松，只有經過長久的年輪和堅韌的磨礪才能慢慢長成一樣，魯迅雜文這種杜甫古體式的巨大的歷史深度，確實只有魯迅那樣廣袤的閱歷和深沉的素質才能包含，是任何其他人難以模擬的。

（三）

列寧在《費爾巴哈「宗教本質講演錄」一書摘要》中有這樣一段批語：「費爾巴哈是傑出的，但不深刻。恩格斯更深刻地確定了唯物主義和唯心主義的區別。」為什麼？因為費爾巴哈當時敢於獨樹一幟地衝破黑格爾唯心主義的迷霧，直截了當地使唯物主義重新登上王座，使思想界耳目一新，確實是傑出的。但是，他卻總在自然界的定義上繞圈子，未能一針見血地抓住唯物主義和唯心主義的根本區別。恩格斯則一語道破了事物的根柢，單純、明晰地抓住了思維和存在的關係這個全部哲學的基本問題，尖銳、深刻地指出哲學家依照他們如何回答這個問題而分成了唯物主義和唯心主義兩大陣營。所以，單純、明晰地抓住事物的根柢，正是思想深刻的標誌。

魯迅早期就作為一位青年思想家具備了善於抓住事物根柢，思想極為深刻的特點，他的早期論文在其思想的深刻性上確實超過了同時代的思想家。他早在《文化偏至論》中就看破當時甚囂塵上的大肆吹捧西方的「物質文明」的謬論，切中肯綮地指出：「根柢在人，而此特現象之末，本原深而難見，榮華昭而易識也。」揭開「昭而易識」的現象，洞察「深而難見」的本質，是魯迅思想深刻的原因。他看出「根柢在人」，而人的根柢則在精神和靈魂。要「立人」就要改造國民性。他從事文學創作旨在「要畫出這樣沉默的國民的魂靈來」，改造這魂靈。他的小說通過藝術典型刻畫了國民的靈魂，他的雜文則更直接地運用議論的筆法剖析了國民的靈魂，特別是他的後期雜文，由於掌握了階級分析的方法，就更深刻地分析了各階級代表人物的思想本質。他說過：「顯示靈魂的深者，每要被人看作心理學家。」魯迅就是一位深刻揭示人們靈魂的心理學家。而這種抓住思想根柢、揭示中華民族靈魂、剖析中國社會心理的巨大的思想深度，正是魯迅雜文深刻性的另一個基本特徵。

我們仍以《病後雜談》和《病後雜談之餘》為例，說明魯迅對中國社會心理的分析是達到了怎樣的深度。

明初，永樂皇帝慘殺建文的忠臣。景清和鐵鉉一同被殺，景清剝皮，鐵鉉油炸，鐵鉉的兩個女兒則發付了教坊，叫她們做婊子。這使一部分士大夫不舒服，於是有人說，後來二女獻詩於原問官，被永樂所知，赦出，嫁給士人了；又有人說鐵鉉妻女以死殉節了；還有人說鐵鉉並無女兒。魯迅則引證清朝考據家杭世駿的考訂證明鐵鉉二女獻詩被赦這一佳話的欺騙，並指出：「倘使鐵鉉真的並無女兒，或有而實已自殺，則由這虛構的故事，也可以窺見社會心理之一斑。就是：在受難者家族中，無女不如其有之有趣，自殺又不如其落教坊之有趣；但鐵鉉究竟是忠臣，使其女永淪教坊，終覺於心不安，所以還是和尋常女子不同，因獻詩而配了士子。這和小生落難，下獄挨打，到底中了狀元的公式，完全是一致的。」

真是入木三分！把隱藏在靈魂深處的封建士大夫階級極其微妙的社會心理，淋漓盡致地揭露了出來：本心是淫晦猥褻的，「在受難者家族中，無女不如其有之有趣，自殺又不如其落教坊之有趣」，希望鬧出些姦淫、污穢的事情來，以滿足其低級趣味；但鐵鉉究竟是忠臣，按照封建社會忠孝節義的正統道德規範衡量，使其女永淪教坊，終覺於心不安，所以還是和尋常女子不同，要虛構出因獻詩而配了士子的故事來，移花接木，粉飾黑暗。但終歸跳不出封建士大夫理想樊籠，和小生落難，下獄挨打，到底中了狀元的大團圓的公式，完全是一致的。而這種表面說得好聽、玩得有趣的東西，卻被魯迅以大殺風景的結果的考證戳穿了假面，洞悉了「深而難見」的根柢。這難道不是魯迅雜文所獨具的一種極其驚人的深刻性麼？而象這種深刻剖析人的靈魂和社會心理的例子在魯迅雜文中是俯拾即是的。

一九三四年六月二日，魯迅在給鄭振鐸的信中說：「本月《文學》已見，內容極充實，有許多是可以借此明白中國人的思想根柢的。」查閱該刊，確如所云。六月號《文學》是「中國文學專號」，內容充實，份量頗重，從古代文學到新文學史料，從印度文學、佛教思想對中國文學的影響到歷代作家思想、生平的考證，應有盡有，深厚廣博。有不少文章不僅是文學論文，而且往往有感而發，近於雜文，是「可以借此明白中國人的思想根柢的」。如洪深作的《申報總編纂「長毛狀元」王韜考證》一文，活畫了王韜勸人不要與洋人接近而自己竟是老做西人的傭書，聲明鄙視科第而自己仍屢次回鄉應試等等自相矛盾的心理和行徑，使人可以借此明白中國一部分封建知識份子的思想根柢。確實與魯迅的評價是相稱的。魯迅的這一評語，其實也正反映了他自己苦心努力的目標。當然，他的雜文則是廣博、尖刻得多了。往往是別人說了很多話都沒說到根柢上，魯迅一句話就扎出了血來。「內容極充實」，「可以借此明白中國人的思想根柢的」，用來概括魯迅的著作特別是他的雜文，倒是更恰如其分。從前期關於「中國根柢全在道教」，「人往往憎和尚，憎尼姑，憎回教徒，憎耶教徒，而不憎道士。懂得此理者，懂得中國大半。」這一類振聾發聵的分析和判斷，到後期對於清代文字獄和「許多中國人似並不悟自己之為奴」的社會心理所作的解剖和研究，內容極充實，思想極深刻，常常是用幾句單純、明晰的警句格言就確定地抓住了中國人的思想根柢，無愧是「可以借此明白中國人的思想根柢的」大百科全書，包含著獨一無二的極其巨大的思想深度。確實如魯迅自己所說：「『中國的大眾的靈魂』，現在是反映在我的雜文裡了。」魯迅遺留給我們的這筆寶貴財富，有待於我們花更大的氣力去開掘和理解。

在這樣的比較之下，魯迅表示過秋白同志的雜文深刻性不夠，秋白同志不僅認可而且幾次說：「魯迅看問題實在深刻。」就顯得不難領悟了。秋白同志和魯迅相同，都是十分注重對中國民族靈魂和社會心理的挖掘的，他在雜文集《亂彈》的《懺悔》一文中，就提倡「挖心文學」，主張「挖掉『奴隸的心』」，認為「奴隸的心的變化和消滅，是極端複雜的景象和過程。群眾所需要的文藝，還應當更深刻些去反映，更緊張些去影響『挖心』的鬥爭。」這一觀點，無論是在當時還是現在，都是具有相當的思想深度的。值得注意的是，瞿秋白同志在這篇文章中還分析了種種奇形怪狀的奴隸的心，特別是剖析了一種較為隱蔽的形狀：「落拓的學生青年，常常會做著這樣甜蜜的幻夢：將來找到相當的職業，不一定太闊，甚至於很清苦的，可是有一個愛人在懷裡，有一個溫暖的家庭……這種『理想』，比較當工人當車夫的『理想』似乎不同些，似乎要細膩些，也許『將來的家庭』的書房裡還要掛一盞古雅的畫著花的電燈罩。可是實際上，這兩個『理想』同樣是小資產階級分子的市儈式的理想。這其實也是一種奴隸的心。」對這種奴隸的心的挖掘，也標誌著瞿秋白雜文所達到的思想深度。但是，從這一地方又可以看出瞿秋白雜文與魯迅雜文在思想深度上所存在的差距。魯迅早在一九二五年所寫的《再論雷峰塔的倒掉》一文中就更尖銳、深刻地指出過革新者與寇盜奴才的分別，他說道：「我們要革新的破壞者，因為他內心有理想的光。我們應該知道他和寇盜奴才的分別；應該留心自己墮入後兩種。這區別並不煩難，只要觀人，省己，凡言動中，思想中，含有借此據為己有的朕兆者是寇盜，含有借此占些目前的小便宜的朕兆者是奴才，無論在前面打著的是怎樣鮮明好看的旗子。」瞿秋白同志擺出了種種形狀的奴隸的心，並且對其中比較隱蔽的形狀也進行了挖掘，確實是傑出的，但他還未能一針見血地抓住其中的根本區別，也未及對奴隸的複雜心理進行更充分和深入的挖掘。魯迅則善於一語破的地抓住事物的根柢，在以上文章中就是單純、明晰地抓住了革新者與寇盜奴才的根本區別，切中肯綮，一針見血。「無論在前面打著的是怎樣鮮明好看的旗子」，他都能揭開「昭而易識」的現象，洞察「深而難見」的本質。他的雜文和小說真稱得上是「奴隸的心的變化和消滅」這一「極端複雜的景象和過程」的深刻反映，表現了巨大的思想深度，也反映了他的雜文較瞿秋白深刻的一個方面。列寧說過：「人的思想由現象到本質，由所謂初級的本質到二級的本質，這樣不斷地加深下去，以至於無窮。」魯迅瞿秋白雜文在思想深度上的差異，瞿秋白雜文的欠深刻正是與魯迅相比較而言的。比較之下，就感到瞿秋白的雜文往往對事件反映敏銳，對敵人打擊得尖銳、曉暢，但似乎浮於表像的譏刺，未能更深一層地去揭示本質，抓住根柢。如《亂彈》裡的《狗樣的英雄》，也是從評論中國的民族性開頭的，但是中間僅引述了民族主義文學關於國民黨軍隊殘殺俘虜以逞英雄的幾段描寫，加以抨擊和譏刺，後邊歸結到《狂人日記》上去，未能對隱藏更深的民族主義文學的靈魂和心理進行更透闢的解剖。《貓樣的詩人》引述了徐志摩的一首色情詩加以批評和諷刺，但沒有把這一類詩人放在更廣闊的社會背景裡分析其思想感情和心理狀態產生的必然性和典型性。《出賣靈魂的秘訣》看來是由於魯迅的薰陶和合作，較前深刻得多了，但與魯迅雜文中最有思想深度的篇章相比，似乎由於是譏評時事，還缺乏更深入的對思想根柢的解剖和警句格言式的深刻概括。而這，卻是魯迅雜文中最能表現巨大思想深度的精華所在。

（四）

孫樵論文說：「儲思必深，擒辭必高。」文章的內涵經過長久的儲蓄和醞釀，具有了巨大的歷史深度和思想深度，還須以深沉、老練、含蓄的文學形式表達出來。這種文學表現手法的深度，正是魯迅雜文深刻性的又一個基本特徵。

瞿秋白同志是對魯迅雜文進行過深刻研究，深得此中三昧的。拿他同魯迅先生親自商討而執筆寫成的《王道詩話》等雜文與他以前的雜文相比較，就不僅能看出瞿秋白同志學習魯迅雜文後在文學表現手法上的長足進步，而且能看出魯迅雜文文學表現形式深沉、老練、含蓄的特點。

瞿秋白雜文集《亂彈》裡的《鸚哥兒》一文，與《王道詩話》同是用鸚鵡撲火的寓言諷刺胡適的「人權論」的。但《鸚哥兒》洋洋灑灑寫了兩千多字，嬉笑怒罵，一瀉無餘。內容尖銳而欠深刻，文字曉暢而少含蓄。《王道詩話》則驟然一變，達到別一境界。篇幅凝鑄為數百字，構思新穎，別開生面。語言凝重老練，簡勁含蓄而又款款而談，悠閒自得，入筆便剝開了胡適「人權論」的虛偽面紗，最後又神來一筆，匠心獨運，做了首七言律詩予以諷刺，真乃詼諧詭峭，剸刺入骨，而又餘音悠然，耐人咀嚼。

魯迅說過：「人家說這些短文就值得如許花邊，殊不知我這些文章雖短，是絞了許多腦汁，把它鍛鍊成極精銳的一擊，又看過了許多書，這些購置參考書的物力，和自己的精力加起來，是並不隨便的。」「鍛鍊成極精銳的一擊」正是魯迅雜文寫作上的特點。極廣大、極深刻的歷史內容和思想內容被熔鑄在極精銳、極凝煉的文學形式中，寄寓在精鑄熟練的形象描寫裡，正如煤的形成，當時用大量的木材，結果卻只是一小塊。而這一小塊，卻蘊含巨大的能量，耐人百讀而有餘味。從《鸚哥兒》到《王道詩話》，我們既可以窺測瞿秋白同志以前的雜文與魯迅雜文的差異，又可以看出在自覺掌握了「鍛鍊成極精銳的一擊」這一魯迅雜文的寫作特點之後，雜文的表現手法和寫作水準會取得多長麼足的進步。

「鍛鍊成極精銳的一擊」，當然不僅是字句篇章的鍛壓和精煉，魯迅「砭錮弊常取類型」，他常常把包含巨大歷史深度和思想深度的豐厚內容熔鑄在「類型」裡。他的雜文創造了許許多多流傳千古的社會類型。例如媚態的貓；吸人的血，還要預先哼哼地發一通議論的蚊子；嗡嗡地鬧了半天，停下來舐一點油汗，又拉上一點蠅矢的蒼蠅；脖子上掛著小鈴鐸，作為知識階級的徽章，把羊群領入屠場的山羊；雖然是狗，又很像貓，折中、公允、調和、平正之狀可掬，悠悠然擺出別個無不偏激，唯獨自己得了「中庸之道」似的臉相的叭兒狗，等等。取這些類型以砭錮弊的魯迅雜文，不僅絕不會「第二遍讀起來就有『一覽無餘』的感覺」，就是讀上十遍、百遍也會覺得意味無窮。這究竟是為什麼呢？瞿秋白同志在《狗樣的英雄》、《貓樣的詩人》等篇雜文裡也力圖採取「狗樣」、「貓樣」的一類形象，在當時的鬥爭中也可算痛快淋漓，但是為什麼就不如魯迅雜文中狗、貓一類的形象那般意味無窮呢？再進而作個不恰當的比較，小孩子吵架也常說某某是小狗，某某是小貓，為什麼就毫無意義呢？歸根結底，這是與所起名號與對象實際是否切貼，所含內容是深是淺緊密相關的。魯迅說：「批評一個人，得到結論，加以簡括的名稱，雖只寥寥數字，卻很要明確的判斷力和表現的才能的。必須切貼，這才和被批判者不相離，這才會跟了他跑到天涯海角。」頑皮孩子罵別人是小狗、小貓，雖然也許博得人們一笑，但所罵對象決不因此就得狗或貓的諢名的。此理易明：因為不切貼。瞿秋白同志的《狗樣的英雄》、《貓樣的詩人》中對民族主義文學所宣揚的所謂「英雄」和唯美主義的色情詩人所進行的批評是切貼的，所以才能發揮尖銳、潑辣的戰鬥作用，但是所採取的類型似乎總不如魯迅雜文所取的類型給人留下的印象深刻。這究竟是什麼原因呢？魯迅在雜文裡常給狗畫像，瞿秋白同志在《畫狗罷》、《狗樣的英雄》、《狗道主義》等雜文中也提倡和致力於畫狗。我們就試以他們在雜文中所取的狗的類型進行一下比較，來探討一下其中的原因。魯迅瞿秋白雜文中所取的狗，同是象徵和比喻敵人的形象，而且同是要反映狗對人民逞兇、對主子奴顏的本質，但是卻有如下差異：第一，魯迅雜文善於捕捉狗的形象特徵，畫出狗的活生生的形象。例如《論「費厄潑賴」應該緩行》裡畫的「以伶俐的皮毛獲得貴人豢養，或者中外的娘兒們上街的時候，脖子上拴了細鏈子跟在腳後跟」的叭兒狗，「聳身一搖，將水點灑得人們一身一臉，於是夾著尾巴逃走」的落水狗等等，給人以具象感。當然魯迅意不在畫狗，而是另有寓意的。瞿秋白同志的雜文則往往是抽象地談論狗和狗性，卻沒有畫出具體的形象。第二，魯迅雜文中的狗不僅有形象，而且各有特點，如叭兒狗、落水狗、夜遊的狗、乏走狗等，都有鮮明的個性特徵。而瞿秋白雜文中的狗卻是一般的狗性的代稱，缺乏具體的個性。第三，魯迅雜文所塑造的個性鮮明的狗的形象特徵，與所象徵的現實生活中的反動紳士、塌台人物等等的形象特徵，是自然、帖切地融合在一起的。意不在畫狗，但畫出了狗，就使要表達的意思有了寄寓之所。如落水狗上岸咬人與反動紳士反過手就殺死許多革命者正相符合，透過類似的形象特徵就可聯想相通的本性，使思想寄寓在形象中，通過取類型的方法表達更豐富、深厚的含義。而瞿秋白同志的雜文由於沒有畫出個性鮮明的狗的形象，所以難於做到形象特徵的融合，使寓意不能更好地寄託在類型形象裡。第四，最重要的是，魯迅雜文所闡發的「打落水狗」等思想總結了古今的經驗教訓，包含巨大的歷史深度和思想深度，瞿秋白的雜文則還缺乏這樣的深度。

含蓄，不落言詮，留給讀者自己思考的餘地，也反映了魯迅雜文文學表現手法的深度。這一點，魯迅雜文本身的例子是舉不勝舉的，過去的評論已說過許多，不再贅述。我們這裡僅想從魯迅對瞿秋白雜文的修改管窺其中奧妙。《瞿秋白文集》所收《王道詩話》等雜文原稿，與《魯迅全集》收錄的文字在許多地方有所不同，看來魯迅對瞿秋白同志執筆的原稿進行過修改。從這些修改的地方可以看出魯迅是把含蓄、深刻當作雜文寫作的重要準則的。如《大觀園的人才》，瞿秋白原題為《人才易得》；《伸冤》，原題為《苦悶的答覆》。魯迅改過的標題，就更含蓄、形象，更有雜文特色。特別值得注意的是魯迅還刪去了瞿秋白同志原稿中意思過露的話，如《大觀園的人才》原稿結尾有這樣一句：「嗚呼，以天下與人雖然大不易，而為天下得人，卻似乎不難。」魯迅毅然刪去了，到「老旦進場，玩笑旦出場，大觀園的人才著實不少！」就戛然而止，既省筆墨，又有餘味。中間原稿有「還是美人兒多年閱歷的結果，練出了這一套拿手好戲？」魯迅把後半句刪去了，到「美人兒多年閱歷的結果？」便止住。《真假堂吉訶德》原稿中間有一段是：「民四的『反日』愛國儲金變成了征討當時的革命軍的軍需。現在這套把戲實在太欠新鮮，誰不知道。」魯迅則把「變成了」改為「增加了」，使之更準確。「現在這套把戲……」一句則全部刪去了，因為這一句過於直陋，刪去，倒保持文中的含蓄。蘇東坡說文章要「常行於所當行，常止於所不可不止，文理自然，姿態橫生。」魯迅的這些刪改，正體現了文章行止的奧妙。他曾給一位寄小說請他評閱的作者覆信說，他要給那作品改一個詞，原因是嫌原來所用詞說得太清楚，怕會打破文裡「所有的含蓄」。可見魯迅把文章的含蓄看得多麼重要。正因為他從內容到修辭都絞了許多腦汁，千錘百煉，所以才使他的雜文「句中有餘味，篇中有餘意，」文學表現手法深沉、老練、含蓄，包含巨大的深度。

當然，含蓄並不意味著晦澀。魯迅是看重文字的明白暢曉的，他幾次談到秋白同志在這方面的優點，說道：「何苦的文章，明白暢曉，是真可佩服的！」並說過：「暢達也自有暢達的好處……意在簡練，稍一不慎，即易流於晦澀。」他苦於在反動統治下的寫作有如「帶著枷鎖的跳舞，」不得不用些「曲筆」。而本意是希望盡可能做到明白暢曉的。因為明確和深刻不僅不矛盾，而且互相促進，表達愈明確，思想可能愈深刻；思想愈深刻，表達也會愈明確、肯定。所以他修改瞿秋白同志的原稿時，不僅刪去了一些過露的話，也增補了一些必要的話，使文章更明白，更準確。如《關於女人》一文原稿有一段是：「所以問題還在賣淫的社會根源。這根源存在一天，淫靡和奢侈就一天不會消滅。」魯迅則加進了一句解釋的話，改為：「這根源存在一天，也就是主動的買者存在一天，那所謂女人的淫靡和奢侈就一天不會消滅。」加進這一句，就把賣淫的社會根源解釋得更明白，更透闢了。《出賣靈魂的秘訣》一文在「因為日本不用暴力」後邊，加了「而用軟功的王道」一句，也使意思豁然明朗。類似的例子還有幾個。王國維把有意境的作品稱之為「不隔」，便是「語語都在目前」。對作品的要求是不僅「語語明白如畫」，而且要「言外有無窮之意」。可見明確和含蓄，既是對立的，又是統一的。魯迅在《漢文學史綱》中論古詩十九首時說：「其詞隨語成韻，隨韻成趣，不假雕琢，而意志自深，風神或近楚《騷》，體式實為獨造，誠所謂『畜神奇於溫厚，寓感愴於和平，意愈淺愈深，詞愈近愈遠』者也。」魯迅的雜文，特別是後期所寫的《且介亭雜文》，便具有這種「意愈淺愈深，詞愈近愈遠」的風神，達到了爐火純青的境界。他既表示瞿秋白同志的雜文「欠深刻」，又佩服其「明白暢曉」，或許是期望秋白同志能揚長補短，使他的雜文昇華到既餘意無窮又明白如畫的境地吧！「看似尋常最奇崛，成如容易卻艱辛。」這種境地，是思想深湛、閱歷深厚、文學表現手法極為成熟、老練的標誌，是最難於達到的深度。

（五）

日本的魯迅研究家增田涉，在《魯迅的印象》中談魯迅的風格發展時說過：「我感覺到，他年輕時喜歡李賀，喜歡尼采，是和他的性格密切聯繫著的。跟他讀安特列夫，模仿果戈里，受夏目漱石的影響不一樣，不是在學習他們的文學表現方法，而是更為根本的與他的為人直接相通的關係。他的性情、氣質所要求的，必然是趨向李賀、尼采。到了晚年，由於環境、經驗的關係，在他那兒出現了色彩更濃的杜甫、海涅的東西；但是，還沒有完全擺脫掉李賀和尼采。這是那樣地紮根於他本來的性情、氣質上的。」

這段話還是包含一定道理的。一個作家的風格確實與他的性情、氣質以及所受到的文學影響有密切的關係，隨著年齡的增長、閱歷的加深、思想的成熟往往會向著日益深刻化的方面發展，但又不會完全擺脫他本來的性情和氣質。魯迅瞿秋白雜文的異同，與他們各自的性情、氣質和所受的文學影響有關、與他們不同的年齡和閱歷也有著重要的聯繫。魯迅說過，他年輕的時候喜歡李賀，他早年所作的《別諸弟》、《蓮蓬人》等詩，特別是《摩羅詩力說》等論文確實蘊含著一種奇崛、瑰麗的李賀式的詩意。他喜歡讀尼采，而尼采《察羅圖斯德羅如是說》的深刻、冷峻、峭拔、簡勁的風格，不僅滲透在他的早期論文中，而且一直貫串於他晚年的雜文裡。他趨向李賀、尼采，應該說是他少年時代在從小康墜入困頓的塗路中所形成的倔強不屈、深知世故的性情和氣質所要求的。辛亥革命後的寂寞時期，又受到魏晉文章的影響，魏晉文章簡約、嚴明的風格，尤其是嵇康那種富有深刻的獨立見解、「師心」以遣的議論文，是滲進了魯迅雜文的精髓的。可以說魯迅從早期就具備了一種特有的深刻的素質。以後隨著年齡的增長，閱歷的加深，見過辛亥革命，見過二次革命，見過袁世凱稱帝，張勳復辟，見過三・一八慘案，四・一二大屠殺，思想日益成熟，對現實的認識更加深化、堅實，達到了所謂「深入化境」的地步，在藝術上表現了簡約嚴明而又深厚樸茂的風格，是向著「更為杜甫的」、「更為海涅的」方向變化了。瞿秋白同志在少年時代有著與魯迅類似的坎坷艱難的歷程，但青年時代就趕上了洶湧澎湃的五四運動，二〇年到了十月革命的故鄉蘇聯。他主要受到的是「五四」痛快淋漓、明白曉暢的論戰文風的影響和蘇聯文學特別是高爾基的熱情洋溢、氣勢壯闊的革命詩文的薰陶，加之他本人性情、氣質的聰穎過人、才華橫溢，使他的譯著象他的《赤潮曲》那樣給人以「赤潮澎湃，曉霞飛湧」的快感。總之，瞿秋白高度敏感，接受得快也傾吐得明；魯迅卻極為深沉，接受得慢但理解得深。瞿秋白正當壯年，書生意氣、揮斥方遒；魯迅已入晚年，飽經滄桑、洞鑒三世。所以瞿秋白同志的雜文與魯迅雜文相比，才有「明白暢曉」、「真有才華」但「深刻性不夠」、「少含蓄」的差異。這是在前進的道路上，後起者與先達目的地者之間的差距。我們今天比較魯迅瞿秋白雜文的異同，僅是想以瞿秋白同志這些可與魯迅雜文媲美的篇章來鑒別和探究魯迅雜文的深刻性，以便更深地理解和開掘這極其深厚廣袤的思想寶庫，象瞿秋白同志那樣更自覺地認識魯迅雜文的特徵和價值，更有效地掌握這個武器，為把我國建設成現代化的、高度民主、高度文明的社會主義強國而努力。

寫於一九八一年秋，刊載於《文學評論》叢刊第十二輯

一 阿Q與世界文學中的精神典型問題

（一）阿Q典型性研究中的困惑

五〇年代初期，馮雪峰在《論〈阿Q正傳〉》一文中提出：「阿Q，主要的是一個思想性的典型，是阿Q主義或阿Q精神的寄植者。」

這就是著名的「思想性典型說」與「精神寄植說」。觀點一提出，立即遭到駁難，馮雪峰本人也感到這篇文章「論得太空泛，並且有的在解釋上是錯誤的，所以在《論文集》再版時就抽掉了。」

然而，令人深思的是，馮雪峰作為深知魯迅思想、創作內情的卓越的文藝理論家，為什麼會提出這樣一個「謬論」呢？

看來是「謬」出有因，阿Q典型性研究中確實存在著困難和矛盾。

五〇年代中期，何其芳在《論阿Q》中指出這種困難和矛盾主要在於：「阿Q是一個農民，但阿Q精神卻是一種消極的可恥的現象。」

這就是說阿Q作為一個處於一定階級地位的活生生的具體人物，與帶著極大普遍性的阿Q精神之間，存在著難以解決的矛盾。

為了解決這個矛盾，研究者作了各種嘗試，何其芳主要歸納了以下三種：（1）否認阿Q是農民，認為是從地主階級破落下來的；（2）如前所述，馮雪峰提出阿Q是一個思想性的典型，阿Q精神的寄植者；（3）把阿Q解釋為過去的落後的農民典型，認為他身上的阿Q精神並不是農民本來的東西，而是受了封建地主階級的思想的影響。何其芳對這三種試圖解決矛盾的思路都不同意，而把視野拓展到世界文學的廣闊範疇中去，以中國古典文學中的諸葛亮和外國古典文學中的堂・吉訶德為參照物，提出了著名的「共名說」。這就是說某一個典型人物的名字，成了他身上某種突出特點的「共名」：諸葛亮成了智慧的「共名」，堂・吉訶德成了可笑的主觀主義的「共名」，阿Q則成了精神勝利法的「共名」。

「共名說」提出後，李希凡很快發表《典型新論質疑》一文，指出何其芳的「共名說」是「把現實主義的典型論導向抽象的人性論的陷阱。」以後又在幾篇文章中反覆闡述了阿Q典型形象的階級性、歷史性。

這場關於阿Q典型性問題的爭論，一直持續下去。十年「文革」中，何其芳雖然失去了發言權，然而在理論上仍然堅持自己的基本觀點，阿Q典型性研究中的矛盾始終困惑著他。

八〇年代初期，陳湧重新出山後用力最深的就是阿Q的典型性研究。他的長篇論文《阿Q與文學的典型問題》和在巴黎魯迅誕生一百周年紀念報告會上宣讀的論文《〈阿Q正傳〉引起的爭論》，迄今為止，仍然代表著阿Q典型性研究的最高水準。

《阿Q與文學的典型問題》一文的理論貢獻主要在於：第一、加強了哲學深度。從主觀世界與客觀世界關係的角度，揭示出阿Q不斷造成悲劇的認識論根源：「不能正確地認識周圍的客觀世界，不能正確地估計周圍的現實關係。不是依據對形勢的客觀分析來決定自己的行動，而往往是依據荒謬可笑的偏見或者一時的感情衝動來決定自己的行動。」同時從現實的失敗的痛苦中找到虛幻的勝利來自我欺騙、自我麻醉。這就從主觀盲目性和精神勝利法這兩個互相聯繫的方面，分析了阿Q精神的內涵。這一理論貢獻是有深刻意義的，它啟示人們從哲學根柢上去思考阿Q精神的認識論根源，考察阿Q典型形象具有極大普遍性的根本原因。第二、拓展了文學視野。從世界文學的視角對阿Q精神與堂・吉訶德精神、浮士德精神的異同進行了比較，啟悟後來的研究者從更廣闊的世界文學範疇內考察與阿Q相類似的文學典型。第三、從精神現象的角度思考了阿Q精神的產生根源。肯定在近代中國農民和其他小生產者身受帝國主義掠奪、走向破產的歷史條件下，阿Q精神也有可能從這些小生產者的內部產生，否定了那種農民身上的阿Q精神只能從封建統治階級的外部影響而來的狹隘觀點，啟悟後來的研究者從內在原因和精神現象的思路中去考察阿Q的典型問題。第四、進一步闡述了典型性和階級性的關係。說明典型性比階級性的意義更廣泛和更普遍得多，阿Q精神不是個別階級的現象，它比個別階級的特性有更大的普遍意義。

《〈阿Q正傳〉引起的爭論》進一步認定了阿Q精神在不同階級不同階層的人身上存在的普遍性，指出：問題主要在於如何解釋這種普遍存在的現象。並從理論高度對何其芳與李希凡在阿Q典型性問題上的爭論作了總結，相當公允地評價了各方的得失。最後又從世界文學的視野中，對哈姆雷特、堂・吉訶德、浮士德的典型性格進行了比較，指出阿Q典型性問題屬於文學以至哲學、社會科學的一些根本理論問題。

十年之後重讀陳湧的這兩篇論文，仍不能不嘆服他理論的扎實、深刻，視野的開闊、宏放，論述的嚴謹、精當。但是，學術是隨時代而前進的，從新的認識高度反覆回味，就感到陳湧的論文仍有令人不滿足的地方。主要的不足是仍然沒有講透阿Q這一典型的性質與內涵，沒有挖出阿Q精神的哲學根柢，對世界文學中與阿Q相似的典型人物的比較分析也沒有充分展開。

阿Q的典型性問題，作為魯迅研究界以至文學理論領域的「哥德巴赫猜想」，仍然沒有得到圓滿的解決，仍然令研究者感到困惑，吸引後來者滿懷不可扼制的理論興趣，進一步摘取學術王冠上的明珠。

（二）需要提出新的概念——精神典型

世界文學中，不僅藝術創作有「類似再現」的事情，而且理論研究也有「不謀而合」的現象。

蘇聯文學理論家在陀思妥耶夫斯基研究中也遇到了與阿Q典型性研究類似的現象。B・M・恩格爾哈特認為陀思妥耶夫斯基小說描繪的重心是左右著主人公的那個思想，而不是如托爾斯泰和屠格涅夫一般類型小說那樣，重心是主人公的生平，所以稱作「思想小說」。M・巴赫金認為恩格爾哈特對陀思妥耶夫斯基創作的基本特點，達到了非常深刻的理解，然而「思想小說」這一術語不很貼切，引人離開了陀思妥耶夫斯基真正的藝術目的。

陀思妥耶夫斯基對自己真正的藝術目的作了這樣的說明：「在完全採用現實主義的條件下發現人身上的人……人們稱我是心理學家，這是不對的，我只是最高意義上的現實主義者，也就是說，我描繪人類心靈的全部隱秘。」

所謂「人身上的人」，實質就是「人類心靈的全部隱秘」，也就是人類的思想活動和精神現象。陀思妥耶夫斯基小說描繪的重心，並非游離人物之外的思想，也不是「寄植」於人物身上的精神，而是活生生的具體人物本身所具有的心靈深處的思想活動和精神現象，特別是人人都面臨的精神世界與物質世界的關係問題，亦即自我的主觀精神對待客觀外界的根本態度、方式以及對自我和對世界的總體觀念，也就是「發現人身上的人」。精神活動，正是人區別於動物的根本標誌，是人最重要最隱秘最深層的基本特徵。陀思妥耶夫斯基和魯迅都是最善於描繪這種人類精神特徵的偉大作家。恩格爾哈特和馮雪峰都敏銳地抓住了研究對象這個最重要最突出的特點，可能是對其特點印象過深的緣故，以至得出了「思想小說」和「思想性的典型」這種偏執性、極端化的結論，違背了作家真正的藝術目的，也違反了藝術創作的基本規律。因為藝術是基於個別形象而不是基本概念顯現思想的，任何概念化的東西都與藝術無緣。誠如歌德所說：「德國人確是一些古怪的人兒！他們到處尋求深奧的思想和觀念，而把它們塞進事物中去，因此把生活搞得不必要的繁重。」「總而言之，作為詩人，我的作風不是企圖要體現某種抽象的東西。我把一些印象接受到心理，而這些印象是感性的、生動的、可愛的、千姿百態的，正如一種活躍的想像力所提供給我的那樣；作為詩人，我所作的事不過是用藝術方式把這樣的直觀和印象在心裡融會貫通起來，加以提高，希望用生動的描寫表現出來，使別人聽到或讀到我描寫的東西時獲得與我同樣的印象。」歌德的這段話，不僅是他本人藝術創作的生動寫照，而且真實反映了魯迅和陀思妥耶夫斯基等所有成功作家的藝術創作過程。難怪「思想性的典型」和「思想小說」這類觀點一提出，就遭到種種駁難呢！

但是，切勿把孩子和洗澡水一起潑掉！馮雪峰的「思想性典型說」，與恩格爾哈特的「思想小說觀」一樣，包含著重要的真理。實踐已經充分證明，把「思想性典型說」裡所包含的重要真理澈底否定，而將阿Q限定為某一階級的典型，任意定成分、貼標籤的做法，只會導致更大的謬誤。

「思想性典型說」的錯誤在於本末倒置，顛倒了思想與形象、精神與典型的源流關係，然而對思想精神重心的強調卻不容否定。魯迅創造阿Q，不是將思想「塞進」形象、把精神「寄植」於典型，而是把描繪的重心放在阿Q這個活生生的具體人物本身所具有的心靈深處的思想活動和精神現象上面，深入到人人都面臨的精神世界與物質世界的關係問題中去，亦即自我的主觀精神對待客觀外界的根本態度、方式以及對自我和對世界的總體觀念中去，不是僅僅深入到某種思想或局部意識中去，而是深掘到主宰人的思想、觀念、性格、行為的精神根源和哲學根柢中去，提煉出精神勝利法這一帶有極大普遍性的人類精神特徵，從而「發現人身上的人」，絕不侷限在某個特定階級的特定人物的一般性具體形象之內。魯迅創造阿Q是這樣，陀思妥耶夫斯基創造高略德金、歌德創造浮士德，以至莎士比亞創造哈姆雷特、賽凡提斯創造堂・吉訶德、岡察洛夫創造奧勃洛摩夫等等，也是這樣。儘管藝術方式、手法各呈異彩，所提煉的人類精神特徵多種多樣，但是都深入到精神與物質、主觀與客觀、幻想與現實這一哲學根柢中去，塑造出既有活生生的具體性又表現出普遍人類精神特徵的典型人物，「發現人身上的人」，達到了一種深刻、透明、超越的哲學境界。這是一種世界性的文學現象與精神現象。需要對這種現象進行認真、深入的研究，提出一個更貼切的新的概念，既保留「思想性的典型」一說中所包含的重要真理，又糾正其本末倒置的錯誤，擺正思想與形象、精神與典型的源流關係，並把局部性的「思想」擴展為總體性的精神。

這個新的概念就是——精神典型。

（三）精神幻覺與物質實境

英國浪漫派莎評最重要的代表柯爾律治早在十九世紀就提出這樣的見解：哈姆雷特的悲劇主要在於想像的世界與真實的世界之間的平衡被擾亂了，「他的思想，他幻想的概念，比他真實的知覺要活潑得多，」「他那推動了健康的關係的頭腦、永遠為內在的世界所佔據著，而從外在的世界轉移開，——用幻想來代替實質，在一切平凡的現實上罩上一層雲霧。」因而形成了哈姆雷特的憂鬱與躊躇。

蘇聯莎學專家阿尼克斯特也認為：「思想與意志的分裂，願望與實踐的分裂，理論與現實的分裂形成了哈姆雷特的精神悲劇的最高點。」

不僅冥想派知識份子哈姆雷特是這樣，堂・吉訶德、奧勃洛摩夫、高略德金和阿Q也都是這樣，都是不同形式地陷於主觀冥想，出現了精神幻覺與物質實境的分裂。正如馬克思所說：「一個人，如果對於他感性世界變成了赤裸裸的觀念，那麼他就會反過來把赤裸裸的觀念變為感性的實物。他想像中的幻影成了有形的實體。」

杜勃羅留波夫在著名論文《什麼是奧勃洛摩夫性格？》中指出：奧勃洛摩夫「只能在自己的幻想中來安排世界的命運了。可是，他在自己的幻想中，卻喜歡把自己獻身給一種威武的和英雄的追求。『有的時候，他喜歡把自己想像成為一個所向無敵的統帥，在他的面前，不但拿破崙，就是葉魯斯冷・拉扎列維奇也是不足道的；他又虛構了一場戰爭以及戰爭的原因：例如吧，他的非洲民族侵入了歐洲；或者呢，他建立了一支新的十字軍，從事作戰，解決民族的命運，毀滅城市，寬恕，懲罰，表顯仁慈、寬宏的動業。』或者他想像他是一個偉大的思想家和藝術家，在他的後面，有一大群人跟著他，誰都向他們鞠躬致敬。……很明白，奧勃洛摩夫並不是一個渾渾噩噩的冷淡的典型，而是一個在其生活中也在摸索著什麼東西的、也是在思索著什麼東西的人。」實質上，就是哈姆雷特式的冥想派人物。

堂・吉訶德更是生活在一個心造的精神幻覺裡，他把從騎士小說中看到的一切虛幻化為自身生存其間的物質實境：「他所思、所見、所想像的事物，無一不和他所讀到的一模一樣。」於是把客店當城堡，把店主當長官，把妓女當名門閨秀或高貴騎士的禮儀之樂；還把風車當巨人，把羊群當敵軍，把商隊當遊俠騎士，把酒袋當魔鬼的頭顱，把祈雨的偶像當作遭劫持的貴婦，把傀儡戲中的打仗當作真實的戰爭，諸如此類，不勝枚舉，尤其可笑的是把面貌醜陋、胸脯長毛，而且從未見過一面的農家姑娘當作自己的意中人，給她起了一個帶有公主貴人意味、表示甜蜜溫柔的美妙名字「杜爾西內婭」，奉為自己心中的太陽、勇敢和力量的源泉、生命和榮譽的保護神。總之，「把這類分明虛假的事都信以為真」，所以馬克思、恩格斯等經典作家常常把那些單憑主觀幻想支配行為的人們比喻為堂・吉訶德。

陀思妥耶夫斯基中篇小說《兩重人格》的主人公高略德金，竟在精神幻覺中虛構了一個和他同名、同貌、同一地位的人，稱之為小高略德金。大高略德金知道，在物質實境中要擠進上層社會必須善於搞陰謀，玩手段，拉關係，……可是這種種伎倆他根本不會，於是就給了精神幻覺中的小高略德金，讓這個幻影取得了自己在物質實境中嚮往而得不到的東西，事事成功，飛黃騰達，無往不勝。而其實呢，真實的自我卻在物質實境中屢屢失敗，最後被送進了瘋人院。

我們的阿Q，更是精神幻覺中的馳騁者。他被閒人揪住黃辮子，在壁上碰了四五個響頭之後，心裡想「我總算被兒子打了，現在的世界真不像樣……」於是在精神幻覺中心滿意足地得勝的走了。在所有的精神勝利法都不管用之後，便自打嘴巴，「似乎打的是自己，被打的是別一個自己，不久也就是彷彿是自己打了別個一般，——雖然還有些熱刺刺，——心滿意足的得勝的躺下了。」最精采的是革命後的精神幻覺：來了一陣白盔白甲的革命黨，小D、趙太爺、秀才、假洋鬼子跪下喊饒命，打開箱子來：元寶，洋錢，洋紗衫，……秀才娘子的一張寧式床先搬到土穀祠……而其實呢，阿Q在物質實境中屢屢失敗，最後竟糊裡糊塗地被槍斃了。

與以上典型在性質上有所不同的浮士德，也是周旋於精神幻覺與物質實境之間，正如海涅所說：「德國人民本身就是那位知識豐富的浮士德博士，就是那位理想主義者，他憑藉精神，終於理解到精神的不足，而要求物質的享受，恢復肉體的固有權利……」

精神是人區別於動物的根本標誌，是物質發展的最高結晶。然而，宇宙的一切事物都是二律背反的，精神也逃脫不了二律背反的命運：有積極的一面，可以引導人們逐步科學地認識客觀外界的物質實境和自己的主觀面貌，使精神與物質、主觀與客觀相統一，在改造物質世界中提高精神境界；也有消極的一面，可能導致人們誤以為精神是游離於物質實境之外的，陷於種種幻覺中，使精神與物質、主觀與客觀相分裂，產生種種病態心理與病態行為。這絕不是個別現象，而是人類普遍存在的精神弱點。中世紀，以神為本位的地球中心說使人們誤以為日月星辰是圍繞自己旋轉的，就是一種精神幻覺。為了打破這種蒙昧，使人類從錯誤的主觀幻覺中掙脫出來，布魯諾等偉大科學家被宗教法庭判處火刑，獻出了自己寶貴的生命。宗教實質也正起源於人類特有的精神幻覺，聖經上有句名言：富人進天國，比駱駝鑽針眼還難，窮人只消大搖大擺走進去。這豈不就是在現世的物質實境中屢屢失敗，於是乎遁逃至精神幻覺中去尋求虛假勝利麼？佛教裡的刻苦修行以求來世成佛，其實也同出一轍。民主革命時期，「左」、右傾機會主義路線的領導者們，實質上也是陷於這樣或那樣的主觀幻覺中，堅持正確路線的革命者不知要付出多大代價才能使人們從幻覺的迷夢中清醒過來。至於個人，則更加普遍，種種自我吹噓、自我欺騙、追求虛榮、講究面子、盲目地追求「高指標」和虛假勝利等等，都是不同程度、不同形式地陷入主觀幻覺中的表現。哈姆雷特、堂・吉訶德、奧勃洛摩夫、高略德金、阿Q等等，不過是在物質實境屢遭失敗而逃入精神幻覺的諸多人物中的典型代表，反映了人類易於遁入內心的精神特徵。這一弱點對於沒有高級精神活動的動物來說是不存在的。人有了高級精神活動，反倒有了這種普通弱點。這也可說是人所獨有的精神現象。因此，茅盾說「阿Q相」反映了「人類的普通弱點的一種」，是有其道理的。

對於這種精神現象，有識之士早已開始研究。著名兒童心理學家德臘庫瓦通過大量研究證明：「兒童的遊戲……對於世界是執著也是遁逃；他一方面要征服它，同時也要閃避它；他在這個世界上面架起另一個世界出來，使自己得到自己有能力的幻覺。」其實，這種產生幻覺的本能，不僅兒童有，成人也有，不過變換了成熟的形式而已，要消除這種幻覺，就必須從本能上升到自覺。列寧指出：「在人面前是自然現象之網。本能的人，即野蠻人沒有把自己同自然界區分開來，自覺的人則區分開來了。」所謂「本能的人」，實質上就是「前史時代」的人類。這種人「沒有把自己同自然界區分開來」，極易從本能出發陷於精神幻覺的荒謬迷夢中去。「自覺的人」，則是從精神幻覺的主觀盲目性中超脫出來，達到了精神與物質、主觀與客觀相統一的自覺境界。人類的先覺者們，都在通過哲學、自然科學、精神現象學、心理學和文學藝術等等各種角度啟悟人們從「本能的人」上升為「自覺的人」，從精神幻覺中清醒過來達到自覺的境界。目前，在世界上日益興起的禪學，從一定意義上說，就是一種生命之學，啟悟人們從種種功名利祿、賞罰毀譽的精神幻覺中超脫出來，合理、健康、愉悅地生存。從賽凡提斯到魯迅，之所以創造出從堂・吉訶德到阿Q這一類精神典型來，也旨在啟悟人們擺脫幻覺，「幸福的度日，合理的做人」。陀思妥耶夫斯基曾經這樣評價賽凡提斯的《堂・吉訶德》：「全世界沒有比這更深刻、更有力的作品了。這是目前人類思想產生的最新最偉大的文字，這是人所能表現出的最悲苦的譏諷，例如到了地球的盡頭問人們：『你們可明白了你們在地球上的生活嗎？你們怎樣總結這一生活呢？』那時人們便可以默默地遞過《堂・吉訶德》去，說『這就是我給生活作的總結，你難道能因為這個責備我嗎？』」惺惺惜惺惺，創造精神典型的大作家之間是「心有靈犀一點通」的。他們正是從「到了地球的盡頭」的整個人類史的宏觀角度，從精神與物質、主觀與客觀、幻想與現實這個根本性的哲學問題出發，對人類在地球上的生活作了根本性的總結，對人們進行根本的精神啟蒙。這正是哈姆雷特、堂・吉訶德、奧勃洛摩夫、高略德金和阿Q等精神典型根本的相通點。魯迅從創造阿Q這個精神典型，到後期寫阿金這個蒙昧顢頇的娘姨形象，都是從根本點上總結中國人的生存方式，啟悟他所摯愛的中華民族從精神幻覺的迷夢中覺醒，掙脫出「瞞和騙的大澤」，敢於正視人生，正視面臨的物質實境。這恰恰是一種最深刻最根本的精神啟蒙。

（四）哲理性精神病態與生理性精神病態

有的研究者，把阿Q定為輕度精神病患者，不久就有人提出異議，認為這種觀點實質上否定了阿Q性格分裂所產生的審美價值。

提出的異議是中肯的。與阿Q類似的精神典型，從生理上說都是正常、健康的，並非精神病患者。哈姆雷特是裝瘋，如果真的瘋了，那麼全部戲劇都失去了意義。其實他不僅生理上沒有瘋病，而且神志健旺，才華橫溢，不愧為一位思想家與雄辯家。堂・吉訶德雖然被周圍人們看作「瘋子」，甚至被他忠實的侍從桑丘看成「頭腦有毛病」，然而在他向大家發了一通高論之後，在場的人又覺得「他對各種問題都識見高明、思路清楚」，生理上很正常、健全。即便是這位「哭喪著臉的騎士」本人，也並不認為自己是真瘋，不過是學古代騎士的瘋樣做戲罷了，因為他對桑丘說過：如果得不到心上人杜爾西內婭小姐的回信，「就要當真的發瘋了」。至於奧勃洛摩夫，生理上就更不瘋癲了：「他並不比別人愚蠢，他的心地像玻璃一樣明亮、潔淨，而且高尚、親切。」「他上過學，見過世面，……」「對於理解高尚思想的樂趣，對於全人類的苦難，也並不隔膜。」高略德金呢，杜勃羅留波夫作過這樣的分析：「這個人為什麼不發瘋？只要他還是信守這與世無爭的道理……那麼這個人就可以繼續在先前的知足和平靜之中過日子了。可是事情卻不是這樣：有一種什麼東西從靈魂深處上升了，表現為最陰沉的抗議，只有陰沉的抗議才是這位沒有多大能耐的高略德金先生能夠做到的，——這就是瘋狂……」這就是說高略德金平時是並不瘋狂的，只是「陰沉的抗議」無可壓抑地表現出來時才瘋狂了。然而也正由於這點，這個典型形象的哲理意味大大削減了。最後分析我們的阿Q，他生理上也是健全的，不僅「割麥便割麥，舂米便舂米，撐船便撐船」，「真能做！」而且從思維到語言也都與常人一樣，膽子還很小，參與行竊「不但不能上牆，並且不能進洞，只站在洞外接東西」，「裡面大嚷起來，他便趕緊跑」。

那麼，這些人物是否完全健康，沒有病態呢？不是的。如果這樣，這些人物同樣沒有意義了。他們是有精神病態，不過不是生理性的，而是哲理性的，是在精神與物質、主觀與客觀、幻想與現實的哲理關係上陷於病態。

同是哲理性精神病態，具體的心理趨向又有所不同。堂・吉訶德是主觀冒進型的精神病態，正如魯迅所分析的：本已不是那麼古氣盎然的時候了，卻「偏要行古代遊俠之道，執迷不悟，終於困苦而死」。他的精神病態，不在於「立志去打不平」的動機，而在於「打法」，在於「不識時務」。當主觀精神與客觀現實完全不符合時，還偏要「在黑夜裡仗著寶劍的風車開仗」，結果顛連困苦，是「十分老實的書呆子」，犯的是思想落後於時代而又主觀盲動的錯誤。從哈姆雷特到阿Q，卻屬於內心退縮型的精神病態。哈姆雷特的悲劇，如歌德所說，是「一件偉大的事業擔負在一個不能勝任的人的身上」。也如別林斯基所說：「哈姆雷特的分裂是通過認識責任後的軟弱來表現的」。於是只能退縮到內心去，陷於憂鬱與躊躇的精神病態。奧勃洛摩夫明白無誤地「總喜歡退隱到內心深處，生活在自己所創造的世界裡」。岡察洛夫借希托爾茲的心理獨白明確指出：「這一個奧勃洛摩夫的問題，對他來說，比哈姆雷特的問題還更為深奧」。這說明岡察洛夫創造奧勃洛摩夫這個精神典型的時候，自覺繼承了莎士比亞創造哈姆雷特的藝術經驗，並且更加深入地刻畫了人物的內心退縮型精神病態，以更加濃重的筆墨描繪人物蜷縮於幻覺中的精神活動。高略德金也是退縮進純精神領域裡：裝模作樣地定購自己根本無力購買的高級商品，把所有的大鈔換成小票，以便使錢夾子鼓得高高……在自己虛構的自尊自勝的幻影中尋求自我安慰。阿Q的內心退縮型精神病態比以上人物更加鮮明、集中。魯迅以簡勁奇拔之筆力，將這種精神病態寫得極為活脫、透闢，以至要挨洋鬼子棒打的時候，阿Q就「趕緊抽緊筋骨，聳了肩膀等候著」，退縮到無以復加的地步。挨打後反依靠「忘卻」這祖傳寶貝的效力而覺得輕鬆些，將這種精神病態寫到了極致。這種內心退縮型精神病態在人類社會是很普遍的。恩格斯說過：「在各階級中必然有一些人，他們既然對物質上的解放感到絕望，就去追尋精神上的解放來代替，就去追尋思想上的安慰，以擺脫完全絕望的處境……幾乎用不著說明，在追求這種思想上的安慰，設法從外在世界遁入內在世界的人中，大多數必然是奴隸」。魯迅畢生都在批判這種內心退縮型的奴隸性精神病態。

這些人物的哲理性精神病態，還表現為「自我意象」的荒謬性。美國著名整形外科醫生和心理學家馬克斯威爾・瑪律茲，通過幾十年臨床實踐和理論研究，發現改變一個人醜陋的面容往往能使他的個性發生突然的、戲劇性的巨變；但也有不少病例在患者手術後仍然有自卑情緒，好像他們還是生著一副醜陋的面孔一樣。這使他受到了啟發，從中發現了人外在的肉體形象與內在的「自我意象」之間的特殊關係，覺察到「肉體形象的改觀本身並不是改變個性的真正關鍵」，而「自我意象」這副「非肉體的個性的面孔」才是「改變個性的關鍵」，從而建立了一門新的學科理論——自我意象心理學。「自我意象」所指的是自己對自己的一種認識和評估，瑪律茲將它形象地比喻為每個人心中的一幅「心理藍圖」、一幀「自我肖像」。在人心靈眼睛裡的這幅「藍圖」和「肖像」，對人思想、情感、行為、舉止的影響是很大的。準確的、適當的自我意象，可以增強自我信念，使你增添新的才華和新的活力，擴展自身的潛在領域，發揮蘊含的潛在力量，去戰勝困難，奪取勝利。不適當的自我意象，則會使人陷入盲目性：把自己的「圖像」看得完美無缺，會躊躇滿志；看得醜陋不堪，會自卑自賤。堂・吉訶德把自己的「圖像」看得無比崇高，自命為當世英雄，立志打抱不平，於是「只落得鬧了許多笑話，吃了許多苦頭，終於上個大當，受了重傷，狼狽回來，死在家裡，臨死才知道自己不過是一個平常人，並不是什麼大俠客」。而阿Q則是毫無確定的「自我意象」，忽而妄自尊大，忽而自卑自賤，這全是沒有評判事物的客觀標準、唯求心靈愉悅和精神勝利所致。魯迅在回顧自己辦《新生》雜誌的失敗結局時說過：「這經驗使我反省，看見自己了：就是我決不是一個振臂一呼應者雲集的英雄」。「看見自己」，就是從自命英雄或自甘卑賤的精神幻覺中清醒過來，樹立正確的「自我意象」。而做到「看見自己」絕非易事，一位名叫勃恩斯的詩人就寫過這樣的警拔的詩句：「啊！我多麼希望有什麼神明能賜我們一種才能，可使我們能以別人的眼光來審查自我」。堂・吉訶德是臨死才「看見自己」的，阿Q則是至死都沒看見，混沌一片。這種「自我意象」的荒謬與混沌，實質上也是主觀與客觀不一致的精神幻覺所致，屬於哲理性的精神病態。患生理性精神病態的人是少數，醫治這種病是醫學家的任務。患哲理性或心理性精神病態的人卻相當普遍，很多人終生不悟。療救這種精神病態，對廣大人民進行精神啟蒙，則是思想家、文學家和心理學家的職責了。

不僅不能把主人公寫成生理上的精神病患者，而且從倫理道德說，不能寫成壞人或惡人，而要寫成令人同情的善良的人。哈姆雷特、堂·吉訶德、奧勃洛摩夫、高略德金以及阿Q，全是陷入哲理性精神病態的善良人們，令人深為同情。因為創造精神典型的作家，在這一點上是與魯迅相通的：小說的「取材，多採自病態社會的不幸的人們中，意思是揭出痛苦，引起療救的注意」。賽凡提斯在《堂·吉訶德》裡借主人公的口說：「喜劇依照（羅馬作家）西賽羅的意見應該是人生的一面鏡子、世態的一副模樣、真理的一種表現」。莎士比亞同樣借哈姆雷特的口說：演戲的目的是「給自然照一面鏡子；給德行看一看自己的面貌，給荒唐看一看自己的姿態，給時代和社會看一看自己的形象和印記」。只有寫出生理上健全而又令人同情的善良人們的哲理性精神病態，才可能起到這種「鏡子」一般的諷世作用，也才可能使讀者在產生同情感當中將注意力集中在精神與物質、主觀與客觀、幻想與現實這個哲學根柢上，受到根本性的精神啟蒙，啟悟人們從精神幻覺的迷夢中覺醒。否則，如果寫成瘋子或惡人、小丑，就會使精神典型失去應有的審美價值與認識價值，失去精神啟蒙的嚴肅性質。這也正是魯迅為什麼把阿Q寫成一個令人憐憫的落後農民形象的主要原因。

當然，精神典型也並非都是病態、在精神與物質關係上存在誤差的。與堂·吉訶德、阿Q這類病態的消極性、諷喻性精神典型不同，浮士德就是健康的，是一種積極性、頌譽性精神典型，表現了一種在物質世界面前自強不息、精進不懈的精神。而但丁《神曲》中的「我」，也屬於這類精神典型，表現了新舊交替時代的一種克服惰性、以堅強的意志戰勝迷惘和苦難，達到真理和至善境界的新型人文精神。尼采的《查拉圖斯特拉如是說》中的主人公，實質同樣是一種精神典型，表現了一種極大發揮人的潛能的衝創型的「超人」精神。尼采對許多世界文化名人的深刻影響，實質上並不是一種具體的學術傳授，而是一種抽象的精神傳感，所以在不同時代不同社會不同階級的人物身上往往會產生完全不同的具體效果。

或者以一種哲理性精神病態的諷喻性典型形象，從消極方面啟悟人，教育人；或者以另一種健康的頌譽性典型形象，從積極方面激勵人，感化人——正是精神典型社會教育功能的兩個方面。

（五）精神高於性格

杜勃羅留波夫在《什麼是奧勃洛摩夫性格？》中，把羅亭等「多餘的人」與奧勃洛摩夫列為同一個典型系列，而奧勃洛摩夫是帶總結性的、最成功的。

是的，在這個「多餘的人」的典型系列裡，只有奧勃洛摩夫達到精神典型的境界。

就以屠格涅夫筆下的羅亭作對比來說，羅亭的確如克魯泡特金所說，「得到這種典型的人物的完全的藝術表現」，成功地塑造了一種羅亭型的「沒有行動，只有空言」的典型性格。這種典型性格，與莫里哀筆下的慳吝人不同，不是無論對待什麼人、在什麼情境下都一味「慳吝」的單一的類型性格，而是活生生的、具有多種熱情、多種多樣性格的藝術典型。他是一個浪漫主義者，一個不切實際而又沒有行動能力的人；但是又醉心於公眾的利益，不倦地工作，甘於犧牲，為自己的思想而活著。他在愛情面前只是退縮，甘心「屈服」，顯得性格軟弱；然而卻正直而不自私，強調自尊自愛，熱愛真理，漂泊天涯，最後在巴黎工人起義的巷戰中付出了生命，思想境界遠遠高於胸無壯志、只講實際的列日涅夫。他確實稱得是一個精緻、豐滿、真實的藝術典型。

不過，羅亭無論如何都算不上是精神典型。

為什麼呢？與岡察洛夫筆下的奧勃洛摩夫相比就可以看出差別。岡察洛夫極其細緻、深入地描繪了奧勃洛摩夫的精神活動，甚至不惜以整整一章的長篇文字寫「奧勃洛摩夫的夢」，寫他的幻象境界。這種冗長寫法的確使許多讀者認為是個缺點，然而卻也正是一個特點，如杜勃羅留波夫所說：「岡察洛夫才能底最強有力的一面，就在於他善於把握對象底完整形象善於把這形象加以鍛鍊，加以雕塑。這就是他所以特別不同於同時代俄羅斯作家的地方。」如果奧勃洛摩夫這個題材「落到別的作家身上，就會把它寫成另外一副樣子了：他可能把它寫成五十來頁輕鬆而又賞心娛目的文字，可能把它創作成可愛的笑劇，把他的賴漢可能嘲笑一通，可能讚美一陣奧爾迦與斯托爾茲，於是事情就這樣完結了。這樣的故事無論如何是不會使人厭煩的，雖然它並沒有什麼特別的藝術意義。可是岡察洛夫卻用另外一種方法來進行這個工作。」這另外一種方法，從杜勃羅留波夫的論述中可以歸納為如下三點：（1）究根究底地找出眼前現象的原因，把包圍著現象的一切關聯都詳細而清晰地並且凸出如浮雕地傳達和描寫出來，「努力把一種在他面前閃過去的偶然的形象提高到典型的地位，賦予它普遍而又持久的意義。」（2）「將自己靈魂裡的內在世界跟外部現象的世界交融在一起，能夠通過統治著他們的精神的三棱鏡來觀察全部生活和自然。」（3）不是如有些藝術家那樣使一切東西都受造型美的感覺支配，迷離於某一對象的一方面或某一事件的一個瞬間，而是把這一對象轉來轉去，從四面八方來觀察，期待這一現象所有的瞬間的完全顯現，然後才從事藝術加工。

岡察洛夫所運用的這另外一種方法，正是有別於屠格涅夫的塑造精神典型的方法。一言以蔽之，屠格涅夫運用的是一種性格造型式的浮雕藝術，岡察洛夫運用的則是一種精神開掘式的空鏤藝術。無論是羅亭的「沒有行動，只有空言」的性格，還是奧勃洛摩夫的懶惰和冷淡，都產生於脫離物質實境、向內心世界退縮的精神根柢。屠格涅夫沒有揭示出這個根柢，岡察洛夫卻特別強有力地深掘出來並且凸出如空鏤地傳達和描寫出來了，因此，奧勃洛摩夫這個典型特別具有精神意蘊。

拿莎士比亞的《哈姆雷特》與可能是該劇題材來源的最初藍本進行對照，也可以看出精神典型與一般性格典型的差異。莎士比亞寫作《哈姆雷特》以前，遠在一五八九年左右，倫敦舞臺上出現過一個用同故事作為題材的悲劇。這個劇本早已失傳，可是十八世紀在德國發現的德文劇本「殺兄受懲記，一名丹麥王子哈姆雷特」手抄本，據推測可能是根據它修改和縮寫而成的。從這個手抄本看出，最初的關於哈姆雷特的悲劇不過是一出普通的復仇劇，哈姆雷特裝瘋一點也不像，所謂「極大憂鬱」僅是一句空話。而莎士比亞卻把這出普通的復仇劇點化成了偉大的社會悲劇，其關鍵就在於使哈姆雷特的報仇行動有了延宕，對現實的認識和感受極其深刻的莎士比亞，使哈姆雷特說出了那些非常像瘋話的痛心話，給他的「極大憂鬱」注入了極為深厚的社會內容與精神意蘊，深入揭示了他意志薄弱、脫離物質實境、向內心世界退縮的精神根柢，所以才創造出了哈姆雷特這樣一個「不囿於一代而照百世」（本・瓊孫語）的不朽的精神典型。

《阿Q正傳》這個題材如果落到別的作家身上，也會寫成另外一副樣子，可能寫成輕鬆而又賞心娛目的文字，可能創作成可愛的笑劇，把阿Q當作無賴漢嘲笑一通，正如魯迅所擔心過的：「將只剩了滑稽」。結果不可能有任何意義。三〇年代，上海曾有一部笑劇《王先生的祕密》哄動一時，有人稱王先生為都市的阿Q。當時就有人撰文尖銳指出：王先生只是「一個小丑，不是某個時代或某個社會的典型。《王先生的祕密》只有趣味性，沒有阿Q精神，當然王先生不是阿Q。」魯迅寫阿Q與岡察洛夫寫奧勃洛摩夫有相通處，絕不是表面化地描寫阿Q的可笑言行，而是窮根究底地找出這種可笑言行的精神現象，明確概括為：「精神上的勝利法」，詳細而清晰地並且凸出如空鏤地傳達和描寫出來，使之昇華到精神典型的境界。魯迅創造精神典型的意識的確較之前人更為自覺、明朗了。

蘇雪林在《〈阿Q正傳〉及魯迅創作的藝術》一文中，說阿Q可以和英國梅台斯（今譯梅瑞狄斯）的《自私者》（今譯《利己主義者》中的威羅比（今譯威洛比）先生「一併流傳」。梅瑞狄斯在這部小說中虛構了另一本名叫《利己主義》的宏偉巨著，記載著利己主義的全部原則，主人公威洛比的一切言行和性格都從這些原則出發，受利己主義精神的主宰。這也是精神高於性格的例證。不過，這部小說文體晦澀，全書都是大謎語，因而不易為讀者接受，人物精神也未能寫透，所以其價值無法與《哈姆雷特》、《堂・吉訶德》、《奧勃洛摩夫》和《阿Q正傳》相比擬了。

黑格爾在《精神現象學》中把浮士德式的追求快樂的精神、堂・吉訶德式的改革家精神以及狄德羅《拉摩的侄兒》中所描寫的分裂精神放在人類精神現象史的範疇中進行分析，而一般性的人物性格卻難於上升到精神現象史的境界。拉摩的侄兒屬於一種運用辯證方法塑造的高傲和卑鄙、才智和愚蠢相混合的精神典型，受到從黑格爾到馬克思、恩格斯等大思想家的高度評價，認為是無與倫比的傑作。但是可能由於文學形象性較差，對話體的寫法不適合多民族的欣賞趣味，所以沒有像堂・吉訶德等人物那樣普及。黑格爾還把人類的藝術品分為「抽象的藝術品」、

「有生命的藝術品」和「精神的藝術品」三種。黑格爾認為「抽象的藝術品」「還不是一種本質上採取人的形式的存在」，僅是具有人的外形的神像。到「有生命的藝術品」階段，人們對英雄人物的崇拜，還停留在直觀的、感性的階段，或者說，還只是直覺到這些人物的偉大、堅強和美麗。對於這些人物的內心世界以及他們與周圍人事的複雜關係，他們的歷史地位和意義，還來不及思索和消化。因此，還不可能立即把這一切都藝術地再創造出來。而「精神的藝術品」才是真正的高級的藝術品，是在更深的意蘊上和更廣闊的歷史背景上，去認識、把握和表現上述人物及其複雜的社會關係。這種真正意蘊豐富、深刻的精神藝術品，具有永恆的魅力和價值，凝結和積澱了某一民族精神。黑格爾指出：「對民族精神自身加以純粹直觀，所看見的就是**普遍人性**。」

類型化和概念化的作品，可以看作是黑格爾所說的「抽象的藝術品」；塑造了一般性藝術典型的作品，可以看作「有生命的藝術品」；而創造了最成功的藝術典型、其中包括精神典型的作品，則可以看作「精神的藝術品」。因為精神典型不僅反映了飲食男女這種人類共性，更本質的是深入到精神與物質、主觀與客觀、幻想與現實這個人人面臨的哲學根柢中去，表現了人們在這一哲學根柢上的種種精神狀態，因而必然具有極大的普遍性。以至屠格涅夫在著名論文《哈姆雷特與堂·吉訶德》中說：「所有的人都或多或少地屬於這兩個典型中的一個，我們幾乎每一個人或者接近堂·吉訶德，或者接近哈姆雷特。」海涅在《莎士比亞的少女和婦人》中說：「我們認識這個哈姆雷特，好像我們認識我們自己的面孔，我們經常在鏡子裡看到他，但他卻並不如人們所相信的那樣為我們所認識。」阿Q也是這樣，茅盾說：「讀這篇小說的時候，總覺得阿Q這人很是面熟。」涵廬（高一涵）也生動地形容了《阿Q正傳》剛發表時許多人疑神疑鬼、以為在罵自己的情景。不僅中國人有這種感覺，外國人對阿Q也很面熟。印度作家班納吉說：「阿Q的特質，他的心理狀態，他對自己和別人的鄙視，他對於損傷他的事物的輕易忘懷，他用來安慰自己失敗的『精神勝利法』，都是被奴役過的國民所共有的。阿Q只是名字是中國的，這個人物我們在印度也看到過。」印尼作家普拉姆迪亞·阿南達·杜爾說：「阿Q的情況是我們自己一般人的情況」，魯迅的偉大，「是在於他能夠使我們認識到阿Q的情況——我們的情況——和帶領我們努力擺脫這種情況，甚至為我們的弟妹和子孫，在地球上，現在、將來和永遠地消除這種情況」。瓜地馬拉作家米蓋爾・安赫爾・阿里德里亞斯說：美洲的許多民族也都有精神勝利法，這「在我們對壓迫者進行鬥爭的時候，只能妨礙我們看清楚我們的處境，所以現在是應該把它拋棄的時候了」。之所以出現這種情況，就在於不論哪個階級、哪個國度的人們，都無法脫開精神與物質、主觀與客觀、幻想與現實這個哲學根柢，都或多或少有所錯覺和誤差。也正因為如此，精神典型作為一個處於一定階級地位的活生生的具體人物，又具有反映某種人類精神特徵的普遍性。還是因為如此，精神典型對人類精神產生特別深刻的影響，令研究者爭論不休，歧說紛紜，有永遠挖掘不盡的精神意蘊。

何其芳的「共名說」，試圖從語義學的角度解決具體人物與普遍精神的矛盾，取得了表層意義的效果，卻未能抓住根柢，結果難免被人攻其破綻。因為精神根源於物質，不同的精神根源只能從不同的物質條件和社會關係中去尋找。哈姆雷特的躊躇精神，根源於十七世紀封建制度與新興資本主義之間的矛盾，反映了那個懷疑與沉思的時代裡新興資產階級的軟弱性。堂・吉訶德的主觀盲目性，則反映了新舊交替時代迷戀騎士制度的舊紳士階級的落伍。奧勃洛摩夫的懶惰與冷漠，表現了俄國農奴制度崩潰前夕地主階級的垂死與末落。阿Q的精神勝利法，恰恰是辛亥革命前後中國落後農民缺乏覺悟、愚昧、顢頇的精神寫照，也是一八四〇年鴉片戰爭以後中國被帝國主義列強打開大門、淪為半封建半殖民地，因而出現的一種失敗主義、奴才主義的社會心理，同時也反映了不從上帝或神那裡求福、也不求來世幸運而是退縮到內心去求得虛假勝利的中國道家文化心理特點。魯迅一再批判的講究「面子」這一中國精神的綱領，其實也是中國式的陷於精神幻覺、尋求虛假勝利的突出表現。當然，「奧勃洛摩夫不僅是地主，而且是農民，不僅是農民，而且是知識份子，不僅是知識份子，而且是工人和共產黨員。」我們每個人身上都或多或少有哈姆雷特、堂・吉訶德、奧勃洛摩夫或阿Q的影子。但是這僅是指在精神與物質、主觀與客觀、幻想與現實這個哲學根柢上的錯覺與誤差而言，具體的表現形態卻要相差十萬八千里了。同是精神勝利法，在阿Q與趙太爺身上就反映出完全不同的階級內容與階級本質。脫離具體時代、具體階級、具體物質實境和具體社會關係的超越一切的抽象精神是不存在的。脫離具體歷史環境和具體階級內容，僅從語義學上找所謂「共名」，確實難免要被人說成是抽象的人性論。由此推而廣之，僅從生物學與心理學的角度，分析阿Q精神勝利法的哲理與心理內涵，忽視具體的社會歷史環境與階級內容，也是易入誤區的。恰當的方法是從具體的社會歷史環境與階級內容出發，逐步上升到對人類普遍精神的分析。

然而，如果僵死地拘泥於某種精神產生的具體歷史環境與特定階級範疇，而忽視它的普遍性，同樣也不可能解決具體人物與普遍精神的矛盾，甚至可能鑽進更深的死胡同。

採取第三條思路，採用從外向內「寄植」精神的說法，也只能是本末倒置，因為精神是人所內在固有的，游離於人這一高度發展的物質實體的任何精神都是不存在的。

精神是人的靈魂，是人的性格系統的核心與主導。只有採取從人物形象與性格系統中提取精神特徵的思路，才可能有效地解決具體人物與普遍精神的矛盾。當然，精神典型必須具有豐富的多方面的典型性格。阿Q的主要精神特徵是精神勝利法，但是絕不僅限於此，如果只孤立地提取精神勝利法這一個主要特徵而忽視了整個性格系統與社會歷史背景，將不可能全面理解阿Q的典型性，阿Q就會從一個活生生的具體人物變成蒼白、無生命力的僵死概念。然而倘若將阿Q的性格系統從質樸愚昧到自輕自賤論得面面俱到，而唯獨忽略了精神，就只能失去主腦。因為：精神高於性格。

（六）精神變形與藝術變形

那麼，是否只有精神典型才算是最成功的藝術典型，或者最成功的藝術典型只限於精神典型呢？

顯然不是的。最明顯的實例就是列夫·托爾斯泰所創造的一系列藝術典型。這位世界上最偉大的小說家塑造的安娜、列文、彼埃爾、娜塔沙等豐滿、深刻的典型人物，都屬最成功的藝術典型之列，然而卻都不能算是精神典型。

最主要的原因前文已經說過，因為托爾斯泰或屠格涅夫等一般類型小說描繪的重心是主人公的生平經歷、性格發展，而不像陀思妥耶夫斯基等人的作品那樣描繪的重心是左右著主人公的那個思想，亦即具體人物本身所具有的心靈深處的思想活動和精神現象。當然，托爾斯泰等作家的作品有大量的篇幅細緻描寫人物的心理活動，《戰爭與和平》裡寫過彼埃爾和普拉東等人物的哲理思考，《安娜・卡列尼娜》結尾處有列文對宇宙本源的哲學疑問，《復活》更充滿了哲理議論，然而描繪的重心終歸是人的生平經歷，而不是精神現象；是一種性格造型式的浮雕藝術，而不是一種精神開掘式的空鏤藝術。

另外一個突出的原因就是維柯在《新科學》中所說的「變形」：「詩的奇形怪物（monsters）和變形（metamorphoses）起於這種原始人性中的一種必要，即沒有把形式或特性從主體中抽象出來的能力。按照他們的邏輯，他們須把一些主體擺在一起，才能把這些主體的各種形式擺在一起，或是毀掉一個主體，才能把這個主體的首要形式和強加於和它相反的形式離開來。把這種相反的觀念擺在一起就造出詩的奇形怪物。」人類藝術也是螺旋型上升的，原始文化中處於粗陋狀態的變形藝術，後來卻在高級的精神藝術品中出現了。不過，並不是沒有把形式或特性從主體中抽象出來的能力，而是恰恰相反，這種能力達到了極其高超的程度，以至於能夠把某種精神特性從人物主體中抽象出來，上升到一種奇形怪物的詩與哲學交融的境界。這樣就造成精神典型與其他藝術典型的另一區別：托爾斯泰、屠格涅夫等人的小說是一種莊重的正劇，是用正規的手法雕塑莊正的人物典型形象；而陀思妥耶夫斯基等人卻是採取變形的藝術手法凸現主人公變形的精神。

這種精神變形與藝術變形的特徵主要表現在以下六個方面：

人物變形。陀思妥耶夫斯基等作家往往選擇「荒唐人」作主人公，陀氏筆下的高略德金以及梅思金、拉斯柯爾尼科夫、伊萬・卡拉馬佐夫等人物，總有「一些可笑的地方」，陀氏甚至認為人沒有一點怪僻就毫無價值。而賽凡提斯筆下的堂・吉訶德，莎士比亞筆下的哈姆雷特，岡察洛夫筆下的奧勃洛摩夫以及魯迅筆下的阿Q等，也都無不有些荒唐、可笑。這是由於作家採取特殊手法把人物身上某種看似怪僻實質包含深厚意蘊的精神特徵誇大、變形，漫畫化，而且虛幻化了，不是過實、過細的工筆畫，而是大寫意的哲理漫畫。

觀念變形。陀氏等作家不僅選擇「荒唐人」作主人公，而且著重描繪這些「荒唐人」的有違常規的不正常的思想觀念與精神現象。例如堂・吉訶德的主觀主義到了怪誕的程度，阿Q的精神勝利法充滿了荒謬性。實質上，這種不正常的思想觀念與精神現象在人們頭腦中是很普遍的，只是程度有所不同，或者只是偶發性的，因而往往是無意識、不自覺的。陀氏等作家卻把這種不正常的思想觀念與精神現象，這種在精神與物質、主觀與客觀、幻想與現實這一哲學根柢上的錯覺與誤差凸現了出來，上升到一種變形的詩學境界，從而使人們警覺、自省，療救自我的精神病態。

情節變形。為了凸現這些人物在精神與物質、主觀與客觀、幻想與現實這一哲學根柢上的錯覺與誤差，作家往往故意虛構一些看似荒唐可笑實質蘊涵深厚的情節。例如堂・吉訶德大戰風車，凸現了人物的主觀盲目性。阿Q與王胡比捉蝨子，凸現了人物泯滅美醜界限、一味追求虛假勝利的精神特徵。作家選擇細節、編織情節時，往往不追求表面的熱烈與驚險、曲折，而是力求反映人物的精神特徵與心理機制。如魯迅所說的那樣：「特別一提就動人。」使情節的單純性、奇特性與意蘊的深厚性、雋永性相統一。

意象變形。從《哈姆雷特》到《阿Q正傳》，特別是陀思妥耶夫斯基的作品，反覆出現的意象是瘋狂、疾病、身體的殘缺或毒瘡惡瘤等，充滿陰冷、森嚴、恐怖的意象與氛圍。

結構變形。為了凸現「荒唐人」反常的精神特徵，適合變形情節需要，作品結構也違反一般常規，出現了變形：《哈姆雷特》為了凸現主人公的憂鬱與躊躇，在戲劇結構中有意進行了延宕，延遲衝突高潮的到來；《奧勃洛摩夫》在整整第一部裡竟一直讓主人公躺在沙發上，以凸現他的惰性。《阿Q正傳》前四章集中筆力刻畫阿Q精神勝利法，待勾勒完畢才讓阿Q出走，發展故事。

語言變形。所有這些作品的語言都詼諧、詭譎，尖刻、幽默、超越一般語言規範。

美學變形。所有這些作品都具有悲喜劇交融的美學風格，悲中有喜，喜中有悲，令讀者發出含淚的微笑，於悲喜交集中獲得精神啟悟。

推而廣之，還有的人物朝著虛幻抽象直至神鬼妖魔的方向變形。魯迅說過：「縱使寫的是妖怪，孫悟空一個筋斗十萬八千里，豬八戒高老莊招親，在人類中也未必沒有誰和他們精神上相像。」從中國古典文學來看，接近精神典型的恐怕只有孫悟空（豬八戒是陪襯人物，暫不論究）。這個神話形象反映了人類的精神力量，在人間不能衝破封建禁錮，就到天上去大鬧天宮，在塵世不能實現的人類理想在神話世界充分兌現了。表現出人類精神終歸要認識和駕馭物質世界的必勝信心。而諸葛亮這個典型形象雖然成為「智慧」的代名詞，說明人的主觀精神只要認識與掌握客觀物質世界的規律，採取正確行動，就可以出奇制勝、化險為夷，然而終歸是過實、過正了，不具備精神典型應有的虛幻抽象的哲學意蘊。賈寶玉和林黛玉的「多所愛」與「多愁善感」作為一種性格特徵是很普遍的，但是到底沒有達到一種抽象、虛幻的精神境界，形象也是正規、精緻、具象的，沒有出現變形，所以只能屬於成功的藝術典型的一般範圍之內，不算是精神典型。

總之，並非所有成功的藝術典型都是精神典型。精神典型只是成功的藝術典型中的一種出現精神變形與藝術變形的分支與變異。

（七）創造精神典型的作家條件

什麼樣的作家才能夠創造出精神典型呢？

他們必須兼備大思想家、大學者、大作家三項條件，具有精神哲學與精神詩學交融的素質：既有深厚的生活積累，心中長期蘊育著人物的「影像」；又有長期的文化積澱與深邃的哲學頭腦，能夠將人物的某種精神特徵提煉、昇華到一種單純、透明、超越的哲學境界，並以一種獨特、怪僻的精神詩學的創造手法凸出如空鏤地傳達和描寫出來。

但是，如前所述，創造了安娜・卡列尼娜、彼埃爾、列文等成功的藝術典型的托爾斯泰，不也兼備大思想家、大學者、大作家三項條件嗎，為什麼沒有創造出精神典型呢？

這裡主要的內在原因在於：變異。如精神典型是成功的藝術典型中的一種出現精神變形與藝術變形的分支與變異一樣，創造精神典型的作家也是在巨大的精神痛苦的煉獄中出現了特殊的精神變異，是從天才人物中變異出的一種特殊的「鬼才」。

黑格爾在《精神現象學》中對所謂「苦惱意識」進行過極其深刻的分析。他認為在奴隸主統治日益腐朽的歷史時期，巨大的精神痛苦在自由民和在野貴族等不得勢的知識階層發生了。這種巨大的精神痛苦以及懷有這種痛苦的人，黑格爾統稱之為「苦惱意識」。「苦惱意識」者由於太清醒，太有思想了，以至於看破紅塵，厭倦現實的一切，甚至只看歷史的否定方面，因而愈發感到苦惱。然而在這種苦惱過程中，知識、思想和智慧也逐步昇華，從而產生創造性的精神作品。黑格爾高度重視苦惱意識，把苦惱意識放在人類精神發展的很高層次上加以考察，認為作為觀察、認識和顯現世界整體的三種思維形式即藝術、宗教和哲學，其中每一部震撼人世的作品和理論體系的產生，都無不包含著深沉的苦惱意識的背景。從文藝復興以來，可以說每一部傑作都蘊含著深深的苦難和磨礪。創造這些傑作的天才們，都是在深沉痛苦和生死磨難的沃土中成長起來的。而創造精神典型的偉大作家們，正是這種「苦惱意識」的最突出的代表。賽凡提斯屢陷囹圄，歷盡磨難，《堂・吉訶德》所寫的俘虜的經歷，就是他自己的親身體驗。陀思妥耶夫斯基十六歲死去母親，家庭徹底崩潰。兩年後，性格冷酷、脾氣暴戾的父親也遇害了。成年後，差點兒在沙皇的刑場上被處死刑，赦免後流放到西伯利亞，在死屋裡度過了五年苦役生活。歸來後始終受著癲癇病和貧困的威脅。魯迅也是這樣，少年時家庭突遭變故，到親戚家避難，被譏為「乞食者」。以後是父親的病和死，受盡侮蔑和刺傷，「從小康人家而墜入困頓」的「途路中」，「看見世人的面目」，被迫「走異路，逃異地，去尋求別樣的人們」，飽嚐民族欺侮，決心棄醫從文，以文藝這「善於改變精神」的藥劑，救治本民族久受奴役的麻痹精神。接著是不幸的婚姻，過著「古寺僧人」的生活，靠高強度的精神勞動——不停地讀書、思考、寫作和抽煙，度過那漫漫長夜。這些創造精神典型的大作家們就是在這種精神痛苦的煉獄中出現了特殊的精神變異，鍛造成一種特異的「鬼才」。

這種變異使他們特別偏重於精神現象的探索。賽凡提斯深入研究了騎士小說對人們的精神毒害。陀思妥耶夫斯基身受宗教的精神束縛並把對宗教的精神分析融入自己的創作。魯迅青年時代就在人類精神的深刻探索者尼采影響下，對精神現象這種「人類生活之極顛」進行了極為深刻的研究，召喚「精神界之戰士」，投身於「善於改變精神」的文藝活動。以後抄錄《嵇康集》，研究佛教和道教，實質上也是潛心研究精神現象，尋找改變中國人精神的契機。從而發現：「中國根柢全在道教，此說近頗廣行。以此讀史，有多種問題可以迎刃而解。後以偶閱《通鑒》，乃悟中國人尚是食人民族，因成此篇。」即他的第一篇小說《狂人日記》。這篇小說中所說的「吃人」，實質是指人與人之間精神上的相吃。這種發現，關係甚大，影響極深。然而由於狂人形象含有借喻的性質，而且到底是最初之作，有些「逼促」，所以狂人形象未能達到精神典型的高度。就魯迅的全部小說創作來說，稱得上精神典型的，也只有一個阿Q。阿Q的精神勝利法，正是魯迅多年潛心研究道教這一中國根柢，長期深邃體悟中國人的精神現象，把握住了對中國人進行精神啟蒙的最佳契機。

在巨大的精神痛苦的煉獄中產生的精神變異，也使這些大作家們出現了一種狂誕情緒，以變異怪誕之筆，去寫變異的「荒唐人」的變異的非正常性思想活動與精神現象，塑造出令人警醒的精神典型。

這種在巨大痛苦中痛定思痛而產生的精神典型，必然內涵深厚，耐人尋味，含義多重，極難把握。

當然，這些作家所創造的藝術典型並不都是精神典型，但是他們對精神典型無疑是最重視的。陀思妥耶夫斯基說高略德金「在自己的社會重要性方面是一個偉大的典型」，「而這個典型是我第一個發現並將其表現出來的。」又說「高略德金高於《窮人》十倍以上」。還曾「聲明《兩重人格》的思想是他準備貫徹到自己的長期文學活動中的全部思想當中最嚴肅的思想之一。」《哈姆雷特》則是莎士比亞的中心作品，如赫爾岑所說「可以看作是他全部作品的典型。」《堂・吉訶德》、《奧勃洛摩夫》和《阿Q正傳》無疑是賽凡提斯、岡察洛夫和魯迅最重要的代表作。

創造精神典型的大作家，在世界文學史上也寥若晨星。而魯迅則以阿Q這個高難度、高深度的精神典型，無愧地列入世界第一流大作家之列。僅從這點來說，魯迅對中華民族的精神貢獻就是永遠不可磨滅的，就是中國最偉大最深刻的思想家與文學家。魯迅是永遠值得中國人民引以為自豪的。

阿Q等精神典型對中國當代文學影響深遠，一些作家立志繼承魯迅傳統，要寫所謂文化反思小說或文化尋根小說，然而結果並不理想。其主要原因在於當代大多數作家缺乏足夠的文化素養、理論功底和哲學頭腦，生活積累也不充分，尤其未曾經過精神大痛苦的磨難與鍛鍊，所以難於從活生生的具體人物身上提取某種精神特徵，昇華到一種單純、透明、超越的哲學境界。特別是前幾年，還原生活、消解典型的論調甚為流行，連一般的藝術典型都不要了，哪裡還談得上創造難度極高的精神典型呢！巨大的痛苦與磨礪乃是偉大作品問世的精神條件，種種反文化、反理性、拒絕艱苦勞動、急功近利的文化心理只能產生淺薄之作，只有克服這種心理，努力創造有理性、有功底、腳踏實地、埋頭苦幹、深刻扎實、冷靜睿智的精神氛圍，大大加強中國當代文學的哲理深度與精神深度，才能促使大作家大作品大藝術的誕生。

（八）結語

總之，阿Q典型性研究中的困惑，主要是阿Q作為特定階級的活生生人物的具體性與阿Q精神勝利法反映某種人類精神特徵的普遍性之間的矛盾。要解決這個矛盾，需要提出一個新的概念——精神典型。精神典型與「思想性的典型」不同，不是將某種精神從外向內地「寄植」於人物形象，而是從活生生的具體人物形象中提煉出一種帶普遍性的人類精神特徵，昇華到一種深刻、透明、超越的哲學境界。哈姆雷特、堂•吉訶德、奧勃洛摩夫、高略德金和阿Q以及浮士德等世界文學中的著名人物都屬於精神典型。精神與物質、主觀與客觀、幻想與現實的關係問題，是每個人都面臨的根本性的哲學問題，精神典型主要從各個不同角度反映了人們在精神幻覺與物質實境之間的種種狀態。處於錯覺與誤差狀態的，是一種哲理性精神病態，而不是生理性精神病態。患有這種精神病態的主人公，從倫理上說也是善良、引人同情的，只有這樣才能達到精神啟蒙的效果。同是哲理性精神病態，心理趨向又有所不同，堂・吉訶德屬於主觀冒進型精神病態，哈姆雷特、奧勃洛摩夫、高略德金和阿Q屬於內心退縮型精神病態。這類病態人物，是消極性、諷喻性精神典型。而在精神幻覺與物質實境之間處於健康狀態的浮士德等人物，則是積極性、頌譽性的精神典型，表現了一種人類面對物質世界自強不息、精進不懈的精神。精神高於性格，是人的靈魂，性格系統的核心與主導。將阿Q性格系統論得面面俱到，而忽視了精神勝利法，就失去了主腦。創造精神典型的作品，是黑格爾所說的「精神的藝術品」，意蘊豐富、深刻，積澱了某一民族精神，從中可以看見普遍人性，所以主人公才使人們感到似曾相識，對人類精神產生特別深刻的影響，令研究者爭論不休，歧說紛紜，有永遠挖掘不盡的精神意蘊。然而這種在精神與物質關係上所表現的人類普遍精神，在不同時代、不同條件、不同民族、不同階級的不同人物身上，又會有千差萬別、多種多樣的不同表現，包含不同的民族內容、階級性和社會內涵。脫離具體的社會歷史環境，單純從生物學與心理學的角度研究阿Q精神勝利法，可能進入誤區，正確的方法是從具體的社會歷史環境出發，逐步上升到對人類普遍精神的剖析。並非所有成功的文學典型都屬於精神典型。精神典型是成功的文學典型中的一種出現精神變形與藝術變形的分支與變異。創造精神典型的作家不僅兼備大思想家、大學者、大作家三項條件，而且在巨大的精神痛苦的煉獄中出現了特殊的精神變異，屬於在世界文學史上也寥若晨星的「鬼才」。

寫於一九九一年，刊載於《阿Q——七十年》，北京十月文藝出版社，一九九二年。

魯迅雜文與英國隨筆的比較研究
——兼論魯迅雜文在世界散文史上的地位

內容提要：

本文以英國隨筆的出現、發展為參照系，考察了魯迅雜文的文體特徵及其文學屬性，認為魯迅雜文與英國隨筆同是一種理論與文學雜交的變體形態與雜糅形式，是人類進入近代、自我意識覺醒時為了自如地表達對自身與世界的理解、自由地互相交流而採取的一種個性化的符號編碼方式與隨意性的文學寫作體例。這種隨意性的自由文體屬於文學中的亞類，其文學屬性主要表現為理趣，其文體特徵是：閒、隨、雜、散、曲。從魯迅最突出的才能特質來看，與其說是小說作家，毋寧說是隨筆作家更來得恰當。稱魯迅為世界散文史上的第一大家，當是沒有疑義的。

關鍵字：魯迅雜文、英國隨筆、世界散文史

（一）

魯迅雜文的文學屬性問題，是魯迅研究的學術疑難之一。長期以來，一些論者竭力排除魯迅雜文的文學屬性，將其拒之於文學殿堂之外，從而貶低了魯迅在世界文學史上的地位。因此，很多魯迅研究家一直都在殫精竭慮、苦心解疑，努力從「文藝性的論文」、「理論的形象化」、「理趣」、邏輯思維和形象思維的結合、「社會相」類型形象、「情、理、趣的融合」、情感態度、藝術特質、藝術構思等多種角度闡釋和概括魯迅雜文的文學屬性。經過幾代學者的探討，取得了很大進展。

但是，一種文體的出現與形成，絕非一個國度或民族獨具的孤立現象，而是內隱著深層的人類文化學機制，帶有人類的普遍規律。人類的一切表達形式、交流方式在文學當中無不可以找出自己相應的類別。文體的發生與演變折射著人的生活方式以及人對自身與世界的理解模式與表達手段。文學中的各種文體，說到底，是人類在各種環境中不同生存狀態的審美呈現，情感心態的表現形式，生命體驗的物化形態，為了以不同的方式表達和交流不同的思想情感而形成的不同的話語秩序與文本體式。所以，考察某種文體的屬性與特徵時，不能僅限於一個國度或民族的狹窄範圍，而應作一次人類學的回歸，在不同國度的文學比較、文體辨析中尋覓某種文體發生與發展、形成與演變的共性與差異，從文體發生學的人類學根源上闡釋、分析某種文體的屬性及其文化意味。只有這樣，才能從根本上解疑。

因此，對魯迅雜文文學屬性的考察，應該拓展視野、抓住根本，運用比較文學的方法，從不同國度相類似的雜文文體的比較研究中解決內含的學術疑難。

在世界散文史上，中國散文、英國隨筆、日本小品堪稱三座高峰。特別是英國隨筆，世所公認為英國文學的瑰寶，文學殿堂的珍品，文學屬性無可置疑。而排除魯迅雜文文學屬性的論者，又多是英國文學造詣頗深、非常推崇英國隨筆的人士。如果以英國隨筆這一文體出現、發展、形成、演變的歷史及其文學屬性、藝術特徵作為參照系，對魯迅雜文進行一番比較研究，將會是一件極有意義的工作，其論證也會富有無可辯駁的說服力。

當然，魯迅一再表示過：「英文的隨筆小說之流，我是外行，不能知道。」「我不解英文，所以於英文書店，不大知道。」他反對把中國的小品文寫成一種英國式的論文體。魯迅雜文與英國隨筆之間，的確沒有直接的淵源關係，不象梁實秋、林語堂、尤其是梁遇春的散文那樣，受到英國隨筆的明顯影響。因此，魯迅雜文與英國隨筆的比較研究，應是一種平行比較，不能牽強附會地發掘其中的影響。而這種平行比較，反倒更有益於發現雜文、隨筆這一類文體本身所具備的屬性、特徵及其形成規律。

為文的道理如同做人，儘管語言表達不同，文道都是相通的。法國比較文學著名學者艾金伯勒在其專著《比較文學中的危機》裡提出：比較文學就是「人文主義」，主張把各民族文學看作全人類共同的精神財富和相互依賴的整體，而比較文學正是促進人們相互理解、有利於人類團結進步的事業。他認為：「文學的比較研究，甚至那些相互之間沒有影響關係的文學的比較研究也會對當代藝術的復原作出貢獻。」例如關於毫無聯繫的詩的結構的比較分析就會幫助我們發現詩歌或小說本身必須具備的特性。美國比較文學著名學者韋勒克也認為比較文學是一種沒有語言、倫理和政治界限的文學研究；它的目的是從國際的角度來研究一切文學，因為一切文學創作和經驗都有統一的一面，因而存在著從國際角度來展望建立全球文學史和文學學術這一遙遠的理想。它的研究範圍既包含歷史上的淵源和影響，又包含「歷史上毫無關係的語言和風格方面的現象」。「研究中國、朝鮮、緬甸和波斯的敘事方法或抒情方式，同研究與東方的偶然接觸——如伏爾泰的《中國孤兒》——一樣名正言順。」

（二）

美國著名的文化人類學家萊斯利・懷特指出：「一切人類行為都是在符號使用中產生的。正是符號把我們的猿類祖先轉變成人，賦予他們以人性。只有通過使用符號，全部人類文明才得以產生並獲得永存。……一切人類行為皆由使用符號而構成，或依賴於它。人類的行為是符號行為；符號行為是屬人的行為。符號就是人性之全體。」以這種人類文化學的眼光觀察文學藝術史上的文體演變，就會得出這樣的看法：文體作為按照一定的話語秩序形成的文本體式，實質上是人類在一定的生存環境中為了表達對自身與世界的理解、互相進行交流，而從事的一種符號的編碼方法與體式。這種編碼活動，紮根於人類的生存環境和精神需求，蘊含豐富的文化意味，反映出作者獨特的精神結構、體驗方式、心理狀態、思維方法和其他社會內涵、時代精神。因而，特定文體編碼活動的最後操縱者，是所處時代的總體文化背景。一旦時代環境發生變化，既定的文體範型與語言體式就會與時代精神、社會心態失去對應性，產生矛盾與悖逆。於是，舊體難出新意，遁而作他體，文體的符號編碼活動就必然出現變革，產生新的文體範型與語言體式。

英國隨筆和魯迅所開創的中國現代雜文，都是各自歷史時代文化母體中孕育出的驕子。

英國早期散文受到古羅馬拉丁散文風格的重大影響，到了十六世紀，尚不能擺脫西塞羅式與色尼加式的古典模式，艱澀吃力、窮蹙緊迫，特別是大多英國散文家所學習的西塞羅式，講究對仗，雕琢音韻，「追求詞語過於內容」（培根語），完全不能適應實際表達的需要。造成這種文體現象的重要原因，是所處時代的總體文化背景。當時是封建貴族王朝統治，與中國的駢文相類似，這種講究對仗、音韻的古典模式，不過是對皇權阿諛奉承、獻媚取寵的手段，和貴婦小姐競相仿效的文字遊戲，並不旨在表達思想感情，因而這類文章的符號編碼活動就只能如後來一位隨筆家所說：「翻文字跟鬥……明明一個字能說清的事卻硬要用三個字！」

這時，一股清風吹進了英國散文文苑。十七世紀初，隨筆文體的鼻祖——蒙田的《Essais》被譯成英文，引入英國，衝擊了古羅馬拉丁散文的僵化模式，給英國散文注入了活力。這種活力，絕不僅僅表現在文體形式方面，最主要的是體現為一種自由人格，一種抒寫個性的人文主義思想。從一起始，隨筆這種自由文體就是作為人類自由思想的載體而出現的，是人類在自由的生存環境中自由表達自身感受與生命體驗的一種文學符號的編碼方式與話語體式。

英國第一個寫作隨筆的，是文藝復興時期著名思想家培根。一五九七年，即蒙田首次刊行《Essais》之後十七年，其英譯本問世之前六年，培根在英國第一次以《Essays》為書名出版了他的論說文集。培根的隨筆，探究人生，談論哲理，論證嚴密，簡約、雋永，但是由於官吏身分的束縛與思想、人格的侷限，使他並未能汲取蒙田的精髓，以開放、自適的文體從容表達坦誠、率真的思想。所以，有人不把培根當作英國隨筆的開山。

開英國社會批評隨筆先河的傑作，其實應是大詩人彌爾頓的《論出版自由》。此論氣格高邁，文字莊嚴，侃侃而談，雄辯有力，頗有雜文味道。這篇文章沒有出自散文家之手，而竟是一位詩人所作，也未見有什麼參照。透過這個現象，可以證實這樣的論點：不同的文體是人類在不同的生存環境中所採取的不同的表達方式與文本體式，具有詩人氣質與才情的人，在受壓迫而又不便直說的環境中以政論方式表達情感時，就可能賦予政論以詩的素質，採取一種政論與詩交融的變體形態與雜糅形式。

這種變體形態與雜糅形式要成氣候，造聲勢，就必須有物質載體與傳播工具——報刊。英國隨筆正是伴隨報刊文學的興起而盛行的。

一七〇四年，《魯賓遜漂流記》的作者、著名作家笛福創辦了英國近代第一份期刊《評論報》。此後，為適應資產階級啟蒙主義運動的需要，定期報刊如雨後春筍般湧現出來，其中最著名的是斯梯爾創辦的《閒話報》以及斯梯爾與艾狄生合辦的《旁觀者》報。報上的文章大多數是兩位辦報者寫的，艾狄生寫得多些，散文藝術也優於斯梯爾。他們就像在倫敦咖啡館裡與紳士們談閒天那樣，用悠閒的絮談筆法，冷眼觀潮的「旁觀者」身分，議論時事，評說社會，大到宇宙萬物，小至個人細節，無所不談，沒有顧忌。用艾狄生自己的話說，是要「使教育有趣，消遣有用」，「用才智活躍道德，用道德陶冶才智」，以議論為主，夾以寫人、敘事、繪景、抒情，使隨筆這一自由文體趨向成熟。因此，許多英國隨筆選本是以《閒話報》與《旁觀者》報上的文章為開端的。

不久，出現了一位繼往開來、起樞紐作用的大家——創作《格利佛遊記》、即《小人國與大人國》的斯威夫特。無論是在性格、氣質，還是在文學風格上，斯威夫特與魯迅這兩位不同國度、不同時代、相距甚遠的作家都息息相通，極為相近。五四時代由周作人翻譯的斯威夫特名篇《育嬰芻議》，針對愛爾蘭窮人兒女過多而又無力養育的迫切問題，模仿當時一些獻策者的口吻，溫文爾雅、娓娓動聽地提出了一個小小的建議：把愛爾蘭窮人的嬰孩兒，除「留種」者外，一律賣給英國地主貴婦做餐桌上的食物！文雅的外衣裏的竟是這樣無比殘酷的建議！這種驚世駭俗、極為厲害的反諷與冷嘲，從反面證明：愛爾蘭地主和他們的英國主子們是真正的「吃人」者！這和魯迅在《狂人日記》中把四千年歷史概括為「吃人」一樣，是作家對剝削制度進行長期深刻觀察之後，向剝削者發出的「誅心之論」。斯威夫特的《掃帚把上的沉思》、《各種題目隨想》等等，往往能夠從一件微不足道的小對象生發出一大篇富於哲理的議論，由小見大，詼諧、冷峻，頗有雜文味道。他的思想的尖銳性與藝術的高超性，在艾狄生之上，而直承彌爾頓《論出版自由》的優秀秉賦，進一步證實：這類尖銳、潑辣的雜文、隨筆，實在是兼備哲理與詩情的才人，在專制重壓下進行抗爭的文學變體。國度雖然不同，文道卻是相同的。所以，魯迅在《小雜感》中引用了英國哲學家約翰・穆勒的格言：「專制使人們變成冷嘲。」

十八世紀後半葉，隨著英國資產階級革命的發展與疆界的擴張，英國隨筆家的視野更加拓展。哥爾斯密已經不像艾狄生那樣僅僅是咖啡館裡的「旁觀者」，而是以「世界公民」的眼光觀照英國社會生活，因而文體也隨之自由舒展，灑脫有趣，遣詞精當，感情真摯。如深諳英國隨筆的中國現代散文家梁遇春所說：他的代表作《世界公民》「不單是洋溢著真情同仁愛，並且是珠圓玉潤的文章」，令人「百讀不厭」。

然而，已經大為開擴的文體模式，仍然容納不下新思想新感情的狂潮。十八世紀末，法國大革命的風暴席捲歐洲，震盪著英國，進入十九世紀，浪漫主義運動如春潮般洶湧澎湃，英國隨筆發展到顛峰狀態，節制與勻稱讓位於感情氾濫與慷慨放言，句子短了，韻律急促了，文章卻長了，春水也似滔滔不絕，刊登在比報紙容量大得多的雜誌上，手筆可以大為伸展。這時出現了浪漫派四大隨筆家：蘭姆、赫茲里特、李・亨特、德・昆西。他們心胸豁達開放，想像之翼自由馳騁，再也不願拘泥於任何封閉式的文體模式，怎麼有利於抒發自由民主的思想感情就怎麼寫，開創出從容自如的新文體。他們的讀者群，也由紳士階層轉為中下層的社會平民和普通人。

總之，英國隨筆這種自由文體產生的外部條件有三點：第一是時代環境，需要政治的鬆動與思想的解放，如周作人所說：「它的興盛必須在王綱解紐的時代。」第二是物質載體，需要有報刊等現代傳播工具。第三是讀者對象，需要有讀者群，讀者的層次與性質決定了文章的氣格與體式。

而這三點，也正是魯迅所開創的中國現代雜文產生的外部條件：第一是五四文學革命的催生與宣傳新思想的需要；第二是《新青年》等報刊的創辦；第三是青年知識份子讀者群的需求。

當然，也有不同的地方。其一是英國隨筆從十七世紀到十九世紀經歷了二百年的漫長緩進過程，魯迅所開創的中國現代雜文卻是在五四前後三、四年間迅速形成的。其二是英國隨筆的主要讀者對象是英國紳士，最低也是都城市民，所以主要傾向是溫文爾雅、「費厄潑賴」；魯迅雜文的主要讀者對象是進步青年，以激烈抨擊黑暗現實為主，反對「費厄潑賴」的紳士風度。社會環境與讀者情趣不同，正是魯迅反對把中國的小品文寫成英國式論文體的重要原因之一。

儘管有這些不同，卻都離不開這樣一條規律：文體編碼活動的最後操縱者，是所處時代的總體文化背景。

（三）

一種文體的產生，除了外部條件之外，還有文體自身運動的原因，要具備適宜的民族氣質的陶冶與文學土壤的培育，經歷長期的積累與演化。

為什麼蒙田的隨筆在法國本土沒有繁衍滋長，反而在英國的文苑中開花結果呢？這與英國人的民族氣質、思維方式、生活脾性有關。英國人不像德國人那樣好建立龐大的體系、作系統化的高論大著，也不像法國人那樣熱情奔放、愛寫江河般洶湧恣肆的長詩浩歌，他們往往隨隨便便、悠閒自得，在咖啡館裡慢飲著一杯咖啡，就一事一物發議論，時不時閃爍幽默與睿智的光彩，而這正與隨筆這種自由文體的特性相合。於是，人、文相得，互促互進，自然結出碩果了。

英國人的這種思維方式，恰恰與中國人有相通之處。巴人在《論魯迅的雜文》一書中這樣概括「中國學者文人的思維法則的直覺性質」：「一、抽象思維的學術文字極少。思想大都為肆應外物而發。二、偶有若干抽象的思維，但是片斷的另碎的，不能融會貫通，自製一哲學體系。三、思想之表現形式，大多為偶感性質的記述；因之，又極注重於文辭藻飾。」所以，中國文化傳統的表現形式以散文為主，運用的「是那種現實性、感應性、形象性的手法」，而魯迅為了促發民族的覺醒，也只有繼承這種手法，「以自己的前進見地應於外物而有所感悟的片言隻語，去感悟他們，使他們前進」。這正是魯迅雜文這一文體產生的民族文化根源。在這一點上，與英國隨筆產生的民族緣由很有相通之處。誠如深諳中外文化底蘊的季羡林先生所說：為什麼世界散文中以中、英、日三國為最發達呢？這恐怕是與各國的民族性、思維方式、生活習俗密切相關的。在人類文化史上，這是很值得認真研究的一種歷史現象。

即使是中、英這樣適合散文發展的國度，散文的起始也遲於韻文。遠古的詩歌，是人類在叢林裡、大海邊、高山上宣洩情感的呼叫，是口頭的；散文則是用來講道理、記事、翻譯宗教經典等等，是書面的，要等書面文字形成一個體系才能出現。特別是重在抒寫個性、表現自我的隨筆式自由文體，更要在經歷人的覺醒、自我意識復甦、文體舒展解放的漫長過程之後，才能逐步形成。

先祖們曾在古希臘神廟上鐫刻著一句對後人的提醒：「認識自我。」然而，人們總不肯研究自己，很難認識自我。所以，幾乎所有的大思想家們都在不斷地重複和深化先祖的提醒，敦促人們認識自我。蒙田隨筆的真正價值也正在於此：是認識自我的最佳啟蒙讀物。當然，蒙田也並非生來就悟此真諦的，他同樣經過了艱難的歷程。蒙田最早的一些試筆之作不過是些古羅馬哲學家語錄的拼盤兒，用他自己的話說是「鑲嵌」。幸運的是他及早從纏身的公務中退出來，隱居在自己那座圓形塔樓的一間內室裡幽然獨處，靜心地讀書、思考。這時，他感受到了「完全屬於我們自己的，完全自由的，旨在實現我們真正的自由，就像是無妻、無子、無物、無僕的那種情景。」在這種閒逸的生活中，他終於「徹悟我們天性的最深奧部分」，明白「世界上最大的事莫過於知道怎樣將自己給自己」。「真正的哲士，是自己幸福的主人。」他之所以寫隨筆，是因為這種自由文體與自己的稟性甚相得，就像鞋子剛好適合自己的腳，可以信馬由韁地任意揮灑，「陶然於自己的天性之中。」他寫的是自身的生命體驗，努力「將自己的面貌呈現出來」，「從本質上深入考察自己」。宗旨也在於說明讀者認識自己，掙脫形形色色的奴性狀態，「懂得自己作自己的主人」。誠如法國卓越的文學批評家居斯塔夫・朗松所說：「人們讀《隨筆集》，與其說是為了從中探索作者真實的思想，毋寧是為了幫助自己弄清他自己的傾向。」

英國最卓越的隨筆家們，從蒙田隨筆中所尋求的，也正是這種「幫助自己弄清他自己的傾向」，力求認識自己，確定表達自己個性的最佳體式。十七世紀的英國，曾經出現過兩本刻意模仿蒙田的作品，這就是考萊的《隨筆集》和鄧普爾的《雜談集》。然而卻並不十分成功。真正成功，被視為蒙田嫡系作家的則是十九世紀的蘭姆，蘭姆的隨筆，形式上與蒙田迥異，不是富裕的閒逸者的悠然漫談，而是苦苦掙扎於繁重公務中的小職員的嘮叨絮語，連蘭姆自己也承認：「這些文章寫得粗糙——只是一批未經琢磨的急就之作——再披上一層古老句式、陳舊詞藻的華麗外衣，顯得矯揉造作、令人生厭。」不過，蘭姆又轉而斷言：「它們要不是這樣寫，也就不能算是他的文章了。」因為這正是表達他自己個性的最佳體式。蒙田所開創的隨意文體的真諦，就是弄清自己的傾向，將自己的富有個性的風貌充分呈現出來。模仿形式，難得要領；悟其真諦，方獲真傳。蘭姆不愧為獲得蒙田真傳的最大的隨筆家，他雖師宗蒙田，卻能自鑄偉辭，文風跌宕，亦莊亦諧，諧謔之中包藏辛酸，顯出「含淚的微笑」，悱惻纏綿，詼諧幽默，雋永耐讀。

為什麼蒙田和蘭姆能夠以幾本隨筆集獲得世界性的文學聲譽，以個人的平凡經歷贏得跨時空的普遍共鳴？貼在蒙田書房裡的古羅馬喜劇作家泰倫修的一句箴言可以回答這個問題：「我是人，我認為人類的一切都與我血肉相關。」蒙田由此認為：正如泛稱的櫟樹並不存在，它體現在每一棵櫟樹當中一樣，「每一個人身上都完整地體現著人之所以為人這個本質」，「體現出人類形態的完整模式」。人最瞭解的莫過於自己。如果能夠把自己整個赤裸裸地描畫出來，深刻、細緻地寫出自己獨特的生命體驗，也就必然體現出了人類的本質與完整的形態，使與自己血肉相關的其他人產生普遍的共鳴。蒙田的《論閒逸》之所以跨越時空、令不同時代、不同國度的人們百讀不厭，就在於它適應了人們越來越強烈的企盼從俗務中解脫、優遊閒逸以度餘生的心理。而蘭姆的《退休者》，則力透紙背地刻劃出退休者如釋重負的自在心情，令今天的黽勉從公、孜孜到老、終於獲釋的退休者們心生同感。《窮親戚》又將窮人的窘態描寫得細膩入微、入木三分，至今使同樣境遇的人倍感世態炎涼。愈是寫出自己的個性，愈是會具有普遍性，這簡直是文學創作中的一條定律，則更是隨筆寫作的精義。與蘭姆並稱英國浪漫派隨筆四大家的其他三位，也都以自己獨特的個性卓然鼎立：赫茲里特氣勢磅礴，如大河流瀉；李・亨特生機盎然，情趣橫生；德・昆西汪洋恣肆，進入潛意識的詩境。蒙田這種抒寫自己個性的傳統一直貫串到二十世紀，富有才情的英國女作家弗琴尼亞・吳爾夫這樣總結道：「談論自己，追蹤自己的各種行為，描出靈魂的整幅地圖，包括重量、色彩、圓周線，混亂的、變化多端的、不完美的靈魂——這藝術只屬於一個人：蒙田。」

從蒙田隨筆英譯本開風氣之先，到出現蘭姆等完全成熟的英國隨筆家，竟經過了二百年的歷程。其間發生了英國工業革命的種種變遷，積累了從培根到艾狄生、斯梯爾、斯威夫特、哥爾斯密、詹森等眾多作家的寫作經驗，才在法國大革命的推動下，伴隨著人的覺醒、自我意識的復甦，實現了文體的舒展解放，使重在抒寫個性、表現自我的隨筆式自由文體形成氣候。這是多麼漫長而艱難啊！

中國的散文傳統更加源遠流長，重在抒寫個性、表現自我的隨筆式自由文體的形成也更為艱難緩慢。從現有材料看，三千年以前寫於商代的《尚書・盤庚》等篇章就已是最初的散文。以後春秋戰國的諸子百家，漢初司馬遷的「史家之絕唱」，魏晉時期的清峻文章，一直到唐宋八大家的傳世傑作，都是上乘的散文。然而似乎都擺著架子，拘著模式，縱然到了宋代，出現了蘇東坡等人的隨意小品，卻總不能成氣候。經歷兩千餘年的曲曲折折，到了十七世紀上葉，才在晚明人文主義思潮催促中，湧現出公安、竟陵派小品，成為文壇主流。晚明小品作家們，主張「獨抒性靈，不拘格套」，沖潰了模擬古人的陳腐樊籬，吹來一股清新之氣。試與十九世紀出現在英國的浪漫派隨筆作一番比較，就會發現中國晚明小品與英國浪漫派隨筆這兩種不同國度、不同時代、毫無關聯的文學現象之間，在文體運動內在機制中竟有著驚人的相似之處：都是在人的覺醒、自我意識復甦的思想運作中實現了文體的舒展解放、自由隨意。

也正由於這個原因，當經歷了清代的嚴厲鎮壓與殘酷統治，文人思想僵化凝固時，重在抒寫個性、表現自我的隨筆式自由文體也就隨即滅絕了。直到二十世紀一〇年代五四文學革命爆發，思想解放的洪流沖決了古文的禁錮，實現了白話文的語言體式變革與人的自我意識的復甦、覺醒，這種隨筆式自由文體才應運重生。

所以，魯迅所開創的中國現代雜文，與英國隨筆一樣，都是外部條件與內部機制共趨成熟的情況下，適應本國的民族氣質與文學積累應運而生的一種特殊文體。

（四）

這種特殊文體具有哪些特質？它算不算文學作品？算的話，文學屬性表現在哪裡？這一系列問題，不僅是中國學術界研究魯迅雜文時遇到的疑難，也同樣是英國文壇討論英國隨筆時總要產生的困惑。

英國散文的歷史沒有中國久遠，對隨筆這一文體的理論探討卻早於中國，有許多值得借鑒之處。

一九一六年出版的一本《英國隨筆》（The English Familiar Essay）在前言中開宗明義作出這樣的界定：「或許沒有人能夠否定這種說法，Essay的定義既不能廣泛包括散文的各種不同類型，又不能非常嚴格地區分Essay的特性，使之與其他比較短的文章區別開來。試去看一看洛克的《人類悟性論》、蘭姆的《論烤豬》、麥考萊的《華倫‧哈斯汀斯》、卡萊爾的《關於彭斯的隨筆》和安諾德的《美與智之融合》，就會發現這些多樣的文學作品不屬於任何單式的統一的文體，然而卻被通稱為Essay。因為人們習慣地感覺到這些作品具有這樣一種明晰的共性：Essays的作者不涉及公事或系統性的思想資料，而是以個性化的坦誠的態度面對他們的題材和讀者，抱以隨便的親密的態度，關心日常生活的樣式和倫理，傾注個人的感情和經驗。因此，Essay應該有一個更為明確的限定——或許最好稱之為Familiar Essay。」

而早在一九〇三年，一本大部頭的《英國隨筆家》（The English Essayists）就在扉頁上印了赫茲里特的一段話，對Familiar Essay作了極為形象的描繪：「它不論述礦石或者化石，也不研究植物的特性或者行星的影響，它也不涉及信仰的形式或者哲學的體系，不熱衷抽象虛懸的精神系統；然而，它與男人和女人的世界有著密切的關係，記錄他們的行動，追溯他們的動機，抓住他們的念頭，描述他們個人的和無窮領域裡的所有追求，嘲笑他們的荒唐，揭露他們的悖謬，『像給大自然照鏡子一樣，反映時代的變遷與主潮，形勢與困厄；』細緻入微地表現我們的服飾、面貌、思想和行為；顯現我們自己的真正面貌：是什麼樣的，又不是什麼樣的；在我們面前演出人類生活的全部戲劇。……它是最好、最自然的課堂……探求人類生活究竟是什麼樣的，已經成為什麼樣了，今後應該是什麼樣。」

以上界定，本身就是英國隨筆味兒的：不故作高深大論、系統辨析，只是隨隨便便說幾句，寬寬泛泛劃幾條線，就非常明晰、極富趣味地談清楚了。

對以上界定可以作這樣的概括：Essay、即英國隨筆的第一特質是說理，是思想者的識見，屬於一種論文。然而，其中所要表達的識見是個人的，而非公事的；是片斷的，而非系統性的；是個性化的，而非公式型的；是為了與讀者進行交流，而非旨在教訓。因而，作者須「以個性化的坦誠的態度面對他們的題材和讀者，抱以隨便的親密的態度，關心日常生活的樣式和倫理，傾注個人的感情和經驗。」也就是說汲取趣味性、形象性、抒情性等文學性質，以使得群眾便於接受自己的思想和識見。所以，隨筆是一種多類文體交叉、滲透而成的特殊文體，一種理論與文學雜交的變體形態與雜糅形式，是人類進入近代、自我意識覺醒時為了自如地表達對自身與世界的理解、自由地互相交流而採取的一種個性化的符號編碼方式與隨意性的文學寫作體例。它應該算是文學作品，但是屬於文學中的亞類，其文學屬性主要表現為理趣。

以這種界定考察蒙田和英國的隨筆，就會得出完全相宜的結論。蒙田是一位大思想家。而他把自己的文集謙虛地命名為《Essais》，其法語原意為「嘗試」、「試筆」，也就是說嘗試性而非正式性地反省自我、獨抒己見。這種不拘形式的嘗試性隨意態度與深邃、博大的思想相糅合，正是蒙田隨筆文體形成的基礎。蒙田的《Essais》引入英國以後，譯為《Essays》，英語原意也為「嘗試」、「試筆」，並有論說文的意思。艾狄生在《〈旁觀者報〉的宗旨》中明確表示：「蘇格拉底把哲學從天上帶到了人間。我不自量力，願意讓人說我把哲學從私室、書庫、課堂、學府帶進了俱樂部、會議廳、茶桌、咖啡館之中。」實質上就是要實現哲學的世俗化、文學化。形式上採取文學隨筆的表達方式，骨子裡仍然是一位具有獨立思考精神的哲學家和思想家。後來，英國隨筆日益朝著個性化、親切感方面發展。以前的選本收有麥考萊、卡萊爾等學者的宏篇大論，以後則不收了，嚴格限定在familiar essay、即親和隨筆之內。到了浪漫主義時期，蘭姆等四大隨筆家擺脫理性主義約束，任直感，師造化，更加重了文學才情的份量，登上了藝術高峰。然而，思想仍舊是他們的靈魂。為什麼後來許多刻意模仿蘭姆的人，畫虎不成，反而類犬，失其真摯，得其絮叨，以失敗告終？就在於缺乏蘭姆那種獨特而深刻的思想。《伊利亞隨筆》記述的是這位古怪而奇特的人生哲學家的生命體驗，沒有思想、靈魂空虛者豈能模仿！梁遇春說：「國人因為厭惡策論文章，做小品文時常是偏於情調，以為談思想總免不了儼然；其實自Montaigne一直到當代，思想在小品文裡面一向是占很重要的位置。」實為中肯之言。談思想而毫不儼然、反倒富有情調、幽默可親，當是隨筆的精義。

英國隨筆引入中國，是在五四文學革命時期。一九一八年四月，胡適在《建設的文學革命論》中談到國外有不少散文樣式值得借鑒，其中包括蒙田和培根開創的隨筆。後來，傅斯年在《怎樣寫白話文》中討論散文問題時說：「以雜體為限，僅當英文的Essay一流。」最早引進「Essay」這一英文名詞，卻沒有譯成相對的中文。一九二一年六月，周作人首次將「Essay」譯為「論文」，在著名文章《美文》中指出：「外國文學裡有一種所謂論文，其中大約可以分作兩類。一批評的，是學術性的。二記述的，是藝術性的，又稱作美文。這裡邊又可以分出敘事與抒情，但也很多兩者夾雜的。這種美文似乎在英語國民裡最為發達，如中國所熟知的愛迭生，蘭姆，歐文，霍桑諸人都做有很好的美文，近時高斯威西，吉欣，契斯透頓也是美文的好手。讀好的論文，如讀散文詩，因為他實在是詩與散文中間的橋……在現代的國語文學裡，還不曾見有這類文章，治新文學的人為什麼不去試試呢？」周作人這段有名的話很值得琢磨。把「Essay」譯為「論文」，對批評的學術性的essay還為合宜，對記述的藝術性的essay就不甚相符了。然而他不僅前邊這樣說，後邊又強調「讀好的論文，如讀散文詩」，意思非常確定。這啟悟我們認識到：essay是以「論」為第一特質的，即便是偏重記述的藝術性的essay，裡面夾雜敘事與抒情，也仍然是以「論」為靈魂的。在這篇文章中，周作人突出的是記述的藝術性的essay，把這種文章「稱作美文」，而近兩年之後，即一九二三年二月，他在《文藝批評雜話》中又說批評的學術性的論文「寫得好時也可以成為一篇美文，別有一種價值」。可見周作人不僅開始介紹essay時強調了「論」的特質，而且後來更加擴展了這一觀點。以後他在《語絲》上譯介的斯威夫特的《婢僕須知》、《育嬰芻議》和藹理斯的《隨想錄》等，都屬於批評的學術性的essay，他本人的文章也大多應劃為這一類。

　　而專攻英國文學的梁遇春、方重、毛如升等人則把「essay」譯為「小品文」，並作了長篇大論概述其發展與演進。胡夢華是將其限定為「familiar essay」，譯為「絮語散文」，並在一九二六年三月的《小說月報》上發表了以此為題的專論。據現任香港翻譯中心主任的前倫敦大學教授卜立德先生言，這其實是美國出版的一本《英國隨筆》（The English Familiar Essay）引言的節譯。不過，胡夢華還是有眼光的，他抄的這篇引言，至今在英國隨筆研究論著中仍是第一流的。但是，胡夢華把familiar essay譯為「絮語散文」是欠準確的。因為散文在英文中應是prose，是與韻文相對的廣義的散文，essay則應是prose當中的一個分支，一個限定更為狹義的散文文體。總之，無論怎樣翻譯，以上所有研究者在文章中都肯定essay是以論為主的，只是「從來沒有根據系統判斷事情，總是執著個體來理論」。

　　雖然魯迅一再表示他對英國隨筆是外行，仍然通過日文翻譯，對essay作了極為精彩的介紹：「如果是冬天，便坐在暖爐旁邊的安樂椅子上，倘在夏天，則披浴衣，啜苦茗，隨隨便便，和好友任心閒話，將這些話照樣地移在紙上的東西，就是essay。興之所至，也說些以不至於頭痛為度的道理罷。也有冷嘲，也有警句罷。既有humor（滑稽），也有pathos（感憤）。所談的題目，天下國家的大事不待言，還有市井的瑣事，書籍的批評，相識者的消息，以及自己的過去的追懷，想到什麼就縱談什麼，而托於即興之筆者，是這一類的文章。在essay，比什麼都緊要的要件，就是作者將自己的個人底人格的色彩，濃厚地表現出來。……其興味全在於人格底調子（personal note）。」這段名言譯自廚川白村的《出了象牙之塔》，堪稱對英國隨筆特徵作了最為精闢的概括。由於原作本身的精妙，加上魯迅譯筆的生動和他巨大的影響，中國讀者簡直是通過這段譯文瞭解英國隨筆特點的，其印象比其他專門家的長篇大論要強烈得多。

值得特別提出的，是譯文中廚川白村對essay譯法的見地：「有人譯essay為『隨筆』，但也不對。德川時代的隨筆一流，大抵是博雅先生的札記，或者炫學家的研究斷片那樣的東西，不過現今的學徒所謂Arbeit之小者罷了。」因此，魯迅在後文中把蘭姆的《essays of Elia》譯為《伊里亞雜筆》。

這裡的「雜筆」中的「雜」字極耐人尋味！

這個「雜」字既反映了廚川的日文原意，也滲透了魯迅對essay的理解。雖然魯迅自謙「不解英文」，其實還是略知一、二的，從中可以體味出他對essay的理解，認為其中有「雜」的意味。而這個「雜」字，正是英國隨筆與魯迅所開創的中國現代雜文之間重要的相通處。

然而「雜筆」一詞還是不合歷來的習慣。中國古代文體名稱中有「隨筆」、「雜文」，而無「雜筆」。「隨筆」之稱始於南宋洪邁，他有《容齋隨筆》十卷，清代梁紹壬承其名有《秋雨庵隨筆》八卷，俞樾有《春在堂隨筆》十五卷，「隨筆」之稱遂沿用至今，有隨筆而錄、雜談瑣語的性質，有時也稱之為「筆記」。縱然將essay譯為「隨筆」，有廚川所說的弊端，即往往容易忽略其雜與論的特質，而朝著小機靈、小擺設方面理解，但終歸表達了其隨意的特徵，相對來說還是比較合適的。所以後來大多沿用了「隨筆」一說。

無論沿用什麼名稱，都無法否認essay與魯迅所開創的中國現代雜文屬於相近的文體。試以英國文壇對英國隨筆的界定衡量魯迅雜文，其文學屬性就會是不言而喻的了：魯迅雜文毫無疑義是「以個性化的坦誠態度面對他們的題材和讀者」的，是「抱以隨便的親密的態度，關心日常生活的樣式和倫理，傾注個人的感情和經驗」的，是汲取趣味性、形象性、抒情性等文學性質，主要以理趣體現其文學屬性的。這些標準實在是太基本了，魯迅雜文不僅完全達到了，而且有很多篇章的文學成分遠遠超過了這個橫竿。以至於使中國學術界在為魯迅雜文的文學屬性作辨解時，制定了一些高難度的標準。

「社會相」類型形象說即是其中一例。這一理論確實非常有力地論證了魯迅一部分雜文的文學成就，並提出了與典型形象有所區別的類型形象概念，對其特徵作了詳盡的辨析，豐富了文學理論的寶庫。但是也留下了理論漏洞，會使人反問道：那些塑造了「社會相」類型形象的魯迅雜文固然應該進入文學殿堂，而更多的魯迅雜文並沒有這樣做，只是富有趣味地談論了自己的思想和識見，那麼這些篇章是否應該排除在外呢？事實上，倘若以「社會相」類型形象為標準衡量蒙田和英國的隨筆，結果就更加不堪了。蒙田隨筆樸素自然、耐人尋味，令人感到理趣的魅力，然而並沒有什麼塑造了「社會相」類型形象的篇章，因為蒙田在「致讀者」中就已聲明：他所描畫的就是他自己。倘若一定要尋找人物形象的話，就是樹立了作者的主體形象，作者本人作為一個「人間產物」體現出了人類形態的完整模式。英國隨筆中雖然有奧佛伯里的《人物記》和約翰・厄爾的《人物世界》等盛行於十七世紀後半葉的人物隨筆，蘭姆的隨筆中也刻劃過窮親戚、掃煙囪的小孩等異常生動的人物形象，對眾生世相作了入木三分的評說，可是以「社會相」類型形象的標準衡量，能達標者也甚寥寥。不僅隨筆這一文體如此，其他許多種文體，例如抒情詩、敘事散文等等，也不能以是否塑造了人物形象當作文學屬性的檢驗標準。雖然塑造人物形象、特別是典型形象，是文學創作的重要任務，但是絕非所有的文學作品都要這樣做，文學還有其他意義，不能一律化。倘若真以是否塑造了「社會相」類型形象作為能否進入文學殿堂的標準的話，蒙田隨筆和大多數英國隨筆都要被拒於大門之外了。這當然是其崇拜者們不會答應的。他們會以自己的界定來衡量，以個性化、隨意性、趣味性這三把尺子作鑒定，全力維護蒙田和英國隨筆的文學屬性，絕不會同意將這些引以自豪的世界文學瑰寶拒於門外。不過，這樣一來也就自然駁倒了將魯迅雜文排除在文學殿堂之外的種種說法，因為魯迅雜文是遠遠高於西方界定的隨筆的文學標準的，當然更不應被排除在外，同樣是世界文學的瑰寶。

我們在這裡並不想評說二者的高低，只是力圖進行科學的探討，以共同的標準再次確定這樣的觀點：魯迅雜文與英國隨筆，同是一種理論與文學雜交的變體形態與雜糅形式，是人類進入近代、自我意識覺醒時為了自如地表達對自身與世界的理解、自由地互相交流而採取的一種個性化的符號編碼方式與隨意性的文學寫作體例。

（五）

魯迅雜文與英國隨筆的共同性質，決定了二者在文體運動中出現了一些共同規律與共同特徵。

因為要旨都在於真誠地坦露自己的個性，與讀者自由交流，所以必然都反對各種陳套與偽飾，實現語言體式的明白與自然。五四文學革命前期，胡適在《文學改良芻議》中提出改良文學應從「八事」入手，即須言之有物，不摹仿古人，須講求文法，不作無病之呻吟，務去濫調套語，不用典，不講對仗，不避俗語俗字。同時，正面主張書面語與口頭語相接近，要求以白話文學為「正宗」。魯迅當然是堅決支持胡適的「八事」的，他的雜文正是最好的實績之一。有趣的是，在英國散文的發展過程中，也出現過反對陳套與偽飾的運動，提出過類似的主張。十九世紀初葉，浪漫主義運動的宣導者們就把十八世紀詹森、吉朋的風格模式當成了攻擊目標。詩人、理論家柯爾律治在一次演講中指出：「這種風格的要素是一種虛假的對仗，即簡單聲韻的對比，此外則熱衷於擬人化，把抽象的變成了有生命的，加上牽強的比喻，奇特的短語，片斷的韻文，總之什麼都有，就是沒有真正的散文。」凡是旨在表達自己真實個性與識見的文學家，無不要求實現語言的純潔、自然，清除種種的贅疣。魯迅在總結創作經驗時強調說：「不生造除自己之外，誰也不懂的形容詞之類。」赫茲里特在《論平易的文體》一文中也這樣說：「我從未生造過什麼單詞，也不曾毫無根據地給哪個單詞添加什麼新的意義」。「作為一個作家，我竭力使用那些普普通通的字眼和那些家喻戶曉的語言結構，正像假如我是一個商販，我一定使用大家通用的度量衡器具一樣。」從符號學的角度看，魯迅和赫茲里特都是旨在使用世所公認的最平易、自然的符號，以便與他人和社會自如、通暢地交流思想感情。中國語言文字在五四時期實現了從文言到白話的轉變。英語則早在十六世紀就已完成了從古英語到近代化的轉換，十六世紀以後變化不大，但是也在文明化的過程中，去掉過去的蕪雜、粗魯、怪僻、土氣、島國狹隘性等等贅疣，從不規則、不雅潔走向規範化。中英兩國文學運動中的相同主張之間當然並無任何直接聯繫，而是人類在以語言文字表達思想感情、進行符號編碼活動當中共同的機制和需求所形成的，是文體運動所呈現出的普遍規律。

在這種普遍規律的內在運作之下，魯迅雜文與英國隨筆這兩種相近的文體呈現出五點共同特徵：閒、隨、雜、散、曲。

閒。蒙田和英國隨筆家們都愛自稱「閒人」，甚至讚美「懶惰」，頌揚「流浪漢」，宛若遺世獨立、超然物外的閒雲野鶴。蒙田在《自畫像》中坦然宣稱：「我性愛悠閒，而且十分喜歡無拘無束，我是有心要這樣做的。」他的隨筆集的宗旨就是「閒話家常，抒寫情懷」。英國隨筆家更是以「閒」自詡，斯梯爾創辦的報刊直稱《閒話報》，詹森則更直接地稱為《閒散者》。蘭姆的隨筆藝術登上峰顛，他對「閒」的頌揚也達到極處。如梁遇春所說：「蘭姆最讚美懶惰，他曾說人類本來狀況是遊手好閒的，亞當墮落後才有所謂工作。」他在《退休者》中還以擁有閒暇的「暴發戶」自居，聲言要氣氣那些黽勉從公的人。蘭姆之後最富才情的隨筆家亞歷山大・史密斯對於閒散的流浪漢更是讚揚倍至，認為：「流浪漢對於許多事情的確有他的特別意見。」「一點流浪漢的習氣都沒有的人是沒有什麼價值的。」甚至說「天才是個流浪漢」。大作家斯蒂文森竟還作過一篇文章：《為閒人一辨》，勸告人們「學一學閒人對於生活的全面認識，分享一下他的生活藝術」。在人們的印象中，魯迅是最贊成勤奮的，他一定反對「閒」吧？恰恰相反，魯迅對這種「閒」是非常肯定的。他在《忽然想到（二）》中說道：「外國的平易地講述學術文藝的書，往往夾雜些閒話或笑談，使文章增添活氣，讀者感到格外的興趣，不易於疲倦。但中國的有些譯本，卻將這些刪去，單留下艱難的講學語，使他復近於教科書。這正如折花者，除盡枝葉，單留花朵，折花固然是折花，然而花枝的活氣卻滅盡了。人們到了失去餘裕心，或不自覺地滿抱了不留餘地心時，這民族的將來恐怕就可慮。」這一思想是貫串魯迅畢生的，臨終前不久寫的《「這也是生活」……》中又強調說：「刪夷枝葉的人，決定得不到花果。」批判了那種主張吃西瓜時也聯想到國土被割碎的言論，認為：「戰士的日常生活，是並不全部可歌可泣的，然而又無不和可歌可泣之部相關聯，這才是實際上的戰士。」戰士，也須有餘裕和閒暇。即便是戰鬥，魯迅也主張進行「壕塹戰」，「戰士伏在壕中，有時吸煙，也唱歌，打紙牌，喝酒，也在壕內開美術展覽會，但有時忽向敵人開他幾槍。」一九二七年，創造社主將成仿吾如是說：「魯迅先生坐在華蓋之下正在抄他的小說舊聞」，這是一種「以趣味為中心的文藝」，「後面必有一種以趣味為中心的生活基調」，「這種以趣味為中心的生活基調，它所暗示著的是一種在小天地中自己騙自己的自足，它所矜持著的是閒暇，閒暇，第三個閒暇。」其實，成仿吾歪打正著，從激進主義的視角看出了魯迅風格的一面：從容餘裕，富有趣味。倘若像成仿吾先生年輕時那樣「擺著一種極左傾的兇惡的面貌，好似革命一到，一切非革命者就都得死，令人對革命只抱著恐怖」，連讀書、欣賞文學藝術時也發生一種壓迫和窘促之感，還有什麼文學，有什麼人生樂趣呢？「革命是並非教人死而是教人活的」，文學須教人感到活的樂趣，而並非教人產生死之恐怖。所以，這種「閒」，正是魯迅雜文與英國隨筆相通的精義所在。正因為如此，魯迅所開創的中國現代雜文的「任意而談，無所顧忌」的特徵，與蒙田隨筆「閒話家常，抒寫情懷」的特色不謀而合。究其實質，他們所讚美的「閒」，並非是懶惰。他們實際上都是極其勤奮的，蘭姆忙中偷閒，於公務勞作之餘寫出警世之作；斯蒂文森僅活了四十四歲，卻著作等身，全集達二、三十卷；魯迅更是在不長的一生中，做出了多少人多少代不可能完成的業績。他們之所以讚美「閒」，實質上是為了掙脫道統和教條的束縛，獲得精神的自由與創作的靈氣。因為：「人一旦事務纏身，便失其靈性。」（蘭姆語）「一個人如果過分用功讀書，那就會像老故事裡講的，他就很少有時間思考。」「一走出書齋就跟貓頭鷹似的，臉上帶一副古板的呆相」，「總顯得乾巴巴、木呆呆，或者像是害著消化不良症」，沒有「閒人」那種智慧，那種幽默和雍容大度的風範。（斯蒂文森語）這一點，與尼采是相通的。尼采就鄙薄學者「愚鈍式的勤勉」，靠別人的思想度日，「扼殺一切教養和高尚趣味」，任憑真實的「自我」迷失在刻板而無創造性、「無精神性」的「勞作」中，讓自己的頭腦變成一個跑馬場，任別人的思想的馬匹蹂躪一通。他堅決走「自己的路」，寧死不做自己不感興趣的工作。作為真正的思想家、哲學家，他嚮往閒暇，以便自由地從事創造，玩味自己的思想，說出非他不能說出的話，「以諧談說出真理」，「在十句話中說出旁人在一本書中說出的東西」。人太正經，難於治世。這些大家生性都不太「正經」，因為他們總要沖決種種的奴役和束縛，獨創地表現自己的個性。於事者迷，旁觀者清。從俗務瑣事的羈絆中超脫出來，拉遠距離，從旁觀的「閒人」角度冷眼觀察周圍世態，反倒容易清醒、客觀，有利於兌現先祖們在古希臘神廟上鐫刻的那句提醒：「認識自我。」中國古代的所謂「懶道人」、「拙叟」、「癡翁」以至老莊禪宗之類，也都與這種「閒人」同源。「閒」，實在是人類智者的共性，寫好雜文、隨筆的第一要旨。這種「閒人」的素養乃是這種隨意性文體的基礎和靈魂。

隨。既為「閒人」，就必隨意。蒙田的隨筆，隨意揮灑，信馬由韁，旁徵博引，澎湃無涯。英國隨筆家們也是越寫越隨便，越自如，越得隨筆之妙諦。如深諳英國隨筆的梁遇春所說：「一個作家抓著頭髮，皺著眉頭，費九牛二虎之力作出來東西，有時倒賣力氣不討好，反不如隨隨便便懶惰漢的文章之淡妝粗衣那麼動人。」因為「隨隨便便」正是隨意性文體的重要特徵。魯迅是非常注意這個特徵的。他在《〈自選集〉自序》中自稱是「在散漫的刊物上做文字，叫作隨便談談。」在《怎麼寫》中又強調說：「散文的體裁，其實是大可以隨便的，有破綻也不妨。」但是，人們往往總是自覺或不自覺地把散文這種隨意性文體強納入所謂正軌。中英文學史上都有這種現象。十八世紀上半葉，由於艾狄生、斯威夫特等人的努力，英國隨筆形成了一種平易、隨便的風格。然而到了下半葉，大學問家詹森博士卻極力把英國散文拉入對仗句、圓周句的模式，追求肅穆，嚮往堂皇，結果如柯爾律治批評的那樣，失去了「真正的散文」。以後浪漫派隨筆家們克服了這一弊病，努力發揚隨隨便便的風格，按照隨意性文體的固有規律寫作，使「真正的散文」又回來了。縱然他們各有破綻，例如蘭姆古腔古調，赫茲里特顯得囉嗦，李‧亨特任意跑題，德‧昆西枝蔓冗長，然而由於他們隨意地表現了自己的個性，所以將隨筆藝術推向輝煌的高峰。中國的隨意性文體也是這樣，彷彿總要被一股無形的習慣力量拉入正軌，圈入種種八股模式，失去隨便的特徵。有識見的評論家和創作家們總在不斷地敲響警鐘，努力使散文回到隨意自然的狀態中來。

雜。如前文所述，魯迅把Essays of Elia譯為《伊里亞雜筆》，表現了他對「雜」的鍾愛。而這也正與蘭姆相合，蘭姆極喜愛雜著，視十七世紀上半葉的兩部奇書——伯爾頓的《憂鬱的剖析》和勃朗的《一個醫生的宗教觀》為「枕中之秘」，潛心學習。伯爾頓是一位牧師，他原計劃寫一部分析治療憂鬱症的醫學論著，結果旁徵博引、雜收並蓄，寫成了一部富有文學趣味、廣博知識和深刻哲理的隨筆體雜著。布朗是一位醫生，有科學知識，又充滿詩人的想像，經常冥想死亡與身後的問題，因而也把《一個醫生的宗教觀》寫成了一部奇特的雜著。他的《流俗的謬誤》、《甕葬》、《居魯士的花園》等其他著作也同樣內容駁雜、情調詼諧。如已故英國文學專家楊周翰先生所說：「他的文字形象化（邏輯思考不嚴密）；想像奇特而突兀，使人驚喜；行文曲折，信筆所至，很像浪漫派（他很受浪漫派的推崇）；他的文字隱晦而多義，又古色古香；他善於用典（這與他博學有關）；他的情調幽默、挑逗、微諷。總之，他的散文是具有詩意的散文。」這種駁雜的風格對蘭姆的隨筆產生了極深的影響。蘭姆喜愛的其他雜著還有沃爾頓的《垂釣全書》，書中有各種釣魚的知識，還穿插著歌謠和小故事以及關於河流、河邊旅店、各種人物的描寫，文字清澈、暢達如汩汩流水，所採取的對話體也令人感到自然、親切。另外蘭姆喜愛的泰勒、富勒等也都以文章駁雜、令人目不暇接著稱。這種雜色，正是隨意性文體的本色，其鼻祖蒙田就開了色彩駁雜、索隱怪誕的先河。梁遇春在評論近代傳記學大師斯特剌奇時曾對這種雜色作過非常精彩的描摹：「他所畫的人物給我們一個整個的印象，可是他文章裡絕沒有輪廓分明地勾出一個人形，只是東一筆，西一筆零碎湊成，真像他批評Sir Thomas Brawne（布朗）的時候所說的，用一大群龐雜的色彩，分開來看是不調和的，非常古怪的，甚至於荒謬的，構成一幅印象派的傑作，」這種「雜色」是隨意性文體到達很高境界時所呈現出的一種特色。魯迅雜文是具有這種「雜色」的：是一種文體的「雜」，以論為靈魂，而雜糅進詩、小說、戲劇等多種文體的素質；是一種內容的「雜」，上至宇宙，小至蒼蠅，東拉西扯，無所不談；是一種色調的「雜」，赤、橙、黃、綠、青、藍、紫，濃烈的，淡雅的，鮮明的，陰暗的，形形色色，駁雜搭配，而自成一體、別具一格。失去了這種「雜」，也就失去了隨意性文體的本色，這是這種特殊文體的特殊需要。正因為如此，魯迅並不主張在所有文體中都摻入「雜色」。他說過：「在考辨的文字中雜入一點滑稽輕薄的論調，每容易迷眩一般讀者，使之失去冷靜，墜入彀中。」但是，對於雜文、隨筆這類自由文體，卻又非「雜」不可。倘若一定剔除「雜」質，追求淨化，予以「定型」，如魯迅所反對的那樣：「要受『文學製作之體裁的束縛』；內容要有所不談，範圍要有限制」，那就只能「是『制藝』，普通叫『八股』」。

散。「閒人」隨意雜談的文章，自然會是「散」的。不僅形散，而且神也散。只有神散了，才能自然呈現形態上的散。如果只從形式上求散，神髓卻促迫拘謹，放不開，散不來，就只能是東施效顰，適得其反。錢谷融先生認為散文的「散」字，可以解為散淡的「散」，並以《空城計》中諸葛亮的一句唱詞作為詮釋：「我本是臥龍岡散淡的人。」這算是抓住了散文的真義。只有首先成為散淡的「閒人」，透破功、名、利、祿、權、勢、尊、位的束縛，忘掉賞罰毀譽，摒棄私心雜念，才可能保持自己的本真，不為種種虛飾偽裝、陳套教條所扭曲，使精神活動臻於優遊自在、無掛無礙，進入空明、虛靜之境。靜則空，「空則靈氣往來」，靈感之君方能登堂入室，創造潛能才涓涓湧出，隨意雜談、逞心而言的真心話，才能化為散文的形態，顯現出散淡美。剛剛故去的大詩人艾青在《詩的散文美》中認為：由欣賞韻文到欣賞散文是一種進步。韻文有雕琢、虛偽和人工氣的弊病，散文卻有不修飾的美，不需要塗抹脂粉的本色，充滿了健康的生活氣息。欣賞散文美之所以困難，在於人們只有進入高境時才能悟其之美。好比學習書法，初學時欣賞楷書，講究字與字之間行距的平衡與勻稱，喜歡一種對稱美。入境後才漸悟行草和散章的妙處，明瞭非對稱美的神韻。例如林散之的書品，似乎就有一種特殊的非對稱性的散淡美。這是昇華到哲學、美學高境時呈現出的一種更為高妙的美的形態。日本禪學大師鈴木大拙的一些高見，也可以使我們觸類旁通，得到啟悟。他在《禪與日本文化》中說道：「閒寂」滲入到日本人文化生活的深處，進入這個深處，達到禪境，透過形式尋求精神實體的存在，就會發現不完整的形式和有缺陷的事物更能表達精神，非對稱性其實是日本藝術的一大特徵。對稱能產生出優美、莊嚴、厚重的感覺，但也能導致形式主義和抽象概念的堆積。而非對稱性卻能表現空寂、孤遠、嫻靜的美。由此我們不禁聯想到中、英、日三國散文發達的原因，想到三國散文在發展中都經歷著克服對稱性而追求非對稱性的過程，沖決簡單化的對仗、押韻的樊籬而進入散文美的境界。英國語言學家薩丕爾在讚揚漢語簡練的同時，說英語「東倒西歪的表達方式自有它的美處」，這種東倒西歪的美，正是一種非對稱性的散文美，是隨意性自由文體的要義。蒙田的隨筆，揮灑自如，巧橫閒枝，開創了散淡美的先例。傳入英國後，第一個效法的培根，放不下官吏的架子，寫得過於拘謹，缺乏散淡美。倒是蘭姆佩服的伯爾頓和布朗，無意中成了散淡的專家。而蘭姆也正發揚了這一優長，於苦澀的微筆中透出別具風味的散淡。由於過去的片面宣傳，魯迅有時給人以橫眉立目、劍拔弩張的錯覺，其實他的雜文、特別是那些最為優秀的篇章，例如前期的《論雷峰塔的倒掉》、《春末閒談》、《燈下漫筆》、《雜憶》等，後期的《病後雜談》、《我的第一個師父》、《半夏小集》、《「這也是生活」……》、《女吊》等，都透出一種悠遠、深沉的散淡美，於不經意中談出深刻的哲理。與那些離得過近、說得過碎的《華蓋集》中的某些篇章相比，要昇華多了。徐懋庸在《魯迅的雜文》中說魯迅的後期雜文全無「私事」，由「匕首」變為「大炮」，當為中肯之評。散淡，並非不識人間煙火，不問世事，而是站得高遠，俯瞰世界，舉重若輕，以一當十，有如超脫於雲天之上朝生滿荷花的湖面上撒雨，雨點紛紛揚揚滴落於荷池，荷葉上水珠滾滾，漪潤中漩渦點點，構成一種特有的散淡美。

曲。金聖歎有言：「文章之妙，無過曲折。誠得百曲、千曲、萬曲，百折、千折、萬折之文，我縱心尋其起盡，以自容與其間，斯真天天之至樂也。」隨意性文體雖然隨意、散淡，卻絕不可直陋，須在曲折表達方面下刻意的功夫。《蒙田》傳記的作者P．博克說道：「像佛洛依德那樣，蒙田把自己看成一個孤獨的自我探索者，是一個『充滿荊棘之路的開拓者』，是進入『曲折坎坷的心靈和探入內心的黑暗深處』的先鋒。」心路的曲折，造成了文路的曲折，在看似閒枝蔓生、東拉西扯的文體中隱含著深邃的構思、委婉的表達。所以後人說「蒙田是一位慘澹經營的文體家，他把內容的獨創性和形式的獨創性融合在一起」。蘭姆更是把文章的曲折發展到極致，如魯迅所譯廚川白村談essay的文章所說：「一眼看去，雖然彷彿很容易，沒有什麼似的滔滔地有趣地寫著，然而一到蘭勃的《伊裡亞雜筆》那樣的逸品，則不但言語就用了伊利沙伯朝的古怪的辭令，而且文字裡面也有美的『詩』，也有銳利的譏刺。剛以為正在從正面罵人，而卻向著那邊獨自莞爾微笑著的樣子，也有的。那寫法，是將作者的思索體驗的世界，只暗示於細心的注意深微的讀者們，裝著隨便的塗鴉模樣，其實卻是用了雕心刻骨的苦心的文章，沒有蘭勃那樣頭腦的我們凡人，單是看過一遍，怎麼會夠到那樣的作品的鑒賞呢。」例如《夢幻的孩子》，蘭姆明明是兩次戀愛失敗，獨身苦了一輩子，但是他在哥哥約翰去世的刺激下，懷念少年時代的戀人，竟產生一段奇想，寫他和戀人所生的一對兒女在聽他講述過去的故事，把對後代的摯愛與對外祖母、哥哥的回憶交織在一起，產生出一種非同尋常的感情昇華，然而讀者從中加倍感到蘭姆內心的深切悲痛。魯迅的雜文更是極盡「曲筆」之妙，他反復強調雜文造語「須曲折」，自己的文章就沉鬱頓挫、吞吐抑揚、迭宕多姿。特別是臨終前不久寫的《我的第一個師父》、《女吊》等，更是迂徐闡緩、頓挫有致，令人產生「一彈再三歎，慷慨有餘哀」之感。「看似尋常最奇倔，成如容易卻艱辛。」魯迅談自己的寫作艱辛時說過：「人家說這些短文就值得如許花邊，殊不知我這些文章雖短，是絞了許多腦汁，把它鍛鍊成極精銳的一擊，又看過了許多書，這些購置參考書的物力、和自己的精力加起來，是並不隨便的。」那麼，既說隨意性文體要隨隨便便、散淡為之，不要「抓著頭髮，皺著眉頭，費九牛二虎之力」來作，又說要傾以「雕心刻骨的苦心」，此間矛盾該如何解釋呢？蒙田早就作過很好的回答。他說他實行的是「人工自然化」，而那些「寫得過於微妙，過於做作」的人們「卻是搞自然人工化」，「離通常的、自然的用法太遠」。這裡所說的「人工自然化」與「自然人工化」，揭示了隨意性自由文體與矯揉造作文體之間的區別，前者的苦心旨在使文體「自然化」，不留斧鑿痕跡；後者卻是使原本自然的材料「人工化」，顯出造作之氣。魯迅在《漢文學史綱》中論古詩十九首時說：「其詞隨語成韻，隨韻成趣，不假雕琢，而意志自深，風神或近楚《騷》，體式實為獨造，誠所謂『畜神奇於溫厚，寓感憐於和平，意愈淺愈深，詞愈近愈遠』者也。」這正道出了隨意性文體以及所有本色作品「人工自然化」的奧秘。

為什麼魯迅雜文與英國隨筆在文體運動中出現了上述共同規律與共同特徵？要回答這一問題，就要回到開頭所說的文體研究的人類學回歸上去。因為隨意性自由文體是人類為了真誠地坦露自己的個性、互相自然交流而形成的一種文學體式，所以必然反對各種陳套與偽飾，必然如斯威夫特所說的那樣：「把恰當的詞放在恰當的位置上」，用蘭姆的話來說就是「從容於自適」。這樣，這類文體也就必然呈現閒、隨、雜、散、曲五種形態特徵。

（六）

一九三一年九月，英國文學專家張若谷先生發表了《魯迅的〈華蓋集〉》一文，第一次從essay、即隨筆的文體發展角度評論了魯迅雜文，用「喜笑怒罵」概括其風格，「彎彎曲曲」總結其措辭，認為這「代表紹興師爺派的一種特殊性格」，並分冷嘲、警句、滑稽、感憤這四點讚揚了有些人評價不高的《華蓋集》。而全文闡發的核心觀點是：「與其當魯迅先生是小說作家，毋寧說他是隨筆作家的更來得恰當。」

該文發表後，反響不大。於是魯迅逝世近四年以後，即一九四〇年夏季，張若谷先生又在《中美日報》的《集納》上發表了《寫文學隨筆》一文，再次重複強調了自己的觀點。結果引起大嘩，有人以《活張若谷仍在曲解死魯迅》為題撰文抨擊。巴人在《論魯迅的雜文》序說中開篇即引錄了這兩篇文章，認為兩文都使他啼笑皆非，都是對魯迅的曲解。

其實，這是一樁魯迅研究學術史上應予重新評價的公案。張若谷的文章縱然有措辭欠準之處，然而對魯迅並無惡意，並且從自己具有英國文學素養這一優勢地位出發，對魯迅最突出的成就作出了中肯的評價。

當然，魯迅無疑是一位卓越的小說作家，他是中國現代小說之父，現代小說從他手中開始又在他手中成熟，他的中篇小說《阿Q正傳》是能列入世界小說名著之林的少數幾篇中國現代小說之一，而且可以毫無愧色地列在首位。所塑造的阿Q典型，則可以說是唯一能立於世界文學典型畫廊的中國近代文學人物形象。這都是無可否認的事實，是值得中華民族引以為榮的。但是，應該實事求是地承認：倘若僅以小說作家的身分在世界文壇上排名次，魯迅自然無法與托爾斯泰、陀思妥耶夫斯基相比，也不能與巴爾札克比肩，甚至與狄更斯、司湯達、福樓拜、雨果以及短篇小說大家莫泊桑、契訶夫等等也都難於相比。一個民族，正確認識本民族的文化偉人，給予恰當的定位，是一件非常艱難而痛苦的事情。人們往往喜歡單純地從民族感情出發，把本民族的文化偉人定在最高位，使他們在所有領域都坐在首席，彷彿只有這樣才能舒心。然而，文學地位是由客觀實績奠定，不以人的意志為轉移的，我們不能因為魯迅是中國作家，小說又在文學中佔有重鎮，就把魯迅列在世界小說大家的一流行列。

實際上，根本不必進行這種比附。魯迅從最突出的才能特質來看，與其說是小說作家，毋寧說是隨筆作家更來得恰當。而且隨筆文學對於一個民族的影響並不亞於小說，中國民族文化本來就是以散文為正脈的。

魯迅逝世後，另一位英國文學專家葉公超教授在梁實秋主編的北京晨報《文藝》週刊上發表了一篇題為《魯迅》的紀念文章，立刻受到左翼文化人的反駁，李何林先生還專門寫了《葉公超教授對魯迅的謾罵》一文予以批判。現在看來，這種批駁從政治思想上說是事出有因的。不過，事過境遷，冷靜思考，就會感到葉文並非全是謾罵，而是反映了英美派自由知識份子的一種魯迅觀；所言也並非全是謬誤，專精英國文學、尤喜英國隨筆的葉公超教授，從自己的學養出發，對魯迅的文學成就作出了肯定性的評價：「魯迅最成功的還是他的雜感文，十四冊中，除掉謾罵，嘲戲，以及零星小品之外，還有委實耐讀的文章在。」在許多論者否定魯迅雜文文學價值的情況下，對世界文學的瑰寶——英國隨筆頗有研究的葉公超教授能夠作出這樣的論斷，不能不說是有著學術良知的，同時也證明魯迅雜文的文學成就委實使專精隨筆的專家耐讀。至於「謾罵，嘲戲，以及零星小品」一語，也不必過於苛求。因為這只是他的次要感覺。事實上，收入魯迅十四冊雜文集以及後來的集外集中的文章，並非全是典範的雜文，有的屬於論文，例如《〈藝術論〉譯本序》；有的屬於譯文，例如《現代電影與有產階級》；有的則屬於一般性的通信和報紙材料的存覽，甚至是一時的遊戲之作。我們在研究魯迅雜文文學屬性問題時，應該把這一類文章剔除在外，留下「委實耐讀的」典範的雜文進行學術探討。這樣做，不僅不有損魯迅的整體形象，而且有益於魯迅文化精萃的傳播與研究。

葉公超在評價魯迅雜文特點時，有中肯之見，也有欠準之處。他說：「魯迅根本是個浪漫氣質的人。有人曾拿他和英國諷刺家斯偉夫特相比。他們確有相同之處，但在氣質上他們卻很不相同。我們的魯迅是抒情的，狂放的，整個自己放在稿紙上的，斯偉夫特是理智的，冷靜的，總有正面的文章留在手邊的。斯偉夫特回到愛爾蘭之後，在那種絕望的心境中還能寫出 A Modest Proposol（即《育嬰芻議》）那樣冷靜的諷刺；他若實有駕馭自己的能力，能在一篇諷刺的文章裡維持著和平與冷靜的氛圍，還能在諷刺中露出笑來。魯迅沒有他的遏制力，沒有他那徘徊於純粹諷刺中的持久性；換句話說，魯迅在文章裡是比較容易生氣，動怒，因此也就容易從開頭的冷靜的諷刺而流入謾罵與戲謔的境界。這是魯迅不及斯偉夫特的地方，也就是使他的諷刺小說失敗緣因之一。但魯迅有一種抒情的文字，常夾雜在他的小說與雜感中的，卻是英國的斯偉夫特所沒有的。」葉公超關於魯迅不冷靜的觀點顯然是錯誤的。早在一九二五年，張定璜就在《魯迅先生》一文中指出：「魯迅先生的醫學究竟學到了怎樣一個境地，曾經進過解剖室沒有，我們不得而知，但我們知道他有三個特色，那也是老於手術富於經驗的醫生的特色，第一個，冷靜，第二個，還是冷靜，第三個，還是冷靜。」這三個「冷靜」早已成為魯迅研究史上的經典之評。一九二九年，同樣專精英國文學的林語堂，也稱魯迅為「現代中國最深刻的批評家」，使青年們見到了「充分的成熟性和『獨到處』，充分的氣魄和足以給他們仰望的巍然的力量。力量是產生於真確的見解，而真確的見解則是由於知識和艱苦的世故中之『磨練』」。魯迅「深湛的年老的中國學者」，是從極複雜、極艱難的境況中出來的，「他深知中國人的生活及其生活法」，「透徹地明瞭中國的歷史」。總之，深刻、冷靜、老練，深知中國人的歷史與現狀，對中國人的民族氣質與生活狀況作了最為透闢的解剖，這是對魯迅早已形成的定評，葉公超公然與之相違，顯然是不正確的。當然，人皆有七情六慾，魯迅也常常動怒，但大多怒出有因，這是他嫉惡如仇、具有血性的表現，他固然也有人所共有的弱點，卻絕非如葉公超所說是什麼「流入謾罵與戲謔」，事實上，無論是諷刺的深度、成熟性，還是涉及的廣度與作品的數量，魯迅都超過了斯威夫特。而從葉公超所說的斯威夫特所沒有的抒情文字來說，魯迅又足以與擅長抒情的英國浪漫派諸家媲美。魯迅能象蘭姆那樣娓娓動人地傾訴刻骨銘心的生命體驗，人生世態，卻無蘭姆式的絮叨與瑣屑；能像赫茲里特那樣文思體勢，磅礴如潮，卻比赫氏更為凝重、節制；能像季・亨特那樣趣味橫生，構想奇妙，卻比亨特博大沉雄；能像德・昆西那樣具有敏銳、深邃的心理洞察力，卻不像他那樣有枝蔓冗長之病。

散文作為人類自由表達識見和情感的隨意性文體，在發展過程中出現了三股分流：一股是「評他」，即魯迅所說的社會批評與文明批評，觸角主要伸向外宇宙，從而延伸為雜文；一股是「述己」，即主要側重敘說自己的人生體驗、抒發個人的思想感情，觸角主要伸向內宇宙，從而發展為正宗的藝術散文或抒情小品；一股是「詩化」，更多地汲取詩的素質，但又不押韻，保持散文的語言體式，形成為散文詩。當然，這三股分流並不是絕對的，時有相互的交叉與滲透，但是以一股為主。魯迅不愧為近代中國最偉大的文體家，在散文的三股分流中都起到了開創作用，並都創造出了極品：「評他」的雜文有堪稱史詩的十四本雜文集及其補遺在，不必多言；「述己」的藝術散文有《吶喊・自序》、《朝花夕拾》諸篇和晚年擬題為「夜記」的《我的第一個師父》、《女吊》等煥發著恒久的魅力；「詩化」的散文詩，則一本《野草》就前無古人、後無來者了。在世界散文史上，有哪一位作家能有魯迅這樣的成就，能對本民族和全人類的靈魂有如此深廣的影響呢？

稱魯迅為世界散文史上的第一大家，當是沒有疑義的。

一九九六年四至六月寫於勁松「孤靜齋」

阿Q與中國當代文學的典型問題

內容提要：
從阿Q到許三觀，貫穿著二十世紀一種新的寫作方式。許三觀的內涵意義是形象地反映了中國人「求諸內」的傳統心理定勢與精神機制。創造典型須把握「度」，注意人物性格的多極性與人物之間的對比，從哲學高度全面、深刻地反映社會歷史的真實。「人物第一」，「敘述革命」、文體創新須「貼」著人物進行。小說的突破主要在於哲學的突破，哲學又須通過個性化的人物形象體現，創造典型的難處在「形而上與形而下的結合部」。

關鍵字：魯迅、余華、阿Q、典型

（二）阿Q——許三觀——二十世紀一種新的寫作方式

阿Q誕生七十餘年以來，文學理論界一直在探索魯迅創造這個不朽典型的藝術奧秘。很多作家也在以阿Q為借鑒，努力創造新的典型。

逼近二十世紀末的幾年裡，有一位青年作家從的新的視角道出了這一奧秘，並在創作中做出了引人注目的實績。這位青年作家就是余華。他在《虛偽的作品》一文中公佈了自己的文學宣言。作為知音的莫言完全贊同這個宣言，並作了更為精要的轉述：「故事的意義崩潰之後，一種關於人生的、關於世界的嶄新的把握方式產生了。這就是他在《虛偽的作品》中所闡述的：人類自身的膚淺來自經驗的侷限和對精神的疏遠，只有脫離常識，背棄現狀世界提供的秩序和邏輯，才能自由地接近真實。」

這個宣言代表了二十世紀世界文學中一種全新的寫作態度和思維方式。而這種全新的文學流向，在中國，正是由魯迅作品、特別是《阿Q正傳》所開創的。二十世紀末期，余華和莫言重新感悟了它，並當作文學宣言公諸於世。余華的感悟可能並不來自魯迅，而是首先得自於對卡夫卡、博爾赫斯等現代主義作家作品的潛心閱讀。但是當他從世界頂尖的現代作家那裡獲得啟悟，又回歸到魯迅這裡時，就由衷地產生了認同：魯迅「是本世紀最偉大的作家之一，他的名字應該和卡夫卡、瑪律克斯、普魯斯特放在一起，他與博爾赫斯是二十世紀小說家中最有學問的兩個。」

從余華提供的新視角出發進行思考，對魯迅所開創的二十世紀中國文學的新的寫作方式會作出怎樣的理解？對阿Q這一不朽典型的形成奧秘又會作出怎樣的闡釋？

要回答這些問題，就須搞清楚余華對真實的理解。余華在宣言中說：「我的所有努力都是為了更加接近真實」。然而，他關於文學基本規則的見解是反常規的，他的「接近真實」是「背棄現狀世界提供的秩序和邏輯」的。

常規認為：「接近真實」，就須精細地描述人物的外貌和周圍環境。余華不以為然，反而認為：「二十世紀的作家是不會再去從事這種無效勞動，而是去抓住最主要的事物，也就是人的內心和意識。」其實，在二十世紀中國文學中實現這種敘述變革的正是魯迅。他的《阿Q正傳》就沒有「津津樂道地去描述人物身上穿著什麼衣服」等等，而是單刀直入地「抓住最重要的事物，也就是人的內心和意識」，集中刻劃阿Q的精神勝利法。環境描寫，也沒有「屋子靠窗的地方放著什麼」等等瑣碎交待，而是淡筆勾勒，朦朧模糊。未莊很像是陀思妥耶夫斯基《卡拉馬佐夫兄弟》中託名「畜欄」的外省小城，是一種寓言化、象徵性的精神環境。而在這種模糊、淡化的背景中，阿Q的精神特徵與內心活動卻鮮明地凸現出來了。

常規認為：「接近真實」，就須竭力塑造人物性格。余華更不以為然，挑戰道：「事實上我不僅對職業缺乏興趣，就是對那種竭力塑造人物性格的做法也感到不可思議和難以理解。我實在看不出那些所謂性格鮮明的人物身上有多少藝術價值。那些具有所謂性格的人物幾乎都可以用一些抽象的常用語詞來概括，即開朗、狡猾、厚道、憂鬱等等。顯而易見，性格關心的是人的外表而並非內心，而且經常粗暴地干涉作家試圖進一步深入人的複雜層面的努力。因此我更關心的是人物的欲望，欲望比性格更能代表一個人的存在價值。」對文學具有超俗悟性的余華，竟然無意中進入了阿Q典型研究的深層次，並道出了真諦。阿Q的複雜性格與精神勝利法的關係問題，是魯迅研究爭論的深層焦點之一。阿Q的性格是複雜的，確如有的學者所論析的那樣，是一個多極對立的系統。然而，精神勝利法是這一性格系統的核心機制與哲學中樞，起到了對性格的「內控」作用。精神高於性格。倘若把阿Q的性格論述得面面俱到，卻忽視了精神勝利法的主要作用，就會本末倒置。誠如余華所言：「性格關心的是人的外表而並非內心」。只注意性格，就會妨礙作家「進一步深入人的複雜層面」，塑造出更深刻、更具普泛性、超越性的人物形象，也會阻礙研究家的視線，不能挖掘出人物更深層的內涵。更深層的是什麼呢？在這裡，余華說的是「欲望」。在同文的前段，又稱為「精神」。認為：「對於任何個體來說，真實存在的只能是他的精神。」「人只有進入廣闊的精神領域才能真正體會世界的無邊無際。」其實，余華說的「欲望」和「精神」是一個意思。阿Q就是因為充滿了處處當勝利者的欲望，而在現實中又處處受挫，所以只能退回內心，求得精神上的勝利。這種欲望和精神的兩難處境，造成了他外表上的多極對立的複雜性格。魯迅歷來把改變中國人的精神當作「第一要著」，傾全力刻劃阿Q的精神勝利法，才使阿Q成為與堂・吉訶德、哈姆雷特、奧勃洛摩夫等世界級文學形象相通的偏重反映人類精神現象的變異性藝術典型。也正因為如此，阿Q才以其怪誕而深邃的恒久魅力，始終引人注目，發人深省，具有永遠說不盡的無窮底蘊。倘若魯迅不是「深入人的複雜層面」，傾全力刻劃阿Q的精神勝利法，而熱心於愚昧、狡猾等性格描寫，就不會出現阿Q這一不朽典型了。作家余華也正是由於悟出了精神高於性格的價值與意義，自《十八歲出門遠行》以來，一直苦苦追尋人的精神，探索人的精神，雕塑人的精神，取得一個又一個突破性的成果。

常規認為：「接近真實」，就須遵循「現狀世界提供的秩序和邏輯」，余華仍不以為然，在文學宣言中反其道而行之，不僅不遵循，反倒公開宣佈「背棄」，斷言道：「任何新的發現都是從對舊事物的懷疑開始的。人類文明為我們提供了一整套秩序，我們置身其中是否感到安全？對安全的責問是懷疑的開始。」余華又在整體性思維方式上與魯迅不謀而合了。魯迅之所以知人論世，總是比別人深刻一層，思維方式上的原因之一就在於能夠對舊中國的一整套秩序發出了「從來如此，便對嗎？」的大膽懷疑，「脫離常識，背棄現狀世界提供的秩序和邏輯」，從而「自由地接近真實」。余華也正是在「關於現實是否真實的哲學探究」中體悟著虛偽與真實之間的悖論：形式是虛偽的，本質卻十分真實；形式是真實的，本質卻十足虛偽。因為在常理和經驗的侷限中，虛偽與真實往往是顛倒的。所以余華偏偏要衝破侷限：「常理認為不可能的，在我作品裡是堅實的事實；而常理認為可能的，在我那裡無法出現。」執意要在形式上「虛偽的作品」中表現本質的真實。而《阿Q正傳》又恰是這樣的作品，不僅未莊子虛烏有，阿Q與王胡比捉蝨子等細節在常理看來也是不可能的，當時就有囿於常理中的短視者提出過批評。然而，從精神本質上思考，卻不能不承認其中包含著堅實的事實，辛辣地嘲諷了的確存在的某些中國人一味盲目追求精神勝利的可恥現象。這種虛假的榮耀和勝利不是還被現代一些人刻意追求著嗎？囿於常理是不可能理解《阿Q正傳》這種拔俗之作的。同樣，要理解余華創造的許三觀，也必須從不同於常規的二十世紀新的寫作方式出發。

（二）許三觀的內涵——「度」．多極．對比——哲學境界與歷史深度

提起當代文學中與阿Q相似的人物形象，人們就不禁想起高曉聲筆下的陳奐生。這個人物的風趣、韌性和「精神的滿足」，的確很有些阿Q的韻味兒。不過，單看兩個人物形象表面的相似點，並不能確定他們在深層次是相通的，陳奐生的形象還缺乏更深的哲理。高曉聲後來的《錢包》、《魚釣》較前深化了，上升為一種「哲理」小說，昇華到哲學的高度俯瞰生活，洞察人的靈魂，以象徵手法暗示豐富的哲理。可惜的是，高曉聲未能取得更大的成功就辭世了。

繼續在探索中前進的是余華。他的《在細雨中呼喊》，對人類成長過程中的各種生命體驗的刻劃簡直達到了極致，但是由於人物過多，未能雕塑出更為突出的形象。到了《活著》，就開始發揮「狠勁」，集中筆力雕刻一個人物——富貴，終於實現了突破。富貴承繼並凸現了阿Q的樂天精神，說明我們中國人這幾十年以至幾千年是如何熬過來的，是怎樣樂天地忍受著種種苦難，堅忍地「活著」的。正是本根於這種精神，阿Q才不致發瘋或自殺，富貴也沒有跟隨他所有的親人去死，中華民族也才堅韌不拔地頑強延續了五千年。誠如余華在他那篇文學宣言的結尾所說：「一部真正的小說應該無處不洋溢著象徵，即我們寓居世界方式的象徵，我們理解世界並且與世界打交道的方式的象徵。」《活著》稱得上是一部「洋溢著象徵」的真正的小說，富貴樂天地「活著」的精神正是一種「寓居世界方式的象徵」。他具有一定的典型性，但是與阿Q相比差距甚大。其中癥結在於：魯迅對阿Q的精神勝利法這種「與世界打交道的方式」，主要採取的是批判的態度，深刻揭示了其負面的消極作用，讓人引以為鑒，克服自身類似的弱點。余華對富貴樂天地「活著」的精神主要採取的是讚頌的態度，對其負面的內在消極因素缺乏深掘。中肯的批評往往比正面的歌頌更深刻，對中華民族也更為有益。余華在他的第三部長篇小說《許三觀賣血記》中就對中國人「活著」的方法、簡言之「活法」進行了深入的揭示與嚴酷的批判。這部小說絕不能簡單地看作是「主

題重複」，輕易下這種斷語，只能表明評論者的浮淺。深一層去看，就不難得出這樣的結論：《許三觀賣血記》是《活著》的深化，是余華朝前邁出的一大步，作家是通過許三觀這個典型形象，從與阿Q既同又不同的另一個更為具象、更為殘酷的視角批判了中國人「求諸內」的傳統心理與精神機制。所謂「求諸內」，就是拒斥對外界現實的追求與創造，一味向內心退縮，製造種種虛設的理由求得心理平衡和精神勝利。儒、道、釋之所以在中國能實現「三教同源」，原因之一是這三教都有「求諸內」的心理淵源，合流之後更加重了這種趨向，長期積澱為一種頑固的心理定勢與精神機制，鑄成中國人的一種弱點。魯迅對此進行了多年的深刻探究，他之所以創造阿Q，用意之一也在於要把退回內心以求精神勝利的普遍現象集中在一個人物身上，予以戲劇化的演示，讓人們在笑聲中肅然省悟自身類似的弱點，逐步克服。而余華筆下的許三觀，則是血淋淋地展示了另一種更為殘酷的「求諸內」——抽賣身內的鮮血以求自己和親人的生存與發展。這種「與世界打交道的方式」，真是令人毛骨悚然，於驚駭和恐懼中聯想得很多。造成許三觀屢屢賣血的主要原因是時代環境，在禁絕商品經濟的極左年代，老百姓除了賣血沒有其他任何獲得工資以外收入的途徑，所以只能這樣可悲地「求諸內」。然而在改革開放、經濟繁榮、不必賣血為生的時期，許三觀還是堅持賣血，並為自己的血已賣不出去而哭泣，就形象地說明「求諸內」這種「與世界打交道的方式」已經成為他自身的心理定勢與精神機制，非常難於扭轉。像許三觀這樣的中國百姓是很多的。當然，不見得每個人都在真的賣血，而那種一味強調節儉，把自己的生活費用壓縮到最低點，以極少的碳水化合物維持生命的「活法」，豈不是一種變相的更為普遍的「賣血」？他們對內只能出賣自身的鮮血，對外又要求絕對平等：「當他的生活極其糟糕時，因為別人的生活同樣糟糕，他也會心滿意足。他不在乎生活的好壞，但是不能容忍別人和他不一樣。」然而，「遺憾的是許三觀一生追求平等，到頭來卻發現：就是長在自己身上的眉毛和屌毛都不平等。所以他牢騷滿腹地說：『屌毛出得比眉毛晚，長得倒是比眉毛長。』」[1]許三觀這時已經對自己「理解世界並且與世界打交道的方

1 《許三觀賣血記》韓文版自序，見南海出版公司一九九八年九月版本。

式」表示懷疑了。我們也通過這一形象聯想和省悟到：如果不從根本上糾正中國人「求諸內」和追求絕對平等的致命弱點，將心理定勢與精神走向扭轉為求諸外，在建設中求生存，競爭中求發展，中國的改革開放事業就不可能成功，或者暫時成功了還會被巨大的慣性拉回老路。這就是許三觀的內涵意義，是這個典型形象給予我們的哲學啟悟。

因此，許三觀的典型意義明顯高於富貴。之所以產生這樣的效果，原因之一是余華在創造典型時更為合「度」了。所謂「度」就是分寸感，合「度」就是把握好人物的褒貶程度與臧否分寸。魯迅對阿Q是充滿同情的，並沒有完全貶斥。然而正因為如此，就反倒會哀其不幸，怒其不爭，對阿Q身上的精神勝利法等病症更為痛恨，採取了以批判為主的態度，也就是說貶大於褒，否多於臧。倘若不合「度」，缺乏分寸感，變成以欣賞為主，褒大於貶，臧多於否，阿Q就會失去警戒作用。相反，如果完全批判，澈底否定，連樂天氣象與「真能做」的勞動者的淳樸都沒有了，成了流氓和慣偷，阿Q也會離我們遠去了。所以，「度」實在是創造典型的一大要素與準則，絕對不可忽視。余華的《許三觀賣血記》比《活著》深化之處，正在於對許三觀「求諸內」負面消極性進行了異常深刻的批判，卻又沒有採取貶斥、嘲笑的態度，令人從許三觀的失敗和固執中感受到他是位既可悲又可愛的人。這種褒與貶、臧與否、讚美與批判之間的合「度」與互滲，使許三觀這個典型形象深含哲理意蘊。

而金庸小說《鹿鼎記》中的韋小寶雖然算是一個相當生動的社會形象，其價值卻無法與阿Q相比。這個人物是妓院長大的小流氓，偷搶拐騙，吹牛拍馬，沒有什麼不可做，而且做得心安理得。他就靠著僥倖和流氓氣而獲得了成功，居然也妻妾成群，封侯拜爵，成了大人物。但是在現實生活中，韋小寶式的成功者遠沒有阿Q型的失敗者普遍，他只能助長人們的僥倖心理和流氓氣，絕無阿Q那樣的鑒戒作用。作家在這個人物身上塗抹的過「度」的喜劇色彩更沖淡了他的典型意義，使他絕不可能取代滲透著適「度」喜劇因素的悲劇典型阿Q，也遠沒有許三觀那樣的深刻內涵。

當然，「度」是極難把握的。因為它是模糊的，不確定的。這種不確定性，呈現於人物性格中就顯示為多極性，難於用一個概念囊括。王蒙在《活動變人形》中以一系列連珠炮式的反問表達過對主人公倪吾誠的困惑：「知識份子？騙子？瘋子？傻子？好人？漢奸？……」這些王蒙風格的反問，道出了一條真理：典型人物的典型性格是複雜、多極的，很難用一個詞語和概念總括。阿Q也是這樣的，無法簡單判定他的類別歸屬：農民？落後農民？浮浪農工？保皇派？革命黨？投機者？……多極性與模糊性成為阿Q性格的突出特徵。同樣，許三觀的性格也不可能一言以蔽之，他的固執令人惱火，而他對親人的無私奉獻又讓人覺得可愛。

造成人物性格多極性的內在原因是其內核中搏動的活潑潑的生命力。用八〇年代人們對賈平凹《浮躁》中金狗性格內核的評語來說，就是：「野性」。金狗這位窮鄉僻壤的才子和路遙小說《人生》中的高加林一樣，也經歷了一番從農村到縣城記者然後又落魄回到農村的循環。然而，金狗絕對不是高加林，他雖然有與高加林相同的經歷和相似的文采，卻比高加林深刻、複雜得多。高加林反映了城鄉差異在農村學子心靈深處所造成的反差與不平，給人們帶來了強烈的心理震盪，特別是農村姑娘劉巧珍真摯、善良的愛情以及由此形成的悲劇，更是感人肺腑。但是高加林的個人坎坷雖然也包含了時代因素，卻沒有與時代的整體性變革聯繫在一起。與時代變革融合在一起，反映出農民改革者性格特徵並折射出時代浮躁心態的典型形象是金狗。他始終處於人格的雙重裂變與靈、肉的撕搏之中，覺悟到農民意識對自己的禁錮與扭曲，要努力去克服，卻不能超越自我、沖出牢籠。倒是因受大空經濟犯罪牽連而入獄之後，才終被激醒，不但不再去要求恢復報社職位，反倒主動申請停薪留職，並進而澈底不要這個名位，玩笑式、灑脫地又成為一個地道的農民，決心「實實在在州河上施展能耐，幹出個樣兒來，使金州河的人都真正富起來，也文明起來！」這時的金狗獲得了哲學的昇華，成為八〇年代出現的最為成功的新時期農民改革者的典型形象。與同樣很成功的張煒《古船》中的隋抱樸相比，之所以給人以更為突出、強烈的印象，也在於金狗性格內核中那種獨特的「野性」，非較為文靜的隋抱樸所能相比。

但是，賈平凹仍未能對金狗的精神機制進行更為深入的開掘。真正深入到精神機制中的，是馮驥才小說《啊！》中的吳仲義。這個心理變態、人格扭曲的精神奴隸，形象地反映了中國知識份子在專制主義高壓與肆虐下精神被扭曲、摧殘、奴化的嚴重性，具有巨大的精神深度。一個吳仲義所表現的專制主義壓迫的深廣性，遠遠超過了眾多「傷痕」文學作品，其原因在於馮驥才沒有僅從表層的「傷痕」著筆，而是深掘了主人公從一位思想敏銳、有深度、對國家體制問題有驚人之見的歷史系大學生逐步被「醃製」成精神奴隸的變形過程和精神機制萎縮、失常的主客觀原因。

吳仲義與契訶夫《一個小公務員之死》和果戈里《外套》中的主人公有著親緣關係。然而，由於馮驥才在刻劃人物的精神深度上超過了前人，所以吳仲義具有了更為深刻的內涵，同時也就超越了他本身的意義，作為被專制主義扼殺、扭曲的精神奴隸的典型而普遍被引為戒鑒，具有超階層、超界域的精神價值。因而不僅在中國新時期文學史上，而且在世界文學史上都有其獨特的份量。

可惜的是吳仲義的對立面賈大真卻很不成功，不像阿Q的對立面趙太爺、假洋鬼子那樣有個性、有深度。縱然這個人物顯得精明、兇悍、富有心機，足以給吳仲義這樣的書生造成「黑雲壓城城欲摧」式的精神壓力，然而從命名到內心還是有失浮淺，有些臉譜化，沒有深掘出這類人物形成的社會原因與內心動機。加以這時的馮驥才，不僅沒有魯迅寫《阿Q正傳》的那種尖銳、譏誚、凝煉的大手筆，而且不及他後來寫《三寸金蓮》時那般純熟、靈動，有些地方略顯生澀，因而影響了吳仲義這個人物形象的傳佈。

典型創造是在對比中進行的，對立面的深淺直接影響典型的成敗。中國當代文學中最成功的對立面人物莫過於古華《芙蓉鎮》中的王秋赦。此角色與住在土穀祠裡、來歷不明的阿Q頗為相像。而他趕上的時代機遇卻比阿Q好得多，在土地改革中憑藉窮出身與硬「根子」翻身解放，以後又接連因「窮」得福，成為「運動根子」。這個人物的價值在於啟悟我們認識到：中國半個世紀以來，運動不斷、民不安生的社會原因之一，就是相當普遍地存在著「我要什麼就是什麼，我喜歡誰就是誰」的阿Q式的革命家與王秋赦這樣的「運動根子」。

還是回到余華的許三觀上來。我們在前文中對許三觀作出那樣高的評價，並不是說他可與阿Q媲美，而是說有些相近，但差距仍很大。最主要的差距是遠沒有達到阿Q那樣的精神哲學境界。前文說過，許三觀抽賣身內鮮血的「求諸內」比阿Q精神勝利的「求諸內」要具象得多，也殘酷得多。然而正因為其過於具象，也就難於有阿Q精神勝利法那樣高度的哲學抽象性，不能上升到人類學的哲學本體境界，更有深度地表現人的精神活動與思維邏輯，因而難於具備阿Q那樣深厚無窮的哲學意蘊與普泛無際的典型意義。

造成差距的主要原因之一是哲學修養不夠。余華說自己是一位有實力的作家，但修養還遠遠不夠[2]，當是非常中肯的自評。不僅是余華，中國當代作家幾乎都難於有魯迅那一代作家的修養了。而諸多方面的修養中，最缺乏的是哲學典籍的長期薰陶，不能如魯迅當年猛攻佛經那樣，對宗教文化進行深入的鑽研，因而探索人類精神現象時不能運轉「深度思維」，回瞰歷史時又不能放開高遠的眼光。譬如余華對文化大革命的反映，無論是《活著》還是《許三觀賣血記》，都顯得臉譜化和簡單化，與《阿Q正傳》對辛亥革命的深刻洞察無法相比。

三「人物第一」——「敘述革命」的得失——「貼」著人物寫

「人物第一」，是魯迅所開創的新文學傳統的一貫信條。正是這種描寫人物、創造典型的自覺意識與努力實踐，促使二十世紀中國文學出現了阿Q這一世界級的藝術典型和一些比較成功的典型形象。

然而，近些年來這一信條逐步被一些年輕作家消解了。八〇年代後期以來出現的「新寫實小說」等等後現代潮流，掀起了一場引人注目的「敘述革命」，將「人物第一」的信條演化為「敘述第一」，把敘述意味的追求、形式的感應以至「敘述圈套」的設計當成小說家的第一目的。無疑，這場「革命」對於敘述理論的研究、敘述技巧的提高以及正負兩方面敘述經驗的積累都有著不可抹煞的積極意義，稱之為「敘述自覺的時代」並不為過。但是，這場「革命」也日益顯現出負面效應：最易從文學作品中走入人們記憶的人物被「敘述革命」「革」掉了，「敘述第一」的作品犧牲了故事，更犧牲了人物。小說家們煞費苦心慘澹經營的敘述構成，經過歲月的流逝，也首先被時間濾去和丟棄了。而文學主要是靠人物形象體現其價值和效能的。文學的煙雲消散之後，最終留在人們記憶中的還是人物。倘若一個時代的文學，在熱鬧一陣之後沒有留下令人難忘的藝術典型，甚至連比較成功的人物形象也沒有創

2 見《我相信自己的實力》，載一九九九年三月十四日北京《晨報》。

造出來，就會給後世鑄成空白和遺憾。曾經令人驚奇的種種「敘述圈套」、「敘述策略」帶來的竟是人物的失落和記憶的逝去，此中教訓難道不值得作家和文學理論家們深思嗎？

後來真正取得成績、給文學史留下有價值作品的，還是當時就與「敘述革命」保持距離、此後「人物第一」的意識愈益鮮明的余華等人。余華非常贊同沈從文所總結的小說應該「貼著人物寫」的創作經驗[3]，也很首肯一位法國出版商的話：中國文學「不能以風土人情取悅法國讀者，也不能以政治上的反對派吸引法國讀者，這樣的時代已經過去了，中國作家必須寫出真正的中國人。」因為「這個世界上再沒有比『人』更具有普遍意義了。」[4]經過堅實的努力，他筆下的人物終於從被當成符號變為有自己聲音的自主的人，豐富起來。為了寫好中國人，余華從《活著》之後使自己的語言和風格更為純粹，更為中國化，從現象上出現了對傳統的回歸。實質上，余華並沒有放棄「先鋒」，而是把先鋒派一些有益的敘述方法運用到人物塑造中去了。這一點，在《許三觀賣血記》中反映得更為明顯，敘述簡潔，淡筆勾勒，不作瑣碎交待，有時僅靠幾句風趣的對話就把時代環境、事件程序等等說清楚，使「人的內心和意識」顯豁出來了，這絕非純粹傳統寫法所能及的。正是「人物第一」的自覺意識使余華調動一切藝術手段為典型塑造服務，他才能夠異軍突起、後來居上，在中國當代文學中躍居領先地位。

相比較而言，原本比余華領先的一些作家，由於「人物第一」的意識有所消弱，開始靠後了。譬如八〇年代中期就創作出《爸爸爸》的韓少功，九〇年代以來致力於長篇小說的文體創新。《馬橋詞典》確實在很大程度上實現了這一願望，從文體結構到文學語言都是韓少功式的，說它是模仿甚至抄襲未免冤枉。然而卻沒有取得預期的更大的效應，其主要原因不在文體形式是否受到外來影響，而在於沒有在讀者心中樹立起一個印象深刻的人物。張煒八〇年代中期就推出了長篇力作《古船》，塑造了隋抱樸等有血有肉的人物形象。到了九〇年代，又精心創作了《九月寓言》，立意更為深邃，藝術也更為純熟，以一個寓言形式隱含深廣的哲理。在這一點上，頗與《阿Q正傳》的

3 《「我只要寫作，就是回家」》。
4 《「我不喜歡中國的知識份子」》。

寓言意味相近。然而，這樣一部高品位的當代長篇，給人的印象竟還不及《古船》深刻，原因之一恐怕也在於沒有塑造出一個更為成功的人物。賈平凹九〇年代以後，自《廢都》至《高老莊》，從小說觀念到敘述方式都出現了轉型與昇華，然而卻沒有塑造出一個可與金狗齊肩的給人以強烈震撼的人物，所以難於再上峰顛。我們期待著賈平凹在他的文集十七至二十四卷中重推高潮，創造出超越金狗的藝術典型。劉震雲二百萬字的超長篇《故鄉面和花朵》與讀者產生隔膜的原因之一，似乎也在於它龐大、複雜的結構難於在讀者、起碼是當代讀者心中樹立起人物。這種現象在巴爾札克的創作歷程中也是存在的。巴爾札克創作的第一個十年（一八一九～一八二九）中，只有《朱安黨人》後來正式收入《人間喜劇》，其餘作品連他自己都認為不成功，沒有收入。重要的原因是這一時期他在創作上還帶有盲目性，沒有自覺遵循「人物第一」的原則。一八三三年，即他寫《歐也妮・葛郎台》之後，就進入了自覺階段。他發現創作的最大奧秘在於創造典型，並且熟練地掌握了塑造典型的規律，就克服了盲目性，取得了主動權，創作出了一大批優秀之作，築成了《人間喜劇》的藝術大廈。

（三）哲學上的突破——個性化的生活原型——「形而上與形而下的結合部」

小說家莫言說：「當代小說的突破早已不是形式上的突破，而是哲學上的突破。」這當是內行人的肺腑之言。魯迅以前的作家為什麼沒有創造出阿Q這樣的典型？除了現代文學運動和魯迅這樣的文學天才尚未出現之外，主要在於當時的中國思想界對精神勝利法這種人類普遍弱點和中國人身上的突出表現還沒有產生上升到哲學境界的整合認識，也沒有形成文學表現方法上根本性突破。

加繆說：「偉大的小說家都是哲學小說家」。從一定意義上說，魯迅就是一位和加繆、卡夫卡、陀思妥耶夫斯基等思想型作家相通的哲學小說家，《阿Q正傳》就是一部寓言式的哲學小說，阿Q這一典型的創造與魯迅深邃的哲學意識關係實在太密切了。可以說，沒有哲學上的獨特發現與精闢概括，就不會有阿Q，也不會有人們對精神勝利法這種消極現象的警覺。

當代最優秀的作家們，如賈平凹就痛感自己「哲學意識太差」，迫切要求提高。然而，一些閱世尚淺的青年作者們卻曾掀起一股消解理性、摒棄哲學、一味要求「還原」「生存本真狀態」的浪潮。出現這種要求是事出有因的，因為在過去很長的一個歷史時期裡，「左」的教條禁錮與理念束縛實在太嚴重了，引起了人們的強烈反感，一旦解禁之後就想掙脫得一乾二淨。所以，反理性主義思潮正是對教條主義的一種反彈。不過，這種反彈與當時的接受禁錮有一點是相通的：同樣帶有濃厚的盲目性，都是缺乏自覺理性和獨立哲學的表現。

余華之所以能夠越居前列，除了「人物第一」的觀念日益明確之外，另一個原因是對理性的執著追求。他對八〇年代文學界批判「主題先行」表示憤慨，認為「完全沒有道理」。八〇年代對「文革」「左」的文藝思想的批判，的確有簡單化傾向，沒有從學理上加以深入的分析就一律採取了全盤否定的態度。那種從教條和理念出發的「主題先行」確實是違反創作規律的，然而並不能因此否定作家在進入創作之前需要對生活進行自覺的理性分析，產生上升到哲學高度的某種主題思想，並以此統帥對生活素材的擇取與提煉。倘若連後一種「主題先行」也否定了，結果只能導致反理性主義的氾濫與創作無節制傾向的滋漫。

當然，片面強調哲學也是不對的，因為小說不同於哲學論文，人物也絕不是傳聲筒。像馮雪峰那樣，把阿Q看成是「是個思想性的典型，是阿Q主義或阿Q精神的寄植者」，同樣會形成理論上的失誤。因為藝術是基於個別形象而不是基於概念顯現的，任何概念化或理念「寄植」的東西都與藝術無緣。魯迅創造阿Q這個藝術典型，是重點專用故鄉紹興實有的謝阿桂一人，又雜取其他人的特徵與型狀，熔冶、提煉而成的。

無論是專用一人，還是雜取多人，創造出的典型必須是現實生活中的一個正常人，不能是精神病患者或智力殘疾者。阿Q縱然顢頇、昏亂，卻是生理健全的人，不瘋也不傻。有的研究家在精彩分析了阿Q的性格系統之後，又把阿Q定作輕度精神病患者，就不能不說是一種失誤，是從實質上否定了阿Q性格分裂所產生的審美價值。正如陀思妥耶夫斯基中篇小說《兩重人格》中的主人公高略德金，陀氏最後讓他發瘋，進了精神病院，也就大大削減了這個典型的哲理意味。同樣道理，韓少功《爸爸爸》中的畸型兒丙崽，無論顯示的意蘊多麼深厚，由於是一個不成其為人的白癡，也只能是一個象徵「人類命運的某種畸型狀態」的符號，不能成為典型。阿來《塵埃落定》中土司的傻瓜兒子，不失為一位具有獨特審視目光的敘述者，但是由於他智力上的缺陷，也不能成為典型。因為讀者是要從正常人身上引出戒鑒，瘋子或傻子與自己不屬同類，自然可以不以為鑒了。

典型只能從作家非常熟悉的生活中來，不能出自主觀的臆造。這個定律異常嚴格，任何人都不可能逾越。陳忠實在《白鹿原》中寫白嘉軒和他的農家庭院、原上沃土時，何其真實、豐滿，得心應手，而到刻劃白鹿書院的朱先生時，卻立刻力絀。說是要塑造「關中大儒」，卻不過是製造了一隻作家主觀意向的傳聲筒罷了！同樣，柳青《創業史》裡的梁生寶遠不如梁三老漢成功，也在於作家脫離了當時的歷史環境，把人物理念化了。儘管如此，這兩部小說都是當時時代所能產生的最好的作品。特別是《白鹿原》中的白嘉軒，是作家打破了狹隘階級論的慣性思維定勢，從「人學」高度塑造的一個血肉豐滿的中國傳統農村宗族族長的典型形象，反映了人性與歷史的豐富性，是僅僅圖解階級範疇的黃世仁、馮蘭池等地主形象無法比擬的。在這一點上，也正與阿Q的典型創造相吻合，魯迅正是從「人學」高度而不是在狹隘階級論的窠臼內塑造阿Q的。

既要有生活，又須通哲學；既要個性化，又需普泛性：二者得兼，何其難也！賈平凹深感其難，覺得自己「形而上與形而下結合部的工作還沒有做好」，「苦苦覓尋」「如何使形而下與形而上融合在一起」。他這裡所說的「結合部」，用黑格爾的話來講，就是「仲介」。魯迅在創造阿Q當中，也作出了典範。他對阿Q進城給盜竊團夥充當小腳色的傳奇性經歷不正面詳寫，對能夠表現阿Q精神勝利法的細節卻精心描繪，由形而下的細節組合成整體的意象，透發出形而上的寓言意蘊和象徵意義，使人們從閱讀中體悟出阿Q精神勝利法的荒謬，進而警覺，獲得教益。按照「三突出」原則捏造出來的節節勝利的「英雄」站不起來，步步失敗的阿Q倒成為了不朽的藝術典型。個中道理，令人深思。

刊於《文學評論》二〇〇〇年第三期

魯迅的當代價值

我今天講的題目是：魯迅的當代價值。

魯迅在當代究竟有什麼價值呢？在魯迅已經屢遭貶損和否定，甚至於要當作「老石頭」踢開的今天，討論這個問題既有緊迫的意義，又有很大風險。因為肯定會遭到很多反對。但是，無論怎樣，作為一個把自己的一生完全貢獻給魯迅研究的學者，必須正視這個問題，而且越是遭到反對越是要討論。因為倘若魯迅並沒有什麼價值，或者是過去有，在當代已經沒有了，魯迅就不值得研究了，隨之連罵也沒必要了，更沒有必要回應那些謾罵了，魯迅在當代的價值問題實在是魯迅學的首要問題，第一大問題，一定要進行認真的討論。我認為對魯迅出現了不同的意見，是完全正常的。過去的一言堂倒是反常的，因為那時並不是沒有不同的看法，而是不敢說出來罷了。現在說出來了，就有利於進行討論。只有經過討論，才能把許多問題辨析得比較清楚，使我們對於魯迅映象更加接近魯迅本體，促使魯迅研究逐步走向科學。既是討論，就須採取心平氣和的實事求是的態度，需要互相交流，互相切磋，甚至爭論。而爭論，也不要像「文革」時期那樣，搞得臉紅脖子粗，以致武鬥，而是切磋琢磨，求同存異。

其實，魯迅在當代的價值問題，早就存在了。文化大革命中興起「讀魯迅」熱潮的時候，這個問題就很突出。那時的宣傳機構說，魯迅在當代的價值，是可以從魯迅那裡學習階級鬥爭的歷史經驗，發動群眾像魯迅那樣「痛打落水狗」，把階級鬥爭進行到底。而這不過是對魯迅的扭曲，目前人們對魯迅的某種誤讀、隔膜，甚至反感，在很大程度上是來自這種扭曲以及魯迅研究工作長期存在的某些脫離群眾、背離魯迅本體的不良傾向。這是我們這些從事魯迅研究工作的人首先應該反思的。魯迅的鬥爭性是很強，骨頭很硬，然而他又很富有感情，很有理性，對他人、對同志，特別是對青年，充滿了真誠的愛。鬥爭，只是他的一種表現形式，並不是最本質的東西。

那麼，什麼是魯迅最本質的東西呢？也就是魯迅究竟是誰呢？魯迅研究橫亙整個二十世紀，發展為一門獨立的學科——魯迅學。到目前已經有八十餘年的歷史。而自魯迅學濫觴之日起，魯迅研究家們都在苦苦思索著這個問題，苦苦思索著魯迅究竟是誰？我們為什麼要學習他，研究他，為什麼魯迅研究竟然持續了將近一個世紀，還保持著這樣強勁的勢頭。為什麼魯迅的書至今仍然具有著強烈的吸引力，有人愛他，讀他，研究他。也有人恨他，罵他。這種現象，是很值得我們深刻思考的。古今中外歷史上，任何一個有深刻思想的精神文化巨人，都會引起強烈的反響，有人擁贊，也有人反對。存在異議是正常的，輿論一律倒是反常的。在中國二十世紀精神文化史上，魯迅作為一位文化巨人，獲得的頌揚、肯定最多，受到的攻擊、否定也最多。這正說明了魯迅的偉大，說明瞭他的思想深刻觸及了中國人的靈魂，他的作品始終保持著巨大的吸引力。試回想，一個世紀以來，多少曾經紅極一時的人物早就灰飛煙滅，從人們的記憶中消失了，誰還願意提起他們呢？恐怕連罵都懶得了。然而魯迅逝世已經快七十年，人們還總紀念著他，研究著他，當然也有一些人仍然在罵著他。關於魯迅的研究與爭論，幾乎貫串於二十世紀中國所有的精神文化論戰當中，到了二十一世紀又出現了方興未艾的強勁勢頭。每一次精神解放都要牽動到對魯迅的評價，催發魯迅研究的突破，並牽動到人類精神文化的一些根柢性的理論問題，這難道不足以證明魯迅在中國有著異常重要的價值與分量，魯迅思想包含著極為深刻的底蘊嗎？

那麼，究竟是什麼原因使得魯迅具有如此之深的思想底蘊呢？這就又要回到我們剛才所提出的問題上去，魯迅的思想本質是什麼？

魯迅的思想本質是什麼？對於中國人來說，魯迅最重要的價值是什麼？究竟是什麼因素使得魯迅學歷經近一個世紀而不衰，反而顯示出了愈來愈強勁的生命力？

從魯迅及其作品引起中國精神界的震撼、魯迅學濫觴之日起，研究家和思想者們就開始追問這一問題。

我專治中國魯迅學史凡二十餘年，歷時九年擔綱編纂了五卷一分冊共計一千萬字的《一九一三～一九八三魯迅研究學術論著資料彙編》，在此基礎上撰寫了《阿Q新論——阿Q與世界文學中的精神典型問題》、《悟性與奴性——魯迅與中國知識份子的「國民性」》等專著，又與人合作翻譯了第一部研究中國人的書——美國傳教士亞當·史密斯著的《中國人氣質》並作了詳細的譯後評析，並於二〇〇二年底由廣東教育出版社出齊了三卷本、一百八十七萬字的《中國魯迅學通史》，獲得第六屆國家圖書獎，收入中國出版集團編的《中國文庫》。前年到澳大利亞、去年到加拿大、今年到日本，宣講魯迅和中國魯迅學史，下面準備用十年的時間撰寫一部大型多卷本的《魯迅通傳》。可以無愧地說是把自己的一生毫無保留地貢獻給了魯迅研究。經過我多方查證，確證正式見諸於文字的對魯迅的最早評論是一九一三年四月《小說月報》第四卷第一號上該刊主編惲鐵樵，對魯迅最早的文言小說《懷舊》所作的十處隨文評點和文後的《焦木附志》。認為《懷舊》「用筆之活可作金針度人」、「轉彎處俱見筆力」、人物「寫得活現真繪聲繪影」、「狀物入細」，「才解握管，便講詞章，卒致滿紙餖飣，無有是處」的青年「極宜以此等文字藥之」。這是從文章寫法上衡定魯迅的價值。而這並不能作為中國魯迅學史的起始，起始應該是五四時期。魯迅正式登上五四文壇之後的最早反響和評論，是傅斯年一九一九年二月一日在《新潮》第一卷第二號上發表的《書報介紹》，魯迅的《狂人日記》發表以後，傅斯年稱讚道：「魯迅先生所作《狂人日記》的狂人，對於人世的見解，真個是透徹極了」，他是「烏托邦的發明家，未來社會的製造者」。這是從對社會歷史的預見和推動方面，認識魯迅的思想本質及其價值。吳虞則是把「吃人」與「禮教」這兩個對立的概念醒目地提取出來，又舉出歷史上種種吃人的實例，從揭露中國封建禮教「吃人」本質這一點上概括魯迅的思想和價值。《阿Q正傳》剛刊登到第四章，茅盾覺得「阿Q這人很是面熟」，「是中國人品性的結晶」，乃是從反映中國國民性的視角理解魯迅的思想本質及其價值。張定璜拿魯迅的小說與清末的作品進行對比，認為讀魯迅的小說「譬如從薄暗的古廟的燈明底下驟然間走到夏日炎光裡來，我們由中世紀跨進了現代」，魯迅是「新文學的第一個開拓者」，是從中國精神文化由中世紀向現代轉型的意義上進行把握。一九二七年十一月，茅盾的《魯迅論》指出：魯迅「老實不客氣地剝脫」他人，

「也老實不客氣的剝脫自己」，通過阿Q促使「老中國的兒女」看到「自己的影子」，「不能不懍懍地反省自己的靈魂究竟已否脫卸了幾千年傳統的重擔」，仍是從反省中國國民性的視角進行理解。一九三三年七月，瞿秋白在《〈魯迅雜感選集〉序言》中首先就提出了「魯迅是誰？」的問題，得出了魯迅是「封建社會的逆子，是紳士階級的貳臣，而同時也是一些浪漫諦克的革命家的諍友」的結論，是從當時無產階級革命的政治立場上作出衡定。一九三七年十月，毛澤東在《魯迅論》中稱魯迅是「中國的第一等聖人」，並說「孔子是封建社會的聖人，魯迅是新中國的聖人」，這是從精神文化權威的角度，評價和衡定魯迅在中國的價值。一九四〇年一月，毛澤東在《新民主主義論》中稱魯迅是「中國文化革命的主將，不但是偉大的文學家，而且是偉大的思想家和偉大的革命家」，實質是從新民主主義思想文化革命的格局中概括魯迅的思想本質及其價值。五〇年代，陳湧在《論魯迅小說的現實主義》中稱魯迅是「近代中國第一個最深刻最澈底的革命民主主義和現實主義的作家」，「深刻地反映了中國，反映了中國的革命」，從民主主義的政治革命高度予以總結。八〇年代，王富仁又從中國反封建思想革命的視角加以總括。九〇年代，汪暉的歷史「中間物」論又成為理解魯迅思想本質及其價值的先鋒尺規。一部中國魯迅學史，就是一部魯迅是誰、魯迅在當代中國的價值究竟是什麼的追問史。

解釋學鼻祖、德國哲學家威廉・狄爾泰認為：理解和解釋是在人文科學中所使用的方法，所有的作用都通過理解和解釋來統一，理解和解釋包含人文科學的全部真理。在每一階段，理解都展現一個世界。對他人的理解和對精神生活表現的理解是以我們自己的經歷以及我們對這經歷的理解為依據的，並以經歷和理解的連續不斷的相互作用為依據的。以上所列舉的中國魯迅學史上對魯迅價值的理解和解釋，在每一階段都展現一個世界，而各種理解都是以解釋者自己的經歷以及他們對這經歷的理解為依據的。譬如瞿秋白是中國共產黨的早期領袖，他對魯迅的理解和解釋就是必然是從當時無產階級革命的政治立場出發的。毛澤東是中國民主主義革命的最高領導和思想權威，他對魯迅的理解和解釋當然是從民主主義革命的思想文化高度作出的。而汪暉是二十世紀八〇年代成長起來的思想先鋒，所以能夠從現代哲學的視角對魯迅作出理解和解釋。總之，各個階段對魯迅的理解和解釋以及所展現的魯迅世界都自有其不同側面的真理性和各自的依據。這些經歷和理解的連續不斷的相互作用，促進魯迅學的不斷深化與進展。

然而，這些理解和解釋雖然包含各自的真理和依據，卻都有所不足。有些偏離了魯迅的思想本質與價值核心，有些稍作涉及，但未能深入。例如瞿秋白從當時無產階級政黨的政治利益出發認識魯迅，而未能從整個人類的精神文化史的廣闊視野中對魯迅的思想本質和終極價值作出宏觀把握。茅盾一開始就天才地直逼魯迅的思想本質與價值核心，後來又寫出了更為系統的《魯迅論》，這篇論文其實是中國魯迅學史上最為逼近魯迅思想本質與價值核心的論著。但是，以後的關於魯迅的論著，不僅沒有進一步闡發這些論點，反而作了自我否定，思想上倒退了。像一九五六年十月十九日在魯迅逝世二十周年紀念大會上的報告《魯迅——從革命民主主義到共產主義》，就陷於用魯迅的思想發展印證歷史既成狀況合理性的先驗邏輯，而沒有更多地深掘魯迅的思想本質與價值核心。

那麼，魯迅的思想本質與價值核心究竟是什麼呢？

一言以蔽之，就是：對中國人精神的深刻反思。用長一些的話解釋，就是：在二十世紀中國從封建專制向現代文明轉型的歷史時期，對幾千年來封建禁錮下的中國人的精神進行澈底的根柢性的反思，敦促中國人衝出思想的牢籠，獲得精神的解放，達到精神的獨立和思想的自由，從而正確地認識自己、認識世界，確定自己在世界的恰當定位和自立於世界民族之林的正確方略，實現中華民族的偉大復興。之所以稱魯迅為「民族魂」，我認為就在於他是對於中國人的精神、即民族的靈魂進行深刻反思的偉大思想家。魯迅給我們留下了《野草》、《彷徨》那樣的無比完美的文學文本，也給我們傳下了《中國小說史略》、《漢文學史綱要》那樣獨闢蹊徑的學術經典，但是最為重要的是他的思想和精神，是他對中國人精神的反思。他的那些無比精美的作品，正是這種反思的結晶。

其實，這種反思，不僅對於一個民族是至關重要的，就是對於一個人，乃至整個人類，也是最為重要、帶有根本性的。日本、韓國也是從反思這一點接受魯迅的，已故的日本魯迅學家伊藤虎丸先生提出了「個的思想」，認為人只有通過「回心」和「反省」、「看見自己」，才可能「自己成為自己」，達到「個的自覺」。當我來到日本從李冬木先生那裡拿到伊藤虎丸先生這些文章的中譯本，連夜苦讀的時候，真正感到了靈魂的相遇。我正是在八〇年代末的「大寂寞中讀自己」時，獲得對魯迅的這個感悟的，並寫進了《阿Q新論——阿Q與世界文學中的精神典型問題》緒論、《悟性與奴性——魯迅與中國知識份子的「國民性」》引言和《中國魯迅學通史》代跋二《大荒原上追「過客」》中。而在他鄉東瀛，竟然看到了與自己有相同體悟的論著，我恨自己對日本的魯迅研究著作讀得太少，太晚，未能在伊藤虎丸先生生前與他相知，向他請教。

所以魯迅的深刻反思不僅在當代中國具有重要價值，而且在日本、韓國以及東亞，整個世界都有著不可忽視的當代價值。

馮友蘭先生用八十五歲到九十五歲生命最後十年的心血凝聚而成的七卷本《中國哲學史新編》，無愧是到目前為止中國哲學史研究的最高成果，薈萃了他畢生的思想結晶。在該書第一卷全書緒論第四節「什麼是哲學？」中，這位哲人寫了這樣一段發人深省的警句格言：

> 哲學是人類精神的反思。所謂反思就是人類精神反過來以自己為對象而思之。

根據黑格爾的「反思」範疇和上述對《精神現象學》的理解，馮友蘭先生認為，古今中外，一切有價值的真正的哲學著作，從外國柏拉圖的《對話》、康德的三個「批判」、費爾巴哈的《基督教的本質》、馬克思的《關於費爾巴哈的提綱》、恩格斯的《自然辯證法》到中國的最早的《周易》、王充的《論衡》、周惇頤的《太極圖說》、《通書》、董仲舒的《春秋繁露》等等，都是對人類精神的反思或者是人類精神對宗教生活、政治生活、自然科學等領域的反思，都有「精神現象學」中應有之義。而反思的宗旨就是認識自己，認識世界，確定自己在世界中的位置，以作出生存與發展的正確方略。

其實，究其根本，人類從誕生、即有了精神之日起，就已經開始了這種追問和反思。先祖們曾在古希臘神廟上鐫刻著一句對後人的提醒，「認識你自己！」法國大思想家蒙田也說過「世界上最重要的事情就是認識自我。」德國哲學家恩斯特・凱西爾名著《人論》的第一段話就是：「認識自我乃是哲學探究的最高目標——這看來是眾所公認的。在各種不同哲學流派之間的一切爭論中，這個目標始終未被改變和動搖過：它已被證明是阿基米德點，是一切思潮的牢固而不可動搖的中心。」另一位德國哲學家舍勒一篇名著的題目就是《人在宇宙中的位置》，力求認識自己，認識宇宙以及人在宇宙中的位置。朱智賢在《兒童心理學》中也指出：認識自己，把自己作為主體從客體中區別出來，「是人類意識區別於動物心理的重要標誌之一」；兒童一歲末的時候，開始能把自己的動作和對象的動作區分開來，這是「自我意識的最初表現」；兒童掌握代名詞「我」，「是一個困難的任務」，約在二到三歲的時候，才有可能「通過言語交際開始掌握這些代名詞」；在嬰兒期兒童個性特徵的萌芽表現上，自我意識的形成和初步的道德判斷和道德行為的開始出現，是值得特別注意的。」一個民族其實同樣需要經過這樣從兒童到成人的成長過程，需要逐步認識自己，實現自我意識的自覺。一個民族的思想家的最主要的使命就是促使本民族正確地認識自己。中國近代以降，從梁啟超、嚴復到胡適、周作人，歷代思想家都在敦促中國人研究自己，反思國民性的弱點。梁漱溟甚至認為：「孔子畢生所研究的，的確不是旁的而明明就是他自己；不得已而為之名，或可叫做『自己學』。」而就整個人類來說，認識自己，認識自己在宇宙中的位置，其實是整個人類始終不變的科學探求的終極目標，從托勒密的地球中心說，到哥白尼的太陽中心說，一直到愛因斯坦、霍金等物理學家的現代宇宙觀，實質上都是在探索著人類究竟是怎麼回事，宇宙究竟是怎麼回事，以及人類在宇宙中究竟處於怎樣的位置。這一終極問題的回答，關係到人類的世界觀、人生觀等等許多根本性的哲學理論體系的建構。

魯迅也思考過宇宙的問題，在一九三五年六月二十九日致唐英偉的信中說過：「宇宙的最後究竟怎樣呢，現在還沒有人能夠答覆。也許永久，也許滅亡。但我們不能因為『也許滅亡』就不做，正如我們知道人的本身一定要死，卻還要吃飯。」魯迅是清醒的現實主義者，他從浩茫的宇宙降落到現實的硬地上，致力於對中國人的精神進行深刻的反思。

晚清以降，對於中國來說，「認識你自己！」就不僅是哲學探究的最高目標，而且是關係到民族生死存亡的大問題了。因為幾千年來，中國人實在是太不認識自己了。魯迅在早期論文《文化偏至論》中作過這樣的描述，當時中國人對自我的意象是：「屹然出中央而無校讎，則其益自尊大，寶自有而傲睨萬物」；對世界的意象是：「其蠢蠢於四方者，胥蕞爾小蠻夷耳，厥種之所創成，無一足為中國法」。這種惟我獨尊、鄙夷四方的觀念在中國人頭腦中充斥了幾千年，降至近代，鴉片戰爭一聲炮響，帝國主義列強用大炮打開了中國的大門。正如馬克思在《中國革命和歐洲革命》一文中所指出的：「清王朝的聲威……掃地以盡，天朝帝國萬世長存的迷信受到了致命的打擊」。然而在致命的打擊面前，中國封建統治階級卻拒絕正視現實，承認失敗，以總結教訓，重振國風，反而文過飾非，「用瞞和騙，造出奇妙的逃路來」，靠虛假的精神勝利來麻醉自己和國民的靈魂。於是，精神勝利法就成為近代中國一個普遍的精神現象。正如許多研究家都引證過的那樣，近代中國充滿精神勝利法的實例：一八四一年，第一次鴉片戰爭失敗後，清朝的將軍奕山向英軍卑屈求降，對朝廷卻誑報打了勝仗，說「焚擊痛剿，大挫其鋒」，說英人「窮蹙乞撫」。清朝的皇帝居然也就這樣說：「該夷性等犬羊，不值與之計較。況既經懲創，已示兵威。現經城內居民紛紛遞稟，又據奏稱該夷免冠作禮，籲求轉奏乞恩。朕諒汝等不得已之苦衷，准命通商。」《新青年》第四卷第四號上還發表過林損的一首詩，開頭兩行是：「樂他們不過，同他們比苦！美他們不過，同他們比醜！」由此可見，當時的中國已經陷於閉著眼睛求圓滿的「瞞和騙」的大澤中不可自拔，精神愈益淪落了！因此，這一時期對中國人來說，至關重要的就是大呵一聲，使之猛醒，實現精神的自覺。

而魯迅所扮演的歷史角色，正是承擔起這樣的重任。

他在青年時代所寫的早期論文《摩羅詩力說》中大聲呼喚「精神界之戰士」的到來，企盼中國人的精神自覺，並就提出這樣一段至理名言：

首在審己，亦必知人；比較既周，爰生自覺。

其意是：首先在於審視自己，也必須瞭解他人，相互比較周全合宜，才能產生自覺。用老子的話來說，就是：「知人者智，自知者明，勝人者有力，自勝者強。」用孫子的話來說，就是：「知己知彼，百戰不殆。」而用現代的哲學語言解釋，則是：認識自己，又認識世界，在周嚴的比較中達到主觀世界與客觀世界的統一，然後才能昇華到自覺的境界。這一點，實質是人們學習哲學、增加智慧的要旨所在。當代著名哲學家馮契教授就認為哲學作為智慧的核心問題是不僅要認識世界而且要認識自己，並在認識世界與認識自己的交互作用中「轉識成智」和培養自由人格。這些觀點，在他的《認識世界和認識自己》一書中得以充分展開，成為他所致力的以智慧為中心的哲學理論研究之一。

魯迅在《〈吶喊〉自序》中回憶他青年時代辦《新生》雜誌失敗後，陷入有如「置身毫無邊際的荒原」中的大寂寞。而正是在這個時候，他「看見自己」了，明白自己「決不是一個振臂一呼應者雲集的英雄」。「看見自己」，正是認識自己的開始，開拓出了他一生精神歷程的正確起點。二十世紀初葉，面對鴉片戰爭的失敗，中國思想界展開了如何救中國的爭論，有人「競言武事」，有人又「復有製造商估立憲國會之說」。魯迅則指出這些人不過是「不根本之圖」的「輇才小慧之徒」，與之針鋒相對，在青年時代就提出了「立人」的理想。他在早期論文《文化偏至論》中提出「根柢在人」，「首在立人，人立而後凡事舉」。而要做到「立人」，就須「淵思冥想之風作，自省抒情之意蘇」，「反省於內面者深」。這樣，「人生意義，致之深邃，則國人之自覺至，個性張，沙聚之邦，由是轉為人國」。這就是說如果有了高素質的人，一切都好辦，國家自然就會興盛；倘若人的素質不行，即便有了強大的軍隊，豐富的物質，有了商業和議會，也是白搭。因而，他在《摩羅詩力說》中大聲呼喚「精神界之戰士」的到來，企盼中國人的精神自覺。「五四」時期，他抨擊中國舊文化，也旨在尋找「真的人」，使人們能夠「幸福的度日，合理的做人」。他認為「中國人向來就沒有爭到過『人』的價格，至多不過是奴隸，到現在還如此，然而下於奴隸的時候，卻是數見不鮮的。」號召青年們擊潰「想做奴隸而不得的時代」與「暫時做穩了奴隸的時代」，創造「中國歷史上未曾有過的」沒有奴隸、也沒有奴隸主的「第三樣時代」。那麼，究竟怎樣才能成為不做奴隸的「真的人」呢？這就需要有人的意識，懂得人的價值。而要做到這一點，首先就必須認識自己。因為只有正確地認識自己，尊重自己，才可能認識別人，尊重別人，嚴格地遵守自己與他人之間的「遊戲規則」——民主與法律，實現人的自覺。

其實，魯迅終生奮鬥的目標，就是以文學為武器啟悟「偏不肯研究自己」的中國人學會認識自己與認識世界，在正確的認識中由「本能的人」、「蒙昧的人」轉化為「自覺的人」、「智慧的人」，實現從青年時代就樹立起的「立人」理想，實現人的現代化。他最主要的著作《阿Q正傳》，就最為集中、最為充分、最為藝術地體現了這一用意。阿Q就是一個本能的蒙昧的人，他始終不能正確地認識自己，認識世界以及自己在世界上的位置，渾渾噩噩，糊裡糊塗，得意時趾高氣揚，欺侮弱者；失敗時又靠精神勝利法，化失敗為勝利，在「瞞和騙」中尋求圓滿。賽凡提斯通過堂・吉訶德這一不朽形象表現了人類易於脫離客觀物質世界的發展變化、陷入主觀主義誤區的普遍弱點，魯迅則通過阿Q這一活生生的藝術形象，表現了當時中國的一種昏聵顢頇、自欺欺人的精神現象，同時也反映了人類易於逃避現實、退入內心、尋求精神勝利的精神機制和普遍弱點。堂・吉訶德到臨死時才明白自己不過是一個平凡的普通人，並非什麼騎士；阿Q則是直到被押往法場時還不知道自己是怎麼死的。這兩個藝術形象都是絕妙的「鏡子」，啟悟人們認識自己，實現精神的自覺。而阿Q則是中國化的，對於中國人具有特殊的啟悟意義。魯迅從創造阿Q這個精神典型，到後期寫阿金這個蒙昧顢頇的娘姨形象，都是從根本點上總結中國人的生存方式，旨在啟悟他所摯愛的中華民族從精神幻覺的迷夢中覺醒，讓人們從朦朧、昏憒的醉迷中醒悟，掙脫出「瞞和騙的大澤」，敢於正視人生，正視面臨的物質實境，「直面慘澹的人生，正視淋漓的鮮血」，正確地認識自己與認識世界。這恰恰是一種最根本的精神啟蒙與哲學啟悟。

去年訪問加拿大時，一位朋友問我，你研究了一輩子魯迅，能不能用一句簡明通俗的話說說魯迅是什麼人。我考慮了一下說：魯迅就是教導「偏不肯研究自己」的中國人明白自己是怎麼回事，周圍世界是怎麼回事，在這樣的世界上自己應該怎麼做，活得明白點兒。後來，我把這個觀點寫成了隨筆《閒說「隔膜」》，發表在二〇〇五年三月九日中華讀書報《家園》上。

巴金在《隨想錄69‧十年一夢》引過林琴南翻譯的英國小說《十字軍英雄記》中的一句話：

> 奴在身者，其人可憐；奴在心者，其人可鄙。

所謂的「奴在心者」，就是在精神上、內心裡被奴役的人，這種「精神奴隸」是最可鄙的。魯迅終生致力批判的正是這種「精神奴隸」。一九二一年，他在《〈狹的籠〉譯者附記》中就表述過這樣的觀點。《狹的籠》是俄國盲詩人埃羅先珂創作集《天明前之歌》裡的第一篇，是作者在漂流印度時有感於當地人對廢除「撒提」習俗的不滿而寫成的。魯迅翻譯了這篇文章並在附記中這樣評述道：「單就印度而言，他們並不慼慼於自己不努力於人的生活，卻憤憤於被人禁了『撒提』，所以即使並無敵人，也仍然是籠中的『下流的奴隸』。」所謂「撒提」，是印度舊時的一種封建習俗：丈夫死後，妻子即隨同丈夫的屍體自焚。「撒提」（Sait，梵文）原義為「貞節的婦女」。對於這種極端殘忍、滅絕人性的封建習俗，予以廢除自然是理所當然的。但是當時的許多印度人，甚至包括很多上層的文化人都表示反對。這些人的確如魯迅所說的是「籠中的『下流的奴隸』」！「自己不努力於人的生活」，爭取「人」的價格，卻憤憤於被人禁了『撒提』！因而「即使並無敵人」，沒有殖民者、奴隸主形式上的統治，在精神上、內心裡，他們仍然是「狹的籠」中的最下流、最可鄙的奴隸！

上世紀八〇年代初，廖冰兄畫了一幅很有名的漫畫。似乎題為：「解放後的知識份子」。畫的是一個蜷縮成一團的知識份子，看來原來是被囚於罐中的，如今罐雖已被打碎，他卻仍然保持著囚禁在罐中的姿態。一九九四年冬天我去參觀黃胄先生辦的炎黃藝術館時，見到這幅畫作為藏品陳列，令我長久佇立畫前，想得很多很多。一九九七年秋天，參觀裘沙、王偉君夫婦的《魯迅之世界》畫展，還想再看一看這幅漫畫，但是尋遍炎黃藝術館各個展廳都沒找到，不禁悵然。不過，看了裘沙、王偉君的畫又有所彌補。因為《魯迅之世界》表現了魯迅思想之真諦——反對奴隸性，與同是反對奴性的廖冰兄漫畫是一脈相承的。裘、王畫中有一幅題為「閉著的眼睛便看見一切圓滿」，一個像阿Q的人，面頰上烙著一記血手印，是剛挨過耳光的，然而卻閉著眼睛怡然自樂，像是「看見一切圓滿」。這個「用瞞和騙，造出奇妙的逃路來」的人，與那位罐碎後仍然蜷縮一團的知識份子，以至於「狹的籠」中的「下流的奴隸」，實質上屬於同一個精神體系——由奴隸的思維模式、心理模具壓鍛、醃製出的「奴在心者」型號。這種型號的「精神奴隸」，在中國知識份子中是屢見不鮮、層出不窮的。我們有必要時時反思自己是否有這樣的精神狀況。

魯迅還在這篇文章中稱讚「俄國式的大曠野的精神」。這種「大曠野的精神」，實質上是與蜷縮在「狹的籠」中的奴隸精神相對立的，與其他作家提倡的「大荒原精神」等等精神是一致的，同是一種獨立、自由的自覺精神。魯迅又在《華蓋集・通訊》中說「其實中國並沒有俄國之所謂智識階級」，也正是認為中國缺乏俄國知識份子的那種「大曠野的精神」，多的是蜷縮在「狹的籠」中的「精神奴隸」。

魯迅痛感中國人的精神在封建專制主義的禁錮奴役之下日益萎靡錮，一九二四年十一月，在《苦悶的象徵》引言中寫道：

> 非有天馬行空似的大精神即無大藝術的產生。但中國現在的精神又何其萎靡錮蔽呢？

是的。沒有天馬行空似的大精神，也就沒有大藝術、大學術。沒有思想的自由，精神的獨立，蜷縮在思想的牢籠中，精神狀態萎靡錮蔽，哪裡能夠創造什麼真正的藝術和學術呢？而魯迅在《過客》中所大力張揚的大荒原上的「過客」精神，恰恰就是這種天馬行空似的大精神，是精神解放的最高標誌。

一九二五年七月二十二日，魯迅又在《論睜了眼看》這篇雜文中對當時彌漫整個社會自欺欺人的精神現象進行了更為直接的抨擊：

> 中國人的不敢正視各方面，用瞞和騙，造出奇妙的逃路來，而自以為正路。在這路上，就證明著國民性的怯弱，懶惰，而又巧滑。一天一天的滿足著，即一天一天的墮落著，但卻又覺得日見其光榮。

因此，魯迅主張用文藝這「引導國民精神的前途的燈火」，令中國人從「瞞和騙的大澤」中掙脫出來。如在《隨感錄四十》中所說的「覺醒的人的真的聲音」。

一九二四年七月，魯迅在西安講授《中國小說的歷史的變遷》時說過：「至於說到《紅樓夢》的價值，可是在中國底小說中實在是不可多得的。其要點在敢於如實描寫，並無諱飾，和以前的小說敘好人完全是好人，壞人完全是壞人，大不相同，所以其中所敘的人物，都是真的人物。總之自有《紅樓夢》出來以後，傳統的思想和寫法都打破了。」打破了什麼呢？就是打破了「瞞和騙」的「大團圓」式的傳統，寫出了真實！

中國近代有兩部書在中國人的精神解放史上起到了無可估量的作用，這就是《紅樓夢》和《魯迅全集》。而這兩部書共同的地方，就是敦促中國人從「瞞和騙」的大澤中猛醒，「睜了眼看」世界，實現精神的真正解放！

到了晚年，魯迅對中國人所受的精神奴役問題有了更為深刻的思考。一九三四年，他閱讀《清代文字獄檔》之後寫了兩篇雜文，值得反覆品味。

一篇是《隔膜》。寫的是魯迅從《清代文字獄檔》中發現的一件案例：乾隆四十八年二月，山西臨汾縣生員馮起炎，聞乾隆將謁泰陵，便身懷著作，在路上徘徊，意圖逞進，不料先以「形跡可疑」被捕了。那著作，是以《易》解《詩》，實則信口開河，惟結尾有「自傳」似的文章卻很特別，大意是有兩個表妹，可娶，而恨力不足以辦此，想請皇帝協辦。雖然幼稚之極，然而何嘗有絲毫惡意？不過著了當時通行的才子佳人小說的迷，想一舉成名，天子做媒，表妹入抱而已。不料結尾卻甚慘，這位才子被從重判刑，發往黑龍江等處給披甲人為奴去了。魯迅對此案作出了極深刻的評析：

……這些慘案的來由，都只為了「隔膜」。滿洲人自己，就嚴分著主奴，大臣奏事，必稱「奴才」，而漢人卻稱「臣」就好。這並非因為是「炎黃之冑」，特地優待，賜以嘉名的，其實是所以別於滿人的「奴才」，其地位還下於「奴才」數等。奴隸只能奉行，不許言議；評論固然不可，妄自頌揚也不可，這就是「思不出其位」。譬如說：主子，您這袍角有些兒破了，拖下去怕要破爛，還是補一補好。進言者方自以為在盡忠，而其實卻犯了罪，因為另有准其講這樣的話的人在，不是誰都可說的。一亂說，便是「越俎代謀」，當然「罪有應得」。倘自以為是「忠而獲咎」，那不過是自己的糊塗。

一九三四年六月二日致鄭振鐸的信中，魯迅又對此案作了如下評論：

頃讀《清代文字獄檔》第八本，見有山西秀才欲娶二表妹不得，乃上書乾隆，請其出力，結果幾乎殺頭。真像明清之際的佳人才子小說，惜結末大不相同耳。清時，許多中國人似並不悟自己之為奴，一歎。

魯迅這段洞察世情的評析，具體來說，是針對馮起炎一案而談的，從哲學啟悟意義上思考，則是啟發人類悟性的警世格言，啟發我們作出這樣的反省：要真正認識自己，就必須透過表面現象的「隔膜」，去理解事物的本質，絕不可像馮起炎那樣簡單愚蠢，上了統治者美好謊言的當，「真以為『陛下』是自己的老子，親親熱熱地撒嬌討好去了」，結果禍從天降。而「不悟自己之為奴」一語，恰恰是對身受奴役而不自知者的最好評騭，一針見血地精闢概括出了這種人的精神特徵。

另一篇是《買〈小學大全〉記》。寫的也是魯迅從《清代文字獄檔》中發現的一件案例：《小學大全》的編纂者尹嘉銓，他父親尹會一，是有名的孝子，乾隆皇帝曾經給過褒揚的詩。他本身也是孝子，又是道學家，官又做到大理寺卿稽察覺羅學。還請令旗籍子弟也講讀朱子的《小學》，而「荷蒙朱批：所奏是。欽此。」後來又因編纂《小學大全》，得了皇帝的嘉許。到乾隆四十六年，他已經致仕回家，本來可以安享晚年了，然而他卻繼續求「名」，奏章給乾隆皇帝，請求為他父親請謚，結果觸怒龍顏，招致殺身之禍。魯迅對此案的評析是：尹嘉銓的「禍機雖然發於他的『不安分』，但大原因，卻在既以名儒自居，又請將名臣從祀：這都是大『不可恕』的地方。」因為「乾隆是不承認清朝會有『名臣』的，他自己是『英主』，是『明君』，所以在他的統治之下，不能有奸臣，既沒有特別壞的奸臣，也就沒有特別好的名臣，一律都是不好不壞，無所謂好壞的奴子。」尹嘉銓招禍的原因與馮起炎相同，都是「不悟自己之為奴」，像阿Q那樣對自己的奴隸地位與將死的命運毫無所知。

不認識自己的奴隸地位，又不認識世界、不認識這個世界上的最高統治者——皇帝的本質，缺乏最起碼的悟性。這就是當時許多中國人，特別是中國的所謂的知識份子的悲劇。縱然尹嘉銓可稱是位大學者，馮起炎也是生員，卻畢其一生未能認識自己，也未能認識世界。為什麼魯迅一再勸告青年學生「不要再請願」？這裡又批判尹嘉銓式的「請謚」？就在於「請願」與「請謚」雖然形式不同，本質卻是相同的，同是「將對手看得太好了」，既無自知之明，又無知人之明，精神上都屬於奴隸，沒有實現精神解放，達到思想自由和精神獨立的境界。

直到一九三六年十月五日、即臨終前十四天發表的《「立此存照」（三）》中，還在諄諄教誨自己的同胞：

> 我們應該有「自知」之明，也該有知人之明……

並以肥胖與浮腫為例，形象地說明了既無自知之明又無知人之明的蒙昧的人，是怎樣「安於『自欺』，由此並想『欺人』」的：

> 譬如病人，患著浮腫，而諱疾忌醫，但願別人糊塗，誤認他為肥胖。妄想既久，時而自己也覺得好像肥胖，並非浮腫；即使還是浮腫，也是一種特別的好浮腫，與眾不同。如果有人，當面指明：這非肥胖，而

是浮腫，且並不「好」，病而已矣。那麼，他就失望，含羞，於是成怒，罵指明者，以為昏妄。然而還想嚇他，騙他，又希望他畏懼主人的憤怒和罵詈，惴惴的再看一遍，細尋佳處，改口說這的確是肥胖。於是他得到安慰，高高興興，放心的浮腫著了。

這種在「妄想」中求得精神勝利的「放心的浮腫」者，與忌諱頭上癩瘡疤的阿Q屬於同種精神類型，永遠「自我感覺」良好，永遠在自欺欺人，永遠不能認識自己的真實面目。為了療救這種普遍的精神痼疾，魯迅勸告這些「閉了眼睛浮腫著」的人，要好好「反省」，並且希望：

有人翻出斯密斯的《支那人氣質》。看了這些，而自省，分析，明白那幾點說的對，變革，掙扎，自做工夫，卻不求別人的原諒和稱讚，來證明究竟怎樣的是中國人。

這實質是教導中國人要學會「以別人的眼光來審查自我」，以別人的批評為「鏡子」照出自己的真實面目，「而自省，分析」，「變革，掙扎」，自強自勵，自立於世界民族之林，「不求別人的原諒和稱讚」。無所求於外界的內心，永遠是穩定和豐富的。有了這樣的心，這種正確地認識自己、認識世界的自覺的精神境界，在世事面前便可以榮辱無驚、樂觀灑脫，永遠立於不敗之地。

人的精神自由，是以對精神的深刻自我意識為條件的。主體對自己的意識狀態、精神世界有了深透的理解與掌握，才能自主、自覺地對己內世界實現有效的整統與完善，成為意識自我的主人。一個民族的精神要達到自由的境界，也需要以對本民族精神的深刻自我意識為條件。要做到這一點，就需要本民族的思想家，啟悟同胞們對本民族的意識狀態、精神世界有一個比較深透的理解與掌握，從而自主、自覺地對本民族的己內世界實現有效的整統與完善，成為意識自我的主人。而魯迅正是這種本民族的最高境界的精神反思者，並且，他的反思是從認識自己開始的。他說過：「我知道我自己，我解剖自己並不比解剖別人留情面。」真誠地希望別人能夠尋出他的「真症候」。只把自己當作「進化的鏈子上」的「中間物」，從來沒有自認為什麼神明。這正緣於他對自己的清醒的認識。魯迅之所以對自己與世界的認識比別人清醒，除了直面現實的精神以及深邃的歷史洞鑒和豐富的人生經驗之外，還在於他具有科學的思維方法，「知人論世，總是比別人深刻一層。」例如唐明皇和楊貴妃曾有「七月七日長生殿」，兩人密誓願世世為夫婦。一般人認為這表明了他們兩人愛情的堅實，魯迅卻看出這反映出兩人的愛情已經衰歇了。不然的話，兩個人挺好的，何必要密誓呢？魯迅總善於看到事物的反面，在左翼作家聯盟成立大會上，許多左翼作家都以「左翼」自命，可是魯迅卻指出「『左翼』作家是很容易成為『右翼』作家的」。在人們嚮往著「黃金世界」的時候，魯迅卻指出：到了「黃金世界」，「叛徒」是會被處死的，工農大眾也不會給詩人送上黃油麵包，決不會特別看重知識階級者的。在人們把革命想像得非常浪漫時，魯迅則指出：「革命是痛苦的，其中也必然混有污穢和血，決不是如詩人所想像的那般有趣，那般完美；革命尤其是現實的事，需要各種卑賤的工作，決不如詩人所想像的那般浪漫；革命當然有破壞，然而更需要建設，破壞是痛快的，但建設卻是麻煩的事。」告誡青年們要「韌」，要「注重實力」。「不斷的（！）努力一些，切勿想以一年半載，幾篇文字和幾本期刊，便立了空前絕後的大勳業。」「無論愛什麼，——飯，異性，國，民族，人類等等，——只有糾纏如毒蛇，執著如怨鬼，二六時中，沒有已時者有望。但太覺疲勞時，也無妨休息一會罷；但休息之後，就再來一回罷，而且兩回，三回……。血書，章程，請願，講學，哭，電報，開會，輓聯，演說，神經衰弱，則一切無用。」而要甘於做「橋樑中的一木一石」，去做真正有益於人類進步的麻煩的實際的工作。而且革命即便成功了，也不要以為會如詩人所想像得那般美好，或許會比現在還要苦，不但沒有牛油麵包，恐怕連黑麵包也沒有。正是因為這種深刻的思想，這種對中國特有實情的深刻認識，魯迅成為民族的大腦和良知，是專門致力於民族精神反思的偉大思想家，是最懂得中國的人。林語堂上世紀二十年代就說過：魯迅具有「充分的成熟性和『獨到處』，充分的氣魄和足以給他們仰望的巍然的力量。力量是產生於真確的見解，而真確的見解則是由於知識和艱苦的世故中之『磨煉』」。「他深知中國人的生活及其生活法」，「『深知』是由於年老，但還是由於透徹地明瞭中國的歷史」。毛澤東也說魯迅是「革命隊伍中是一個很優秀的很老練的先鋒分子」。這正是魯迅在當代中國的最重要的價值，是魯迅與當代中國最為密切的聯繫。在當代中國以至全世界正面臨著一場精神危機和信仰虛空的時候，魯迅的這個當代價值就顯得格外可貴了！因為只有通過對自我精神的深刻反思，一個人才可能對自己和外界具有理性的準確認識，具有能夠進行獨立思考的頭腦和自由的精神，才可能從蒙昧的本能的人，上升為自覺的清醒的人，成為一個真正的人。一個人是這樣，一個民族，一個國家，一個政黨，同樣是這樣。

關於認識自己這一點，我有切身的體驗。上世紀八〇年代末九〇年代初，我曾經歷過一場大寂寞，一個人坐在辦公室裡度過漫漫長夜進行孤獨的思考。這時，也只在這時，我恍然看到自己了，看到了自己長年在極左教條的束縛下被扭曲的形象，幾乎沒有自己的頭腦，自己的思想，自己的意志，甚至於連自己的知覺也沒有，像尼采所嘲笑的「愚鈍的學者」那樣，「如同磨盤也如同杵臼一樣地工作著」，靠著一種「愚鈍式的勤勉」，埋頭於陳舊的書刊資料，以苦幹代替思維，讓自己的頭腦變成別人思想的跑馬場，任別人的思想的馬匹蹂躪一通。不僅不能像思想家那樣嚮往閒暇，以便自由地從事創造，玩味自己的思想，反倒害怕閒暇，廢除了所有人間的餘裕和娛樂，不鍛鍊，不鬆弛，不養生，不消遣，一旦空閒，便覺無聊，於是終日碌碌，為物所役，從來沒有自己的思想與自己的語言，甚至內在的推理邏輯、是非標準，也是從「最高指示」潛移默化沿襲下來的，全沒有自己的獨立機能……有點兒像阿Q那樣，身在福中不知福，頭臨禍降不察禍。既不認識自己，又對外界缺乏應有的知覺、觀察和回饋，更不用說長遠的方略了，真個是懵裡懵懂，糊裡糊塗，完全是一個「精神奴隸」！一個生命本能衰退、人性機制扭曲的學者式的畸型兒，一個「奴在心者」這時，我禁不住出了一身「冷汗」！後來我把這種感覺告訴了我的老同學、多年摯交、河南省社會科學院文學研究所所長王永寬同志。他說譚嗣同早在《望海潮・自題小影》一詞中就描繪過忽然之間認識自己的感覺。在信中把詞抄給我，這首詞是：

曾經滄海，又來沙漠，四千里外關河。骨相空談，腸輪自轉，回頭十八年過。春夢醒來波，對春帆細雨，獨自吟哦。唯有瓶花，數枝相伴不須多。

寒江才脫漁蓑，剩風塵面貌，自看如何？鏡不因人，形還問影，豈緣酒後顏酡。拔劍欲高歌，有幾根俠骨，禁得揉搓？忽說此人是我，睜眼細瞧科。

永寬兄在信中解釋說：「我提起的是下闋末二句，看著自己的照片，忽然驚道：這個人是我嗎？此種心態，頗耐人琢磨。」

由此可見，認識自我，絕非易事，一位名叫勃恩斯的詩人這樣寫道：

啊！我多麼希望有什麼神明能賜我們一種才能，
可使我們能以別人的眼光來審查自我。

「以別人的眼光審查自我」，是神明才能賜予的才能，可見其難了。

其實，神明是企盼不來的，只有摒棄所有依傍，惟一依靠自己，才可能打通認識自己的巷道。「自然之子，真理之子」盧梭，在臨終前寫的最後一本傑作《一個孤獨的散步者的遐想》中，說他是在極度的孤獨寂寞中認識自己的，這才「把最後的閒暇奉獻給了對我自己的研究」。而這種真誠地研究自己的書成為了一部傳世傑作。認識自己正是生命自覺的開始。斯賓諾沙說：「驕傲是在於人們把自己身上並不曾發現的圓滿性歸於自己所有。」這種「不曾發現的圓滿性」，用鈴木大拙和弗洛姆合著的《禪宗與精神分析》一書的話來說，就是一種「虛構」，一種「全知全能的虛構」，一種對自己的錯誤認識。以此類推，自卑則是在於人們把自己身上具備著的潛能歸於他人所有，同樣也是一種對自己的錯誤認識。因此，驕傲與自卑，從根柢上說，不僅僅是道德品質的問題，最主要的是認識能力、思想境界的問題。一個人驕傲或自卑了，就意味著這個人的認識能力出現故障了，思想境界降到實際層面以下了，因而他既不能正確地認識自己，也不可能正確認識世界，在認識與行動上總要走進誤區，導致失敗。奴隸一詞並不專指那些被他人役使的苦工和僕人，實質上，用於被自我某種虛構的東西、某些錯誤的意念所奴役的人也很恰當。這種精神上的奴隸實在是太多了，幾乎每一個人都難以澈底逃脫，可惜的是，我們大多數人都如魯迅指出的那樣：「不悟自己之為奴」。我在《悟性與奴性——魯迅與中國知識份子的「國民性」》一書引言中講述了這種感受，最後以一首小詩結束這篇引言：

> 悟己為奴寂寞時，驚呼自己不相識。
> 五十方悟歸自我，惟望傳書醒後知。

這也正是我要向青年朋友反覆重申魯迅在當代中國的價值在於反思的原因。

魯研界普遍用「反抗」來概括魯迅精神，而我的朋友、當代著名哲學家鄧曉芒先生卻主張用「反思」。因為他覺得「反思比反抗更重要，它能夠挖出所反抗的對象的根，從而結束輪迴。」這一點倒與我不謀而合。我也主張把魯迅概括為「深刻反思中國人精神的偉大思想家」。我們之所以形成共識，就在於不約而同地認為「反抗」僅是現象，「反思」才是本質。「反抗」的現象是形形色色的，像工人綏惠略夫那樣「一切是仇仇，一切都破壞」的反抗者，和張獻忠那樣「對於不是自己的東西，或者將不為自己所有的東西，總要破壞了才快活」，「於是就開手殺，殺……」的起義者，以及「擺著一種極左傾的兇惡的面貌，好似革命一到，一切非革命者就都得死」的左傾機會主義者，魯迅不僅不希望其有，而且是極端憎惡的。因為這種反抗，總是擺脫不了輪迴的可能性，結束不了至今為止的「爭奪一把舊椅子」統治階級的革命，像魯迅所預言的那樣使「革命」陷入「革革命的命」的無窮輪迴之中，讓人民遭受越來越深重的災難。魯迅的反抗，是在對中國人的精神進行了深刻反思、感到要其得到改變近乎絕望而卻偏要反抗絕望的一種理性的反抗，一種「並非教人死而是教人活」、讓人們「幸福的度日，合理的做人」的反抗，一種堅決反對壓制和扭曲人性、反對扼殺人的獨立精神與自由思想、反對專制與黑暗的反抗。這種反抗，目的不是為了「爭奪一把舊椅子」，使自己坐上奴隸主的位子，而是為了打破歷史的輪迴，使人類進入健康、合理的科學發展階段，過上幸福的生活。只有這種反抗才是魯迅的反抗，是值得提倡的有積極意義的反抗。而這種反抗，是以深刻的理性的反思為前提的。沒有理性的反思，也就沒有理性的反抗。魯迅的反抗之所以那麼確定，那麼堅韌，那麼老練，就因為他的反抗是經過深刻反思的，而不是盲目的，衝動性的。今天的思想者們，有責任宣導清醒自覺的理性的反抗，而抵制那種盲目顢頇的非理性的反抗。要分清這兩種反抗，首先就須對歷來的各種各樣的反抗進行深刻的反思。魯迅與魏晉時代的嵇康有著極其密切的關係，一生中九次校勘《嵇康集》。魯迅無論是在精神氣質、思辨方式還是辯難文寫法上都深受嵇康的影響，同時，魯迅又從嵇康那裡汲取了經驗教訓。他絕不會像嵇康那樣因「忤世之狂」「率性而行」，招來殺身之禍。魯迅深刻總結了中國傳統士人「明於禮義而陋於知人心」的歷史教訓，深知人心，特別是統治者、權勢者的心，主張「韌」，用「壕塹戰」。既反對「請願」，又反對「請諡」，強調「深沉的韌性的戰鬥」。有人曾嘲笑魯迅只敢罵軍閥下面的文人，不敢罵軍閥，挑動魯迅去罵軍閥；又有人表示看不起魯迅，因為他在「清黨」以後的黨國裡，沒有講共產黨的話的勇氣；當時共產黨的領導人李立三還曾經要求魯迅發表支持聲明。可是魯迅都不為所動，始終保持著精神的獨立與冷靜、堅實的作風。倘若從中國知識份子精神自覺史的角度，重新觀照從孔孟、老莊、韓非子，一直到孔融、嵇康、阮籍、黃宗羲、曹雪芹、龔自珍、章太炎等等的個人秉性、歷史境遇與人生遭際，就不難悟出魯迅實際上是中國歷史上一位最為瞭解自己也最瞭解周圍環境的明白人，一位最為透闢地總結了歷史經驗的人，一位最善於反思又最善於反抗的人。關於這一點，真應該寫一部專著加以深透的研究。因此，魯迅的反思精神在今天就格外具有現實意義。只有經過這種帶有深邃哲學意味的深刻反思，才能把中華民族所反覆體驗的痛苦的歷史感受，提升到理論和哲學的高度，而不是停留於感傷和歎息。從而以理論和哲學的高度自覺性避免歷史的輪迴，開闢新型的未來。在這個時候，我們迫切需要魯迅那種深刻的反思精神，對二十世紀中國以及整個世界的歷史進程，對宇宙中出現地球人以來的全部人類歷史，做一下整體性的帶根柢性的全面反思。使自己從「本能的人」提升為「自覺的人」，清醒的人，「真的人」！總之，一個明白人！明白自己是怎麼回事，周圍世界是怎麼回事；自己應該說什麼，不應該說什麼；應該做什麼，不應該做什麼。這也正是魯迅的信仰與理想。

因而這也正是我們今天還有必要讀魯迅的根本原因所在。我們讀魯迅，不要僅僅注意一些枝節，或者因為一些瑣屑問題，而看不到魯迅最本質的價值，對於當代中國最重要的意義。抓住最主要的思想看本質去讀，正是我們讀魯迅的正確讀法。

在論說魯迅的當代價值的最後，我不禁想起了美國學者詹姆斯・萊德菲爾德著的《塞萊斯廷預言》，這是一本啟發人類對自己的生存方式和思想方法進行反思和深省的書。書中敘述了幾個西方人在祕魯尋找一部古代手稿的故事。這部手稿記有九條關於人類歷史的真知，其中第二條是：「將我們的現有意識放入一個長遠的歷史視野之中。畢竟，當九〇年代終了的時候，我們將要結束的不僅是二十世紀，而且還是一千年的一個歷史階段。我們將要終結的是整個第二個千年。」要理解歷史，就必須回溯到西元一千年，然後按歷史進程經歷的整個千年進行思考，並對未來的第三個千年進行展望。

這裡說的「千年意識」實在是非常重要的。只有以「千年意識」對魯迅二十世紀之初的精神進行觀照，才可能理解其中的價值。作為青年思想家的魯迅，在世紀之初對「質化」傾向的批判和對「精神界之戰士」的呼喚，乃是魯迅在人類歷史的第二個千年中最後一個百年之初，對前一個百年、即十九世紀的回顧，對即將開始的一個百年、即二十世紀的期望。然而他的視野絕對不僅僅侷限於百年之內，而是更加廣遠。因為百年對於一個人是很漫長的，對於整個人類來說卻不過是短短的一瞬，必須具有「千年意識」，從千年的高峰上觀照前一個千年的最後一個結束和後一個千年的最早的一個開端，將我們的現有意識放入一個長遠的歷史視野之中，從千年的歷史跨度鳥瞰人類社會，才會看到人類儘管會經歷無數曲折，出現種種偏至，但是人奴隸人的不合理社會終歸會被一個比較公正的社會所替代。魯迅所堅持的社會正義和公正的立場，他所嚮往的既沒有奴隸又沒有奴隸主的「第三樣時代」和「無階級社會」，他對人類史前期裡種種荒謬性的批判，都是引導人類走向合理性的座標。人類倘若連這樣的立場都不堅持，這樣的信仰都不要，這樣的理想都否定了，就會更加無法認識和克服蒙昧時期的荒謬性，無法走向自覺，這樣即便是科學技術高度發達，物質財富極大豐富了，自然環境與人文環境也會遭到破壞，人類最終會被自身的荒謬性毀滅。只有懷有對未來美好社會的理想，堅持社會公正的原則，才能促使人類社會朝著更為合理的方向發展，也才能從實質上理解魯迅精神。

魯迅說過：「弄文學的人，只要（一）堅忍，（二）認真，（三）韌長，就可以了。不必因為有人改變，就悲觀的。」我們應該記住魯迅先生的這一教誨，堅忍、認真、韌長，懷著「千年意識」準備做韌長的鬥爭，認識到要實現未來的美好社會，就必須經過商品經濟的漫長過程。這一過程會是非常漫長的，不能以百年計，而須以千年核算。我們必須正視人類社會的這一必經之路，緊緊抓住現實。「因為失掉了現在，也就沒有了未來」。正是為了實現「幸福的度日，合理的做人」的美好理想，我們才堅持搞社會主義市場經濟；也正是因為心中懷著美好的理想，所以才堅決貫徹社會公正的基本原則。

可以預見，魯迅精神不僅在下一個百年有其不可磨滅的價值，在下一個千年裡也將愈加顯現其理性的光芒。他對中國人精神的深刻反思，關於既要有自知之明、又要有知人之明的諄諄教導，以及在深刻反思基礎上的反抗黑暗的「韌」的精神，不僅在當代，而且在以後很長的時期裡，都具有重要的價值。

那麼，我們在讀魯迅中主要學習些什麼呢？

我認為主要是以下四個方面：

一、清醒的現實主義的反對「瞞和騙」的反虛偽精神。

二、看事情總比別人深刻一層的科學的思維方法。魯迅說：「明哲之士，反省於內面者深」。沒有理性的反思就沒有理性的反抗。古希臘大思想家蘇格拉底也說過：沒有審視和反思的人生不值得過。我們從魯迅先生那裡首先汲取的是科學的反思精神，獲得精神的自覺和思想的獨立。「首在審己，亦必知人，比較既周，爱生自覺。」應該以這種精神和方法正確地認識自己，認識世界，在這種正確認識的基礎上確定自己的準確位置和前進方略。

三、位置和方略確定之後，注重實力，以「緩而韌」的持久精神去實現自己和人類的遠大理想。

四、一定要堅持正義，反抗黑暗，但是既不要「請願」，也不要「請謚」，只是埋下頭、沉下心，變革，掙扎，自做功夫，學一些有益於中國和世界的扎扎實實的知識，做一些有益於中國和世界的扎扎實實的事情，不求別人的原諒和稱讚。

以上就是我多年讀魯迅的體會，不妥之處請老師和同學們批評指正。

本文是二〇〇五年四至八月在日本愛知大學現代中國研究博士班的講稿《魯迅學在中國在東亞》的第一講，廣東教育出版社二〇〇七年版。

跨文化對話中形成的「東亞魯迅」

跨文化對話，就是異質文化之間的撞擊與交流。這種撞擊與交流是十分重要的，如果一種文化始終沒有與異質文化發生對話，只是進行同質繁衍，就會如近親繁殖那樣，停滯不前，倒退萎縮，以至於產生弱智的怪胎，發生畸型異變。

就魯迅研究來說，進行跨文化對話，最方便也最直接的就是開展中、日、韓三國魯迅研究學者之間的對話，亦即東亞的學術研討。因為中、日、韓緊密相鄰，承認魯迅是東亞地區最有代表性的作家已成為三國的共識，這三國都有很長的魯迅研究歷史和很強的魯迅研究隊伍，而三國的研究背景、環境、氛圍卻又有很大差異，也就是說具有很強的異質性。這種魯迅研究領域的異質性，恰恰是撞擊與交流的最佳條件，通過不同性質的研究課題、研究方向、研究方法、研究結論之間的切磋琢磨，倒可能昇華、鎔鑄出新的更高境界的認知成果。事實上，經過近二十年的不懈努力，中、日、韓三國已經形成了「東亞魯迅」這一嶄新的魯迅映象。

因此，探討「東亞魯迅」的形成過程及其成因，並進一步對「東亞魯迅」的內涵與外延及實質性特徵做富有邏輯性的科學界定以使之更為成熟，就成為中、日、韓三國魯迅研究學者迫在眼前的任務了。

（一）

魯迅生長在中國，他的大部分事業也是在他的祖國進行的。當然，中國的魯迅研究是歷史最長，開展最深入，規模也是最宏大，成果最豐富的。目前已經發展成為一個成熟的獨立的人文學科——魯迅學。

中國的魯迅學具有以下特點：

第一、具有很強的社會政治性。目前，中國魯研界以至思想界有相當一些人對毛澤東的魯迅論，以及他以前的另一位中國共產黨的領袖人物和理論家瞿秋白的魯迅觀，持否定的態度。我則不完全同意，我認為對這個問題應該採取分析的態度。深深地植根於中國社會的政治土壤中，從宏觀的歷史高度指出魯迅的價值，是毛澤東、瞿秋白魯迅論的最大特點，也是最大優點。試想，如果我們離開中國的社會，中國的政治，中國的歷史，去抽象地講魯迅的精神，或者僅僅把他說成一位文學家和古典文學的研究學者，會得出與魯迅本體相符的魯迅映象嗎？中華民族對魯迅的認知是提高了，還是倒退了呢？魯迅之所以成為「五四」文學革命的主將，後來又成為左翼作家聯盟的盟主，在很多方面接受了馬克思主義，是與中國社會當時的具體國情與歷史語境密切相關的，與他悲天憫人、為被侮辱被損害的被壓迫群眾吶喊疾呼、主持正義的良知與本性也是密不可分的，與他從日本汲取的歐陸性東方文明背景也有關聯。對這些問題都應該進行具體的深入的歷史的科學分析，不應該簡單否定。有些論者以否定毛澤東、瞿秋白的魯迅論為榮，藉以表現自己的「先進」與「創新」，其實不過是思想的空虛與歷史的無知罷了。魯迅早就在《三閒集・魯迅譯著書目》中說過：「不要只用力於抹殺別個，使他和自己一樣的空無，而必須跨過那站著的前人，比前人更高大。」我們不要熱衷於割斷歷史，否定前人，而應立足於歷史，並不斷地超越歷史。

那麼，是否說毛澤東、瞿秋白的魯迅論就沒有負面影響，社會政治性強僅僅是中國魯迅研究的優點，沒有負面作用呢？

不能這麼說。

這就要談分析的態度了。

所謂分析就是要把事物的正負兩方面分開來認識。我們一要把毛澤東、瞿秋白魯迅論本身的正負兩方面分開來解析；二要將毛澤東、瞿秋白的魯迅論與後來的平庸的研究者們的沿襲、詮釋和生硬照搬區別開來。

首先，毛澤東、瞿秋白魯迅論本身就是具有負面侷限性的。其一這是從某一個政治集團的立場出發作出的評判。雖然這種評判是富有智慧，非常有戰略眼光的，實踐業已充分證明把魯迅這面大旗抓到中國共產黨手中，的確是極其有利，極其英明的。相比之下，那些攻擊、詆毀魯迅的某些年輕的共產黨人，真是目光短淺得可以。然而，這終歸是一種出自一方的功利性的戰略，並非從人類整體發展進程出發所作出的普世性的認知，因而不可能從「人學」的視角認識魯迅，倒會阻礙認識魯迅在「個的自覺」、「抗拒為奴」的人類精神解放歷程中的深刻影響與巨大作用。雖然毛澤東的魯迅論中也有「骨頭最硬」或「沒有絲毫的奴顏和媚骨」的說法，但這本身是一種外部規定（權威欽定），而且也往往被用在對出於打到「奴隸主」目的的政治行動的解釋當中。因此，通常缺乏來自魯迅本身的原理性說明。魯迅的「革命」，不在於主奴關係的顛倒，而在於「主」與「奴」之外的「人」——主體精神——的確立。所以當魯迅研究深入到人性深層、「抗拒為奴」、確立主體精神的時候，如果劃地為牢，完全固守在毛澤東、瞿秋白魯迅論的範疇之內，拒絕一切新的思想和新的觀點，把對魯迅「人學」思想的研究當作是所謂的資產階級人性論，就會成為魯迅研究的阻力。但是，反過來將毛澤東、瞿秋白的魯迅論不加分析地予以否定，也會割斷歷史，使中國魯迅研究處於虛空的尷尬境地。我主張採取分析的融合的科學態度，既看到毛澤東、瞿秋白的魯迅論合理的歷史基因和中國魯迅研究的社會政治性強這一大優點，又反省到其中的侷限性和負面影響，從而使中國魯迅研究得到健康的發展。

其次，毛澤東、瞿秋白的魯迅論與後來的平庸的研究者們的沿襲、詮釋和生硬照搬是兩碼事，毛澤東、瞿秋白的魯迅論雖然有其侷限性，但是又具有不可抹煞的開創性的歷史功績，然而後來的許多研究者只知道對他們的觀點進行照搬、詮釋和「捍衛」，而不敢逾雷池一步，使中國魯迅研究在相當一個時期裡陷於停滯，進入怪圈，其責任主要不在毛澤東、瞿秋白的魯迅論本身，而在於這些研究者本人的平庸與僵化，如果追根溯源，則能追溯到中國長期以來的儒學影響，即述而不作，不求創新。

物極必反。優點發展到了極點，就可能變成其反面，成為極大的缺陷。社會政治性強是中國魯迅研究的一大優點，但是把這一優點推向極端後，反過來就成為了最大的缺點。因為把對魯迅的學習與研究當作國家政治行為和政治運動來搞，其本身就違背了科學規律。尤其是把一家的說法，當作檢驗真理的惟一標準，不許越雷池一步，稍有逾越就興師問罪、大加討伐，則更是阻礙學術的發展。毛澤東對魯迅的評價到後來已不是他個人的評價，而是一種國家意識形態，魯迅研究的整整幾代人都是在這種意識形態中被塑造的。我們可以回想一下，在七〇年代末關於魯迅思想發展道路和世界觀轉變問題的討論中，有些研究者因為魯迅大革命時期的文章和講演中沒有階級和階級鬥爭這些名詞，就斷定魯迅這時期沒有明確的階級觀點，沒有用無產階級專政一詞，就斷定魯迅沒有無產階級專政思想，因而推遲了魯迅世界觀轉變的時間。相反，又有些研究者認為魯迅一九二六年寫的《論「論費厄潑賴」應該緩行》符合階級鬥爭和無產階級專政思想，就斷定魯迅已經是馬克思主義者了。還有些研究者，執意考察魯迅接觸馬克思主義書刊的時間，似乎接觸得越早，思想就愈先進，世界觀轉變就愈快。這些傾向無疑是違背認知邏輯的，不是把魯迅及其著作放到一定的歷史環境中去接受實踐的檢驗，而是進行教條與教條之間的印證，用魯迅來證明某種教條的正確性。魯迅的觀點如果符合，就說連魯迅都認可了，還能說不正確嗎？如果不符合，就又說這是魯迅的侷限性或弱點，後來克服了。為了證明預設教條的正確性，不惜歪曲和貶損魯迅。所謂由進化論到階級論、從革命民主主義者到共產主義者的魯迅思想發展公式，其實就是用以證明預設信念正確性的。這樣做能說是科學的魯迅研究嗎？不是的。只能是一種為我所用的實用主義行徑，一種典型的奴性的表現。按照這種只知詮釋、不知創新的奴性十足的路子走下去，在煩瑣考證和無謂爭論中浪費了大量的時間和精力，卻往往離真理、離魯迅本體越來越遠。由此產生的大量文章、著作，只可能是垃圾，不會有任何學術價值。不勝枚舉的魯迅研究學者把自己的青春和才華浪費在這種無謂的印證和爭論中，真是絕大的悲劇。然而，人們又長期蜷縮在這種思維模式中不可自拔，「不悟自己之為奴」，還要指責悟出自己的奴性者為否定魯迅研究的歷史和成果，給悲劇添上些許滑稽色彩。這些研究者的奴性，我以為，有一部分就是這種在教條與教條之間的進行印證、只許一種觀點居於權威地位、不許有任何質疑的意識形態與思維模式造就出來的。它取消了對魯迅有其他闡釋的可能，只能使中國的魯迅研究走向死局。

要改變這一點是很難的，中國知識份子在魯迅研究中充滿了苦惱與掙扎。要澈底沖決出來，往往要經過外力的猛烈衝撞，亦即異質文化的碰撞與交流。這一點留待下面詳談。

中國魯迅研究的第二個特點是魯迅著作的輯錄、校勘、注釋、編輯和魯迅在中國時期的生平史實的挖掘、考證、辨析已經達到了近乎極致的精當、詳備、嚴密的程度。魯迅是中國的作家，這些工作當然要由中國來做，別的國家是無法替代的。中國魯迅學界即使在極左傾向甚囂塵上的「文革」時代也沒有放鬆這些基礎性的工作，所以我說中國的魯迅著作編校者和魯迅史實學家們是「魯迅研究領域最扎實、最講科學，最靠得住的學者群。他們對魯迅研究的貢獻是卓著的，不可磨滅的」。最近，新版《魯迅全集》十八卷由人民文學出版社隆重推出了，儘管出版之後不久就又發現了一些錯謬和失誤，然而終歸是一部較前為好的版本，別說中國，就是與世界上的經典作家全集相比，也應該說是少有的齊全、精當的。

第三、對魯迅著作的解讀與研究已經達到了非常透闢、深化的境界，有些魯迅作品研究，如魯迅小說《吶喊》、《彷徨》的綜合研究、《野草》研究、《阿Q正傳》研究、魯迅雜文研究、《故事新編》研究等等業已成為魯迅學中的分支學科。對一個作家作品的研究達到如此精深度的，恐怕在世界上也是很難尋的。

第四、對魯迅思想、作品中國文化內涵與背景的研究，已經非常深化、系統了。特別是近二十年來，更是成就卓著，例如林非先生的《魯迅和中國文化》一書，充分顯示了中國魯迅學家獨有的中國文化底蘊和對中國文化的獨到理解，這恐怕是中國以外的研究家不可能做到的。

第五、對魯迅「立人」思想的研究與理解隨著新時期思想解放運動的展開而日益深化，並深入到了魯迅學的各個專題領域。這個問題，在中、日、韓三國魯迅研究的碰撞與匯合時再詳談。

第六、對魯迅研究學術史的反思與研究已經相當成熟，出了好幾本魯迅研究學術史著作，一些青年學者發表了幾篇很有見地的文章，這反映了一個學科的成熟與自覺。同時，由於魯迅學與二十世紀中國的精神史有著密切的關聯，從中可以窺視中國精神解放的歷史軌跡，使得中國魯迅學史的研究更加具有了特殊的意義，也更加表現出中國魯迅研究自身的特點，應該予以特別的注意。這裡還應提到的是中國社會科學院文學研究所魯迅研究室編纂的五卷一分冊一千萬字的大型資料書《一九一三～一九八三魯迅研究學術論著資料彙編》，目前已經成為世界各大圖書館的必藏書，和各大學中文系魯迅研究專業的基礎性必讀資料，這在其他任何一個國家的魯迅研究專業，甚至任何一個作家研究領域都是沒有過的。更加珍貴的是，中國社會科學院文學研究所還收藏著這套資料的原件，是八〇年代從中國各大圖書館影印、複印、照相的資料原件。收集得很全，不僅收錄了當時刊物上的魯迅研究原文，還將該刊的封面、目錄、封底也複印了下來。如果現在來做這件事，無論花多少錢都是不可能的了。並且，其中有些報刊可能已經毀損，不存在了，這些影本已經成為惟一的紀錄，就更其寶貴，實在應該妥加保存，並為國內外學者提供查閱、研究的機會，讓這套資料原件發揮其作用，切切不可任其閒置，爛掉。

中國魯迅學還有其他一些特點，這裡先說這些。

（二）

日本的魯迅研究歷史也很長。據日本魯迅學家藤井省三先生考證，一九〇九年五月一日出版的《日本及日本人》五零八號「文藝雜事」欄，就有關於周氏兄弟翻譯、出版《域外小說集》的消息和評議。

在魯迅正式走上中國文壇後，日本的中國文學研究家青木正兒又於一九二〇年九月至十一月在《支那學》一卷一一三號發表《以胡適為中心的潮湧浪旋著的文學革命》一文，稱魯迅「是位有遠大前程的作家」，他的《狂人日記》，「描寫一位迫害狂的恐怖的幻覺，達到了迄今為止中國作家尚未達到的境地」。一九三一年五月原野昌一郎的長文《中國新興文藝與「魯迅」》翻譯到了中國，該文詳細分析了魯迅小說的鄉土性，並介紹了當時中國茅盾（方璧）所作的《魯迅論》等對魯迅的最早評論。像這樣的長篇論文在別的國家尚未出現，可見日本的魯迅研究很早就達到了相當高的境界。

之後，又出現了佐藤春夫、增田涉對於魯迅著作的翻譯和魯迅生平的介紹。一九三七年，魯迅逝世不到一年，改造社就刊行了《大魯迅全集》全七卷。小田嶽夫寫出了《魯迅傳》並翻譯到了中國。

而最為重要的是竹內好一九四三年十二月寫的《魯迅》。四〇年代以後的日本魯迅研究幾乎是以這本書為起點的。該書一九八六年由浙江文藝出版社出版了中譯本，可以看做「竹內魯迅」本體直接進入中國的開端。二〇〇五年三月又由中國的生活・讀書・新知三聯書店出版了李冬木先生的更近完善的中文譯本，開始引起廣泛注意。二〇〇五年十二月二十五日至二十六日，百十幾位來自北京、上海等地重點高校和研究機構乃至海外的學者和研究生，圍繞「魯迅與竹內好」這樣一個議題，召開一個大型國際討論會。中國國內媒體也陸續刊出了一些有關論文。

值得深思的是：為什麼竹內好這本關於魯迅的匆匆寫成、又有不少技術性失誤的小書，會對日本後來的魯迅研究產生了那樣大的影響？半個多世紀以後，又受到中國魯迅學界乃至思想界高度的注意？

我想，關鍵在於以下原因：

第一、這是一位思想家的魯迅論。也就是「從思想方法開始進行變革」的魯迅論。是面對中國只知在瞿秋白和毛澤東的模式中進行反覆的詮釋而不敢有所創新的魯迅研究僵化境況，把自己的旁觀位置化作一種進行客觀觀察的優勢，沒有被套進已經預設好的思維窠臼中，而是直截了當地提出了自己獨到的理解魯迅的新的概念和新的思維模式，提供了發現問題、解決問題的新的思維角度、思維模式、認知方式和邏輯結構，使人們從「沒有意識到自己是奴隸的奴隸式思考」中驚醒，換以嶄新的思考方式，從而從思考方式上對魯迅研究進行了變革，把對魯迅的認知史推進到新的階段。

第二、竹內好這位日本的思想家與魯迅這位中國的思想家，在對話中達到了深度的契合。竹內好說過他與魯迅有過三次相遇：一次是在認知真理的方式上的相遇。另一次是在抵抗的狀態下相遇。第三次是「夢醒後」即人生覺醒的相遇。這正說明了他們在根柢上的相通。

第三、這種根柢上的相通就是共同「抗拒為奴」。如旅日華籍魯迅學者李冬木先生所說：「魯迅本身具有抗拒為奴的自律性，而竹內好也正是據此實施著他自己的抵抗。」這正是問題的關鍵所在。

竹內好說道：「自覺到自己身為奴才的事實卻無法改變它，這是從『人生最痛苦的』夢中醒來之後的狀態。即無路可走而必須前行，或者說，正因為無路可走才必須前行這樣一種狀態。他拒絕自己成為自己，同時也拒絕成為自己以外的任何東西。這就是魯迅所具有的、而且使魯迅得以成立的、『絕望』的意味。絕望，在行進於無路之路的抵抗中顯現，抵抗，作為絕望的行動化而顯現。把它作為狀態來看就是絕望，作為運動來看就是抵抗。」抵抗什麼？就是抵抗奴性，反奴才主義。「奴才拒絕意識到自己為奴才。他覺得自己不是奴才時，才是真正的奴才。當奴才自身成了主人的時候，將發揮出澈底的奴性。因為，那時他在主觀上並不認為自己是奴才。魯迅說『暴君治下的臣民，大抵比暴君更暴』。還說『做主子時以一切別人為奴才，則有了主子，一定以奴才自命。』奴才成為奴才的主子，這並不等於奴才的解放，然而，在奴才的主觀上，它卻是解放。」正由於如此，「使得今天的解放運動本身浸透了奴性，以至於這個運動無法完全擺脫奴才性格。」這是因為「解放運動的主題，不具備自己是奴才這一自覺，安居於自己並非奴才的幻想之中，而欲將作為奴才的劣等生人民從奴才的境遇中解放出來，在自己完全感受不到覺醒者痛苦的狀態下喚醒對方。因此，無論怎麼做也產生不出主體性來。就是說，無法獲得覺醒，於是，便去外部尋找應該得到的『主體性』。」

而從二十世紀以來，整個人類就是在「抗拒為奴」的精神解放運動中走過來的。正是在這一點上，竹內好與日本魯迅學界感應在一起，中國魯迅學界經過一個時期的曲折後，隨著思想解放運動的深入，也日益感到了「抗拒為奴」、實現精神獨立的迫切性。正是因為如此，竹內好對日本後來的魯迅研究產生了那樣大的影響，半個多世紀以後，又受到中國魯迅學界乃至思想界高度的注意。

竹內好成為戰後日本魯迅學界的一個起點，很多日本魯迅學家都承認自己是從竹內好出發的。其中，對竹內好「抗拒為奴」思想闡釋得最為透闢，又對竹內好的誤差進行了合理調整的，我認為是已故的伊藤虎丸先生。

伊藤虎丸著、李冬木譯的《魯迅與日本人——亞洲的近代與「個」的思想》一書，二〇〇二年五月由河北教育出版社作為孫郁、黃喬生主編的《回望魯迅》叢書之一出版，使中國魯迅學界瞭解到了這位日本魯迅學家對魯迅思想的精闢理解。

伊藤先生對魯迅思想的精闢理解表現在哪些方面呢？主要表現在以下五個方面：

第一、緊緊抓住了「人」，用西方近代的「個」的思想這一更為科學的命題概括和闡釋了魯迅的思想和精神發展史。李冬木先生在《魯迅與日本人》中文譯本第十二頁注釋中對此作了非常精闢的解釋：

> 「個」的思想，這是本書的核心概念，是作者伊藤虎丸首次使用的。在一般的意義上可概括為這樣一個命題，即「人是被自覺為個的存在」，「個對於全體（如部族、黨派、階級、國家等）不是部分的關係。」也就是說，人的價值，只有在他獲得真正獨立的意義上才能顯示出來。伊藤認為，西方近代文化（思想、制度、文學、道德等）的全部意義就包含在這個命題裡，這個命題代表著西方近代文化的「根柢」或「神髓」。在他看來，魯迅對西方近代的理解和接受就是對這種「根柢」和「神髓」的把握，體現了具有普遍意義和新精神的東方的個性。對於魯迅來說，「個」的思想，具體意味著一個「個的自覺」的過程：首先，魯迅留學時代因接受尼采的「個人主義」而產生「覺醒」（或者說通過尼采的「個人主義」把握到了西方近代的「神髓」），並以此為視角展開了對傳統價值觀（傳統文化）的批判，但他這時還僅僅是站在新的「普遍價值」或「真理」一邊，並未獲得真正的「自由」和「獨立」。其次，後來經過一系列挫折，魯迅開始把自

己相對化看待，認識到自己不是一個曾經設想和憧憬的「英雄」。這時，他再次從新思想和新價值中分離出來，實現了從被真理佔有到佔有真理的過程，其標誌是小說《狂人日記》的誕生。伊藤認為，魯迅的價值不在於他接受了什麼「主義」（如進化論、個人主義、馬克思主義），而是他「個的自覺」，在重建和發展民族文化（人或個性）方面所顯示的意義。因此，他反復強調魯迅「個」的思想，為日中兩國今天的文化提出了共同課題。

李冬木先生的這個注釋可以說是理解伊藤虎丸魯迅觀的一把鑰匙。「個人」一語，魯迅早在《文化偏至論》中就已指出，並不是如當時一些所謂的「號稱識時之士」所迷誤的那樣，「為害人利己之義」，而是人的解放與精神自覺的根柢所在，因為「人是作為『個』而被自覺出來的」。第二、由「個」的思想出發，進一步發展了竹內好「抗拒為奴」的觀念，把「真的人」與奴隸和奴隸主嚴格區別開來。伊藤先生明確指出：「真的人（個人）」與「奴隸＝奴隸主」是相對立的，是魯迅提出了「奴隸與奴隸主相同」的命題，認為：奴隸成為奴隸主，弱者上升為強者，只是過去歷史的重複，人類社會不僅沒有新的發展，反倒因此而倒退。而魯迅所致力的則正是打破這種歷史的重複，實現沒有奴隸也沒有奴隸主的「第三樣時代」。

第三、由此對魯迅也有了深刻、中肯的評析。認為魯迅正是從「真的人」出發，提出「根柢在人」的「立人」思想。而要「立人」，首先是以個的自立、國民的「人各有己」，即國民主體性的確立為前提的。魯迅是留日時期從尼采那裡汲取「個的自覺」這一歐洲近代思想的核心的。他認識到人只有通過「回心」和「反省」、「看見自己」，才可能「自己成為自己」，達到「個的自覺」。所以「反省於內面者深」，即「面對自身反省的主觀內面性」，正是實現自覺的關鍵。伊藤先生恰恰是從這裡入手，展開了對《狂人日記》的精彩分析。他指出：魯迅以《狂人日記》，「通過中國人靈魂內面的自我批判，從內部批判了封建思想和封建社會的黑暗。如果說，任何批判只有以自我批判為媒介才能成為真正的批判，那麼，在這個意義上說，《狂人日記》便為『文學革命』第一次充填了實質性的內容。」魯迅就是「通過對傳統的澈底否定而力圖全面恢復民族的個性」，這種民族主義具有「出色的方法論意義」。魯迅的工作就是「以《狂人日記》為軸心呈扇狀向外展開的」。面對伊藤先生這種出色的方法論的論斷與分析，那些指責魯迅是澈底擯棄中國文化傳統的激進主義者的論者們，不知該如何回答？

第四、由此伊藤先生也矯正了魯迅研究的態度。認為要汲取日本近代把歐洲近代思想作為權威或教條來接受的教訓，不要用封建意識來學魯迅。「所謂獲得自由，是把思想和文學的運作，收歸給個人。就是說，思想、文學、科學（學問），本來就是個人行為，是作為個的精神自由的產物。記住某種一般性的教條，熟讀某種普遍性的理論，並且去信奉它們，並不是具有思想。」魯迅說過，「奴隸和奴隸主是相同的」，所以崇拜與侮蔑也是相同的，「都體現著獨立的欠缺」。從中可以啟發我們認識到無論是對魯迅採取「神化」、「醜化」，還是「俗化」的態度，都是如竹內好所說處於「『奴隸』性的文化狀態中」，說明其缺乏主體性與獨立性。

第五、伊藤先生不僅承接和發展了竹內好，而且糾正了竹內好的一些誤差。例如竹內好認為「魯迅有直感而無構制」，伊藤則認為魯迅小說「有著高度的構制性」。竹內好把《故事新編》視為「多餘」，伊藤則把《故事新編》看得「格外重要」，並對《不周山》裡的女媧、《非攻》裡的墨子、《理水》裡的大禹進行了卓越的論析，認為從中可以「發現魯迅從尼采（進化論）到馬克思的思想『發展』」。

總之，我認為伊藤虎丸先生是日本魯迅學界最具代表性的人物。他把「竹內魯迅」發展到更為科學的境界，不僅在日本，就是在中、日、韓三國的東亞來說，對於魯迅的理解與闡釋也達到了高峰。我們的確應該很好地繼承他留下的珍貴遺產，好好讀讀他的著作。我深悔讀伊藤先生太晚，未及在他生前與他交流。

另外，伊藤先生對日本赤軍等世界性「過激派」的反思，也是很重要的，值得中國的青年人認真思考。

除了竹內好、伊藤虎丸以來對魯迅「抗拒為奴」、「個的自覺」思想的深透闡釋之外，日本魯迅學界最引以自豪的是極為嚴格、堅實的科學實證，其中兩大實證學者是丸山昇和北岡正子。

丸山昇先生側重於中國現代文學上世紀三〇年代歷史的社會政治性的實證。二〇〇五年十一月，北京大學出版社推出了王俊文譯的《魯迅・革命・歷史——丸山昇現代中國文學論集》，從這部文集中可以看出，作為一位日本魯迅學界的大學者，丸山昇先生的治學具有以下特點：其一、獨立的精神。不屈從於任何權威、壓力和現成結論，與種種威壓、浮誇、虛飾和懶惰做「殊死抵抗」，惟一認定的只是事實本身，高度忠實於第一手歷史文獻的真實性，堅韌、扎實地堅持持久的冷靜研究。其二、歷史的態度。將包括魯迅在內的一切研究對象真正地置於歷史之中，一切從史料出發，致力於「基於實證的歷史再發掘」。從歷史中解明問題，考察各人的個性所發揮的歷史作用。反對離開具體歷史條件而陷於應該這樣或應該那樣的毫無意義的爭論。其三、實證的方法。丸山昇先生思維縝密，眼光銳利，他絕不滿足於表面的是非判定，而總是具有「從事實推導出法則的尖銳眼光及其背後的問題意識」。因而他總是能夠對所探索的問題作出富有歷史感與穿透力的思考和論述，給人以深刻的啟示。

北岡正子教授側重於魯迅文化淵源的發掘與考證。她的《〈摩羅詩力說〉材源考》，早在上世紀八〇年代初傳入中國時就引起了廣泛的注意。最近，關西大學出版部又推出她的新著《魯迅在日本這一異文化當中——從弘文學院入學到「退學」事件》。二〇〇六年三月二十六日在關西大學為北岡正子先生舉行的退休祝賀會上，又推出了她的新著《魯迅——救亡之夢的去向》。其綿密、謹嚴、窮追究底、絲絲入扣的考證與辨析，令人嘆服。確如丸山昇先生所說：「近年來北岡正子的研究是劃時代的工作」。

的確，對於魯迅與日本關係的整體認識，離不開可資證明的基本史實的支撐。魯迅在日本生活了八年，這段歷史足跡給日本魯迅學界提供了寶貴的研究課題。日本魯迅學家們以他們特有的實證精神，對魯迅在日本的史跡作了令人驚歎的考察。就拿平凡社於一九七八年二月出版的《魯迅在仙台的紀錄》一書來說，為寫作此書，日本魯迅學界於一九七三年十月二日專門成立了魯迅在仙台的記錄調查會，該會事務局代表阿部兼也在該書《後記》中介紹，該調查會主要圍繞四項內容展開調查活動：（一）尋找同班生遺族之所在；（二）調查明治時期當地的報紙；（三）調查仙台醫學專門學校的舊公文；（四）在荒町、土樋地區查找周樹人第二寄宿處之所在。調查會成員有一六二人，資料提供者二十二人，支援協助者四二五人，總計六零九人；提供資料的團體有七家，支援協助的團體三十六家，總計四十三家。誠如該書《後記》之所言，「本書的特色，在於盡可能地收集了魯迅在仙台的記錄之點，以及收錄僅限於可以明示根據的客觀事實之點」。現在人們看到的這部長達四百多頁的報告，不僅是魯迅與仙台關係的最為翔實的記錄，也為個人與學習環境、時代環境關係的調查活動提供了很好的範例。

強調日本魯迅學界注重實證，並不意味著他們輕視理論思維。其實，日本魯迅學家是很重視理論思維的，木山英雄先生就是其中卓越的代表。他簡直是一位詩哲，他的魯迅研究論著是極具深度的詩人與哲學家的精神創作。從二〇〇四年九月由北京大學出版社推出的《文學復古與文學革命——木山英雄中國現代文學思想論集》一書就可以充分看出這一點。集中的首篇《〈野草〉主體構建的邏輯及其方法——魯迅的詩與哲學的時代》，「避開帶著預設的體系去面對研究對象」，「執著於邏輯的探討」，並「把考察限定於作為表現的作品維度上」。因而他尋求出的是「不曾被天生秉性或外部環境之投影所淹沒殆盡的、魯迅創造的魯迅，即這種意義上最具個性的魯迅」。文中最為出色的是關於死的四種形態的邏輯分析：《過客》中「與那種被動性的達觀相反的、作為澈底的主觀能動性之純粹自由意志的死」；《死火》中「由作者內省力想像出來的更為逼真的死」；《墓碣文》則是「以比《死火》更為內在化、更逼向核心的方式來推進其邏輯」，「殘酷的孤獨依從孤獨的邏輯發展，最終卻被引致無法成其為孤獨的境地，而在那裡受到審判。」而《死後》又是另一種死，是「死之死」，以死後的眼光審視「死」，忽然「發現自己還不應該死，並驚訝於死的無聊，突然坐了起來。」由此，木山英雄先生認為：「從《墓碣文》到《死後》的跳躍是《野草》運動發展中最驚人的一例。作者完成一系列托於夢境的死之探索，而這最後一個死的形態，是應該在運動著的生之日常性世界裡被估定其價值的又一個極具人間具體性的事件。」這死的四種形態，「分別以主客觀的對極相反形式來組合」，「而後面的一對展示了勝過前一對的廣度和深度」。這與死相關的一系列探索的理路，具有很強的邏輯連貫性，說明「《野草》中的詩在生與死的緊張中面臨著最為充實的創作境界」。而木山英雄先生的詩哲式的卓越分析，也達到了輝煌的高峰。我注意到這篇論文寫於一九六三年，可以回想一下上世紀六〇年代，我們中國的魯迅研究和《野草》研究尚處於何種狀況中？相比之下，我們不能不痛感不像木山先生那樣「避開帶著預設的體系去面對研究對象」，而是把自己凝固化在某種「預設的體系」中，以僵死的思維模式去「捏造」一個為當時政治需要服務的「假魯迅」會造成怎樣的惡果？這的確是應該引起中國魯迅學史界深刻反思的。

日本魯迅學界值得注意的另一特點是：善於找到研究的最佳切入點，運用獨到的眼光、富有個性和創造力的思辨方式和激人閱讀興趣的表述，不斷推出別開生面的魯迅研究論著。

新世界出版社二〇〇二年六月出版的藤井省三著、董炳月譯的《魯迅〈故鄉〉閱讀史——近代中國的文學空間》，就是一部獨特的文學史。它「小題大做，旁敲側擊」，僅僅從魯迅小說《故鄉》於一九二一年發表後被閱讀、評論的變遷情況以展示二十世紀現當代的中國文學空間，其中涉及了許多文學史未曾涉及或較少涉及的學科領域。的確是「四兩撥千斤」！正是傳播美學和接受美學批評方法的運用，使這本「閱讀史」獲得了嶄新的文學史品格。這種特殊的文學史研究方法，顯然對傳統的文學史構成了挑戰。而且，這本「閱讀史」，也對魯迅研究學術史的寫作提供了一個新的路向：從魯迅某一個作品的被閱讀、被評論、被接受的歷史看社會和思想的變遷，文學空間的變化。這個路向可能會是非常有意義的。

丸尾常喜的《魯迅：「人」與「鬼」的糾葛》，緊扣「鬼」——「國民性之鬼」與「民俗之鬼」這條主線來考察，以理想的「人」為標準尺度，經由對魯迅筆下的孔乙己、阿Q、祥林嫂三個人物的分析，闡述了改造國民性思想的本質是變「鬼」為「人」，認為這是中國現代文學的基本主題。也是非常善於找做文章的切入點。一九九七年，丸尾常喜又推出了新著《魯迅〈野草〉研究》，在這部厚重的著作中，對《野草》中的許多篇章作了獨到的細讀。

吉田富夫的《魯迅點景》也是很會尋找切入點，通過魯迅生平著作中的典型場景與疑難問題的辨析，寫成了一部獨闢蹊徑的學術專著。其中第一章《周樹人的選擇——幻燈事件》已經由李冬木先生翻譯到中國，在《魯迅研究月刊》二〇〇五年第二期刊出。這篇論文的最大特點就是把選擇權由人們後來業已認可的「偉大的魯迅」還原給了當時的「留學生周樹人」。對於從「留學生」這一視點來調查魯迅有很大的啟發。

其他還有竹內實、片山智行、山田敬三的魯迅研究論著也佔有相當的位置，並被引入中國。限於篇幅，就不一一詳述了。

尤其可貴的是日本魯迅學界的潛力很大，後勁很足。近年來不斷湧現新著，例如二〇〇六年一月，汲古書院出版了名古屋大學國際語言文化研究科教授中井政喜博士的《魯迅探索》。這本書主要是以魯迅（一八八一～一九三六）前半生的文學活動（至一九二七年左右為止）和革命文學爭論時期（一九二八、一九二九年）為對象，對魯迅的陰鬱性、復仇觀、人道主義和無治的個人主義、以自我為基礎的文學主張以及宣傳與文學的關係進行的一種嘗試性的考察，很有分量與深度。

值得一提的還有正當盛年的旅日華人學者李冬木先生，他的實證與思辨完美結合的治學風格，集中體現了中日兩國傳統學術的精華。他不僅翻譯了伊藤虎丸的《魯迅與日本人——亞洲的近代與「個的思想」》、竹內好的《魯迅》、片山智行的《魯迅〈野草〉全釋》，把日本魯迅學界最好的著作介紹到中國，而且拿出了《魯迅與丘淺次郎》等一系列富有原創性、開拓性的研究論著，對《中國人氣質》的澀江保日譯本和博文館也進行了極有價值的翻譯與研究。而這一切不過是剛剛露出的冰山一角，以後定會展現出更為宏大的氣象與遠大的前程。

（三）

韓國知識界，很早就接受魯迅，從魯迅的文學與思想裡發現覺醒封建意識的資源、反封建鬥爭的精神武器，進而發現和帝國主義壓迫者或者法西斯權力鬥爭的銳利的思想武器。半個多世紀間，許多關於魯迅的論文問世，且深含精神哲學的深遠意味。韓國人看魯迅，是帶著被殖民化的記憶，以一種反抗奴隸的自由的心，自覺地呼應了魯迅的傳統。

正是由於這種歷史背景和精神原因，韓國的魯迅研究具有悠久的歷史、豐碩的成果和巨大的深度。早在一九二〇年，韓國的學者梁白華就把日本中國學家青木正兒的《以胡適為中心打漩的文學革命》翻譯成韓文，把魯迅這個名字和他的作品《狂人日記》介紹到韓國，至今已有八十五年。一九二五年春天，流亡中國的韓國知識份子柳樹人又征得魯迅的同意，把《狂人日記》翻譯成韓文，一九二七年八月在漢城的《東光》雜誌發表。這是魯迅作品第一次由外國人翻譯到國外，比一九二九年由蘇聯人王希禮翻譯、出版的《阿Q正傳》還早兩年。這以後，韓國的魯迅研究如朴宰雨先生在《韓國魯迅研究的歷史與現狀》中所歸納的那樣，經歷了「黎明期」、「黑暗期」、「一時露面期」、「潛跡期」、「新的開拓期」、「急速成長期」、「成熟發展期」等七個時期，取得了可觀的成就，已經形成了相當成熟的魯迅學學科規模。

為什麼魯迅在韓國能夠產生這樣大的影響呢？這是由於對中國現代化的必要性，沒有人比魯迅看得透徹、銳利、準確。魯迅的偉大就是中國的偉大，而且他的偉大又跟中國的反日本帝國主義鬥爭緊密相連。也正因為這個原因，韓中現代文學才以魯迅為中心產生了密切的關係。這種關係開始的時間很早，金時俊的《流亡中國的韓國知識份子和魯迅》，追溯了上世紀二十年代李又觀、柳樹人、金九經等流亡中國的韓國作家、詩人與魯迅的接觸。金良守的《殖民地知識份子與魯迅》，不僅敘述了歷史，而且指出了長期的「魯迅熱」在東亞各國同樣存在的原因：這是因為魯迅仍被殖民地的百姓接受為希望之所在，把社會弱者的生活形象化了的他的作品，和作為「抵抗文人」的他的本來形象加上殖民地獨立的欲望結合在一起形成了他的新的形象。

韓國不像中國和日本那樣有著魯迅生活過的史跡可以追尋和考證，只能靠論著的理論思維水準顯示學科成熟度。經過艱苦的努力，韓國魯迅學家拿出了學術性很強的論文，把韓國魯迅研究的標杆提升到了國際魯迅研究的第一流的高度。

例如全炯俊的《魯迅的現實主義理論》，從韓國學者的客觀視角出發，以冷靜、明晰的理論辨析力，理清了中國以魯迅、胡風為代表的現實主義與非現實主義之間的複雜關係，為正在中國進行著的「魯迅的脫神化研究」助了一臂之力。現實主義思維和清醒的現實主義，是魯迅最主要的特點，也是他留給後人的最為珍貴的精神遺產，韓國學者能夠緊緊抓住這點並進行了透闢的研究，的確是難能可貴的。

申正浩的《魯迅「敘事」的「現代主義」性質》，從敘事角度和敘事結構出發，討論第一人稱敘事和多重敘事「觀點」等構成魯迅文本的最為突出的現代主義特質。特別是在「敘事結構的解構」一節中，從作家魯迅和敘述者「我」或特定敘述者之間的投影現象，聯想到這種現象屬於現代主義美學的作家偽裝手法，同時也是敘述的造作手法，並由此推出獨到的觀點：這種視點不一致手法在相當程度上與魯迅畢生關注的漢畫特質相一致，尤其與「肥城孝堂山郭氏石室畫像」和「嘉祥武氏寺畫像」系列作品的空間化特質相一致。由小說聯想到漢畫像，發現魯迅文本空間化手法與圖像化手法的內在聯繫，不僅反映出該文作者對魯迅研究的涉獵之廣，而且表現了作者藝術感覺之敏銳與慧眼獨具。

李珠魯的《重讀魯迅的〈狂人日記〉——以意思溝通結構為中心》，認為魯迅對韓國和韓國人之所以具有意義，就在於魯迅和他的作品具有世界普遍性。「對於魯迅的《狂人日記》之研究，亦是依此為脈絡的。《狂人日記》不應該被被視為是反映一個特殊時期（五四新文化運動時代）和一個特定區域（中國）中的人類生活和思維形態的樣相文本，而應被視為是人類史上對野蠻性暴力的欺瞞性虛偽意識所作的反抗與實踐的文本。只有用這樣的方法來閱讀，才能獲取其世界普遍性。」因此，該文以意思溝通結構為中心解讀《狂人日記》的框架形式。把故事架構之外的一段序文稱之為外故事，表述故事的日記，稱之為內故事。意思溝通是指敘述者與讀者間的溝通關係，《狂人日記》就是通過外故事與內故事形成了敘述者與讀者之間的反諷效果。而結尾的「救救孩子……」與「救救孩子！」不同的是：「終究不是為了孩子而把鬥爭往將來推衍，而是為了挽救未來，現在就要面對現實進行鬥爭。如此一來，在這個點上，表層意義上的懷疑和受困惑轉變成深層的堅持和決心，再一次形成了反諷的意味。」對《狂人日記》結構手法的研究，中國魯迅學界很早就開始了，六〇年代出現過「寄寓說」，九〇年代又有王富仁的《〈狂人日記〉細讀》，對其文本進行了細緻入微的解剖。而韓國研究家的這篇論文，似乎更為簡捷和醒目，值得中國的魯迅學家借鑒。

任佑卿的《民族敘事與遺忘的政治——從性別研究角度重讀魯迅的〈傷逝〉》，將《傷逝》視為：「作為五四男性啟蒙知識份子的魯迅，通過一個為『獲取新生』而苦苦奮鬥的青年之手完成的深刻自我剖析。本文從這樣的觀點出發，以現代民族啟蒙主體在將自己確立為民族建設主體的過程中必然要面臨的他者與遺忘的問題為基礎重讀這部作品。因而得出這樣的看法：「這裡的男性啟蒙主體是創造出民族的女兒的創造主，他們將自己想要看到的東西寫入『革命之天使』娜拉的即使是被評價為在中國現代文學史中具有最為冷靜和執著的自我解剖視角的魯迅，也未能超越這種侷限性，而這種侷限性又將《傷逝》這一文學文本深深地烙印在父權思維秩序之中。」《傷逝》是多人長時期研究的名篇，研究論著甚多，在這一課題中有所突破是大不易的。而任佑卿女士卻於眾多論著中獨發奇響，不僅在《傷逝》研究中獨樹一幟，而且對整個魯迅研究也有所啟悟。取得這種成就的原因在於她是站在理論制高點上——人類生存發展的高度，審視《傷逝》，審視涓生，直到審視魯迅。不僅看到了涓生的男性中心主義，而且透視出了「魯迅也同樣無法克服啟蒙主體的侷限性」。雖然「魯迅對自己的侷限性認識得比任何人都要自覺，但是自覺並不意味著對侷限性的克服。」五四男性啟蒙主體都無法脫離父權思維的秩序。並由此察覺了二十世紀八〇年代新啟蒙主義主體的侷限性：「缺乏對那些魯迅所苦惱的問題進行反省」，「沒能對魯迅之所以如此痛苦的原因予以應有的關注」。以歷史主義的觀點指出魯迅的侷限性，絕不是什麼貶損魯迅，恰恰相反，正是魯迅研究走向成熟的科學境界的重要標誌，是使魯迅具有了更為穩固、科學的歷史定位。也只有這樣才可能真正認識魯迅的偉大與深刻，從時代的高度鳥瞰歷史的宏觀全貌。在這一點上，韓國的魯迅學家走在了我們的前面，因為他們比我們更少思想負擔。我們有必要多向他們學習，以盡可能澈底地衝出思想的牢籠，達到自由的理性境界。

金彥河的《魯迅〈野草〉的詩世界——極端對立與荒誕美學》認為：「瘋狂領域極端陌生的思想深度及藝術想像，才是《野草》具備著令人難解又震撼讀者力量的根本原因。對於《野草》的難解和震撼力的根據，本文擬從詩人與世人的極端對立以及因而造成的荒誕美學的角度進行考察。」由此得出這樣的結論：「詩人的苦悶是與社會體制的轉型也無法消解的某種東西聯繫的。反過來，也可說詩人是具有無論哪種社會體制裡都能堅持到底的某種東西。」詩人的復仇針對的不是他人而是自己，「抉心自食」的自我解剖就是根據。「從迫害狂到自虐狂的轉移與從瘋狂到噩夢的轉變，這可算是魯迅從《狂人日記》到《野草》的精神軌跡。」《野草》也是研究歷史甚長、成果甚多的領域，能有所突破是大不易的。而該文從極端對立和荒誕美學的視角進行考察，卻給人以強烈、尖銳的印象，應該說是有深度，有特點的。

韓國魯迅學家還對魯迅與韓龍雲、萬海、柳中夏、金台俊韓國作家進行了比較研究。認為他們都是把自己的存在深深地植根於現實的世界，在作為反抗和否定的據點的『現實』裡，在作為創造和戰鬥的據點的『現實』裡，以身肉搏。革命的價值是在日常生活中實踐的！」

因此，我對韓國魯迅研究產生了如下觀感：

一、韓國魯迅研究是從殖民地知識份子反抗帝國主義侵略的角度，把魯迅作為「抵抗文人」的精神典範加以接受的。所以，韓國魯迅研究從一開始就具有很強的精神性。

二、因而韓國魯迅研究達到了巨大的精神深度，理論性很強，對魯迅精神有著很深的理解，有些論文已經處於國際魯迅研究的領先位置。

三、這些處於領先位置論文的作者很年輕，有的才三十幾歲。這就表明韓國魯迅研究將會保持強勁的發展態勢，必定會有更輝煌的前景。

四、不足之處是處於領先位置的論文所佔據的論題領域還欠廣。例如魯迅雜文研究就較薄弱，其實魯迅的很多深刻思想是包含在雜文中的。倘若研究課題廣為拓展，形成系統，韓國魯迅研究必定會成為東亞魯迅學中一支異軍突起的勁旅。另外，一些論文蘊含很深的思想，中文表達卻不夠順達，有待進一步提高。

（四）

那麼，如何看待「東亞魯迅」的形成過程及其成因呢？

「東亞魯迅」之所以能夠形成，我認為首先的原因是魯迅已經成為中、日、韓三國公認的最能代表東亞文學的作家。如伊藤虎丸先生在《魯迅與日本人》一書中所說：「魯迅的文學在世界文學中，恐怕比日本近代文學的哪個作家和哪部作品都更代表東方近代文學的普遍性。」

而且，魯迅反思自我與反抗奴性的內心本質，正與中、日、韓三國知識界的內心需要相合。

中國近代長期受到帝國主義與封建主義的侵略與壓迫，處在迫切需要反抗的環境中，最應該反對奴隸性。所以毛澤東認為「魯迅的骨頭是最硬的，他沒有絲毫的奴顏和媚骨，這是殖民地半殖民地人民最可寶貴的性格」，當是切中肯綮的。但是，這種說法又有侷限，誠如李冬木先生所說：「這本身是一種外部規定（權威欽定），而且也往往被用在對出於打到『奴隸主』目的的政治行動的解釋當中。因此，通常缺乏來自魯迅本身的原理性說明。魯迅的『革命』，不在於主奴關係的顛倒，而在於『主』與『奴』之外的『人』——主體精神——的確立。」中國魯迅學家們自上世紀後二十年展開思想解放運動以來，一直在彌補這個缺陷。

韓國與中國一樣，同處於帝國主義的侵略壓迫之中，所以他們也是從反抗奴隸性出發接受魯迅的。不同點是，他們並非是由於權威或官方的欽定接受的，而是完全出於內心的需求。所以，一開始表現出發自內心的「抗拒為奴」的要求與理性的思辨。

日本雖然與中、韓兩國相反，不但沒有被侵略，反倒曾經處於侵略別國的地位，然而接受魯迅的竹內好和他以後的日本魯迅學家們的內心深層卻是處在反思與反抗的態勢中。竹內好的《魯迅》寫於一九四三年底被迫入伍之前，這本書對於他來說，相當於「遺書」之作。因之，竹內好從魯迅那裡有了這樣的發現：「『掙扎』這個中文詞彙有忍耐、承受、拼死打熬等意思。我以為是解讀魯迅精神的一個重要線索，也就不時地照原樣引用。如果按照現在的用詞法，勉強譯成日文的話，那麼近於『抵抗』這個詞。」認為魯迅是「首先讓自己和新時代對陣，以『掙扎』來滌蕩自己，滌蕩之後，再把自己從裡邊拉將出來。這種態度，給人留下一個強韌的生活者的印象。」又在附錄的《作為思想家的魯迅》一文中解釋為「自己對自己不滿的這種對黑暗的絕望的抵抗感」。其意也就是「反抗絕望」。而這之後就是日本戰敗和中華人民共和國成立這一歷史圖式。在這一圖式下，魯迅代表著中國的「近代」，而中國的「近代」又是與日本「墮落」的「近代」完全不同的成功的另類。竹內好和他以後的日本魯迅學家們實質上是以魯迅作為中國的「近代」，來反思和批判日本的近代。

但是到了上個世紀七〇年代末，這種圖式發生了逆轉，這回是日本成為經濟大國，而中國則遭受了文革的失敗。中國知識份子開始從「文革」的慘痛教訓中震醒，反思中國，反思歷史，反思自己。正是在這個時候，中國魯迅學界開始了與日本魯迅學界的對話。

對話之初是相互存在隔膜的。例如，一九八三年劉柏青先生訪日之後，對日本的魯迅研究做了詳細介紹，他在高度評價「竹內魯迅」在日本戰後思想史上的開創意義的同時，又對「竹內魯迅」表示出了極大的保留。這是因為他明確意識到了「竹內魯迅」與當時中國現代文學研究界，特別是魯迅研究界在魯迅認識上的巨大差異。因此，他在介紹時，有意以竹內好之後的日本當代魯迅研究來「淡化」這種差異——「『竹內魯迅』只是新時期魯迅研究的出發點，它的許多論點，都被後來的魯迅論，克服了，修正了，超過了。所以，『竹內魯迅』的真價值，未必是表現在這些不大正確的學術觀點上面，而是另有所在。」（《魯迅與日本文學》，吉林大學出版社一九八五年十二月版）交流了二十年後，伊藤虎丸先生的看法亦與當初沒有什麼不同。他在生前最後一篇論文中仍就竹內好的《魯迅》指出，「從日中思想交流這一方面來講，這本書同中國的魯迅觀、文學觀的距離是最遠的」。竹內好筆下的「魯迅形象，即使只作為文學觀本身的問題，不要說要和中國歷來的魯迅形象發生正面衝突，從一開始就很難找到對話的接點的。」（《戰後中日思想交流史中的〈狂人日記〉》，《新文學》第三輯「伊藤虎丸先生紀念小輯」，大象出版社二〇〇五年版）。

伊藤虎丸還發現了中國魯迅學界衡量魯迅價值的真理標準存在著問題：不是按照人類文化發展的普世原則衡量，而是「力圖按照他與既成的所謂『主義』的距離大小和對共產黨的忠誠程式，來確定他思想的位置。」前文所批評的中國魯迅研究者的奴性，正是這種僵化的衡量標準造就出來的。它取消了對魯迅有其他闡釋的可能，富有創造性的魯迅研究家李長之先生就因為年輕時寫了一本《魯迅批判》，與這種衡量標準相違背而倒了一輩子楣。一九五七年反右中被打入另冊，失去了寫作、教學的權力和做人的尊嚴，又從一九六六年文化大革命開始到一九七六年結束，整整掃了十年廁所。在那時的中國，「竹內魯迅」是絕對不會被接受的，因為事實上「竹內魯迅」恰恰是竹內好反對把魯迅權威化的產物。中國的思想解放運動包括著對以往魯迅評價的反省，充滿了中國魯學界以至整個思想界對這種僵化的衡量標準和自身奴性的抵抗和掙扎。

這一點，其實中國魯迅學界在上世紀七〇年代末就已經初步醒悟到了。他們認識到在衡量魯迅及三〇年代的歷史現象時，不能以魯迅之是非為是非，而須以人類的文化實踐和當時的歷史境遇為檢驗真理的惟一標準。這正是思想解放運動中關於實踐是檢驗真理的惟一標準討論在魯迅研究領域的折射。中國魯迅學的發展變化，從來是與政治思想的變動緊密相連的。

到了上世紀八〇年代末、九〇年代初，新銳的魯迅學家汪暉與竹內好的《魯迅》發生了對話，汲取了其中「反抗絕望」的主題心核，對已成定勢的中國魯迅學界的思維方式進行了扭轉。汪暉後來坦然承認這位日本思想家，對自己的研究思路產生過重要的啟悟。

與此同時，中國魯迅學家們自新時期以來也在緊緊「咬」住魯迅的「立人」思想向深處進軍。目前中國魯迅學家們普遍認為魯迅的一生都在反抗一切對人的個體精神自由的壓抑，也就是說，來自一切方面、一切形式的奴役（特別是精神奴役）現象，都在魯迅的反對之列。他的底線就是「不能當奴隸」！一再重申魯迅的著作中，強調的是「個」，而不是「類」；是「己」，而不是「眾」。如果把「個」與「己」換成「群眾」與「人民」，就會脫離魯迅所強調的「每一個」具體生命「個體」的意義和價值，離開魯迅思想的出發點。

而韓國的魯迅學家們，也在繼續探討著魯迅的「抗拒為奴」、「個」的自覺的思想精髓，不斷地提升著自己的理論思辨能力。

按韋伯的見解，教師在課堂上只是講授屬於自己這一方的觀點，是一種失職和低素質的表現，他還有義務提供反方的觀點，同時把判斷真偽的權利還給學生。同樣，學術的發展如果只延續自己這一方的觀點，也是一種失職和低素質的表現，每一方都有義務提供反方的觀點，同時把判斷真偽的權利還給學界。正是在中、日、韓三國魯迅學界的正方、反方、多方跨文化對話中，「東亞魯迅」形成了。

（五）

那麼，究竟應該如何界定「東亞魯迅」的內涵與外延及其實質性特徵呢？

一、中、日、韓三國魯迅學界所構成的「東亞魯迅」，是以冷靜、深刻、理性的「抗拒為奴」的抵抗為根基的。這種抵抗既是針對身處的具體社會歷史環境中的奴役現象的，又是對自身奴性的抗拒。這是魯迅本身的精髓，是多少年來魯迅學家們從人類整體發展進程出發所作出的普世性的認知，也是從「人學」的視角認識魯迅所獲得的真知。

二、「抗拒為奴」的精髓之形成，是以「個」的思想、「個的自覺」為前提的。

三、「個的自覺」是在自我的反省與反思中產生的。沒有內省也就沒有自覺，本能的處於奴隸或奴隸主狀態的奴性的人，就不可能上升為自覺的「真的人」。這是人性發展的必經之路，也是打破奴隸成為奴隸主、弱者上升為強者的歷史重複的惟一途徑。「東亞魯迅」正是東亞地區人性發展的尺規和楷模，其所蘊含的「個的自覺」、「抗拒為奴」的精髓在人類精神解放歷程中發揮著深刻影響與巨大作用。

作為「東亞魯迅」核心的「人學」思想，很大部分是魯迅留日時期從日本汲取的，而日本又是從西方歐美譯介來的。那麼，如今以西方歐美的眼光來看「東亞魯迅」，又會是怎麼樣的呢？世界視野中的「東亞魯迅」，將會是一個非常有趣的研究課題。從全球視野和世界文化源流的角度重新審視魯迅和他的思想、著作以及他所處的時代，將會是未來魯迅學發展的總趨勢。

在這個商品大潮衝擊社會，趨時媚世、造偽飾詐之風甚囂塵上，人們日益被金錢、威儀、職稱、物欲等等所奴役，成為新的奴隸的時刻，「東亞魯迅」顯得格外可貴。這正是魯迅上世紀初所呼喚的「精神界之戰士」的當代體現！是中、日、韓三國思想界的重要的精神資源和精神動力。

本文是《魯迅學在中國在東亞》第十九講

「幸福的度日，合理的做人」
——魯迅本原思想探究

內容提要：

長期以來，魯迅的形象被扭曲成了一味鬥爭的政治工具，遮蔽了他的本原思想。其實，魯迅的本原思想是在《我們現在怎樣做父親》中提出的「幸福的度日，合理的做人」。魯迅把生存作為「合理的做人」的基本標準。他的生存、溫飽、發展觀，也就是幸福、合理觀。要想獲得真正的幸福，「單有『我』，單想『取彼』」地只是「純粹獸性方面的欲望的滿足」是不行的，必須「合理的做人」。正確處理自我與他人的關係，於自他兩利。後期，魯迅的思想確實發生了轉變，政治上同情和傾向中國共產黨。而發生這種轉變的根本原因正是出於「幸福的度日，合理的做人」這一本原思想，因為當時的當政者「對於別個的不能再造的生命和青春，更無顧惜。」肆意濫殺，「暴殄天物」。但是，「無產階級專政，不是為了將來的無階級社會麼？」一語卻存在理論上的失誤。這除了當時的歷史侷限性之外，與他所接受的歐陸性的東方文明背景有關，與中國傳統文化的兩極思維以及傳入中國的黑格爾哲學也有關。但是這並不能遮蔽他的本原思想。把一味鬥爭的魯迅的扭曲形象，還原到「幸福的度日，合理的做人」的本原思想上來，在當下對於建設小康生活、和諧社會具有重要的現實意義。

關鍵字：魯迅、幸福、合理、本原思想

魯迅自身本原的而非外界強加或扭曲的思想究竟是什麼？這是魯迅學研究的根本課題。

我在《中國魯迅學通史》緒論中提出這樣的看法：「魯迅研究的科學形態是魯迅本體的趨近性還原。」而「作為一種人學與精神學的魯迅學史，其實則是每一時代的魯迅學家在反思本學科前輩學者研究歷程中，對人之本質、精神之本質、魯迅是誰、魯迅研究到底為了什麼、魯迅學到底是一種什麼學問、學史上到底有哪些得失、究竟應該怎樣總結歷史的經驗這一連串問題的理性追問和精神體驗。通過這些窮根究底的連續追問，我們才能逐步從盲目走向自覺，從蒙昧走向清醒，從晦暗走向光明，在不斷的『去蔽』中昇華至『澄明之境』」。通過歷史的回顧與反思，我們已經認識到中國魯迅學史經歷了很長的曲折過程，在一個很長的歷史時期裡不是追求「魯迅本體的趨近性還原」，而是用「我注六經」或「六經注我」的方法，在「預設的思想體系」內「借魯迅說事」，為我所用。例如在十年「文革」中，魯迅一會兒被他們改塑成了一個為了貫徹「文革」路線而「打落水狗」、而堅韌、持久地衝鋒陷陣的政治鬥爭的工具；一會兒又變成了「俯首聽命，甘願做無產階級革命的『馬前卒』和『小兵』的政治奴僕」。對魯迅的扭曲與改塑簡直到了無以復加的程度。魯迅自身本原的而非外界強加或扭曲的思想已經被「遮敝」了，有的只是宣傳者從自己的政治需要出發而揑制出的思想泥塑。一些群眾對魯迅的誤解以至反感，很大程度上是來自這種扭曲式的宣傳和中國魯迅學界對魯迅的片面闡釋，並不出於魯迅自身的本原思想。

「文革」結束後，伴隨著思想解放運動的開展，中國魯迅學界開始竭力掙脫預設的思想禁錮與思維模式，向著魯迅本體回歸。對魯迅「立人」思想的發現與進一步闡釋，應該說是二十世紀後二十年中國魯迅學的最大收穫。在新世紀裡，我們有必要沿著這條思路更為深入具體地挖掘魯迅思想的內核——魯迅早期提出了「立人」思想，中期即「五四」時期有了更為明確的概括，此後畢生堅持了這一宗旨。

那麼，魯迅的概括和宗旨究竟是什麼呢？

我認為就是魯迅在《我們現在怎樣做父親》中提出的兩句話：

幸福的度日，合理的做人。

這正是魯迅的本原思想。有必要進行一番認真的探究。

（一）「幸福的度日，合理的做人」提出的背景

魯迅是一九一九年十一月，在《我們現在怎樣做父親》一文中提出「幸福的度日，合理的做人」這一觀點的。整段話是這樣的：

只能先從覺醒的人開手，各自解放了自己的孩子。自己背著因襲的重擔，肩住了黑暗的閘門，放他們到寬闊光明的地方去；此後幸福的度日，合理的做人。

文章開篇不長就提出了這段話，最後又加以重申，一共說了兩遍。這在一貫講究精煉的魯迅文章中是不多見的。可見對這一觀點的重視。

魯迅究竟是在什麼樣的精神文化背景下提出這一觀點的呢？追根溯源，魯迅青年時代棄醫從文走上文學道路提出「立人」思想時就已包容這一觀點了。魯迅在《文化偏至論》中認為「根柢在人」、「首在立人，人立而後凡事舉」。而要「立人」，就須「反省於內面者深」，「內部之生活強，則人生之意義亦愈邃」。這就是說只有具備「自覺之精神」，才可能「漸悟人類之尊嚴」，「頓識個性之價值」，「合理的做人」。

一九一八年五月，魯迅發出了第一聲吶喊——《狂人日記》，把中國的歷史概括為「吃人」。其實，所謂「吃

人」，就是極端不合理地做人。而所謂「真的人」，也就是「合理的做人」的人。所謂「救救孩子……」，就是要讓後代不要再「吃人」，要「合理的做人」。

同年八月發表的《我之節烈觀》，可以看作是魯迅對《狂人日記》的內涵所作的闡釋和提出「幸福的度日，合理的做人」思想的準備。他指出：

社會上多數古人模模糊糊傳下來的道理，實在無理可講；能用歷史和數目的力量，擠死不合意的人。這一類無主名無意識的殺人團裡，古來不曉得死了多少人物；節烈的女子，也就死在這裡。

中國歷史的「吃人」，其實就是根據「多數古人模模糊糊傳下來的道理」，「用歷史和數目的力量」，在這種「無主名無意識的殺人團」裡所進行的一種人吃人的行為。因而魯迅主張給不幸上了「歷史和數目的無意識的圈套」，「做了無主名的犧牲」的人開一個追悼大會。「還要發願：要自己和別人，都純潔聰明勇猛向上。要除去虛偽的臉譜。要除去世上害己害人的昏迷和強暴。」「還要發願：要除去於人生毫無意義的苦痛。要除去製造並賞玩別人苦痛的昏迷和強暴。」「要人類都受正當的幸福。」

所謂「要自己和別人，都純潔聰明勇猛向上。」「要人類都受正當的幸福。」其實就是「幸福的度日，合理的做人」。

這一思想在此文之後的一九一八年所寫的《隨感錄》中一以貫之。

《隨感錄二十五》中強調對生下來的孩子加強教育，使之成為「完全的人」，做父親的成為「『人』之父」。

《隨感錄三十六》中國人想在現今世界上站住腳，「須有相當的進步的知識，道德，品格，思想」。否則，「要從『世界人』中擠出」。這也是在強調「合理的做人」。

這樣，到了一九一九年十一月，就在《我們現在怎樣做父親》一文中明確提出了「幸福的度日，合理的做人」這一思想。以後，魯迅無論是在小說創作，還是在社會批評中，都始終如一地貫徹了這一思想。可以肯定地說：「幸福的度日，合理的做人」，才是魯迅的本原思想。

（二）「幸福的度日，合理的做人」包容的內涵

在「幸福的度日，合理的做人」這一魯迅的本原思想中究竟包容了怎樣的內涵呢？

「幸福的度日，合理的做人」，基礎是「做人」，關鍵是「合理」。沒有人，何談什麼幸福？「做人」不「合理」，幸福又自何來？

那麼，什麼是合理呢？這是中外哲學一直探究的問題。

魯迅也一直在探究著。他說「狗有狗道理，鬼有鬼道理，中國與眾不同，也自有中國道理。道理各各不同，一味理想，殊堪痛恨。」中國的權勢者做事都帶著一個「理」字，這些「伶俐人」無論做什麼「都能變出合式的態度來」，使自己「無往而不合於聖道」。而魯迅總是要「使麒麟皮下露出馬腳」，揭露這些「孔教徒怎樣使『聖道』變得和自己的無所不為相宜」。

同時，魯迅明確地反覆重申地闡明瞭自己判斷事情是否合理的基本標準，這就是生存。無論遇到怎樣的詭辯，也不要動搖。正如他後來在《通信（復魏猛克）》中所說的：「假如我們設立一個『肚子餓了怎麼辦』的題目，拖出古人來質問罷，倘說『肚子餓了應該爭食吃』，則即使這人是秦檜，我贊成他，倘說『應該打嘴巴』，那就是岳飛，也必須反對。如果諸葛亮出來說明，道是『吃食不過要發生溫熱，現在打起嘴巴來，因為摩擦，也有溫熱發生，所以等於吃飯』，則我們必須撕掉他假科學的面子，先前的品行如何，是不必計算的。」

正是基於這種堅定不移的明確觀點，他於一九二五年四月二十二日在《忽然想到六》中堅定地說道：

我們目下的當務之急，是：一要生存，二要溫飽，三要發展。苟有阻礙這前途者，無論是古是今，是人是鬼，是《三墳》《五典》，百宋千元，天球河圖，金人玉佛，祖傳丸散，秘製膏丹，全都踏倒他。

不到一個月，即一九二五年五月八日，魯迅又在《北京通信》中重申：

一要生存，二要溫飽，三要發展。有敢來阻礙這三事者，無論是誰，我們都反抗他，撲滅他！

可見：生存，乃是魯迅恒定的始終不變的判斷事情是否合理的惟一標準。早在一九一八年十一月他就在《隨感錄三十五》中說過：「保存我們，的確是第一義。只要問他有無保存我們的力量，不管他是否國粹。」可見魯迅是以生存為第一義的，不管他是什麼名義。

在《北京通信》中，魯迅又解釋道：

我之所謂生存，並不是苟活；所謂溫飽，並不是奢侈；所謂發展，也不是放縱。

因此，魯迅的生存、溫飽、發展觀，也就是幸福、合理觀，是幸福、合理地生存與發展，既不是苟活，也不是奢侈與放縱。

那麼，究竟什麼是幸福呢？古今中外，所有的人都在追求著自己的幸福，有著各種不同的幸福觀。俄國作家阿爾志跋綏夫有一篇小說《幸福》，寫一個妓女賽式加，標誌的時候以肉體供人娛樂，及至爛了鼻子，淪落街頭，生活無著。一個色情狂說如果肯讓他在雪地上毒打三棍，就給她五個金盧布。賽式加同意了，雖然被打得血肉橫飛，但是在拿到金盧布之後，看見「夜茶館的明燈在面前輝煌」便忘卻了雪地上的毒打，感到了幸福。魯迅在二〇年代就把這篇小說翻譯成中文，在譯者附記中指出：這種幸福，「不惟幸福者終生胡鬧，便是不幸者們，也在別一方面各糟蹋他們自己的生涯。」這絕不是什麼幸福，只能算作一種悲劇。究竟什麼是幸福呢？中外哲學家們一直探討著這個問題。斯賓諾沙把以最完善的知識來制服情感，達到人的最高幸福，當作他的哲學的根本宗旨。他在《神、人及其幸福簡論》一書中反覆闡釋的中心就是：最完善的知識乃是對於最高存在即神的知識，一切榮譽、財富和感官快樂最終只能使我們毀滅，神的知識和對神的愛才是我們永恆得救和自由幸福的基礎，因而與對神的愛連結起來的存在和繼續存在才是我們真正的自由和最高的福祉。魯迅是無神論者，他不相信什麼神的福祉，也不相信脫離物質基礎的玄虛的精神獨立。他告誡年輕人「錢是要緊的。」應該以無賴精神「要求經濟權」。認為在現在的社會，「一夫一妻最為合理」，「多妻主義，實能使人群墮落」。獨身也違反人性，「因為不得已而過著獨身生活者，則無論男女，精神上常不免發生變化，有著執拗猜疑陰險的性質者居多。」「尤其是因為壓抑性慾之故，所以於別人的性底事就敏感，多疑；欣羨，因而妒嫉。」他自己與朱安過著沒有愛情的無性婚姻，深受其苦，所以當年輕人對愛情的發出呼喊時，他深表同情，認為這是「人之子醒了；他知道了人類間應有愛情」，大聲呼籲「完全解放了我們的孩子！」在生活中，魯迅也是講究餘裕，不主張繃得過緊。因為他認為：「人們到了失去餘裕心，或不自覺地滿抱了不留餘地心時，這民族的將來恐怕就可慮。」所以主張中國書也學西洋書的樣子，每本前後總有一兩張空白的副頁，上下的天地頭也很寬。不要像有些中國書那樣，搞得很擠，使人發生一種「壓迫和窘促之感」，不特很少「讀書之樂」，且覺得「彷彿人生已沒有『餘裕』，『不留餘地』了」。講述學術文藝的書，也可以夾雜些閒話或笑談，使文章增添活氣，讀者感到格外的興趣，不易於疲倦。魯迅特別欣賞日本大作家夏目漱石富有「低徊趣味」的「有餘裕的文學」，覺得有了這種可以從容玩味的「餘裕」，才是「活潑潑地之人生也」。所以他的作品深受夏目漱石和森歐外的影響，很多小說和散文耐人玩味，深含趣味，給人以閒適之感。甚至在最激烈的戰鬥中，他也讚賞「壕塹戰」：「戰士伏在壕中，有時吸煙，也唱歌，打紙牌，喝酒，也在壕內開美術展覽會，但有時忽向敵人開他幾槍。」只有在被逼得沒有法子的時候，才「短兵相接」。因為「流血非即等於改革」。我們「並非吝惜生命，乃是不肯虛擲生命，因為戰士的生命是寶貴的。」「為中國計，覺悟的青年應該不肯輕死」。所以，他一再反對青年學生的「請願」。

當然，魯迅絕對不是那種貪圖享樂的保命主義者，他對那些純粹追求榮譽、財富和感官快樂、缺乏精神信仰的人們一直充滿了鄙視。他一九一九年五月在《隨感錄五十九「聖武」》中對這種所謂的幸福進行了深刻的抨擊：劉邦、項羽看到秦始皇很闊氣，認為「大丈夫當如此也！」「彼可取而代也！」而他們想通過「聖武」所要達到的「如此」，不過是「純粹獸性方面的欲望的滿足——威福、子女，玉帛、——罷了」。在身體疲敝、死到身邊的時候，就只好求神仙保命。求神不成之後，「於是要造墳，來保存死屍，想用自己的屍體，永遠佔據著一塊地面。這在中國，也要算一種沒奈何的最高理想了。」而這種幸福觀，魯迅認為一直支配著現在的人。所以，具有自由平等和互助共存的氣息的外來思想，「在我們這單有『我』，單想『取彼』，單要由我喝盡了一切空間時間的酒的思想界上，實沒有插足的餘地。」

因而，要想獲得真正的幸福，「單有『我』，單想『取彼』」地只是「純粹獸性方面的欲望的滿足」是不行的，必須「合理的做人」。

這樣，重又歸溯到「合理」上去。集中一點，所謂「合理」，就是要正確處理自我與他人的關係。

魯迅在《我之節烈觀》中強調：「道德這事，必須普遍，人人應做，人人能行，又於自他兩利，才有存在的價值。」「不利自他，無益社會國家，於人生將來又毫無意義的行為，現在已經失去了存在的生命的價值。」這就是說，要樹立合理的道德，必須使自我與他人兩利，自私自利，損人利己，是不合理，也是不道德的。而魯迅對自己的要求則是更高的境界，這就是為了孩子，為了他人，而「背著因襲的重擔，肩住了黑暗的閘門」，做出巨大的自我犧牲。

而要做到這一點，就必須從「本能的人」昇華為「自覺的人」。停留在「純粹獸性方面的欲望的滿足」的人，做不到。像阿Q那樣昏聵的人也做不到，像「不戚戚於自己不努力於人的生活，卻憤憤於被人禁了『撤提』」的印度某些人，還是做不到。像這些人那樣，「即使並無敵人，也仍然是籠中的『下流的奴隸』」。魯迅寫作《阿Q正傳》，塑造阿Q這個典型人物，宗旨正在於敦促人們從「本能的人」昇華為「自覺的人」。

所以，要「幸福的度日，合理的做人」，首先就須有人的意識，自己把自己當作「人」來對待，才可能把他人當作「人」看待。為什麼「凡是人主，也容易變成奴隸」？就是「因為他一面既承認可做主人，一面就當然承認可做奴隸，所以「威力一墜，就死心塌地，俯首貼耳於新主人之前了。」因此，魯迅大呼「中國人向來就沒有爭到過『人』的價格，至多不過是奴隸，到現在還如此，然而下於奴隸的時候，卻是數見不鮮的。」他呼籲青年為了創造沒有奴隸、也沒有奴隸主的「第三樣時代」而奮鬥！

正是為了拔除奴隸之根性，實現精神解放，魯迅對中國人的精神進行了深刻的反思，提出了「改造國民性」的主張，運用文藝這一「善於改變精神的」武器，啟發中國人「開出反省的道路」。從《孔乙己》裡的孔乙己，到《白光》裡的陳士成，《祝福》裡的祥林嫂，《在酒樓上》裡的呂緯甫，《孤獨者》的魏連殳，《傷逝》裡的涓生、子君，《離婚》裡的愛姑……其實都是不合理、不幸福生活的犧牲品。所以，他在《故鄉》中說道：不願意後代的年輕人都如他那樣「辛苦輾轉而生活」，「也不願意他們都如閏土的辛苦麻木而生活，也不願意都如別人的辛苦恣睢而生活。」他們應該有「新的生活」，為自己這一代人「所未經生活過的」。

為了使人民「幸福的度日，合理的做人」，就「要除去世上害己害人的昏迷和強暴」。魯迅根據中國歷來鬥爭的歷史經驗，用他的同輩和比他年幼的青年們的血，寫了《論「費厄潑賴」應該緩行》，提出了「打落水狗」的著名主張。這一主張，「文革」中被當時的權勢者利用來為自己服務，用於打擊政治對立派和不同意他們做法的群眾。這使魯迅的形象遭到了扭曲，很多群眾以為魯迅是一味鬥爭、堅決致論敵於死地的激進派。「文革」結束後，就有人對魯迅的這篇文章和「打落水狗」的主張提出了異議。為此，一位很有名的作家還專門寫了反題的文章《「費厄潑賴」應該實行》。其實，這裡有一個歷史情境與所遇對象的問題，如果是在和平環境中，面對的並非

「害己害人的昏迷和強暴」，而是自己人或者犯有錯誤的朋友，當然應該實行「費厄潑賴」了。倘若是在鬥爭嚴峻的環境中，面對的是法西斯、惡勢力等「害己害人的昏迷和強暴」，就只能除惡務盡，「打落水狗」，「『費厄潑賴』應該緩行」了。而無論是保護人民，對朋友「費厄潑賴」，還是對「害己害人的昏迷和強暴」堅決鬥爭，都是為了使中國人「幸福的度日，合理的做人」。我們應該堅持歷史主義的態度，增強自己的邏輯辨析力，不應脫離歷史情境與所遇對象，孤立地理解魯迅的某些話和主張，簡單地加以否定。

（三）「幸福的度日，合理的做人」後期的延伸

魯迅在發生思想轉變的後期，是否還堅持「幸福的度日，合理的做人」這一本原思想呢？回答是肯定的。

一九二七年四月的政治屠殺之後，魯迅的思想確實發生了轉變，政治上同情和傾向中國共產黨。而發生這種轉變的根本原因正是出於「幸福的度日，合理的做人」這一本原思想，因為當時的當政者不僅已經不容許不同意見者和勞動人民「幸福的度日，合理的做人」，而且連生存權也要剝奪了。正如一九二七年十月魯迅在《答有恆先生》一文中所說，他們「對於別個的不能再造的生命和青春，更無顧惜。」肆意濫殺，「暴殄天物」。這正是魯迅發生思想轉變的根本原因。

這時，魯迅更加自覺地從「幸福的度日，合理的做人」這一本原思想出發去評價歷史和辨析革命的成敗。一九二八年四月，他在《太平歌訣》中認為當時南京市民諷刺革命政府的童謠「叫人叫不著，自己頂石墳」，「包括了許多革命者的傳記和一部中國革命的歷史。」其意就是說：如果沒有給人民謀得幸福，任何革命都不會得到人民的擁護，人民根本就不會予以理睬的。號稱革命者的人，也不必埋怨什麼群眾落後，只顧眼前利益。多數人就是這樣的，不管你打的什麼旗子，也不管你談的是什麼主義，是社會主義，還是資本主義，是民主，還是專政，是當政，

還是在野，只要你能給群眾帶來實際利益，使他們過上穩定、幸福的生活，有了相對比較公平、合理的待遇，他們就擁護你；否則就不理睬你，甚至反對你。

在嚴酷的環境中，魯迅也是善於保護自己的。一九二七年七月廣州四・一五屠殺之後，有人請魯迅演講，想讓他顯露自己的政治傾向以予迫害，魯迅機智地大談《魏晉風度及文章與藥及酒之關係》，對當政者予以曲折的揭露和諷刺，卻又使他們抓不住把柄。一九二九年一月十三日《海風週報》第三號刊登了一篇署名李白裕的文章《介紹魯迅先生的做人秘訣》，認為魯迅的做人秘訣之一是：「在壓迫來到的時候，你不必再繼續去幹，最適當的方法就是『裝死』！」之二是：「環境在於你不利的時候，你就離開了那個大城，實行三十六著，一走了之，是為上策。」之三是：「政治環境惡劣的時候，無論是和人談話，抑是公開講演，最好是閉口不談政治，閉戶讀書，什麼都不要去管。」這位作者有諷刺魯迅的意味，其實這正是魯迅老練之處，與那些不知深淺、赤膊上陣的年輕魯莽漢相比，自有高下之別。當然，到了非得挺身而出不可的時候，魯迅也是大無畏的。一九三三年楊杏佛被統治者暗殺，魯迅毅然不顧安危參加楊的喪禮，出門不帶鑰匙就是突出一例。

而到一九三一年七月月二十日在社會科學研究會的演講《上海文藝之一瞥》中，魯迅對革命的辨析就極為明確了：「革命是並非教人死而是教人活的。」這其實是在重申「幸福的度日，合理的做人」的本原思想：因為要活，而且活得幸福，所以才革命。而有些人卻「將革命使一般人理解為非常可怕的事，擺著一種極左傾的兇惡的面貌，好似革命一到，一切非革命者就都得死，令人對革命只抱著恐怖。」對於革命文藝，也如魯迅在一九三四年六月二日在致鄭振鐸的信中所說的：以為「都應該大刀闊斧，亂砍亂劈，凶眼睛，大拳頭，不然，即是貴族。」其實，革命文藝也應該是精緻的，有趣味的。魯迅後期在緊張戰鬥之餘，還興趣盎然地與鄭振鐸一起合印古雅精緻的《十竹齋箋譜》。

中國人往往缺乏邏輯思維，而魯迅的邏輯辨析力卻像解剖刀一樣鋒利精準。他是贊成革命的，一九二七年六月在黃埔軍校演講《革命時代的文學》時，就指出：「其實『革命』是並不稀奇的，惟其有了它，社會才會改革，人類才會進步，能從原蟲到人類，從野蠻到文明，就因為沒有一刻不在革命。」他尤其贊同「思想革命」，甚至認為可以「準備『思想革命』的戰士，和目下的社會無關。待到戰士養成了，於是再決勝負。」但是他很早就對革命採取了分析的態度，很早就對「專以『勃谿』為業」的所謂革命者保持警惕，一九二七年十二月又在《小雜感》中對「革命，革革命，革革革命，革革……」的惡性循環進行了辛辣的諷刺。一九二八年四月告誡一位青年說「革命是也有種種的。」進入三〇年代，對革命的辨析就非常成熟了，做出了「革命是並非教人死而是教人活的」科學界定。一九三二年十二月在給周揚的一封信《辱罵和恐嚇決不是戰鬥》中，又重申：「無產者的革命，乃是為了自己的解放和消滅階級，並非因為要殺人」。一九三六年八月，即臨終前兩個月，在《答徐懋庸並關於抗日統一戰線問題》中，更對「將敗落家族的婦姑勃谿，叔嫂鬥法的手段，移到文壇上」的所謂革命作家表示了憤慨。這都說明魯迅後期不僅沒有改變「幸福的度日，合理的做人」這一本原思想，而且有所延伸和發展。

魯迅後期對於如何合理地做人也有更為充分的闡釋。在《拿來主義》中說「新宅子」的「新主人」首先要「沉著，勇猛，有辨別，不自私」。在《門外文談》中說「覺悟的智識者」「必須有研究，能思索，有決斷，而且有毅力。」一九三四年六月九日致楊霽雲的信中說：「當今急務之一，是在養成勇敢而明白的鬥士。」而要「幸福的度日，合理的做人」，也必須學會「拿來」，「要運用腦髓，放出眼光，自己來拿！」不能徘徊不敢走進門，也不能放一把火燒光，算是保存自己的清白，更不可蹩進臥室，大吸剩下的鴉片。而須善於「佔有，挑選」，明白如何使用，存放和毀滅。總之，無論是對待國粹，還是外國的東西，都以是否有益於「幸福的度日，合理的做人」來做決定。

合理的反面是不合理，魯迅對種種不合理的做人也進行了無情的批評。魯迅後期寫過一個名叫阿金的女人，這個昏瞶、顢頇、自私的上海娘姨、外國人的女僕，恰恰是一個反面典型。後來又在《故事新編》的《采薇》中塑造了一個多嘴多舌、為人刻薄的丫頭阿金。據香港三育圖書文具公司一九六七年版曹聚仁所著《魯迅年譜》記載，魯迅曾對曹聚仁說過：「他創造了阿金，就等於創造『阿Q』，阿金也和阿Q一般普遍地活著的。」所以魯迅「願阿金也不能算是中國女性的標本」。要「合理的做人」，絕對不能像阿金那樣。

魯迅對自私自利的行為最為反感。一九三五年四月二十三日致蕭軍、蕭紅的信中說：「我看中國有許多智識分子，嘴裡用各種學說和道理，來粉飾自己的行為，其實卻只顧自己一個的便利和舒服，凡有被他遇見的，都用作生活的材料，一路吃過去，像白蟻一樣，而遺留下來的，卻只是一條排泄的糞。社會上這樣的東西一多，社會是要糟的。」一九三六年五月二十三日致曹靖華的信中說對於「自私心太重的青年，將來也得整頓一下才好。」一九三五年八月二十四日致蕭軍的信中說到自己「不過思想較新，也時常想到別人和將來，因此也比較的不十分自私自利而已。」一九三四年五月二十二日致楊霽雲的信中也說道：「自問數十年來，於自己保存之外，也時時想到中國，想到將來，願為大家出一點微力，卻可以自白的。」所以，他臨終前不久在病中仍然在《「這也是生活」》中感到「無窮的遠方，無數的人們，都和我有關」。

魯迅謙遜地說自己「不十分自私自利而已」，對自己也有所保存，這倒比提倡「毫不利己，專門利人」更為合理一些。因為道德只有自他兩利才可能真正實行，如他在剛登上「五四」文壇時寫《我之節烈觀》中所說：「道德這事，必須普遍，人人應做，人人能行，又於自他兩利，才有存在的價值。」所以，魯迅並不要求所有的人都去革命，去做戰士，一九二八年四月，一個在大革命失敗後陷於失望的青年寫信對魯迅提出質疑，埋怨中了魯迅的毒，魯迅沒有生氣，勸這位青年「第一，要謀生」，「第二，要愛護愛人」，「暫時玩玩」，「隨便弄一點糊口之計」。而自己則「要更加講趣味，尋閒暇」。他最反對的就是「手頭集許多錢，住在安全地帶，而主張別人必須做犧牲」。對於林語堂這樣的學者，魯迅也「不主張他去革命，拼死，只勸他譯些英國文學名作」，認為「以他的英文程度，不但譯本於今有用，在將來恐怕也有用的」。魯迅自己衝鋒陷陣，無所畏懼，然而他卻勸別人注意隱藏。一九三四年十二月二十三日在致楊霽雲的信中說：《集外集》編者引言是好的，「但結末處似乎太激烈些，最好是改得隱藏一點，因為我覺得以文字結怨於小人，是不值得的。至於我，其實乃是箭在弦上，不得不發。」

魯迅自己始終無所畏懼地戰鬥在第一線，勇猛地反抗黑暗，與一切不合理的現象進行堅韌的鬥爭。一九三三年五月，國民黨政府任命黃郛為行政院駐北平政務整理委員會委員長，十五日黃由南京北上，十七日晨專車剛進天津月臺，即有人投擲炸彈。據說抓住了投彈者劉魁生，十七歲，山東曹州人，在陳家溝劉三糞廠作工。當天中午劉就被誣為「受日人指使」，在新站外梟首示眾。事實上劉只是路過鐵道，審訊時他堅不承認投彈。國民黨政府將他殺害並製造輿論，是藉以掩蓋派遣黃郛北上與日本求和的真相。對此，魯迅表示了極大的憤慨，接連寫了《保留》、《再談保留》兩文予以揭露，呼籲「從我們兒童和少年的頭顱上，洗去噴來的狗血罷！」文章投到報社，未能登出，魯迅又編進自己的雜文集《偽自由書》中。像這樣的例子是不勝枚舉的。魯迅總是不顧個人的安危喊出了中國的真聲音。為了中國的將來和人民能夠「幸福的度日，合理的做人」，魯迅做出了巨大的自我犧牲。

最後特別需要重點強調的是，魯迅後期通過對文字獄和酷刑的研究，對中國封建專制制度的不合理性進行了鞭辟入裡的深刻批判。《隔膜》、《買〈小學大全〉記》寫的是封建專制者皇帝的殘酷無理與中國知識份子的「不悟自己之為奴」，《病後雜談》、《病後雜談之餘》寫的是中國的「剝皮」酷刑，對中國封建專制制度下的歷史循環作出了這樣的概括：「大明一朝，以剝皮始，以剝皮終，可謂始終不變」。「有些事情，真也不像人世，要令人毛骨悚然，心裡受傷，永不全愈的。」這樣深透的概括分析，在前期是做不出的。而這都是從「幸福的度日，合理的做人」這一本原思想出發，逐步深化所做出的。

人們可能還有一點存疑：魯迅晚年對蘇聯的十月革命非常推崇，而當時的蘇聯社會並非「幸福的度日，合理的做人」，這不是與魯迅的本原思想相悖離嗎？

魯迅晚年對蘇聯的革命非常推崇是確實的。他一九三二年六月在《林克多〈蘇聯聞見錄〉序》中說：蘇聯是「一個簇新的，真正空前的社會制度從地獄底裡湧現而出，幾萬萬的群眾自己做了支配自己命運的人。」一九三四年四月又在《答國際文學社問》中明確說道：「蘇聯的存在和成功，使我確切的相信無階級社會一定要出現」。一九三六年二月，臨終前八個月，在《記蘇聯版畫展覽會》中說蘇聯的版畫給他以震動，「恰如用堅實的步法，一步一步，踏著堅實的廣大的黑土進向建設的路的大隊友軍的足音。」為了按照現在的口徑為魯迅「辯解」而否定魯迅推崇蘇聯的事實，是徒勞的。

我們仍然應該以「幸福的度日，合理的做人」為標準衡量這個問題。蘇聯十月革命的發生是有一定合理性的，否則就不可能發生，發生了也不可能成功。其合理性主要在於當時的沙皇統治已經腐朽到了極點，廣大工農群眾陷於極端困苦之中，正如國際歌所唱的成為了「饑寒交迫的奴隸」，不僅不可能「幸福的度日」，甚至連生存也難於保障了。為了生存，人民才擁護革命。這時又有了布爾什維克黨的組織領導特別是列寧的智慧，於是在這個資本主義薄弱地帶實現了社會主義的勝利。三〇年代以後，政權逐步穩定，國家進入正常的建設時期，社會主義的優越性一面也開始發揮出來，經濟迅速增長，人民生活有所改善。而資本主義世界卻爆發了空前的經濟危機，大批企業倒閉，工人失業，民不聊生。這時，法西斯主義開始興起，帝國主義企圖聯合進攻新生的蘇聯。所以在這個特定的歷史情境中，社會主義蘇聯佔有更多的真理，具有更大的合理性，許多優秀的知識份子，如法國的羅曼・羅蘭、巴比塞，智利的聶魯達，美國的德萊賽等等，都傾向於社會主義蘇聯和國際共產主義運動。魯迅處在深受帝國主義侵略和封建買辦階級壓迫的中國，出現這種傾向就是很必然，很合理的了。當然，倘若魯迅像羅曼・羅蘭那樣到蘇聯實地體驗一番，可能會發現不合理的另一面。事實上，魯迅當時雖然支持中國共產黨，但是對未來的前景也有所警惕和憂慮。他說毛澤東的井岡山詩，有山寨王氣；對馮雪峰擔心地說：你們來了會不會殺我？而且他也多次說過：到了「黃金世界」也是會將叛徒處死的。

那麼，魯迅後期的思想觀點是否全部正確，沒有缺失呢？

我不這樣認為。

魯迅研究之所以能夠上升為魯迅學這樣一個獨立的人文學科，就是要超越以魯迅的是非為是非的窠臼，從普世的是否有益於人類生存發展的科學角度去進行審視。以這樣的視角考察，魯迅當時推崇蘇聯有一定的合理性，但是在《我們不再受騙了》一文中說的「無產階級專政，不是為了將來的無階級社會麼？」卻存在理論上的失誤。歷史業已證明，無階級社會固然很好，但是恐怕是很難實現的烏托邦。而且通過無產階級專政的道路，不僅很難實現，反而會適得其反。我以為，任何階級的專攻，無論是無產階級專政，還是資產階級專攻，都是不能建立幸福、合理的社會的。幸福、合理的社會，只能有法治和管理，不能有階級的專政。魯迅像很多的共產主義者那樣，有很美好的理想，卻對實現這一理想的途徑缺乏科學的認識。魯迅在一九三三年十一月十五日致姚克的信中說過：「啟示我的是事實，而且並非外國的事實，倒是中國的事實，中國的非『匪區』的事實」。他根據事實作出的判斷和引發的創作是與無產階級專政理論相違的。例如《阿Q正傳》中既寫了阿Q在封建階級壓迫剝削下一定要革命的必然性，又寫了阿Q式革命的悖謬與不合理性：革命成功後只是拿些東西與欺壓小D。阿Q專政與趙太爺專政並無本質區別，甚至有過之無不及。一九三一年七月，他在《上海文藝之一瞥》的講演中也說：「上海的工人賺了幾文錢，開起小小的工廠來，對付工人反而凶到絕頂」。這都說明魯迅的本原思想是與無產階級專政理論不相通的。只是一九三二年以後在談到蘇聯問題時，表示了贊同。這除了當時的歷史侷限性之外，與他所接受的歐陸性的東方文明背景有關，與中國傳統文化的兩極思維以及傳入中國的黑格爾哲學也有關。例如在《我們不再受騙了》中還說：「我們的癰疽，是它們的寶貝，那麼，它們的敵人，當然是我們的朋友了。」這未免絕對化，和「文革」中的「對著幹」是同一思維模式，因為敵人反對的不一定就是我們應該擁護的；敵人擁護的也不一定就是我們應該反對的。情況很複雜，不能絕對化。與此相關產生的另一偏執是不容許「第三種人」的存在，似乎只能有對立的兩極，不能有廣大的中間地帶。這些觀點和做法是不符合「幸福的度日，合理的做人」這一本原思想的。其實，世界上的事物不是一分為二，而是一分為三。一個社會要想長治久安、和諧幸福，就必須擴大中間人群，使中產階級成為整個社會的主導和基礎。魯迅在《「題未定」草（六至九）》這篇以「摘句」、「選本」為例全面闡發科學思維方法的長篇雜文中，提出了一個科學的命題：「虛懸了一個『極境』，是要陷入『絕境』的。」然而一到實際問題上，就難免走極端了。這些想法，在這裡只能簡單表明一下觀點，以後將在《魯迅侷限性研究》一書裡詳細闡發。

我們研究魯迅的侷限性，絕對不是貶損魯迅，更不是否定他的全人。魯迅的功績，與那些在上一世紀為共產主義理想艱苦奮鬥直至獻出生命的志士仁人一樣，是永遠不可磨滅的。肯定功績是一回事，總結歷史經驗又是一回事，只有不斷地科學地總結歷史的經驗並把這種經驗上升到哲學的高度去認識，才可能超越前人，把歷史推向前進。

（四）「幸福的度日，合理的做人」當下的意義

恩格斯在《路德維希・費爾巴哈和德國古典哲學的終結》中對什麼是合理的，作了極為精闢的辨析。他說黑格爾的著名命題：「凡是現實的都是合理的，凡是合理的都是現實的。」引起近視的普魯士政府的感激和同樣近視的自由派的憤怒。其實，這個似乎把現存的一切神聖化的命題表面是保守的，內含卻是革命的。因為「凡是現存的決非無條件地也是現實的。」「現實的屬性僅僅屬於那同時是必然的東西」。而且，「在發展的進程中，以前的一切現實的東西都會成為不現實的，都會喪失自己的必然性、自己存在的權利、自己的合理性；一種新的、富有生命力的現實的東西就會起來代替正在衰亡的現實的東西」。「這種辯證哲學推翻了一切關於最終的絕對真理和與相應的人類絕對狀態的想法。在它面前，不存在任何最終的、絕對的、神聖的東西；它指出所有一切事物的暫時性；在它面前，除了發生和消滅、無止境地由低級上升到高級的不斷的過程，什麼都不存在。」

魯迅的思想是符合辯證哲學的。他在《寫在〈墳〉後面》一文中有一段名言：「以為一切事物，在轉變中，是總有多少中間物的。動植之間，無脊椎和脊椎動物之間，都有中間物；或者簡直可以說，在進化的鏈子上，一切都是中間物。」他從來沒有把自己看成是什麼疑固的絕對權威，更沒有把自己神聖化，始終堅信並希望年輕人和後來者能夠超越他。他也並非一切正確，一些觀點確實已經過時或被歷史證明是錯誤的，然而他的許多基本思想，特別是「幸福的度日，合理的做人」這一本原思想，卻具有恆久的價值。從普世的是否有益於人類生存發展的科學角度去進行審視，就會日益顯現其巨大意義。

中國思想界正在對二十世紀中國和世界的歷史進程進行著反思。這種反思如果能夠澈底，就首先要反思我們思考的大前提。

進行正確反思的大前提應該是什麼呢？是書本嗎？是既定的理論概念嗎？都不是的。應該是人類的生存本身。

從普世的是否有益於人類生存發展的科學角度去進行反思。無論是社會主義還是資本主義，都各有其合理性一面，也各有其不合理性一面，絕對的合理是不存在的。目前的發達資本主義國家，往往含有很大成分的社會主義因素，所以人民的生活比較安定、富裕。而之所以形成這樣的局面，則是與人民群眾的長期鬥爭分不開的。工人運動迫使資本家不得不做出讓步，政府也不得不逐步完善種種保障人民生活和權利的法律和制度。而社會主義的中國，之所以經濟迅速增長，人民生活得到改善，也因為汲取了資本主義的合理性一面，改革開放，建立了社會主義市場經濟。我們的確不必拘泥於姓「社」還是姓「資」，而應該堅持以「幸福的度日，合理的做人」為基本標準。有益於大多數人「幸福的度日」的，就是合理的，就擁護，不益於的就反對。例如改革開放後的一系列有益於國計民生的正確政策，使人民的生活日益幸福，就是合理的，我們應該堅決擁護；貪污腐敗、貧富不均、兩極分化、道德敗壞、行賂受賂、黑惡橫行等現象有害於國家和人民，就屬於不合理的。這些黑暗現象，究根溯源還是「單有『我』，單想『取彼』」地只是「純粹獸性方面的欲望的滿足」的人生觀和法律體制的不完善所造成的。我們應該發揚魯迅精神按照法律和民主的原則與這些不合理現象與腐朽思想進行堅韌的鬥爭，為逐步完善法律體制而努力。

另外，民主也是一件很好的事情。但是在一個國家實行民主是要有步驟，分階段的。也要以是否有益於「幸福的度日，合理的做人」為基準，該民主時不民主而推行專制，不利於人民「幸福的度日，合理的做人」；反之，條件不成熟時實施過度的民主，造成社會的混亂，同樣也無益於人民「幸福的度日，合理的做人」。然而，我們又不能因為民主的階段性，而崇尚專制，應該看到民主是現代社會未來發展的必然結果，因而有步驟地推動民主的開展。

魯迅究竟是什麼樣的人？他是為了後代能夠「幸福的度日，合理的做人」而「肩住黑暗的閘門」，做出巨大自我犧牲的人。是為了中國人能夠「合理的做人」而對中國人精神進行深刻反思的偉大思想家。是為了大多數人能夠「幸福的度日」，而與「世上害己害人的昏迷和強暴」，進行自古以來最勇猛最堅韌最有力鬥爭的無畏鬥士。正因為如此，魯迅絕對不是為了鬥爭而鬥爭的鬥爭狂，也不是不講策略的魯莽漢，更不是像工人綏惠略夫那樣「一切是仇仇，一切都破壞」的反抗者，和張獻忠那樣「對於不是自己的東西，或者將不為自己所有的東西，總要破壞了才快活」，「於是就開手殺，殺……」的起義者，以及「擺著一種極左傾的兇惡的面貌，好似革命一到，一切非革命者就都得死」的左傾機會主義者。他是人民隊伍中一位非常老練的先鋒戰士，他的反抗是經過深刻反思的反抗。對於人生，他也是最講究幸福與合理的。雖然後期有所偏執，然而並不能遮蔽他的本原思想。正因為魯迅是以大多數人「幸福的度日，合理的做人」為宗旨的，所以他認為：「震駭一時的犧牲，不如深沉的韌性的戰鬥。」主張：「無論愛什麼，——飯，異性，國，民族，人類等等，——只有糾纏如毒蛇，執著如怨鬼，二六時中，沒有已時者有望。但太覺疲勞時，也無妨休息一會罷；但休息之後，就再來一回罷，而且兩回，三回……。血書，章程，請願，講學，哭，電報，開會，輓聯，演說，神經衰弱，則一切無用。」有為的青年應當牢記魯迅的這些教誨：「韌」，「注重實力」，甘做「一木一石」，去做些真正於自他兩利的有實效的工作，去「幸福的度日，合理的做人」。

把一味鬥爭的魯迅的扭曲形象，還原到本原思想上來，對於當下建設小康生活、和諧社會具有重要的現實意義。

本文是二〇〇六年九月在香港中文大學的講演
最早刊於香港《城市文藝》二〇〇六年第五期

論魯迅散文語言的藝術發展

——《自言自語》、《野草》和《且介亭雜文》的藝術比較

內容提要：

本文試通過魯迅前期的《自言自語》、中期的《野草》、後期的《且介亭雜文》的藝術比較，研討和探究魯迅散文語言的藝術特色及其成熟過程、發展軌跡。認為筆調上經歷了平直－婉曲－幽深，色調上經歷了平白－絢爛－淡然，節奏上經歷了急板－行板－緩板，形成了魯迅所獨有的文體。文學作品須講究文體，魯迅正是中國新文學史上第一「文體家」。

關鍵字：魯迅、散文語言、藝術發展、文體

魯迅首先是文學家。而文學是語言的藝術，所以魯迅的藝術世界，雖然範圍甚廣，包括文學、美術、書法、碑刻、電影、圖書裝禎、封面設計等多種領域，但主要是語言藝術的世界。他的美學思想也主要呈現在這裡。對這個世界進行深入的研究，不僅對魯迅文學作品的鑒賞、研究有重要作用，而且對於魯迅文學語言的揣摩、體悟和魯迅文學美學思想的探索，也是非常有益的。

本文試通過魯迅前期的《自言自語》、中期的《野草》、後期的《且介亭雜文》的藝術比較，研討和探究魯迅散文語言的藝術特色及其成熟過程、發展軌跡，以推進對於魯迅散文語言藝術的認知。

（一）筆調：平直－婉曲－幽深

一九八〇年初，孫玉石、方錫德從一九一九年的《國聞週報》上，發現了魯迅的早期佚文《自言自語》。這是一組散文詩，有些篇目是《野草》的雛型，但與《野草》相比，就顯得遜色多了。可見即使是魯迅這樣的偉大作家，也經歷了一個藝術發展過程。

筆調是行文的格調，最能顯露作家的功底。文學作品，特別是散文，最為重要的，不是章法的整與散，也不是結構的嚴與鬆，而是筆調。過去散文研究常常爭論什麼「形散而神不散」，其實並沒有深入到核心中去。我認為，文學作品的語言藝術最重要的是筆調，也可以稱之為語氣系統，決定了整篇作品的基調和品位。譬如我一直景仰的文學評論家黃秋耘先生在《且說開端》中就說過：列夫・托爾斯泰的《安娜・卡列尼娜》，初稿的開頭是「奧布浪斯基家裡，一切都亂了。」後來在前面加了一句：

幸福的家庭都是相似的；不幸的家庭各有各的不幸。

加上這樣一句富有哲理性的話，立即引人深思，耐人尋味。以至全書的調門和後來安娜的悲劇結局，都有了定音。

其他經典，如羅曼・羅蘭用「江聲浩蕩」一語，作為《約翰・克利斯朵夫》的開端；梁斌以「平地一聲雷」，為《紅旗譜》開場，都為全書定了調，真是別具匠心。

長篇小說如此，短篇小說也是這樣。魯迅《傷逝》的開頭是：

如果我能夠，我要寫下我的悔恨和悲哀，為子君，為自己。

《孤獨者》的開頭是：

我和魏連殳相識一場，回想起來倒也別致，竟是以送殮始，以送殮終。

契訶夫《恐怖》的開頭是：

我活在世上，一輩子恐怖過三次。

孫犁《鐵木前傳》的開頭是：

在人們的童年裡，什麼事物，留下的印象最深刻？

倘若小說的筆調，決定了整篇作品的格調的話，散文就更是如此。例如張愛玲在散文《天才夢》中，有這樣經典的一句「生命是一襲華麗的袍子，上面爬滿了蝨子」，其意就是生命很華美，誰都不會放棄。而生命的華美下麵，隱藏無數的煩惱、痛苦和折磨。但張愛玲卻不直寫，而是用「袍子」和「蝨子」進行暗喻，形成一種婉曲的筆調，就營造出了張愛玲式的格調。

對於筆調的揣摩與體悟，對她產生細膩、敏銳的藝術感覺，揣摩那個「鹹酸之外」的味道，標誌著一個散文家和散文研究家已經進入檔次。

從筆調的角度品位《自言自語》，就不難發現這組散文詩是魯迅前期的作品，筆調過於平直了。且看第七篇《我的兄弟》，文章不長，全引如下：

> 我是不喜歡放風箏的，我的一個小兄弟是喜歡放風箏的。
>
> 我的父親死去之後，家裡沒有錢了。我的兄弟無論怎麼熱心，也得不到一個風箏了。
>
> 一天午後，我走到一間從來不用的屋子裡，看見我的兄弟，正躲在裡面糊風箏，有幾支竹絲，是自己削的，幾張皮紙，是自己買的，有四個風輪，已經糊好了。
>
> 我是不喜歡放風箏的，也最討厭他放風箏，我便生氣，踏碎了風輪，折了竹絲，將紙也撕了。
>
> 我的兄弟哭著出去了，悄然的在廊下坐著，以後怎樣，我那時沒有理會，都不知道了。
>
> 我後來悟到我的錯處。我的兄弟卻將我這錯處全忘了，他總是很要好的叫我「哥哥」。
>
> 我很抱歉，將這事說給他聽，他卻連影子都記不起了。他仍是很要好的叫我「哥哥」。
>
> 阿！我的兄弟。你沒有記得我的錯處，我能請你原諒麼？
>
> 然而還是請你原諒罷！

這篇《我的兄弟》，顯然是《野草》中的《風箏》的雛型，但與《風箏》相比，實在是太平直了。僅是平實的記事，沒有委婉曲折的筆調。

《風箏》則婉曲得多。開頭就是：

> 北京的冬季，地上還有積雪，灰黑色的禿樹枝丫叉於晴朗的天空中，而遠處有一二風箏浮動，在我是一種驚異和悲哀。

語氣沉鬱頓挫，婉曲、深沉，「一彈再三歎，慷慨有餘哀」，像河水的漩渦一般，愈轉愈深。顯然比《我的兄弟》藝術得多了！

然後文氣一轉，由北京轉到故鄉紹興，寫故鄉風箏的美麗。再一折，說現在自己「四面都還是嚴冬的肅殺，而久經訣別的故鄉的久經逝去的春天，卻就在這天空中蕩漾了。」

第三段，由風箏的美麗轉到自己不愛放風箏，而弟弟愛放，又放不成。再轉到想起久日已不見他，到堆積雜物的小屋去，踩毀了弟弟將要製成的風箏，以勝利者的姿態走出。

但最後勝利者轉為內疚者，而且已無法彌補……

真是一波三折，一曲百轉，迴腸盪氣，沉鬱頓挫。從整篇的文氣，到句子的婉轉，都迭宕起伏，行止有致。與一九一九年的《自言自語》相比，大不一樣了。

不僅是《風箏》，整本《野草》都運轉著婉曲的筆調。寫於一九二四年九月一五日開篇《秋夜》的開頭：

> 在我的後園，可以看見牆外有兩株樹，一株是棗樹，還有一株也是棗樹。

這一句開頭引起了持續不斷的爭論，有人說這是魯迅囉嗦，寫牆外有兩株棗樹就行了，何必說「一株是棗樹，還有一株也是棗樹」呢？其實持這種論調的人，是對魯迅文章的筆調缺乏理解。魯迅故意繞了下圈子，是為了開篇就形成婉轉的筆調，營造特殊的藝術效果。事實證明是很成功的。

魯迅的前期作品，不僅《自言自語》，就是《熱風》中《隨感錄》各篇也有筆調平直的現象。而一九二三至一九二六年寫作《彷徨》、《野草》時期，這種現象大為減少了，在語言藝術上是有了長足的發展。其特點是婉曲。不僅是《野草》，《彷徨》中的小說也是如此。例如《祝福》的開頭：

舊曆的年底畢竟最像年底，村鎮上不必說，就在天空中也顯出將到新年的氣象來。

從少年時代就手把手教誨我的大散文家韓少華老師，對這個開頭極為欣賞，多次讓我反覆品味，並說尤其那個「畢竟」二字最是有味，既加重了筆調的婉轉，又使人預感到了小說的悲劇氣氛與「我」的無奈。對《朝花夕拾》中《藤野先生》的開頭，韓師也極歎賞：

東京也無非是這樣。上野的櫻花爛熳的時節，望去確也像緋紅的輕雲，但花下也缺不了成群結隊的「清國留學生」的速成班，頭頂上盤著大辮子，頂得學生制帽的頂上高高聳起，形成一座富士山。

這開頭一個長句，徐迂轉曲，視覺感很強，富有詩意，為全篇定了調。韓師叮囑須特別咀嚼那個「無非」。所謂轉折，其實就是吞吐抑揚之法。心中的鬱結要以文字的形式吐出，又不能直吐，就必須琢磨抑揚頓挫的規律，從中摸索吞吐妙法。

一九一九年四月，傅斯年以孟真為筆名在《新潮》一卷四號上發表了《一段瘋話》，詳盡地發揮了讀《狂人日記》之後的感想。這一號的《新潮》上，在「對於《新潮》一部分的意見」一欄中，還刊登了魯迅和傅斯年關於《狂人日記》的通信。魯迅在信中說：「《狂人日記》很幼稚，而且太逼促，照藝術上說，是不應該的。」傅斯年回信說：「《狂人日記》是真好的，先生自己過謙了。」

我認為，魯迅並非「過謙」，而是出於對藝術的嚴格要求。藝術的高境界是「從容」，不是「逼促」。當時，魯迅對自己的小說最滿意的是《孔乙己》，曾對孫伏園說這篇寫得「從容不迫」，不像《藥》那樣有些「氣急虺隤」。他一直朝著「從容」的更高境界攀升。「發展才是硬道理。」經濟如此，藝術上也如此。自一九二四到一九二六年的《彷徨》、《野草》時期，從藝術上看，魯迅是大為發展了。在《〈新文學大系〉二集》序言中，他自己也認為這一時期「脫離了外國作家的影響，技巧稍微圓熟，刻劃也稍加深切」。而這裡說的「圓熟」、「深切」，就包含筆調的婉曲。「文貴婉曲」。金聖歎也說：「文章之妙，無過曲折。誠得百曲、千曲、萬曲，百折、千折、萬折之文，我縱心尋其起盡，以自容與其間，斯真天天之至樂也。」《彷徨》、《野草》時期的「婉曲」，標誌著魯迅中期的藝術成熟。

那麼，後期又如何呢？早在一九三七年二月，畢樹棠就在《宇宙風》第三十四期上發表《魯迅的散文》，對魯迅作出這樣的評價：「在藝術上，他是一步一步的往後退，到了晚年，似乎已沒有靈感了。」當代學者也有人認為：魯迅後期文章「每每會顯出文氣接不上的模樣」，「站著文思的枯澀和文氣的衰竭」。我則與他們的意見相左，認為魯迅後期在藝術上也是一步一步升上去了，筆調不僅婉曲，而且愈加幽深了。

《且介亭雜文》就是明證。

這本雜文集序言結尾有這樣一段：

當然不敢說是詩史，其中有著時代的眉目，也決不是英雄們的八寶箱，一朝打開，便見光輝燦爛。我只在深夜的街頭擺著一個地攤，所有的無非幾個小釘，幾個瓦碟，但也希望，並且相信有些人會從中尋出合於他的用處的東西。

韓師對這一段也極為擊賞，指出「只在深夜的街頭擺著一個地攤，所有的無非幾個小釘，幾個瓦碟……」尤其好，是一般作家寫不出的。有特別的風味。

有什麼「特別的風味」呢？我思考了很久。韓師做這個教誨是在上世紀八〇年代初，至今已近三十年了。余也癡笨，到最近我方悟出了「幽深」二字。

魯迅的散文筆調，前期有些平直，中期日益婉曲，而後期日顯「幽深」。「只在深夜的街頭擺著一個地攤，所有的無非幾個小釘，幾個瓦碟……」豈不「幽深」？魯迅沒有自稱是詩史，更沒有自炫是英雄的八寶箱，卻形象地反映了他在黑暗時代裡艱苦而寂寞的寫作生涯，表現了他晚年雜文那種「深入化境」的樸茂風格，並顯示了他的堅實的自信力。正因為切實合用、樸素無華，《且介亭雜文》愈益顯現出恒久的價值，人們從這個思想藝術礦藏中尋出了越來越多的合於用處的東西。

《且介亭雜文》中立意最深的文字，當是四篇讀史雜感《隔膜》、《買〈小學大全〉記》、《病後雜談》和《病後雜談之餘》。魯迅深入到《清代文字獄檔》和少年時代就讀過的《蜀碧》、《蜀高抬貴手》、《安龍逸史》、《立齋閒錄》等野史中去，抉發出統治者的殘暴與被統治者「不知已之為奴」的奴性心理，可謂是洞幽察微，幽深之極！

而真正昇華到峰巔的，我認為是魯迅生命最後的日子裡寫幾篇散文，堪稱絕唱。

據許廣平所記，魯迅生前曾把夏季大病之後寫的《半夏小集》、《「這也是生活」……》、《死》、《女吊》四篇，另外放在一處，預備做《夜記》的材料，不幸遽然長逝沒有編成。這四篇和四月一日、即大病前寫的《我的第一個師父》共五篇，確實別有味道，應屬魯迅文章中最為老熟的佳作，是他生前最後一次向更高境界的攀登。

《半夏小集》是一束議論性的雜感，九段短論，各呈一番風采和理趣，一、五、六是對話體，二、三是箴言體，四、七、八、九是隨感體。文體騰挪多姿，富於變化；風格冷峻灑脫，蘊藉深厚；立論警策機智，尖刻詼諧。試將一節剝A大衫的對話與《華蓋集》中的《犧牲謨》進行一下比較，就會發現魯迅晚年的雜文藝術的確更為清峻、簡勁了，這裡的幾句話比那時的一大篇還要痛快淋漓！再拿四、七節的隨感與《而已集》中的《小雜感》作一番對比，又會感到魯迅晚年的雜文不僅更為峻拔，而且愈加豐厚、委婉、迭宕，不只限於哲理的凝聚，還展現「偉美的壯觀」，增添了畫面感和語言的頓挫、曲折之美。而文中所充溢的是更為熾烈的愛國熱情，不甘做任何人奴隸的凜然正氣，「令人看了神旺，消去鄙吝的心」。

《「這也是生活」……》是病中生活的散記，寫得散淡、恬靜、隨意，似乎連文章也進入了「無欲望狀態」。然而又於平淡中突發令人警醒之語，關於名人也不能總耍顛的格言、盲人摸象的比喻、「刪夷枝葉的人，決定得不到花果」的警句，以及對把吃西瓜和抗敵硬聯在一起者的反駁，都閃爍出只有魯迅才有的智慧和理性。是的，即使在大病之中，魯迅也和「無窮的遠方，無數的人們」戚戚相關。

《死》是魯迅大病之後寫的關於死的雜感，類似遺囑，又不算遺囑。通篇沉鬱、陰冷，令人有讀但丁《神曲》、遊歷地獄的感覺，堪稱是世界文學史上談論死亡主題的經典之作。文後寫給親屬的七條遺囑，已成為最後的傳世遺教，而對怨敵「一個都不寬恕」的決定，又令今天的讀者難於理解。其實不必非要尋找各種思路去理解不可，魯迅就是魯迅，是按照他獨特的個性和方式遺世獨立的！如果符合人們的理解思路和思維框架，也就不是魯迅了！

《我的第一個師父》是記人散文，試看開頭一段：

> 不記得是那一部舊書上看來的了，大意說是有一位道學先生，自然是名人，一生拚命辟佛，卻名自己的小兒子為「和尚」。有一天，有人拿這件事來質問他。他回答道：「這正是表示輕賤呀！」那人無話可說而退云。

起筆從容舒卷、沉鬱悠婉。說「不記得……」，正是隨意的表現，不像論文那樣引經據典，句句有出處，而是從容瀟灑，隨口一說。後面的「自然是名人」，是定語的倒置。魯迅常用這種倒置的手法，舒緩筆調的語氣。據說魯迅寫完文章後，常在深夜裡獨自朗誦，聽來好像與人談話，我們不妨也可試試朗讀一下這篇文章，就會感到魯迅是極其講究語氣的緩急和音節的頓挫的，而此文似乎比以前文章的語氣更為緩鬆、深沉，頓挫更為厚重、沉穩，這是因為更趨老熟了罷！再試與《且介亭雜文》中的《憶韋素園君》和《憶劉半農君》對比，又會發現這兩篇與《朝花夕拾》中的記人散文相比，是更上一層樓了，但似乎不及《我的第一個師父》那般蒼老、渾厚。「庾信文章老更成」，魯迅的文章是越老越成熟，越來越幽深了，怎麼能說他晚年倒退了呢？

《女吊》是記述紹興鄉俗的雜感味很濃的散文，寫於九月十九至二十日，一個月之後，即十月十九日，魯迅就逝世了。所以這篇文章透發出一股鬼氣，然而這鬼，是一位美麗的女鬼，不令人恐怖，反引人憐愛，如魯迅所說，是「一個帶復仇性的，比別的一切鬼魂更美，更強的鬼魂」。魯迅臨終前以濃重的筆墨描繪這位美神一樣的女鬼，是含有深意的，盡可細細去琢磨、品味。體悟會是形形色色的，但有一點恐怕能夠形成共識，這就是：貫串魯迅一生的會稽報仇雪恥的復仇精神，在生命的最後時刻得到了最徹底的貫徹，像火山一樣噴出血紅的火焰。整篇文章看似陰冷，其實比過去的所有文字都熾熱得多！

倘能含英咀華地細細品讀以上五篇文章，就能把握三本《且介亭雜文》的精粹了。

當然，這僅是相比較而言，從大體上講的，並非說其他文章就不重要了。

其他文章自另有價值。《關於太炎先生二三事》和《因太炎先生而想起的二三事》，也是品位很高的記人散文，後一篇係魯迅的絕筆，逝世前二日所作，未能完稿。而最後一筆寫黃克強、即著名民主革命家黃興在東京無視日本學監誡令「偏光著上身，手挾洋磁臉盆，從浴室經過大院子，搖搖擺擺的走入自修室去而已」，人物的個性立即躍然紙上，活脫脫呼之欲出，充分顯示了魯迅寫人的功力。《寫於深夜裡》以悲憤的筆調，描繪了當時國民黨政府的祕密審判和祕密殺人，被稱作「童話」的幾個場面，在看似平淡的敘述中透出深深的悲憤，漬血透紙，沁人肺腑。《白莽作〈孩兒塔〉序》，雖在後面的《續記》中說明是被人騙稿，但也反映出魯迅有一顆多麼仁愛的心，對白莽等左聯五烈士的懷念有多麼深沉，在那下著淅瀝細雨的春夜裡，於獨坐中寫出的文字真比詩還要美。

最早對魯迅的筆調，即語氣系統，進行獨到研究的是西北大學傅庚生教授，他早上世紀六十年代初由東風文藝出版社推出的《文學鑒賞論叢》，是一部內涵深廣、獨闢蹊徑的著作，全是作者長年累月沉浸含咀的結晶。其中一篇《從「沉鬱頓挫」窺測魯迅的小說》，由杜詩的「沉鬱頓挫」，揣摩魯迅小說的語氣系統，多有見道之論。他這樣說：

> 「沉鬱」是說風格的沉鬱善感，「頓挫」是說文章的迭宕生姿；二者相反而相成。文筆的迭宕繫於文思的轉折，魯迅小說就是善於利用轉折以引人入勝。

全文由此對魯迅小說做了細緻入微的揣摩、品味，值得細讀。在所有的文學概念裡，最難說清的，恰是這個筆調，最為重要的也恰恰是筆調。以上試從筆調上對魯迅前、中、後期散文語言進行了一番藝術比較，《自言自語》是平直的；《野草》是婉曲的；《且介亭雜文》是幽深的。可能有其片面甚至錯誤之處，但終歸是「自家閉門鑿破此片田地，即非傍人籬壁，拾人涕唾得來者」（嚴羽《滄浪詩話》）是自己多年沉浸其中、反覆咀嚼所得，就不怕方家見笑了。當下報刊中的文字大多平直無味，多多揣摩、體悟魯迅散文語言的藝術發展，可能會是醫治這種現象的一劑良藥。

（二）色調：平白—絢爛—淡然

散文語言除須講究筆調外，還須注重色調。魯迅從《自言自語》到《野草》再到《且介亭雜文》，在色調上也有長足的藝術發展。

《自言自語》不難看出，色調有些蒼白。就拿第二篇《火的冰》來說，就是這樣的：

流動的火，是熔化的珊瑚麼？

中間有些綠白，像珊瑚的心，渾身通紅，像珊瑚的肉，外層帶些黑，是珊瑚焦了。

好是好呵，可惜拿了要燙手。

遇著說不出的冷，火便結了冰了。

中間有些綠白，像珊瑚的心，渾身通紅，像珊瑚的肉，外層帶些黑，也還是珊瑚焦了。

好是好呵，可惜拿了便要火燙一般的冰手。

火，火的冰，人們沒奈何他，他自己也苦麼？

唉，火的冰。

唉，唉，火的冰的人！

不僅筆調上平直，從色調上看，也過於平白了。

這篇《火的冰》，明顯是《野草》中《死火》的初稿。而《死火》的色調就濃郁了，突出「青白」色。而在「青白」世界中，又凸現了「紅」色：「一切青白冰上，卻有紅影無數，糾結如珊瑚網。」「這是死火。有炎炎的形，但毫不搖動，全體冰結，像珊瑚枝；尖端還有凝固的黑煙，疑這才從火宅中出，所以枯焦。這樣，映在冰的四壁，而且互相反映，化為無量數影，使這冰谷，成紅珊瑚色。」

「青白」中襯托「紅」，「冰穀」中托起「紅珊瑚色」，且「尖端還有凝固的黑煙」。這該是多麼絢麗的畫面！簡直可以做成經典的油畫。

前文所舉的《風箏》，也顯示出魯迅散文語言的色調用心。

> 故鄉的風箏時節，是春二月，倘聽到沙沙的風輪聲，仰頭便能看見一個淡墨色的蟹風箏或嫩藍色的蜈蚣風箏。還有寂寞的瓦片風箏，沒有風輪，又放得很低，伶仃地顯出憔悴可憐模樣。但此時地上的楊柳已經發芽，早的山桃也多吐蕾，和孩子們的天上的點綴相照應，打成一片春日的溫和。

聽覺上有「沙沙的風輪聲」，視覺上則有「淡墨色的蟹風箏或嫩藍色的蜈蚣風箏」，還有「出芽」的「楊柳」，「吐蕾」的「山桃」，配以「春日的溫和」。由聽、視、感構成了一個現場環境，給人以極強的實感性。而其中「淡墨色」與「嫩藍色」的色調搭配極為諧調、亮眼，可謂是一位高明畫家。

《野草》中調色最佳的當為《好的故事》：

> 坐小船經過山陰道，兩岸邊的烏桕，新禾，野花，雞，狗，叢樹和枯樹，茅屋，塔，伽藍，農夫和村婦，村女，曬著的衣裳，和尚，蓑笠，天，雲，竹，……都倒影在澄碧的小河中，隨著每一打槳，各各夾帶了閃爍的日光，並水裡的萍藻游魚，一同蕩漾。諸影諸物，無不解散，而且搖動，擴大，互相融和；剛一融和，卻又退縮，復近於原形。邊緣都參差如夏雲頭，鑲著日光，發出水銀色焰。凡是我所經過的河，都是如此。
>
> 現在我所見的故事也如此。水中的青天的底子，一切事物統在上面交錯，織成一篇，永是生動，永是展開，我看不見這一篇的結束。
>
> 河邊枯柳樹下的幾株瘦削的一丈紅，該是村女種的罷。大紅花和斑紅花，都在水裡面浮動，忽而碎散，拉長了，縷縷的胭脂水，然而沒有暈。茅屋，狗，塔，村女，雲，……也都浮動著。大紅花一朵朵全被拉長了，這時是潑剌奔迸的紅錦帶。帶織入狗中，狗織入白雲中，白雲織入村女中……。在一瞬間，他們又將退縮了。但斑紅花影也已碎散，伸長，就要織進塔，村女，狗，茅屋，雲裡去。

現在我所見的故事清楚起來了，美麗，幽雅，有趣，而且分明。青天上面，有無數美的人和美的事，我一一看見，一一知道。

我就要凝視他們……。

我正要凝視他們時，驟然一驚，睜開眼，雲錦也已皺蹙，凌亂，彷彿有誰擲一塊大石下河水中，水波陡然起立，將整篇的影子撕成片片了。我無意識地趕忙捏住幾乎墜地的《初學記》，眼前還剩著幾點虹霓色的碎影。

從「澄碧的小河」，到「水銀色焰」、「水中的青天」，再到「一丈紅」、「大紅花和斑紅花」，再到「胭脂水」、「紅錦帶」，又到「白雲」、「村女」、「斑紅花影」，最後又歸於「虹霓色的碎影」。這是何等絢爛多彩的畫幅和詩篇啊！倘若拍成彩色寬影幕電影，真該多麼誘人！

這禁不住令我想起韓師在當年星期文學講座上，賞析吳伯簫的《菜園小記》時所講的調色之妙：在一片黃土高原的窯洞門前掛著一串紅辣椒，土黃中有一點「紅」，格外顯眼！

注意色調搭配，運用色彩時的得體與合度，即合乎場境的需要和濃淡的分寸，是需要美學修養的。記得蕭紅在《回憶魯迅先生》中，描述過魯迅先生給她的服飾提意見的情景：

「你的裙子配得顏色不對，並不是紅上衣不好看，各種顏色都是好看的，紅上衣要配紅裙子，不然就是黑裙子，咖啡色就不行了；這兩種顏色放在一起很混濁……你沒看到外國人在街上走的嗎？絕沒有下邊穿一件綠裙子，上邊穿一件紫上衣，也沒有穿一件紅裙子而後穿一件白上衣的……」

魯迅先生就在躺椅上看著我：「你這裙子是咖啡色的，還帶格子，顏色混濁得很，所以把紅衣裳也弄得不漂亮了。」

「……人瘦不要穿黑衣裳，人胖不要穿白衣裳；腳長的女人一定要穿黑鞋子，腳短就一定要穿白鞋子；方格子的衣裳胖人不能穿，但比橫格子的還好；橫格子的，胖人穿上，就把胖子更往兩邊裂著，更橫寬了，胖子要穿豎條子的，豎的把人顯得長，橫的把人顯得寬……」

看，魯迅先生真是位衣裝的審美專家呢？他是很懂得顏色搭配美學的。

《且介亭雜文》的色調，似乎不像《野草》那麼絢爛了。而其實是絢爛之極，歸於平淡，顯出一種淡然的妙色。譬如前文說過的《我的第一個師父》，就是恬淡、超然的，如進禪境。

（三）節奏：急板－行板－緩板

魯迅的散文語言，不僅極其講究筆調、色調，而且包含內在的節奏。

所謂節奏，在音樂中，指旋律進行中音階、音符或者音節的長短、強弱交替出現的有規律的現象，以表現快慢激烈緩柔。《禮記・樂記》曰：「樂者，心之動也；聲者，樂之象也；文采節奏，聲之飾也。」三國曹丕《典論・論文》有言：「譬諸音樂，曲度雖均，節奏同檢，至於引氣不齊，巧拙有素，雖在父兄，不能以移子弟。」唐裴鉶《傳奇・元柳二公》記載：「有仙娥數輩，奏笙簧簫笛，旁列鸞鳳之歌舞，雅合節奏。」清俞樾《茶香室叢鈔・坎坎鼓我》有語：「『依琴作坎坎之樂』，言其坎坎應節奏也。」

散文語言也要講究節奏。我感到魯迅的散文，在一九一八至一九二三年間，即「吶喊」時期，節奏多是急板；一九二四至一九二六年間，即《彷徨》、《野草》時期，節奏多是行板；而一九三四至一九三六年間，即《且介亭雜文》時期，節奏多是緩板。

當然，這並不是絕對的。前期急板時期，也有行板和緩板；中期行板時期，也時有急板；晚期緩板時期，也曾出現急板和行板。只能以多數為主。而節奏，又是與筆調和色調相配的，行板往往配以婉曲和絢爛，緩板則常常配以幽深和淡然。

朱熹有言：「文字自有一個天生成的腔子，古人文字自貼這天生成的腔子。」語言節奏的形成，終歸來自內裡，「氣盛則言之短長與聲之高下皆宜」，閎於其中然後才肆於其外。魯迅的散文語言，無論是筆調，還是色調、節奏，歸根結底還是來自於他豐沛的激情，內心的思想感情越來越深沉、閎厚，才出現了以上所述的發展變化。

（四）文體家的魯迅

一九二七年八月，黎錦明在《論體裁描寫與中國新文藝》中寫道：

> 西歐的作家對於體裁，是其第一安到著作的路的門徑，還竟有所謂體裁家（Stylist）者。我們中國文學，從來就沒有所謂體裁這名詞，到現在還是沒有。我們的新文藝，除開魯迅、葉紹鈞二三人的作品還可見到有體裁的修養外，其餘大都似乎隨意的把它掛在筆頭上。

這是中國魯迅學史上第一次把魯迅稱為文體家，應該說這一概括是正確的、必要的，是追求藝術精神的文學研究家的一種敏銳的發現。對這一發現，魯迅表示了首肯，在《我怎麼做起小說來》中說道：

> 我做完之後，總要看兩遍，自己覺得拗口的，就增刪幾個字，一定要它讀得順口；沒有相宜的白話，寧可引古語，希望總有人會懂，只有自己懂得或連自己也不懂的生造出來的字句，是不大用的。這一節，許多批評家之中，只有一個人看出來了，但他稱我為Stylist。

對魯迅文體的研究是一項非常重要的課題，這一課題的提起是很早的。然而，後來相當長的一段時期並沒有得到應有的重視。

其實，筆調、色調、節奏就是構成文體的主要因素。研究魯迅的文體，不能不從這三要素入手。婉曲、轉折、沉鬱頓挫的筆調，絢爛而又逐步化為青煙的色調，急、行又化為悠緩的節奏，加上憤懣之極而化為冷嘲和幽默的諷刺與總比別人深刻一層的內涵，就形成了中國新文學史上獨特的「魯迅文體」。這在魯迅的藝術世界中，是占主體地位的。

小結

以上通過《自言自語》、《野草》、《且介亭雜文》的藝術比較，分析了魯迅散文語言的藝術發展，從中我們歸納出一些魯迅文學美學思想的要點：

一、文學的最高境界是「從容」。文貴婉曲。魯迅雖然有時由於時代的催促，筆下也有「逼促」、「平直」之時，但他一直是追求「從容」、「婉曲」的。並愈到後來愈是「從容」、「婉曲」，以至「幽深」。

二、文學語言應該講究色彩。魯迅前期有些平白，中期達「絢爛」之極致，後期則如烈火化為青煙，淡然而升了。

三、文學語言須有節奏。魯迅經歷了急板、行板、緩板三個時期，越到後來越舒緩、深沉了。當然，水靜則深，舒緩的慢板內蘊的憤火與激情，愈加熾烈、沉鬱。

四、文學作品須講究文體，魯迅正是中國新文學史上第一「文體家」。

載二〇一一年《中國現代文學研究叢刊》第八期

一　魯迅文藝理論批評的現實啟悟

魯迅是棲於文學創作和文藝批評兩大領域的偉大作家和批評家。他的文藝理論批評著作，至今仍然具有經典性，有著重要的現實啟悟。

（一）公正——「好處說好，壞處說壞」

魯迅在《我怎麼做起小說來》中說：「那時中國的創作界固然幼稚，批評界更幼稚，不是舉之上天，就是按之入地，倘將這些放在眼裡，就要自命不凡，或覺得非自殺不足以謝天下的。批評必須壞處說壞，好處說好，才於作者有益。」

堅持公正的立場，「好處說好，壞處說壞」，正是魯迅從事文藝理論批評的第一條原則。

左聯盟友茅盾的《子夜》出版以後，一九三三年五月十五日《新壘》雜誌第一卷第五期發表署名焰生的《〈子夜〉在社會史的價值》一文，說「《子夜》的文藝價值雖不能超於社會史的價值，但可以說是文壇僅見的傑作，而以阿Q傳而沾沾自喜，躲在翻譯案頭而斤斤於文壇地位保持的魯迅，不免小巫見大巫了。」借《子夜》的問世諷刺魯迅。其實，不過是無知妄說，作品的價值是不以篇幅的大小、字數的多少為標準的。《子夜》不愧為三〇年代左翼文學的傑作，但無論如何其思想意義是不能與《阿Q正傳》相比的。以《子夜》貶低魯迅，只是出於對魯迅的惡意罷了，但魯迅卻不僅沒有絲毫介意，而且對《子夜》的出版欣喜之極，一九三三年二月九日致曹靖華的信中喜悅地告知：「我們這面，頗有新作家出現，茅盾作一小說曰《子夜》（此書將來當寄上），計三十餘萬字，是他們所不能及的。」然而他也並沒有把《子夜》看得十全十美，當木刻家吳渤來信說起《子夜》的不足時，魯迅又在一九三三年十二月十三日的回信中說：「《子夜》誠如來信所說，但現在也無更好的長篇作品這只是作用於智識階級的作品而已。能夠更永久的東西，我也舉不出。」

我們如今重溫魯迅的對待《子夜》的態度，不能不由衷地欽佩他的公正：既為盟友的作品而喜悅，絲毫沒有常人的嫉妒之心，又沒有「舉之上天」，而是予以實事求是的評價。因為文藝作品的好都是相對的，沒有絕對的好或絕對的壞，在沒有更好的東西時，我們只能肯定那些相對比較好的作品。《子夜》也確如魯迅所言「只是作用於智識階級的作品」，對工人群眾的描寫並不成功。魯迅的評價應該說是恰如其分的。

眾所周知，魯迅與周作人「兄弟失和」之後，關係一直不好，對周作人的許多作為，魯迅都持批判態度。但這並沒有使他失去對周作人散文價值的讚譽，在同美國記者斯諾的談話中，把周作人看成中國優秀散文家的第一人。當時屬於京派的沈從文，魯迅從政治上也持批判態度，《七論「文人相輕」——兩傷》所批的炯之就是沈從文，但也並沒有因此否定他的小說藝術，在同一談話中說：「自從新文學運動以來，茅盾，丁玲女士、張天翼、郁達夫、沈從文和田軍是所出現的最好的作家。」

魯迅對評述的對象「愛而知其惡，惡而知其美」，始終「好處說好，壞處說壞」，保持著一位內行批評家的公正態度。

魯迅對待別人是公正的，對待自己也同樣客觀、冷靜。一九一九年四月，傅斯年又以孟真為筆名在《新潮》一卷四號上發表了《一段瘋話》，更詳盡地發揮了讀《狂人日記》之後的感想：「魯迅先生所作《狂人日記》的狂人，對於人世的見解，真個透徹極了；但是世人總不能不說他是狂人。……文化的進步，都由於有若干狂人，不問能不能，不管大家願不願，一個人去闢不經人跡的路。最初大家笑他，厭他，恨他，一會兒便要驚怪他，佩服他，終結還是愛他，像神明一般的待他。所以我敢決然斷定，瘋子是烏托邦的發明家，未來社會的製造者。」

這一號的《新潮》上，在「對於《新潮》一部分的意見」一欄中，還刊登了魯迅和傅斯年關於《狂人日記》的通信。魯迅在信中卻說：「《狂人日記》很幼稚，而且太逼促，照藝術上說，是不應該的。」傅斯年回信說：「《狂人日記》是真好的，先生自己過謙了。我們同社某君看見先生這篇文章，和安得涯夫的《紅笑》，也做了一篇《新婚前後七日記》。據我看來，太鬆散了……」

《狂人日記》自有其巨大的思想意義，但魯迅說它「很幼稚，而且太逼促，照藝術上說，是不應該的。」也並非「過謙」，而是在藝術上對自己嚴格要求，是「好處說好，壞處說壞」，也是一種公正。

從藝術上講，魯迅對自己的小說最滿意的是《孔乙己》，曾對孫伏園說這篇寫得「從容不迫」，不像《藥》那樣有些「氣急虺隤」。這是對文學藝術有真知灼見者的自評。

這種自評還表現在魯迅的《〈中國新文學大系〉小說二集序》中。他這樣談自己的小說：「在這裡發表了創作的短篇小說的，是魯迅。從一九一八年五月起，《狂人日記》，《孔乙己》，《藥》等，陸續的出現了，算是顯示了『文學革命』的實績，又因那時的認為『表現的深切和格式的特別』，頗激動了一部分青年讀者的心。然而這激動，卻是向來怠慢了紹介歐洲大陸文學的緣故。一八三四年頃，俄國的果戈里就已經寫了《狂人日記》；一八八三年頃，尼采也早借了蘇魯支的嘴，說過『你們已經走了從蟲豸到人的路，在你們裡面還有許多份是蟲豸。你們做過猴子，到了現在，人還尤其猴子，無論比那一個猴子』的。而且《藥》的收束，也分明的留著安特萊夫式的陰冷。但後起的《狂人日記》意在暴露家族制度和禮教的弊害，卻比果戈里的憂憤深廣，也不如尼采的超人的渺茫。此後雖然脫離了外國作家的影響，技巧稍微圓熟，刻劃也稍加深切，如《肥皂》，《離婚》等，但一面也減少了熱情，不為讀者們所注意了。」說自己的小說「顯示了『文學革命』的實績」，似乎有自炫之嫌，其實並不是的。肯定自己在歷史上的價值，更加需要自信和勇氣，需要明晰的自知。這比表面的「過謙」不知要艱難多少！魯迅的這段自評，比後來的許多評論家、研究家的論說也準確、深刻得多！

而對那些反動的東西來抄襲的現象，魯迅是絕不留情的。上世紀三十年代初泛起一股所謂「民族主義文學」的逆流，魯迅一反多寫短文的常規，寫了長篇論文《「民族主義文學」的任務和運命》予以犀利的批判。並在《刀「式」辯》一文中，尖銳揭露他們的「大作」《鴨綠江畔》抄襲法捷耶夫《毀滅》的行為：「《毀滅》的譯本，開頭是——『在階石上鏘鏘地響著有了損傷的日本指揮刀，萊奮生走到後院去了，……』而《鴨綠江畔》的開頭是——『當金蘊聲走進庭園的時候，他那損傷了的日本式的指揮刀在階石上劈啪地響著。……』人名不同了，那是當然的；響聲不同了，也沒有什麼關係，最特別的是他在『日本』之下，加了一個『式』字。這或者也難怪，不是日本人，怎麼會掛『日本指揮刀』呢？一定是照日本式樣，自己打造的了。」真如郁達夫所言：「魯迅的文體簡煉得像一把匕首，能以寸鐵殺人，一刀見血。」，「正對『論敵』之要害，僅以一擊給與致命的重傷」。

文藝理論批評本身就是實事求是、老老實實的學問。文藝作品的價值不因「不虞之譽」而增加，亦不因「求全之毀」而減少。只有「好處說好，壞處說壞」，對文藝作品進行恰如其分的評論，才能探尋到文學的底蘊和內在的規律，促進文藝的發展。當然，要真正做到這點，絕非易事，不僅要對文學藝術真正內行，而且需要有作為評論家的道德，那種「舉之上天」、人為拔高的捧場性的「有償評論」、「人情評論」，或者「按之入地」的否定一切的嫉妒性「酷評」，都是違背魯迅所宣導的文藝理論批評原則，有害於文藝發展的。魯迅是最反對「商賈的批評」的。

（二）真實——文學藝術最基本的準則

真實是魯迅文藝理論批評最基本的準則。我國卓越的文藝理論批評家和魯迅研究家陳湧同志，早在一九五六年就寫過《為文學藝術的現實主義而鬥爭的魯迅》，把魯迅文藝理論批評精華明確地集中在真實性這個實質性的核心問題上，強調「越是正確地反映現實的作品，便越能對現實發生積極的作用，也就因為這樣，真實地反映現實的問題，便應該成為文學藝術創作的第一個和基本的問題。不能真實地反映現實的作品，是不可能真正對於現實發生積極的作用的」。因此，「真實是藝術的生命，沒有真實，便沒有藝術的生命。藝術的政治價值和社會價值，都是不能離開藝術的真實而存在的。」並以魯迅對《儒林外史》這類諷刺小說與《官場現形記》等譴責小說的區別為例，說明魯迅講過的「諷刺的生命是真實」的道理。

我們不妨從反面來看姚文元對這篇論文的批判。姚文元在《論陳湧在魯迅研究中的反馬克思主義的修正主義思想》中，著力抓的陳湧的所謂「要害」，就是「寫真實」，並且認為陳湧的論文「涉及到哲學上的根本問題」。姚文元是旨在千方百計引導人們的思想與客觀真實相分離，進入以為只要堅持政治性和戰鬥性、突出階級鬥爭就可以置客觀真實於不顧的誤區。慘痛的事實證明，沿著這種思路滑下去，不僅鑄成了文學藝術上的公式化和概念化，更為嚴重的是使整個中國從上到下都陷入了閉著眼睛不看現實、一味「瞞和騙」、說假話的瘋狂狀態，先是「大躍進」，製造什麼「畝產萬斤」、「趕英超美」的「神話」；後來就是「文化大革命」，把左傾謬誤推向了極端，使億萬人民墜入了空前的大災難。

當然，陳湧當時絕非一人孤軍奮戰，一大批有良知的知識份子早已痛切地感到了背離客觀真實的極端危險性。從胡風、馮雪峰一直到何直（秦兆陽），都在奮力吶喊、抗爭，他們一再強調的現實主義正是在這樣的政治經濟和精神文化背景下提出的。這股現實主義的熱流，恰恰是從魯迅那裡繼承來的，魯迅的價值也就正在於以震聾發聵的吶喊，促使中華民族從「瞞和騙」的大澤中猛醒，「睜了眼看」現實！魯迅的後繼者們，仍然在繼續吶喊，為了堅守「真實」這塊絕對不能喪失的陣地而不惜付出高昂的代價！他們其實是對馬克思主義和共產主義無限忠誠的，他們說的是發自肺腑的真誠的諍言！然而，他們卻得不到理解，反而被打成異己分子，下了人生的地獄。

陳湧終於做了為「真實」而獻身的普羅米修士，一九五七年被打成右派，從最高學術機關發配到了甘肅，直到六二年政治氣氛稍微寬鬆時才得到發表文章的機會，拿出了新的論文《魯迅小說的思想力量和藝術力量》。在這篇新的論文中，陳湧並沒有「改悔」，而是以更加深沉的力量，更為透闢地闡發藝術真實性的原則。

所以，真實是魯迅文藝理論批評的基本原則，也是魯迅研究歷來爭論的焦點。堅持繼承魯迅精神，首先須堅持真實這個最基本的原則。

魯迅無論是在對同代文學作品，還是在文學史研究中，都始終堅持真實的原則。

他一九三三年五月二十五日在給周茨石的信中說：「（1）如辦刊物，最好不要弄成文學雜誌，而只給讀者以一種誠實的材料；（2）用這些材料做小說自然也可以的，但不要誇張及腹測，而只將所見所聞的老老實實的寫出來就好。」一九三五年二月四日夜在給木刻家李樺的信中說：「書齋外面是應該走出去的，倘不在什麼漩渦中，那麼，只表現些所見的平常的社會狀態也好。日本的浮世繪，何嘗有什麼大題目，但它的藝術價值卻在的。」真實，始終是魯迅評價文藝作品的第一要旨：「漫畫的第一件緊要事是誠實」。「因為真實，所以也有力。」「所謂諷刺作品，大抵倒是寫實。非寫實決不能成為所謂『諷刺』」，因為「『諷刺』的生命是真實」，「在或一時代的社會裡，事情越平常，就越普遍，也就癒合於作諷刺。」對於現代小說，他贊許鴻敬熙「只求描寫的忠實」的創作態度，不贊成楊振聲「忠實於主觀」、「用人工來製造理想的人物」的做法，認為他按照這種方法創造出來的《玉君》「不過一個傀儡，她的降生也就是死亡。」在文學史研究中，他在《中國小說的歷史的變遷》中對《紅樓夢》講出了千古名言：「至於說到《紅樓夢》的價值，可是在中國底小說中實在是不可多得的。其要點在敢於如實描寫，並無諱飾，和從前的小說敘好人完全是好，壞人完全是壞的，大不相同，所以其中所敘的人物，都是真的人物。總之自有《紅樓夢》出來以後，傳統的思想和寫法都打破了。」

總之，在魯迅那裡，真實是文學藝術最基本的準則。

（三）深刻——顯示出「人的靈魂的深」

魯迅在《〈窮人〉小引》中引過陀思妥耶夫斯基的一句名言：「人稱我為心理學家。這不得當。我但是在高的意義上的寫實主義者，即我是將人的靈魂的深，顯示於人的。」

魯迅很欣賞這句話，稱陀氏為「人的靈魂的偉大的審問者」。他的《祝福》把祥林嫂一步步置於靈魂的拷問，死之前還發出最後的疑問：「一個人死了之後，究竟有沒有魂靈的？」阿Q的精神勝利法，其實也是對人類靈魂的審問。他在創作中這樣做，在批評中也以「將人的靈魂的深，顯示於人」為最高標準。

魯迅為什麼那時偏要挑中俄國作家阿爾支跋綏夫的《工人綏惠略夫》翻譯呢？就在於它反映人的靈魂有一定的深度，阿爾支跋綏夫的「流派是寫實主義，表現之深刻，在儕輩中稱為達了極致。」魯迅在《記談話》中說道：「大概，覺得民國以前，以後，我們也有許多改革者，境遇和綏惠略夫很相像，所以借借他人的酒杯罷。然而昨晚上一看，豈但那時，譬如其中的改革者的被迫，代表的吃苦，便是現在，——便是將來，便是幾十年以後，我想，還要有許多改革者的境遇和他相像的。」什麼相像呢？就是靈魂相像。魯迅說：「綏惠略夫臨末的思想卻太可怕。他先是為社會做事，社會倒迫害他，甚至於要殺害他，他於是一變而為向社會復仇了，一切是仇仇，一切都破壞。」由此想到「我們中國人對於不是自己的東西，或者將不為自己所有的東西，總要破壞了才快活的。」張獻忠「原是想做皇帝的，但是李自成先進北京，做了皇帝了，他便要破壞李自成的帝位。怎樣破壞法呢？做皇帝必須有百姓；他殺盡了百姓，皇帝也就誰都做不成了。」由綏惠略夫的靈魂而想到張獻忠及中國人的靈魂，以及幾十年以後許多改革者的境遇與靈魂，這就是魯迅在批評和解讀作品時的深刻性。

魯迅還翻譯了阿爾志跋綏夫的另一作品《幸福》。這篇小說寫妓女賽式加標緻時候，以肉體供人的娛樂，及至爛了鼻子，只能而且還要以肉體供人殘酷的娛樂。一個過客讓她脫光衣服，站在雪地上，由他用手杖打十下，就給她五個金盧布。賽式加為了生活，只好照辦，被打得鮮血直流，痛苦不堪。但是當她拿到五個金盧布之後，就「邁開發抖的腿向市上走去，金圓在捏緊的手中。衣服擦著伊的身體，給伊非常的痛楚。但伊並不理會這件事。伊的全存在已經充滿了幸福的感情，……吃，暖，安心和燒酒。不一刻，伊早忘卻，伊方才被人毒打了。」魯迅指出：不僅賽式加並非幸福者，「而且路人也並非幸福者，別有將他作為娛樂的資料的人。凡有太飽的以及餓過的人們，自己一想，至少在精神上，曾否因為生存而取過這類的娛樂與娛樂過路人，只要腦子清楚的，一定會覺得戰慄！」

的確是深刻得令人戰慄！魯迅看到了其中的深刻，也解讀出了這令人戰慄的深刻！

魯迅文藝理論批評的深刻性，還表現在對《狹的籠》的評論中。《狹的籠》是俄國盲詩人埃羅先珂創作集《天明前之歌》裡的第一篇，是作者在漂流印度時有感於當地人對廢除「撒提」習俗的不滿而寫成的。魯迅翻譯了這篇文章並在附記中這樣評述道：「單就印度而言，他們並不戚戚於自己不努力於人的生活，卻憤憤於被人禁了『撒提』，所以即使並無敵人，也仍然是籠中的『下流的奴隸』。」所謂「撒提」，是印度舊時的一種封建習俗：丈夫死後，妻子即隨同丈夫的屍體自焚。「撒提」（Sait，梵文）原義為「貞節的婦女」。對於這種極端殘忍、滅絕人性的封建習俗，予以廢除自然是理所當然的。但是當時的許多印度人，甚至包括很多上層的文化人都表示反對。這些人的確如魯迅所說的是「籠中的『下流的奴隸』」！「自己不努力於人的生活」，爭取「人」的價格，卻憤憤於被人禁了『撒提』！因而「即使並無敵人」，沒有殖民者、奴隸主形式上的統治，在精神上、內心裡，他們仍然是「狹的籠」中的最可悲的奴隸！魯迅揭示出這篇作品中所顯示的「人的靈魂的深」！

上世紀八〇年代初，廖冰兄畫了一幅很有名的漫畫，題為《自嘲》。畫的是一個蜷縮成一團的知識份子，看來原來是被囚於罐中的，如今罐雖已被打碎，他卻仍然保持著囚禁在罐中的姿態。一九九四年冬天我去參觀黃胄先生辦的炎黃藝術館時，見到這幅畫作為藏品陳列，令我長久佇立畫前，想得很多很多。今年三月，中國美術館又舉辦了《冰魂雪魄——廖冰兄漫畫展》，更把這幅《自嘲》放在中心位置。那位罐碎後仍然蜷縮一團的知識份子，以至於「狹的籠」中的「下流的奴隸」，實質上屬於同一個精神體系——由奴隸的思維模式、心理模具壓鍛、醃製出的「奴在心者」型號。這種型號的「精神奴隸」，在中國知識份子中是屢見不鮮、層出不窮的。我們有必要時時反思自己是否有這樣的精神狀況，深刻反省自己的靈魂。

（四）審美——老熟、細膩的藝術感覺

魯迅在文藝研究批評中，是很重視審美的。他具有天賦的老熟而細膩的藝術感覺。

我們先舉一個小例子，魯迅在《「大雪紛飛」》一文中說：「《水滸傳》裡的一句『那雪正下得緊』，……比『大雪紛飛』多兩個字，但那『神韻』卻好得遠了。」

從「那雪正下得緊」中的「緊」字，感到了「好得遠」的「神韻」！該是多麼老熟而細膩的藝術感覺啊！這正是一種絕少有人產生的細微「語感」，如汪曾祺所說能夠「捫觸」到語言，體悟出其中的「神韻」

有人看到魯迅在《答北斗雜誌社問》中說過：「不相信中國的所謂『批評家』之類的話，而看看可靠的外國批評家的評論。」就認為魯迅是否定中國傳統文論的，其實是一種誤讀。魯迅說這話與在《青年必讀書》中所說的「我以為要少——或者竟不——看中國書，多看外國書。」一樣，是有特定環境與特定對象的。在當時的時代條件下，確實引進外國先進的文藝理論書籍，乃當務之急。為了突出強調這一點，魯迅提出了「多看外國書」的觀點。為了避免人們的誤解，後來他在《答「兼示」》一文特地做過解釋，說誤讀者是「忽略了時候和環境」。

從神髓上體味，魯迅的文藝理論批評深得中國古典文論的審美要旨，這從他的文學史研究著作中可以深切體會到。

一個文藝理論批評家或文學史家，審美能力的高低，藝術感覺的細粗，衡量的標準就在於對文學藝術作品的藝術性能否做出精煉恰切的評騭，分清不同的檔次，對其不同特點予以準確的概括，並能探究其中的原因。這一點，在魯迅對《儒林外史》與《官場現形記》、《二十年目睹之怪現狀》的評述中，格外分明地表現出來了。

清末民初，李寶嘉託名「南亭亭長」而作的《官場現形記》和吳沃堯假名「我佛山人」而寫的《二十年目睹之怪現狀》很盛行。魯迅卻在《中國小說的歷史的變遷》中指出：這兩部書同樣是「描寫社會黑暗面，常常張大其

詞，又不能穿入隱微，但照例的慷慨激昂」，比起《儒林外史》，「藝術的手段，卻差得遠了；最容易看出來的就是《儒林外史》是諷刺，而那兩種都近於謾罵。」諷刺小說是「貴在旨微而語婉的，假如過甚其辭，就失去了文藝上底價值，而它的末流都沒有顧及到這一點，所以諷刺小說從《儒林外史》而後，就可以謂之絕響。」所以他在《中國小說史略》中惟將《儒林外史》列為「諷刺小說」，專篇論述，認為其「秉持公心，指擿時弊，機鋒所向，尤在士林；其文又慼而能諧，婉而多諷：於是說部中乃始有足稱諷刺之書。」之所描寫者，「既多據自所聞見，而筆又足以達之，故能燭幽索隱，物無遁形，凡官師，儒者，名士，山人，間亦有市井細民，皆現身紙上，聲態並作，使彼世相，如在目前」。「無一貶詞，而情偽畢露，誠微辭之妙選，亦狙擊之辣手矣。」《官場現形記》、《二十年目睹之怪現狀》等只能列為譴責小說，因其「描寫失之張惶，時或傷於溢惡，言違真實，則感人之力頓微，終不過連篇『話柄』，僅足供閒散者談笑之資而已。」

中國古典文論特別強調「婉曲」與「含蓄」。從魯迅對《儒林外史》與《官場現形記》、《二十年目睹之怪現狀》的比較分析中，我們清楚地看出魯迅是深得古典文論要旨，深悟其「神韻」的。

魯迅在評論文藝作品時，非常注意細節描寫。因為文學實質上是細節的藝術呈現。魯迅不僅在自己的創作中擅長細節描寫，在評騭別人的作品時對細節也極為敏感。例如《中國小說史略》評述《儒林外史》時特引了範進喪母后，酒席宴上，知縣以為他居喪盡禮，不用葷酒，但「看見他在燕窩碗裡揀了一個大蝦圓子送在嘴裡，方才放心。」對這一細節，魯迅評論道：《儒林外史》「刻劃偽妄之處尚多，掊擊習俗都亦屢見。」善於發現文藝作品中的精湛細節，道出其中妙處，應該是文藝評論最見功力之處。在這一點上，魯迅可說是無人比肩的，很值得當今文藝評論家們悉心體悟。

憑著這種高超的審美能力和淵博的學識造詣，魯迅在《漢文學史綱要》中對那些真有文采的文學家作出了扼要評述和精闢的概括，如對屈原《離騷》的概括是「逸響偉辭，卓絕一世。」對司馬遷《史記》的概括是「史家之絕唱，無韻之《離騷》」，皆流傳千古。

從魯迅對中國古典繪畫的評騭，也可以看出他的審美能力之強，藝術感覺之細。他在《論「舊形式的採用」》中有這樣一段精妙的論述：「在唐，可取佛畫的燦爛，線畫的空實和明快，宋的院畫，萎靡柔媚之處當舍，周密不苟之處是可取的，米點山水，則毫無用處。後來的寫意畫（文人畫）有無用處，我此刻不敢確說，恐怕也許還有可用之點的罷。這些採取，並非斷片的古董的雜陳，必須溶化於新作品中，那是不必贅說的事，恰如吃用牛羊，棄去蹄毛，留其精粹，以滋養及發達新的生體，決不因此就會『類乎』牛羊的。」如不是真正把文學和書畫等等古今中外的各種藝術門類弄得通透了，「透入」文學藝術的內在韻律，怎麼可能寫出這般絕妙的文字？

陳獨秀於一九三七年十一月二十一日在上海《宇宙風》十日刊五十二期上刊出《我對於魯迅之認識》一文，稱「魯迅先生的短篇幽默文章，在中國有空前的天才」。這裡所指的天才當然首先是文學天才。人類，特別是文學藝術和科學技術領域，是存在天才的。在文學上，是有一些人具有超常豐富的想像力與感應力，尤其對語言文字具有非常突出的敏銳而細膩的天賦感覺。他們不僅自己善於運用語言文字，而且對別人的語言文字也極為敏感，能夠靈敏地發現語言文字的美，與寫出美的文字的人「心有靈犀一點通」。我認為，在上世紀左翼作家群中，有一男一女，最有文學天才，對語言文字有一種天賦的靈感。男的是柔石，女的是蕭紅。而這兩個人都是魯迅所發現的，魯迅對他們有一種發自心靈的欣賞和親切感。有人甚至說魯迅與蕭紅是精神戀愛，恐怕未必確當，但在文學藝術的審美感覺上相通相知，卻是可以肯定的。這是一種天賦的審美能力，一種對語言文字的天賦的美感。

一個優秀的文學評論家，一定要具有這種審美能力。

（五）歷史——在歷史發展中進行評說

魯迅的文學理論批評原則，一是公正，二是真實，三是深刻，四是審美，但他又不是從單一的方面進行評論，而是在歷史發展中，以對歷史的前進是否有益為綜合目標，衡定文學藝術作品的高低優劣的。

《白莽作〈孩兒塔〉序》就分明地表現了魯迅的這一立場：「這《孩兒塔》的出世並非要和現在一般的詩人爭一日之長，是有別一種意義在。這是東方的微光，是林中的響箭，是冬末的萌芽，是進軍的第一步，是對於前驅者的愛的大纛，也是對於摧殘者的憎的豐碑。一切所謂圓熟簡練，靜穆幽遠之作，都無須來作比方，因為這詩屬於別一世界。」縱然魯迅對文藝作品有很強的審美要求，但是他的根本原則，不是看其是否「圓熟簡練，靜穆幽遠」，而是看其是否代表了歷史的發展方向，是否站在新生事物一邊。他是把歷史價值與社會意義放在首位的。

當有人攻擊雜文時，魯迅回應道：「現在是多麼切迫的時候，作者的任務，是在對於有害的事物，立刻給以反響或抗爭，是感應的神經，是攻守的手足。潛心於他的鴻篇巨製，為未來的文化設想，固然是很好的，但為現在抗爭，卻也正是為現在和未來的戰鬥的作者，因為失掉了現在，也就沒有了未來。」魯迅的寫作從始至終都是為了「救中國！」，為了改變中國人的精神，為了中華民族的歷史發展和偉大復興，這是他評判文藝作品的價值的基點。他從來沒有以純文學或純美文的角度評論過任何文藝作品，這在魯迅一生中是一而貫之的。

上世紀三〇年代關於小品文的論爭也充分表現出魯迅的這一立場。他在《雜談小品文》強調文章應「有骨力」。在《小品文的危機》中又說：「小品文的生存，也只仗著掙扎和戰鬥的。晉朝的清言，早和它的朝代一同消歇了。唐末詩風衰落，而小品放了光輝。但羅隱的《讒書》，幾乎全部是抗爭和憤激之談；皮日休和陸龜蒙自以為隱士，別人也稱之為隱士，而看他們在《皮子文藪》和《笠澤叢書》中的小品文，並沒有忘記天下，正是一榻糊塗的泥塘裡的光彩和鋒鋩。」「生存的小品文，必須是匕首，是投槍，能和讀者一同殺出一條生存的血路的東西；但自然，它也能給人愉快和休息，然而這並不是「小擺設」，更不是撫慰和麻痹，它給人的愉快和休息是休養，是勞作和戰鬥之前的準備。」

魯迅如此評論小品文等文藝作品，正在於他「沒有忘記天下」，沒有忘記自己的祖國正處於內憂外患、國難當頭的水深火熱之中！他與林語堂關於幽默之爭，其實並不是反對幽默本身，魯迅本人就是二十世紀中國真正的幽默大師，而是因為當時的形勢下容不得置苦難的人民於不顧，自己躲到象牙之塔中玩什麼「幽默」！

（六）文體——魯迅式的批評文體

魯迅的文藝理論批評有他獨特的風格，形成了一種魯迅式的批評文體。

這種文體從來沒有從概念到概念、從理論到理論地擺架子、耍洋詞，而是以中國大眾所喜聞樂見的態度和語言娓娓而談，切中肯綮。每篇都是地道的美文，從思想內容到藝術手段，作出精闢的概括。

就拿我們前文所說過的魯迅評論柔石和蕭紅的兩篇文章來說吧，《柔石作〈二月〉小引》非常深刻、中肯地評論了主人公蕭澗秋的性格：「他極想有為，懷著熱愛，而有所顧惜，過於矜持，終於連安住幾年之處，也不可得。他其實並不能成為一小齒輪，跟著大齒輪轉動，他僅是外來的一粒石子，所以軋了幾下，發幾聲響，便被擠到女佛山——上海去了。」尖銳地指出了蕭澗秋的弱點，但並沒有否定他，肯定「他幸而還堅硬，沒有變成潤澤齒輪的油」。這樣的人物評判是全面、透闢的，也是很少有的。而對柔石《二月》的藝術風格，則用「工妙」二字概括，實在精闢之極，比有些長篇大論準確、傳神得多！魯迅的這篇評論其實同是一篇「工妙」的美文。《蕭紅作〈生死場〉序》，閒散地從一九三一年日本入侵上海的一·二八事件談起，說到眼見中國人的因為逃走或死亡而絕跡的情景，看似無關閒筆，其實正與《生死場》所描寫的東北遭日本侵佔的慘景相對照，令人「看見了五年以前，以及更早的哈爾濱。這自然還不過是略圖，敘事和寫景，勝於人物的描寫，然而北方人民的對於生的堅強，對於死的掙扎，卻往往已經力透紙背」，簡勁地概括了作品的思想內容。至於藝術性，則更為「力透紙背」：「女性作者的細緻的觀察和越軌的筆致，又增加了不少明麗和新鮮」。雖然僅千把字，卻寫得散淡、老成，切中肯綮。像這樣的文學評論文章，如今是極少見的。

總之，這種魯迅式的批評文體，在現今很值得珍惜和研究。

結語

總括來說，魯迅的文藝理論批評對現實具有如下啟悟：

一、堅持公正的立場，「好處說好，壞處說壞」，反對「商賈的批評」，也拒絕否定一切的「酷評」。

二、堅持真實這一文學藝術最基本的準則，對敢於講真話的作品要大膽支援，對那種「瞞和騙」的所謂「文學」要敢於揭露。

三、堅持深刻的高標準，對於那些顯示出「人的靈魂的深」的作品，要善於發現，勇於表彰。

四、注意審美，力求保持細膩的藝術感覺，能夠品味出作品境界的高低優劣，探索藝術的美的規律。

五、堅持唯物主義的歷史觀，在歷史發展中進行綜合評說，把社會效應放在首位。

六、須磨礪文體，學習魯迅式的批評文體，不要擺架子、要洋詞地空論，而要努力將文藝理論批評文章寫成美文。

魯迅的文藝理論批評著作，與他的創作一樣光照日月，千古不朽，對現實有著無盡的啟悟。

刊於二〇一一年九月《文藝理論與批評》第五期

二〇一一年九月十六日文藝報紀念魯迅誕生一百三十周年專刊轉載

琴姑的死與魯迅的情感生活

魯迅有一位表妹琴姑，是魯迅小舅父魯寄湘的大女兒。魯寄湘有四個女兒，依次是琴姑、意姑、林姑、招官。後又生幼子佩紋。據周建人回憶：這四個女兒，個個漢文很好，大女兒琴姑尤其好，能看極深奧的醫書。魯迅在南京讀書時，曾經提起過，是否兩家結個親，可是那時聽得長媽媽嘰嘰喳喳地說什麼「犯沖的呢」，後來也就不提了。後來小舅父把琴姑許配給別人了，不久病逝。她在臨終時對服侍她的貼心媽媽說：「我有一樁心事，在我死前非說出來不可，就是以前周家來提過親，後來忽然不提了，這一件事，是我的終身恨事，我到死都忘不了。」

魯迅與琴表妹的關係，自上世紀九〇年代起，就有魯迅研究學者提及：

一九九〇年，李允經在《魯迅的婚姻與家庭》敘述得更為詳細：「小舅父是個郎中，家有四個女兒，個個漢文很好，琴姑尤其出眾，能看深奧的醫書。她比魯迅小兩歲，屬羊的。她十一、二歲時，父親曾帶她在魯迅家住過幾天。他們年齡相仿，都愛讀書，又常在一起玩耍，兩小無猜。因此，琴姑對魯迅有深刻的印象。後來，魯迅母親去提親，琴姑不好說什麼，但心中是很願意的。可是，按照紹興鄉俗，男女成婚一要門當戶對，二要生肖不犯沖，八字不相剋，三要女方的年齡稍大於男方，以便侍奉公婆，料理家務。如果琴姑配魯迅倒是門當戶對，年齡小了兩歲，也倒無妨，可是琴姑是屬羊的，俗語說：『男子屬羊鬧堂堂，女子屬羊守空房。』屬羊的女子要麼嫁給算命先生這種命硬的男人，要麼屈做『填房』，因為人們認為男子死了元配，其命必然凶強。偏巧，魯迅出生時是『蓑衣包』（胎盤先下來），鄉俗認為這樣的孩子雖然有出息，但命弱，難以養大。所以家人除了滿月時祭祀，求神佛保佑之外，還特地為魯迅拜了一個和尚做師父，表示已經出家，免得神鬼妒忌，動手搶去。這樣，通曉人情世故的長媽媽便出來反對這門親事，說是『犯沖的』。長媽媽的主觀願望是為了魯迅好，可經她一說，這門親事就再也不提了。後來，小舅父把琴姑許配給另外一家，不及病逝。」接著，又記述了琴姑臨終前的那段話。

一九九五年，馬蹄疾又在《魯迅——我可以愛》第一章「琴表妹飲恨死去」中更為詳細地述及了此事。

一九九六年，馬蹄疾又在《魯迅生活中的女性》一書「至死苦戀著魯迅的琴姑」一節中描述了此事，並對報刊和書籍中出現的一些記述魯迅和琴姑愛情故事的文章做出這樣的評論：「杜撰了琴姑到火車站為表哥魯迅去南京送行，又送了一支鋼筆給魯迅，這些描寫，都是使人難以置信的，因為一八九九年紹興根本沒有通火車，當時也沒有鋼筆，因此編得神乎其神，不值一駁，但筆者以為，如果去掉這些常識性的錯誤的編造，說魯迅的母親要琴姑送一送魯迅，或琴姑在魯迅去南京前，的確從安橋頭趕來送一送表哥遠行，也不能說絕對不可能的事，如作為故事來寫，也無可厚非的。但細節必須真實。」

以後，魯迅與琴姑的故事少有人提起了。

但經過一段沉寂，到二〇〇七年八月，張恩和的《魯迅的初戀》一文又掀起了更大的波瀾。張恩和除了重申李允經、馬蹄疾的觀點外，推出了自己的新看法：說魯迅對自家與琴姑家的議婚毫不知情，很難說得過去。「第一，應該說魯瑞是一位和藹可親的慈母，一向疼愛魯迅，尊重魯迅，遇事並不專權。這不但周家族人公認，魯迅兄弟更同聲稱頌。對於為魯迅議婚一事，她沒有必要瞞著魯迅進行」。「第二，此次議婚，魯迅的弟弟們都知曉，後來也是由魯迅的三弟說開此事，魯迅是婚事的當事人，能夠不知？」「第三，魯迅雖然給人印象治學嚴謹，生活嚴肅，但青年時期較之一般同齡人，可謂活潑開朗，敏銳早慧，對於異性的觀察當不至十分愚鈍。」至於魯迅自己的態度，從他的兩篇作品：《朝花夕拾》中的《阿長與〈山海經〉》和《彷徨》中的《在酒樓上》，可以窺出一些端倪。魯迅知道此次議婚，後來為什麼隻字不提呢？這是因為「無法言於口舌，形諸筆墨，那就不如讓它永遠塵封在無言的記憶中」。「魯迅的初戀——與琴表妹未成婚事，立刻對魯迅與朱安的正式『婚姻』產生了負面影響，並且影響了他一生，實在不可低估。」

最重要的是張恩和結尾對魯迅的《自題小像》一詩做了新的詮釋，認為這首詩寫的就是自己的心實在躲避不了丘匹特的神箭，心中一直把琴姑牽掛。

張恩和在二〇〇八年出版的《魯迅與許廣平》一書中，也重述了這一觀點。

李允經在為此書寫的書評《可喜的突破——張恩和〈魯迅與許廣平〉讀後》中，對張恩和在魯迅與琴姑相戀一事中的新發現和新突破予以高度的評價。

但對魯迅與琴姑相戀一事，也有不同意見。

二〇〇七年二月，吳作橋在《關於琴姑的「神話」》中說：琴姑「在十二三歲時，曾跟父親在魯迅家住過幾天。他們年齡相仿，都愛讀書，又常在一起玩耍……魯琴姑曾去過三姑家——魯瑞家；魯迅小時候為避難也曾去過小舅父家。魯迅與琴姑自然是認識的。但我想也只是認識而已，他們之間並沒有到『青梅竹馬，兩小無猜』的程度。其中一個重要的反證是，如果達到這種程度，魯迅在他三百餘萬字的文章中，三百餘萬言的書信中，為何連琴姑其人、其事隻字未提呢？」

二〇〇九年，紀維周在《魯迅事蹟的考證要重「證據」》中，表示同意吳作橋的觀點。認為：「魯迅對情愛非常嚴肅，他一生只愛過一個人，那就是眾所周知的許廣平。但使人驚奇的，有一位魯迅專家，竟發表文章，披露了魯迅與琴姑的『初戀』。作者沒有任何史實根據，從頭到尾，都是推測。當事人魯迅從未說過此事，兩個弟弟也未提及，由於『證據』不足，很難使人置信。」接著，又引述了吳作橋的話和馬蹄疾提到過的魯迅與琴姑相戀的偽造故事。強調說：「從以上實例看來，證明『主觀臆測』往往是靠不住的。而偽造的故事，更屬荒唐。因此，我希望魯迅專家，考證要重『證據』，避免『主觀臆測』，更不能偽造，以免誤導讀者。」

那麼，對於魯迅與琴姑的初戀究竟應該怎樣看呢？

由於我近幾年一直致力長篇小說體魯迅傳《苦魂三部曲》的創作，並已經寫出其中第一部《會稽恥》的初稿，所以對魯迅與琴姑的初戀一事非常重視，下了相當功夫考察，因此提出如下看法：

琴姑對魯迅的愛慕和她臨終前對貼身媽媽說的話，肯定是有根據的，見於福建教育出版社二〇〇一年八月版的周建人口述、周曄整理《魯迅故家的敗落》第二一九頁。不僅白紙黑字印著這段話，該書當頁還記述了魯瑞聽到這話時的表情：「後來這位媽媽把琴表姊臨終的話講給我母親聽，我母親聽了，低下頭來，半天沒有作聲。」第二三二頁又回憶道：「我母親有她的難處，自從她知道我的琴表姊那遺恨終身的話，心裡非常內疚。我母親也愛琴表姊的。我覺得小舅父因琴表姊的死，似乎對我母親也頗有意見，我親耳聽他對母親氣惱哄哄地說：『難道周家的門檻那麼高嗎？我的女兒就進不了周家的門嗎？』我母親只能低頭聽著，她要設法補償，這時，小舅父的二女意姑已結婚了，三女林姑也許配了曹娥陳家，只有四女昭官還待字閨中，而且年齡和我相仿，雖然沒有下聘禮，但兩家似乎默契了。」最後由於昭官於一九一二年十月早逝，未能成為事實。但周家是承認這樁婚事的，周作人在一九一二年十月二十八日日記中記道：「飯後喬峰往安橋頭送招官葬。」「喬峰」就是周建人。十一月九日周作人又記：「下午喬峰往安橋，因明日為招官作六七也。」

可見魯迅與琴姑之事，是有史實根據的。說魯迅的「兩個弟弟也未提及」，恐怕是沒有讀周建人口述、周曄整理《魯迅故家的敗落》，也沒有細讀對方的文章，因為從馬蹄疾、李允經到張恩和，都在文章標明瞭琴姑臨終前遺言的出處。斷定魯迅「一生只愛過一個人，那就是眾所周知的許廣平」，也未免簡單。魯迅與許廣平定情後，確實是很專一的，他倆的婚姻也堪稱楷模。但這並不意味著魯迅在與許廣平相識相愛之前，特別是青少年時代，沒有愛慕過其他女性。不僅是魯迅，就是對一般人來說，也不能如此斷言。

據我考察，魯迅與琴姑有據可查的往來，有如下三次：

一、一八九三年，祖父科場案發，魯迅和二弟周作人前往皇甫莊舅父家避難。據魯迅在紹興事蹟的權威專家裘士雄先生《魯迅避難過的皇甫莊旗杆台門及其主人范嘯風》一文所說：「魯迅的外祖父魯希曾（晴軒）係清咸豐元年（一八五一）舉人，同治年間初期當過幾年戶部主事。他在安橋頭的祖宅實在太矮小，連那時為世人所重視的『文魁』匾額都沒有地方掛。皇甫莊旗杆台門屋宇高大寬敞，與其身分相符，主人范嘯風副榜出身，知書達理，對魯家又十分友善，魯迅外婆家遷居皇甫莊」。這座範家大院門前豎旗杆若干，故俗稱「旗杆台門」。門前有一與其等長的道地，呈長方形，約三百平方米，由一塊塊石板鋪就。道地前是一塊兩畝左右的爛田，長年不會乾涸，只能種植菱白、蒲草之類的水生植物。寒冬臘月，它宛如天然溜冰場，成了少年兒童嬉戲玩耍的好去處。台門共七進屋宇，面南。步入台門鬥，即可看見儀門上懸「文魁」、「副魁」兩方匾額。台門斗、儀門，算一進。入廳，即第二進，建築高大、氣宇軒昂的大廳正上方高懸一方「深遠堂」橫匾，字體渾厚，筆力雄健。第三進是香火堂，建有神龕，陳放列祖列宗神像，陳列列祖列宗牌位，是祭祀先祖的地方。走出北面的圓洞門，穿越天井，就是第四進座樓。原先是范氏寓居生活區，後面原是花園，假山疊翠，樹木掩映。後因子孫繁衍，住房不敷，將它改建為住宅，即第五、六進屋宇。花園僅存一隅范蘅洲讀書亭，該亭琉璃拱頂，亭柱抱對曰：「達則兼濟天下，窮則獨善其身」。第七進已臨河，是後臺門，築有埠頭，范氏外出時即在此上船。魯迅祖父科場案發生在一八九三年九月，一個月後逃往這裡避難。時年十三，一直住到年底，魯家租賃到期，二舅父搬到了雞頭山，大舅父一家則移往小皋埠岳丈家的當台門居住。寄食的周氏兄弟也跟著去了。

皇甫莊的情況，魯迅的作品沒有提及。在我過去的印象中，魯迅避難時似乎是在安橋頭那矮小、陰潮的祖宅裡。讀過裘士雄先生文章後，方知是在文化氛圍如此之濃的書香門弟中的。當然鑒於人事滄桑，現在的旗杆台門絕大部分已變了樣，裘士雄是根據向范瑤書等范氏後人的採訪所得和提供的資料對它作了描述。

少年魯迅在這裡最主要的事情是描摹書上的圖畫。周氏兄弟原本就與琴姑四姐妹相熟，描畫時有琴姑在旁，當是不足為奇的。刊載張恩和《魯迅的初戀》那期的《魯迅研究月刊》封二，印有裘沙、王黎君的《魯迅畫傳》中琴姑陪伴魯迅描畫的畫頁，還有琴姑的兩幅肖像，我想這是並不為過的。少年魯迅作為「乞食者」，心境是很悲涼的，琴表妹當起到了安慰的作用。所以到年底分開時，應當是依依惜別。因而我在小說《會稽恥》第八章《娛園》

中設計了《冬雨》一節，做了描繪。當然，要掌控好分寸，既寫他們心中的默念，又不可像寫現代男女戀愛的擁抱、接吻、送定情物等，只是悄悄在花園一隅的範蘅洲讀書亭見了一面，琴姑就在冬雨中慟哭著跑回家了……

二、一八九四年初春，小舅父一家曾經到魯迅寄居的小皋埠去過。周作人的散文《娛園》，描述過寄居地的情況，還寫了他偷跑到表娣儷永平屋裡嬉鬧的情景。

大舅父魯怡堂前妻的父親，是紹興有名的文人秦秋漁。他本名樹銛，字秋漁，別號勉鉏，中過舉，以詩畫著稱，刊行過四卷《娛園詩存》。他家和小皋埠前水壩的胡姓共有這座台門。台門前面懸掛著「文魁」、「孝文文章」的匾額，因為開過當鋪，門前還有一個很大的「當」字，所以取名「當台門」。這裡出過三個舉人，門前豎過三對旗杆，因而也稱為旗杆台門。風水先生認為：台門不能完全朝南，要歪一點。於是又稱為「歪擺台門」，原來的主人沈氏是明代著名諫臣沈煉的後裔，沈姓是小皋埠的望族，但後來衰頹了，台門轉由秦、胡兩家共有。廳堂以西的廂房屬於秦家。這所廂房有七間樓屋，朝北的樓屋有坐起間，樟壽的大舅父一家住樓下。樓上是秦秋漁的臥室和書房，秦氏早已去世，由他的兒子秦少漁住著。

後園還有假山、藕池、洗硯池等，是過去詩人聚會的娛園。現在已為荒園，類似百草園那樣的菜園子。園裡有一座微雲樓，只是普通的樓房罷了。樓前一丈見方的水池邊，還有一間單面開著門窗的房子，匾額題曰「潭水山房」，顯得很陰鬱。園門外，又有一間側屋，名字很好聽，叫作「留鶴庵」。其實也是很普通的房子，不見得留得住鶴。周氏兄弟就寄住在這裡。

秦少漁，即大舅父的內弟。小孩們叫他「友舅舅」，倒很是說得來。因此，少年魯迅也就不再影畫繡像，時常跑去找他談天。秦少漁也是抽鴉片煙的，但是他並不通日在床上，下午也還照常行動。常給孩子們畫花，他算傳了家法，喜畫墨梅。他又喜歡看小說，買的很多，不是木板大本，大都是石印鉛印的，看過都扔在一間小套房裡，任憑少年魯迅自由取閱，只是亂扔一堆，找得比較費時，譬如六本八本一部，往往差了一本，要花好些時光才能找全。這些書對少年魯迅大為有益，從前在家裡所能見到的只是「三國」、「西遊」、「封神」、「鏡花緣」之類，在這裡竟然看到了《紅樓夢》。

所以我在《娛園》第二節「讀《紅樓夢》」中，專門描寫少年魯迅讀《紅樓夢》的情景。

第三節「春雪」，寫琴姑與全家到小皋埠來看望大舅父和周氏兄弟，少年魯迅與琴表妹在娛園會面，琴表妹顯得虛弱多了，盼望儘早離開安橋頭。但只止於談心而已，無過分舉動。可以想見，安橋頭的房子比皇甫莊的范家大院有天壤之別，父母又渴望生兒子，對女孩兒就不夠呵護，琴姑心裡摯愛著大表哥、盼望出嫁離開是合乎情理的。周作人的散文《娛園》說：「忘記了是哪一年，不過總是庚子以前的事吧。那時舅父的獨子娶親……中表都聚在一處，凡男的十四人，女的七人。」白天趁平表姊等女眷不在房內，和幾個較為年少的人「乘虛內犯」走上樓去掠奪東西吃。「有一次大家在樓上跳鬧，我彷彿無意似的拿起她的一件雪青紡綢衫穿了跳舞起來，她的一個兄弟也一同鬧著，不曾看出什麼破綻來，是我很得意的一件事。」周作人說的事情肯定不是一八九四年春天避難時發生的，但傳記小說創作的原則是「大事不虛，小事不拘」。我將這件事情，安排在《娛園》第四節《女衫》。最後第五節則以《雪羅漢》結束，取《野草》中《雪》的寓意，也是創作所允許的。

據周建人回憶，周氏兄弟避難時，琴姑和父母及三個妹妹到紹興城周家台門看望過，還住了幾天。這肯定是為了撫慰正在遭難的周家，琴姑很受姑父母喜歡，她又很聰明、懂事，主動慰藉他們是很自然的事情。所以我在《會稽恥》第九章《聖旨壓魂》等四節「慰藉」中做了描寫。

據周建人回憶，一八九五年清明上墳之後，母親魯瑞曾經帶著他到安橋頭看望外婆，住了幾天，這段時間肯定受到了琴姑的悉心接待。我把這事寫進了《會稽恥》第十三章《春寒》第四節「安橋頭」。

三、一八九六年十月十二日，魯迅父親去世，舉行了七天葬禮。據周建人回憶，父親周伯宜病故後，他外婆、舅父母、姨母、表姊們全去了，一再勸慰他母親。琴姑當然也去了，這是她與少年魯迅的第三次見面。我在《會稽恥》第十六章《父親的死》第三節「無言」中，寫了琴姑參加葬禮的情景，只寫她暗暗幫助著少年魯迅，暗示慶叔把令大表哥尷尬的祖父周福清輓聯掛到眾多輓帳後面、不易看到的地方，兩人竟然沒有講一句話。然而深情自在

「無言」中。

最後，魯迅離開紹興到南京上學，我在《會稽恥》第二十一章《走異路，逃異地》第六節「別諸弟」中，只這樣寫：

> 魯迅見姆娘坐臥不安，不住地往外看著什麼，像是在等人，心中好生奇怪，問姆娘還有什麼事。姆娘湊到他耳邊小聲說：「我託人把你要去南京的事通知琴姑了，讓她來送你。她傳話說要來送，怎麼還沒有來？」
>
> 一句話惹起了魯迅的萬般思念：父親去世後就再沒有見過她，她怎樣了？好嗎？真盼著再見她啊！但是左等不來，右等還是不見影兒，天近黃昏了，仲翔叔提著行李來叫，不好再拖了。人家是給自己幫忙，怎能讓人家久等，魯迅只好拎起行李，向家人告辭。姆娘看時辰不早，再晚就趕不上南門外的夜航船了，只得放他走。
>
> 來到南門外，魯迅下意識地不願上船，彷彿要等候什麼。仲翔叔再三催促，才不得不上去了。上船以後，又掀開艙窗簾往外看著，恍然間，似乎看見岸上綠柳叢中有一個綠色的倩影向船奔來，魯迅怦然心動，恨不能向那倩影迎去，正要招呼，船起動了……

這裡採用了虛實模糊的手法，不僅不敢寫琴姑到火車站送大表哥，還送鋼筆留念，連來到周家都不敢寫。因為以當時的鄉俗，男女授受不親，尤其有定親趨向的男女更是要避嫌，琴姑從安橋頭坐船到紹興城送表哥的可能性實在不大。但是又不願意讓其毫無留痕，而是虛寫了一個倩影，將來與《苦魂三部曲》之三《懷霜夜》魯迅晚年一種愛好相對映。

魯迅晚年在枕邊放著一幅木刻畫，小得和紙煙包裡的商標差不多。畫面上，一個詩人手捏詩卷在朗誦，地面盛開著紅玫瑰花；遠方，一個穿大長裙子飛散長髮的女人在大風中跑。魯迅常常拿出這幅畫自賞。這幅畫包含著什麼寓意？魯迅為什麼這樣欣賞？蕭紅不得其解，詢問許廣平，許廣平也不知道。我想，這可能隱含著他對那盛開著紅玫瑰花的完美的夢之境的嚮往吧？也可能有早年離開紹興到南京求學時，從艙視窗恍忽看到的岸上綠柳叢中向船奔來綠色的倩影有關。但都具有不確定性，是一種虛寫。

為什麼要這樣虛寫呢？這就言歸正題，再談我對於魯迅與琴姑相戀的看法。

我認為此事肯定是有史實根據的，縱然可能到不了兩小無猜、青梅竹馬的程度，也是一種心心相印、互相愛慕的情感，不能視而不見。但是為什麼「魯迅在他三百餘萬字的文章中，三百餘萬言的書信中，為何連琴姑其人、其事隻字未提呢？」

問題提得很好！然而我們從中並不能得出此事無有的結論，而是可以看出魯迅情感生活的特點。一八九八年十二月二十日，魯迅四弟椿壽因患急性肺炎夭折，小兒子的死給母親魯瑞沉重的打擊。我們可以想見，丈夫剛剛去世，最疼愛的小兒子又在自己懷裡死去了。這對於一個女人來說，該是多麼沉痛啊！為了安慰母親，魯迅二弟周作人特地請來畫師葉雨香，畫了四弟椿壽的像，掛在房間裡。這張像後來帶到北京，一直掛在魯瑞房裡，直到去世。周作人也極為悲痛，後來寫了很多詩悼念四弟，一九〇二年六月還寫過署名夢平的《蕙川蔭仙小傳》，說椿壽「生而神異，目炯炯有芒，如岩下電」等。而魯迅呢？沒等四弟安葬就因為礦路學堂要開學，回南京去了。由堂兄周伯文代他寫了一塊碑，碑文是：「亡弟蔭軒處士之墓」，下署「兄樟壽立」，葬在南門外龜山。以後在著作、書信中也隻字未提。但在小說《在酒樓上》裡寫呂緯甫移葬小兄弟的墓穴有所透露，而如張恩和在《魯迅的初戀》中所說：「魯迅為什麼用這麼長的篇幅寫順姑，並且寫得如此有聲有色，深含愛憐之情？作品寫順姑信了長庚的『誑話』憂鬱而亡，是不是暗射琴姑是聽了周家議而不定的婚事（也算一種『誑話』）抑鬱而終？魯迅故意把誤導順姑致死的人取名『長庚』是否含有一種自責？從『順姑』身上是否可以多少看到一點琴姑的影子？這些問題恐怕都可以考慮和討論。筆者認為，從作品裡這些敘述和描寫中，我們多少是可以體察出一點魯迅對琴表妹以及對這次議婚的心意和感情來的。」我認為，最起碼不失為一家之言。尤其是小說中寫順姑「獨有眼睛非常大，睫毛也很長，眼白又青得如夜的晴天，而且是北方的無風的晴天，這裡的就沒有那麼明淨了。」更像是暗寫死去的琴姑。所以，我們不能因為「魯迅在他三百餘萬字的文章中，三百餘萬言的書信中」沒有提四弟椿壽，就斷定四弟椿壽及其早夭不存在。也不能由此斷定琴姑及她與少年魯迅的情感不存在。據魯迅博物館魯迅研究室編《魯迅年譜》，魯迅從一八九六年，丙申年開始記日記，到一九〇二年去日本留學中止，自題為《丙申日記》。周作人曾經看過這部日記，分房會議上魯迅所受的欺侮就是從當時的日記上知道的[1]。當然，魯迅也可能把四弟和琴姑都寫進了這部早年的日記。但這部日記至今沒有找到，誰也不能判定是寫還是沒有寫。就算都沒有寫吧！也只能說明魯迅情感生活的一大特點：越是沉痛刺心的事情，越可能不提。也反映出了周氏兄弟性格的不同：周作人的情感生活外露，易於傷感，但寫出的東西卻又比較平和；魯迅則內斂，更為深沉，但如一爆發，就像火山噴發，不可收拾。

魯瑞喪子後極為悲痛，一八九九年底和次子作人、三子建人一起回到小皋埠「娛園」和安橋頭娘家散心，琴姑給她以極大安慰。正是在這個時候，魯瑞有意兩家結親，但回家商量，長媽媽認為兩人屬相「犯沖」，擱置了。琴姑也因此大約在一九〇一年冬天抑鬱而終。

如果提親的事，可能沒有跟魯迅說的話，那麼琴姑的死，怎麼會不讓他知道呢？魯迅一九〇一年底寒冬回紹興時，肯定知道了琴表妹去世的消息，心痛欲碎。然而悲痛越切，埋藏越深，他將哀痛埋在心靈最深處，不願提起。魯迅後來在雜文《雜感》中說「最悲苦的是死於慈母或愛人誤進的毒藥」，我看有影射琴姑事的意思。這時又得知姆娘給自己找了朱家姑娘，很不滿意，一再推託。張恩和文章中認為琴姑的死，對於魯迅與朱安的婚姻產生了負面

1 魯迅博物館魯迅研究室編《魯迅年譜》（增訂本），人民文學出版社二〇〇〇年九月版，第一卷第四十四頁。

影響，並且影響了他一生，是有道理的。他對《自題小像》的新解也有其一定根據，不過實證終歸不足，所以我在《苦魂三部曲》的創作中，很想使用張老師的創意。因為倘若這樣寫，會動人得多！但始終不敢實寫。因為一種新探，無可厚非，但寫進著作，哪怕是傳記小說，也須慎重。傳記小說當然要有想像和虛構，但是必須有根據和限度，因為魯迅是絕對不能「戲說」和「胡編」的。

總之，魯迅與琴姑的相戀是存在的，是有史實根據的。但鑒於時代久遠，缺乏實證，又不可說得過實。無論怎樣，琴姑的死肯定對魯迅的情感生活產生了極為深刻的影響。我以為，這當是沒有疑義的。

刊於二〇一一年十月《武漢大學學報（社科版）》第五期

一　作為魯迅研究家的陳湧

陳湧在當代中國主要是以文藝理論家和思想文化戰士的身分發揮影響力的，然而他的學術理論基地卻是魯迅研究。他在五〇年代所寫的《論魯迅小說的現實主義》和《為文學藝術的現實主義而鬥爭的魯迅》兩篇論文，是他的成名作，不僅在當時影響巨大，至今讀來仍然令人盪氣迴腸，倍感其中的理論份量。七〇年代復出之後，他依然以魯迅研究論文面世，成為人們心中的魯迅研究重陣。對作為魯迅研究家的陳湧作一番研究與考察，是中國魯迅學史研究不可或缺的重要環節，也是一個頗為引發人們理論興趣的話題。

（一）五〇年代兩篇論文和六〇年代後續文的重讀

陳湧的《論魯迅小說的現實主義》（一九五四年十一月《人民文學》十一期），首先從整體上和實質上揭示了魯迅與他以前以及他同時代作家的區別，凸現了魯迅小說內容上的革新性和獨創性，對魯迅及其小說的性質和特點作出了非常確定的理論概括與歷史定位：「魯迅是近代中國第一個最深刻最澈底的革命民主主義和現實主義的作家，他和他以前以及他同時代的作家不同的地方首先就在於他的民主主義和現實主義的思想是深深地培植在中國廣大的被壓迫人民的土壤上面的，他的反封建的力量是從廣大的被壓迫人民那裡取得的，他是真正從『下面』、從被壓迫人民的角度來提出反封建的問題的。」這一概括與定位，至今仍然具有重要的理論意義，說明了魯迅及其作品為什麼在今天依然受到人民熱愛的根本原因。其次，完整地揭示了魯迅小說和他那個時代之間的深刻的內在聯繫，對魯迅小說所反映的他那個歷史時代的社會狀況作了系統的理論分析。歸納出這樣的觀點：「魯迅在五四和以後一個時候便以其深刻的現實主義的力量真實地表現了：資產階級不可能領導中國革命走向勝利，農民的被壓迫的地位是必然走向革命化的，他們是中國革命在農村裡的真正的動力，但農民本身卻具有他們的弱點，而知識份子呢？他們許多人都是聰明、正直的，是每一個革命時期首先覺悟的分子，但當他們對現實還沒有明確堅定的認識，當他們把自己『孤獨』起來的時候，他們是軟弱無力，毫無作為的。」「魯迅在《吶喊》與《彷徨》裡深刻地反映了中國，深刻地反映了中國的革命，反映了中國革命的性質和動力，但對於近代中國的工人階級的力量卻沒有得到反映。」總之，從陳湧的論述中得到的結論是，除了中國革命的領導權問題之外，我國民主革命的重大問題都在魯迅小說的藝術畫卷裡得到了形象的表現。再次，通過與批判現實主義作家和十九世紀俄國革命民主主義作家的比較，確定魯迅小說的現實主義在其根本傾向上有著更深刻、更徹底和更明確的性質，反映了一些為俄國的革命民主主義作家所不可能有的歷史特點，在要求澈底的不妥協的反對帝國主義和封建主義方面，魯迅和無產階級思想、社會主義思想，是最一致的。

陳湧的這篇論文以深刻、單純、明晰的理論風格，完整、系統地概括了魯迅小說所反映的歷史時代，從而確定了魯迅小說的思想價值與藝術價值及其產生這些價值的根本原因，在魯迅小說綜合研究中取得了空前的整體性的突破，比以前的魯迅小說綜合研究論著具有更高的理論思維水準和更深的歷史滲透力，代表了當時《吶喊》、《彷徨》研究的最高水準。

現在回首重讀陳湧的這篇論文，就感到除了文學上的價值之外，還有更為廣泛的意義。國內外很多研究中國的學者常說，毛澤東和魯迅是兩個最懂得中國的人，而之所以稱得上是最懂得，就在於最為懂得中國的農民，懂得這個以農民為主體的中國農業社會。陳湧這篇論文的超拔之處正在這裡——分析了中國的農民，肯定了他們的革命性，又揭示了他們的缺點。同時也分析了中國的知識份子，因為中國的知識份子實際上是與中國的農民有著不可分割的血緣關係的，既出身於農業社會，又具有農民式的個體性，具有農民式的性格和弱點。把握了中國的農民和知識份子這兩個社會成分，其實也就從根本上懂得了中國。如果說毛澤東和魯迅這兩個最懂得中國的人，一個從政治理論上解剖了中國社會各階級的狀況，另一個則從文學藝術上反映了中國社會各階級的面貌，分別從政治理論和文學藝術上實現了馬克思主義和現代文學的中國化，那麼，陳湧的這篇論文則是在魯迅研究領域實現了對魯迅理解的中國化，使魯迅小說研究與中國社會實際實現了高度的契合，從中國近代歷史發展中、封建主義到舊民主主義再到新民主主義的社會變革的廣闊視域中，解讀了魯迅小說的現實主義內容——中國社會的特殊國情和各階級的狀況。毛澤東認為「魯迅表現農民看重黑暗面、封建主義的一面，忽略其英勇鬥爭、反抗地主，即民主主義的一面，這是因為他未曾經驗過農民鬥爭之故」。正是毛澤東而不是別人，能夠更深刻、更全面地理解中國農民，因此也更清楚地看到成為共產主義者以前的魯迅還沒有認識到農民不只是一個受苦的階級，而且也是一個革命的階級。陳湧在寫作關於魯迅小說的這篇論文的時候，認為阿Q後來的傾向革命，證明魯迅對農民的革命性已有明確的認識，因而也未能估計到魯迅在這個問題上所表現的弱點。因為阿Q的傾向革命，是由於走投無路、生活無著，這雖然是受苦農民傾向革命的客觀原因與內在根據，然而並不是自覺的革命行動。當然，現在有些人因為阿Q始終未能克服阿Q精神，就否認阿Q的革命傾向有他的內在根據和真誠渴望，似乎阿Q只有思想改造好了才算革命，也是不符合實際的。陳湧這時的認識是高於這些人的，他儘管認為魯迅實際上表現了阿Q的革命傾向，但是並不認為作家對此已經達到了理性的認識。他指出：「魯迅在創作方法上是嚴格的遵循著現實主義的原則的。現實生活的邏輯規定了原來極端落後的阿Q的轉變不可能是簡單的，他的轉變必然走著曲折複雜的道路。在這裡，每一個孤立地看來未必有什麼積極意義的行動，在整個轉變過程看來都是必要的並不多餘的環節。魯迅在這裡並不打算使阿Q一下子便擺脫了他的極端落後的思想，如果這樣，那倒是不可想像的。如果我們對於阿Q甚至到最後也沒有完全擺脫他的落後思想，不能看作是魯迅沒有充分的認識農民的革命性，而應該看作是魯迅的現實主義的表現，那麼，現在阿Q並沒有一下子轉變，我們便不應該感到奇怪了。」把魯迅對阿Q落後思想、即「農民黑暗面、封建主義的一面」的認識，看作是魯迅的現實主義的表現，正是陳湧作為一位極為嚴格的現實主義理論家的最為可貴之處。

正由於毛澤東和魯迅在懂得中國這個實踐意義上的相通，使得陳湧在寫作這篇論文時雖然是以毛澤東的理論文章為參照系的，卻並沒有出現從概念到概念的教條主義的毛病，反倒顯得非常充實和具體。不過，倘若不是由於參照系與研究對象的相通和作者陳湧對二者相通處的深刻領悟與論述才能，這種以政治理論與文學作品相互印證的方法，往往是要落入牽強附會與庸俗社會學的陷阱的，因而也是初學者不宜輕易採取的。

這篇論文發表兩年之後，陳湧又拿出了一篇更有分量和深度的論文《為文學藝術的現實主義而鬥爭的魯迅》（一九五六年十月《人民文學》十期）。該文仍然論述現實主義理論，並更加明確地集中在真實性這個實質性的核心問題上，第一層就開宗明義提出：「魯迅的一生都為文學藝術的現實主義方向而鬥爭，他既反對資產階級的唯心論，同時也反對文學藝術上的庸俗的機械論。」魯迅一生的鬥爭，證明他正是自己所渴望的「精神界之戰士」。「但作為一個真正的在文學藝術領域裡的『精神界之戰士』，魯迅是按照文學藝術的特點，按照文學藝術自身的特殊的規律，去處理政治、思想和藝術的關係的。魯迅既沒有使藝術從政治脫離開來而孤立地存在，也沒有使政治從藝術脫離開來而孤立地存在。但庸俗的機械論卻往往否認文學藝術有它的特點和有它的特殊的發展規律，因而也就不能正確地理解政治、思想與藝術的關係問題」。「庸俗的機械論只看到文學藝術和其他意識形式，其他宣傳工具的共同性，卻看不到文學藝術不同於其他意識形式，不同於其他宣傳工具的特殊性，但是研究每種部門的特殊性正是真正的科學所要求的」。「馬克思主義的文藝理論，應該以馬克思主義的反映論為基礎，越是正確地反映現實的作品，便越能對現實發生積極的作用，也就因為這樣，真實地反映現實的問題，便應該成為文學藝術創作的第一個和基本的問題。不能真實地反映現實的作品，是不可能真正對於現實發生積極的作用的」。因此，「真實是藝術的生命，沒有真實，便沒有藝術的生命。藝術的政治價值和社會價值，都是不能離開藝術的真實而存在的。」第二層，便追溯了革命文藝運動初期把「無產階級文學」這個口號硬搬過來的人們，所犯的教條主義和庸俗的機械論的錯誤——「由於對文學藝術和政治的關係沒有全面的深刻的理解，由於在解決這個問題的時候，完全沒有考慮到或者很少考慮到文學藝術的專門的特點，把文學藝術服務於政治的方式和一般宣傳工作服務於政治的方式等同起來，因而在創作實踐上，在中國革命文學運動的初期，公式化概念化便流行起來。這就是為魯迅所譏刺的『賦得革命，五言八韻』的革命試帖詩式的做法」。「顯然的，作為一個深刻的現實主義作家和唯物主義的思想家，魯迅是堅決地反對這類教條主義和庸俗的機械論的觀點的」。他一再地中肯地批評著文學上的公式主義。第三層，進一步強調「政治上的尖銳性、戰鬥性是不應該離開藝術上的真實性而孤立地存在的，政治上的尖銳性、戰鬥性應該以真實性為基礎，否則，公式主義是無法避免的」。並以魯迅對《儒林外史》這類諷刺小說與《官場現形記》等譴責小說的區別為例，說明「諷刺的生命是真實」的道理。第四層，反覆論證「魯迅強調不加塗飾地真實地反映生活，這和他把文學藝術看作認識生活的工具這個觀點是分不開的」。並深入到造型藝術的領域，以魯迅對《〈死魂靈百圖〉小引》、漢唐石刻的高度評價和對宋元以來文人畫遠離社會生活傾向的批評為例，說明了「師造化」的方針和魯迅的完整的現實主義觀點。第五層，更深入一步，強調「藝術的真實要求作者對於他所表現的生活有深切的體驗，深刻的理解，這點對於文學藝術是有特殊重要的意義的。文學藝術要求作者所反映的事物，不僅是他思考過，而且也是他深切地感受過和深刻地感動過的事物。否則，他是不可能創造出真實的能夠激動讀者的藝術作品的」。「沒有理由要求哲學家和經濟學家研究的對象都是經過他自己的體驗、自己的感受的。哲學家和經濟學家的研究的材料主要是思想的材料和經濟現象的材料，但是沒有經過他自己深切地體驗過和感受過的『材料』，是不可能成為一個真正的作家和藝術家的創作對象的，除非他從一開始便沒有打算使自己的作品成為真實的作品」。這是又從生活體驗的層面，強調了文學藝術本身有它的特點和有它的特殊的發展規律，說明藝術的真實性並不決定於題材的大小，而在於作者對生活的體驗是否真切、深刻。第六層，又深入一步，強調作家和藝術家要保證產生真實的藝術作品，就必須具有為美好事物而鬥爭的真誠和熱情，深刻地反映出現實的人民的精神。魯迅說「漢人的石刻氣魄深沉雄大」，就在於反映了人民內在的精神力量。而《十竹齋箋譜》的「秀麗雅致，平靜柔和」，則作為另一個方面「充實了魯迅所堅持的這個原則」。第七層，再進一步以中國明代的木刻藝術為例，說明要做到藝術的真實，作者必須具有現實的精神。最尖銳的例子是幾種明代刻本的《琵琶記》的插圖，不論是李卓吾本或朱墨本，都沒有能夠把原作反映現實最深刻的部分再現出來。由此再次說明：「問題還不僅在於題材，問題還在用什麼樣的精神來處理題材，如果用『超世間』的非現實的精神，即使在處理像《琵琶記》裡面那樣悲慘的場面也是不可能呈現出現實的精神的。相反，一個有現實精神的作者，即使處理的是山水花鳥一類的題材，也有可能給我們帶來一定的現實精神。」「以宗教的想像中的事物為題材的唐代雕塑的人間性，要比許多直接表現人間生活的明代木刻作品的人間性強烈得多；在表面上是超世間的唐代雕塑所包含的現實內容，比許多表面上是向著世間的明代木刻作品的現實內容豐富得多。在這裡主要問題不是題材，是十分明顯的，同時，魯迅對於明代木刻的批判的深刻、正確也是十分明顯的。」而這都說明社會主義現實主義必須具有「新的現實的精神」，具有魯迅所說的「現代社會的魂魄」。最後，即第八層，得出了這樣的結論：「魯迅對文學藝術本身的特性有深刻的理解。魯迅不是根據一般邏輯的推論，不是根據一般的基礎和上層建築的學說來演繹出文藝的見解，如同那些教條主義者和庸俗的機械論者那樣，而是具體地分析了文學藝術的專門的特點和專門的發展規律，然後形成自己對於文學藝術的見解的。魯迅在解決每一個文學藝術的理論問題的時候，都沒有離開文學藝術的專門的特點和專門的發展規律，魯迅的文藝思想所以正確，所以成為真正科學的文藝思想，和這點是分不開的。」「更加重視和深入地研究魯迅的現實主義思想，繼承和發展魯迅的現實主義傳統，對於我們今天是十分迫切的。」

陳湧的這篇論文，以理論的概括性、研究的整合性與論述的深廣、細微、透闢稱絕，之前和之後幾乎無一文能與此文匹敵，在中國魯迅學史上樹起了一個很難企及的高峰。它是陳湧的代表之作，其特點我們在結論部分詳談，這裡先談文章之外的意義。

陳湧的這篇論文，不僅僅是一篇文論佳作，而是一篇戰鬥檄文，其意義不僅限於文學藝術領域。

我們不妨先從反面來談，看看姚文元對這篇論文的批判。姚文元在《論陳湧在魯迅研究中的反馬克思主義的修正主義思想》（一九五七年十月五日《文藝月報》十期，後收入新文藝出版社一九五八年七月出版的《論文學上的修正主義思潮》和作家出版社一九六四年九月出版的《文藝思想論爭集》，更名為《論魯迅研究中的一種曲解馬克思主義的觀點》）中，著力抓的陳湧的所謂「要害」，就是「寫真實」，並且認為陳湧的論文「涉及到哲學上的根本問題」，「魯迅研究這個題目歷來就是各種思想交鋒的沙場」，所以他就從共同性與特殊性、階級性與真實性、政治標準與藝術標準、主觀精神與客觀現實以至抽象與具體等等方面的關係上極盡詭辯之能事，千方百計引導人們的思想與客觀真實相分離，進入以為只要堅持政治性和戰鬥性、突出階級鬥爭就可以置客觀真實於不顧的誤區。慘痛的事實證明，沿著這種思路滑下去，不僅鑄成了文學藝術上的公式化和概念化，更為嚴重的是使整個中國從上到下都陷入了閉著眼睛不看現實、一味「瞞和騙」、說假話的瘋狂狀態，先是大躍進，製造什麼畝產萬斤、趕超英美的「神話」；後來就是「文化大革命」，把左傾謬誤推向了極端，使億萬人民墜入了空前的大災難。所以，陳湧所說的「藝術的政治價值和社會價值，都是不能離開藝術的真實而存在的」這一論斷，實在是有很強的針對性的，就是針對當時已經逐步甚囂塵上的背離客觀真實的左傾思潮，是對這一危險思潮發出的戰鬥檄文。事實也正是如此，不僅「藝術的政治價值和社會價值，都是不能離開藝術的真實而存在的」，任何一個階級、政黨及其領袖的政治價值和社會價值，也都是不能離開客觀的真實而存在的。無論這個階級，這個政黨，這個領袖，有多麼偉大的功績和多麼輝煌的過去，只要背離了客觀真實，都必定會受到現實的無情懲罰！

當然，陳湧當時絕非一人孤軍奮戰，一大批有良知的知識份子早已痛切地感到了背離客觀真實的極端危險性。從胡風、馮雪峰一直到何直（秦兆陽），都在奮力吶喊、抗爭，他們一再強調的現實主義正是在這樣的政治經濟和精神文化背景下提出的。這股現實主義的熱流，恰恰是從魯迅那裡繼承來的，魯迅的價值也就正在於以震聾發聵的吶喊，促使中華民族從「瞞和騙」的大澤中猛醒，「睜了眼看」現實！魯迅的後繼者們，仍然在繼續吶喊，為了堅守「真實」這塊絕對不能喪失的陣地而不惜付出高昂的代價！他們其實是對馬克思主義和共產主義無限忠誠的，他們說的是發自肺腑的真誠的諍言！然而，他們卻得不到理解，反而被打成異己分子，下了人生的地獄。

姚文元從反面道出一個真理：「魯迅研究這個題目歷來就是各種思想交鋒的沙場」。從陳湧和他的前輩及同志為了堅守「真實」這塊現實主義陣地而進行的「浴血」式的戰鬥和所遭受的人生大磨難中，我們不是可以清楚地看到「各種思想交鋒」的刀光劍影和精神文化的各種現象嗎？

陳湧終於做了為「真實」而獻身的普羅米修士，五七年被打成右派，從最高學術機關發配到了甘肅，直到六二年政治氣氛稍微寬鬆時才得到發表文章的機會，拿出了新的論文《魯迅小說的思想力量和藝術力量》。

在這篇新的論文中，陳湧並沒有「改悔」，而是以更加深沉的力量，更為透闢地闡發藝術真實性的原則。他又開宗明義地指出：「在魯迅的小說裡也和在他的雜文裡一樣，體現著一種深厚的內在的精神力量——內在的思想和藝術力量。」在近代中國人民爭取解放的長期苦痛的過程中，「作為一個偉大的作家和啟蒙思想家，魯迅的全部文學生活，都充溢著深刻的革命精神和理性精神」。他對中國過去幾千年的封建主義的傳統和習慣，提出了「從來如此，便對麼？」這樣的質問。他表現人民的苦難和壓迫者的野蠻殘暴的小說，往往激發出一種深刻的道德感情，一種批判和革命的人道主義感情。在他描寫農民和其他被壓迫者的小說裡，都包含著這樣的一個共同的思想：「舊制度不僅剝奪了人們起碼的物質生活的權利，而且對於人們的精神價值，對於人的才能、智慧，對於他們崇高的品質和精神力量，也極度冷淡、蔑視以至於無情的加以毀滅。這種情形，總是深深地激動作者的感情的。」字裡行間，使我們深切地感到，陳湧正是在自己的才能、智慧、精神品質遭到無情毀滅的時候，才更加深刻地體悟出了魯迅在小說中對人民精神力量的高度重視，感到文學藝術家必須像魯迅那樣負有使人在精神上提高的使命，體察出了魯迅小說中深廣的思想內容和道德內容。因此，他在論文的第二部分就不顧一切地重申：魯迅的小說之所以具有這樣巨大的思想力量和藝術力量，是「因為它在藝術上的真實」。「魯迅小說的內容大都是十分平凡的，它不以情節驚人。但它的特點也正在這裡。愈是平凡，便愈是普遍，愈是真實」。「畫鬼易畫犬馬難，古人是早就知道了表現平常的事物而達到藝術的真實是比較表現那些離奇虛幻的事物遠為困難的」。而且，「魯迅更著重的是內在的真實。如果沒有這種內在的真實，熱情的真實，僅僅例行公事地『反映』生活，即使達到最大限度的酷似、逼真，也只是表面上的酷似、逼真，它實質上是僵死的，談不到真正的藝術生命的」。而要使所創造的人物具有一種內在的真實，就需要作家的內心體驗。充滿鬥志的愛姑，怎麼一下子便失掉了銳氣？就在於她「受到的是一種極為微妙的精神的壓力，一種在當時突然令她感受到的傳統的壓力，這種壓力在當時甚至誰也沒有有意加在她身上，甚至愛姑自己也不會解釋清楚自己為什麼會突然心裡發生變化的」。由此可見：「在長久的封建階級不但是物質的而且是精神的統治下，傳統的觀念在人民的頭腦紮的根到底有多深？它到底怎樣緊緊地鉗制著人民的頭腦？這正是魯迅要在這篇小說裡回答的問題。幾千年來遺留下來的傳統是根深蒂固的。統治者們是被壓迫者的敵人，但被壓迫者卻並不是常常都認識到這點，而且有時會是相反的，統治者們歷來『優越』的地位，既會使被壓迫者產生幻想，也會使他們感到畏懼，如果不在人們頭腦裡推翻過去的傳統，不猛力地撕破統治者們和藹可親或尊嚴可畏的外衣，人們要想改變自己被壓迫的地位是不可能的」。這裡，我們分明感到處於逆境中的陳湧對封建傳統勢力的頑固性有了更為深刻的認識與感悟，對於無形的精神的控制與壓迫感受尤深。正因為如此，他一再強調「要造成這種藝術真實，是首先非有作者『進入』人物的內心世界不可的」。只有這樣，才可能有入木三分的心理刻畫！才能不通過外部表現，便能夠看透了他的內心！「從這裡可以看到，一個作家的內心體驗過程，對於到達藝術的真實，是不可少的，但它也不是神祕不可解的」。

為堅持藝術的真實性原則，付出了那樣高的代價，吃了那樣多的苦，遭了那樣多的罪，卻仍然不知「改悔」，仍然強調藝術的真實性，並且深入到內在的精神世界中去，對為文學藝術的現實主義而鬥爭的魯迅有了更為深切的認識，寫出了更為深刻的論文，這該是一種何等真誠的精神，何等堅實的學問！

陳湧是用自己的骨頭，蘸著血，寫作魯迅研究論文的！

這是透過中國魯迅學史所看到的，二十世紀中國的一道悲壯、燦爛的精神文化的奇光。

（二）復出後的理論貢獻

復出的陳湧對「從進化論進到階級論」的瞿秋白觀點持維護的態度，在重返理論界的第一篇論文《關於魯迅思想發展問題》（一九七八年九月《文學評論》五期）中，指出：「瞿秋白的《〈魯迅雜感選集〉序言》，基本是一篇馬克思主義觀點的論文，它根據無產階級在民主革命時期的任務，正確估計了魯迅在思想鬥爭中的意義和作用，分析了魯迅所走過的道路，分析了魯迅早期思想的性質、特點和侷限以及它們的社會的階級的根源。這篇論文，直到現在還沒有失掉它對於文藝批評研究的方法論的意義。在我看來，瞿秋白在魯迅思想發展問題上有些提法不夠確切，這是事實，例如，『從進化論進到階級論』，這就是直接採取了魯迅自己習慣的提法來概括魯迅早期的思想，而沒有按其實質，納入哲學的兩條路線——唯心主義和唯物主義路線問題的範圍內，它既可以作為無產階級的階級論或無產階級的階級觀點來解釋，也可以僅僅作為實際反映了階級和階級鬥爭來解釋。這種提法的含混，事實上已經導致人們在討論魯迅思想發展問題時的一些混亂。但如果我們撇開表述方法的不夠確切，而主要看問題的實質，那麼，瞿秋白用進化論來概括魯迅的早期思想，意思也就是魯迅的早期思想根本上是以進化論為標誌的或者說以進化論為內容的一種唯心主義的歷史觀，所謂階級論，意思就是無產階級的階級觀點，或者無產階級的階級鬥爭觀點，實際上也就是唯物主義的歷史觀。如果這樣說沒有違背瞿秋白的原意，那麼，我認為瞿秋白這個分析無疑是正確的，是符合魯迅思想發展過程的。」「魯迅當時的政治實踐，政治思想性質和他的哲學思想性質，的確是有聯繫同時又有區別的。決不能像有些論者一樣，因為當時魯迅所寫的論文政治上是先進的，便認為他在哲學思想上也當然一定只能是唯物主義的。不能用政治分析去代替思想分析。」

陳湧的這篇論文雖然後來引起許多研究者的異議，但是不能不承認該文明晰的理論辨析力，對於魯迅思想發展研究的深入發展產生了重要作用。特別是「不能用政治分析去代替思想分析」的論斷，對魯迅思想發展研究的方法論問題具有很大啟示。

既然用進化論不能概括魯迅的前期思想，用革命民主主義者概括也不能解決全部問題，那麼就應該進行更細緻、深入的哲學理論、社會思想與美學意義的分析。

為紀念魯迅誕生一百周年，陳湧寫作了《魯迅與現實主義和浪漫主義問題》（一九八一年《人民文學》十一月號，一九八二年六月《魯迅研究》六輯，後收入《紀念魯迅誕生一百周年學術討論會論文選》）。該文正是這種深細分析的結晶，核心論點是：還在立意從事文藝運動的青年時代，魯迅便同時被現實主義和浪漫主義兩種思潮所吸引。這是因為作為文學的兩大潮流，現實主義和浪漫主義都是生長在現實生活的土壤上，並不是絕對對立的。它們都把真實地反映現實生活作為自己的根本要求，它們只是從不同的途徑、採用不同的方法接近和反映現實生活，它們也往往能夠互相呼應，互相結合，互相交融，以至在同一個作家身上，可能同時具備著這兩方面的特點。但它們都可能各極其長，因此，他們在世界文學史上，始終是兩種並存的藝術潮流和藝術方法。全文通過魯迅和屈原的關係、對李白和唐代傳奇的評價以及詩歌創作等方面的反覆闡釋，論證了這一核心論點。最後批判了不承認浪漫主義是一種有獨立特色的創作方法、只是現實主義一個因素的錯誤觀點，並作出這樣的總結：「魯迅關於浪漫主義的觀點，對我們今天應該也是很有啟發作用的。我們現在和魯迅的時代完全不同了，我們建立了社會主義制度，但我們走過曲折的道路。我們有很大困難。我們現在的文藝正需要革命浪漫主義，需要看到革命浪漫主義是一種強大的精神力量，需要用這種精神力量來鼓舞我們前進，增加我們的勇氣，但要做到這點，便首先對革命浪漫主義在文學上的意義和地位有足夠的估計。認真學習魯迅有關浪漫主義的思想，是會加深我們對這個問題的認識的。」陳湧過去以論述魯迅的現實主義著稱，現在把浪漫主義和現實主義並列起來論析，並著重分析了浪漫主義的重要意義，不能不說是理論上的一大突破。對於全面地認識魯迅，更透闢地闡釋他一貫強調的藝術的真實性問題都是有非常有益的。在這篇論文中，陳湧繼續發揚了《為文學藝術的現實主義而鬥爭的魯迅》一文中曾經施展過的縱橫捭闔、旁徵博引的論述方法，透過魯迅對屈原、李白、唐代傳奇的評價，從微妙處闡發魯迅的浪漫主義精神，使論文汪洋恣肆、豐富多彩，很有吸引力，不像有些魯迅研究論文那樣乾巴。這是非常值得後人學習的。除了這篇論文之外，復出後的陳湧還寫了《魯迅與五四文學運動的現實主義問題》（一九七九年五月《文學評論》三期）、《魯迅與無產階級文學問題》（一九八一年《文學評論》二期）等頗有分量的論文，並對《阿Q正傳》作了獨到的深刻研究。這些論文後來都收入了人民文學出版社一九八四年五月出版的《魯迅論》中。

阿Q典型研究的確是魯迅研究領域裡的一個尖端課題，許多魯迅研究家和文藝理論家都不約而同地奮起攻堅。陳湧重新出山後用力最深的也是阿Q典型研究，在八〇年代初接連發表了兩篇力作。

第一篇：《阿Q與文學的典型問題》，於一九八一年六月在《魯迅研究》第三輯發表。該文的理論貢獻主要在於：第一，加強了哲學深度。從主觀世界與客觀世界關係的角度，揭示出阿Q不斷造成悲劇的認識論根源：「不能正確地認識周圍的客觀世界，不能正確地估計周圍的現實關係。不是依據對形勢的客觀分析來決定自己的行動，而往往是依據荒謬可笑的偏見或者一時的感情衝動來決定自己的行動。」同時從現實的失敗的痛苦中找到虛幻的勝利來自我欺騙、自我麻醉。這就從主觀盲目性和精神勝利法這兩個互相聯繫的方面，分析了阿Q精神的內涵，這一理論貢獻是有深刻意義的，它啟示後來的研究者從哲學根柢上去思考阿Q精神的認識論根源與造成精神勝利法的精神機制，考察阿Q典型形象具有極大普遍性的根本原因。第二，拓展了文學視野。從世界文學的視角對阿Q精神與堂•吉訶德精神、浮士德精神的異同進行了比較，啟悟後來的研究者從更廣闊的世界文學範疇內考察與阿Q相類似的文學典型。第三，從精神現象的角度思考了阿Q精神的產生根源。肯定在近代中國農民和其他小生產者身受帝國主義掠奪、走向破產的歷史條件下，阿Q精神也有可能從這些小生產者的內部產生，否定了那種農民身上的阿Q精神只能從封建統治階級的外部影響而來的狹隘觀點，啟悟後來的研究者從內在原因和精神現象的思路中去考察阿Q的典型問題。第四，進一步闡述了典型性和階級性的關係。說明典型性比階級性的意義更廣泛和更普遍得多，阿Q精神不是個別階級的現象，它比個別階級的特性有更大的普遍意義。

第二篇：《〈阿Q正傳〉引起的爭論》，這是一九八一年九月在巴黎魯迅誕生一百周年紀念報告會上宣讀的論文，收入一九八四年五月人民文學出版社出版的《魯迅論》。這篇論文進一步認定了阿Q精神在不同階級不同階層的人身上存在的普遍性，指出：問題主要在於如何解釋這種普遍存在的現象。並從理論高度對何其芳與李希凡在阿Q典型研究問題上的爭論作了總結，認為：「何其芳的意見，是針對當時確實存在的那種認為典型性等於階級性的簡單機械的觀點而提出的，這種觀點，導致我們一部分文藝創作的公式化，妨礙我們創造有血有肉的多種多樣的人物，一句話，造成藝術脫離生活和典型的貧乏。何其芳這些意見，現在可以比較清楚地看到，是很有理論意義和現實意義的，他當時能夠提出這些意見，表現了他的獨立思考的精神，和理論上的勇氣。但何其芳在正確地批判典型性等於階級性的觀點時，他自己卻開始表現了另外一種傾向，這種傾向的特點，就是離開一定的物質生活條件，離開人的社會本質和階級本質解釋人的共性，解釋文學的典型性。」「李希凡正確地用具體歷史觀點來觀察典型問題的時候，卻把問題這樣絕對化，以至完全排斥典型的概括意義有可能超越個別時代的看法」。關於阿Q的革命問題，陳湧認為：「只有同時承認阿Q具有兩重性，才能恰當地評價阿Q後來對革命的態度，才能對阿Q的『投降革命黨』不至於一下子過高的評價，或者簡單地完全加以否定。」最後又從世界文學的視野中，對哈姆雷特、堂・吉訶德、浮士德的典型性格進行了比較，特別著重分析了哈姆雷特猶疑的性格，認為：「哈姆雷特的性格和他的悲劇，正好反映了文藝復興和人文主義理想的悲劇」。尤其值得注意的是，陳湧在進行了一番分析比較之後，對阿Q典型研究的理論意義作出了這樣的概括：「《阿Q正傳》所牽涉到的典型性、階級性、人性的關係問題，文藝與現實關係問題，以及如何估計阿Q這個落後的但又是被壓迫農民和革命的關係的問題，都是文學以至哲學、社會科學的一些根本理論問題，每個參加討論的人都不能不按照自己的觀點回答這些問題，過去出現的分歧，根本上是觀點和方法的分歧。」

陳湧的這篇論文，對何其芳與李希凡在阿Q典型問題上的爭論，採取了理性分析的科學態度，既沒有絕對肯定一方，也沒有絕對否定一方，而是汲取雙方的合理意見，揚棄不合理的部分，進行了新的綜合。這種科學的方法，是值得後人學習的。對哈姆雷特等世界文學著名典型的分析，也開拓與加深了以後研究者的視野與思考。特別是關於阿Q典型研究深遠理論意義的概括，更啟悟後人去思索哲學、社會科學的一些根本理論問題。

尤其可貴的是，陳湧到了古稀之年，依然保持著旺盛的思想力量和敏銳的感受能力，他仍舊不斷地接受新的思想和新的知識，用以充實和加深對魯迅及其作品的理解。一九八五年，已經七十六歲高齡的他，在《思維科學的「突破口」——讀錢學森同志的談話想到的》一文中指出：「恐怕任何一個作家，即使是偉大的作家，都很難說他所寫的每一個重要之點，都是事先同樣深思熟慮過，都是有了同樣確切的理解的。他常常需要借助於自己的直覺。有時他僅僅覺察到生活中的一些徵兆或者暗示，雖然還是模糊的、不確定的，他也有可能依據自己的藝術家的感覺直薄生活的本質。魯迅無疑對農村的生活十分熟悉，對阿Q這樣的農民的特點和性格的邏輯有深刻的理解，但魯迅自己也承認是沒有想到過，在辛亥革命到來時，阿Q是要『革命』的。而結果，阿Q是『投降革命黨』了，而且不論是在積極意義上或者消極意義上，阿Q對革命的態度都被描寫得合情合理，完全符合這個人物的性格邏輯。魯迅的藝術表現確實是這個人物在特定環境下可以想像得到的表現。這些地方，起顯著作用的是這個熟悉生活又忠於生活的偉大作家的天才的直覺。」（《文藝研究》一九八六年六期，後收入《在新時期面前》，人民文學出版社一九九三年七月版）這一段論述顯然比五〇年代要前進多了，從思維科學的「突破口」——「天才的直覺」這一嶄新的視角，恰如其分地分析了魯迅表現阿Q革命性的內在原因，達到了阿Q典型研究的學術前沿，對後人有極大的啟示。

總之，陳湧八〇年代初的研究，對以後的阿Q典型研究起到了非常重要的理論開拓作用，達到了相當的理論深度，雖然並未能夠從新的視角與理論本質上解決問題，但是在當時來看已經非常不易了。

（三）幾點結論

八〇年代初，剛復出的陳湧在同文藝理論工作者的一次談話中，提出要做好文藝理論工作，需要培養「三感」，即理論感、歷史感和藝術感。筆者七〇年代末剛進中國社會科學院文學研究所工作時，陳湧同志也經常教導說，文章不要求多求快，而要求質，有理論感、歷史感和藝術感的分量足的論文，半年寫一篇，積累十年就相當可觀了。作為魯迅研究家的陳湧，正是很好地體現了這「三感」：

一、具有高度的理論感。從其代表作《為文學藝術的現實主義而鬥爭的魯迅》一文就可看出，陳湧是以高屋建瓴之勢，開宗明義提出藝術的真實性這個實質性的理論問題，接著就運用多向的思維方法，從各個不同的角度和層面反覆論證這個問題，有條不紊，細密嚴謹，步步落實，層層深入，以極強的邏輯性和說服力把這個艱深的理論問題論述得透徹完整、絲絲入扣，給人以強烈的理論感。恩格斯說：「一個民族想要站在科學的最高峰，就一刻也不能沒有理論的思維。」一位魯迅研究家的第一要素，的確是鮮明而具有深廣度的理論感。

二、具有縱深的歷史感。論證理論問題緊密結合現實，但又不侷限於當下，而是追溯歷史的根源，追蹤歷史的軌跡，找出問題的源頭、發展的規律。例如《論魯迅小說的現實主義》，就是從中國新民主主義革命歷史的縱深處考察魯迅小說現實意義的結晶。《為文學藝術的現實主義而鬥爭的魯迅》第二層，對教條主義和庸俗機械論在革命文藝運動初期的始發進行了挖掘，說明公式化概念化自此而起，魯迅對這種現象的批評也由此而生，令人從深厚的歷史感中產生自覺，對當下的同類現象有了理性的認識。

三、具有敏銳的藝術感。論證理論問題和追溯歷史根源時，絕不是從概念到概念地進行空論，而是通過對文學藝術作品的敏銳的藝術感，發現藝術品之間的細微差別，從而為論點提供無懈可擊的根據。例如《為文學藝術的現實主義而鬥爭的魯迅》對漢唐石刻深沉雄大之氣魄的體悟，對《十竹齋箋譜》「秀麗雅致，平靜柔和」之風味的捕捉，特別是對幾種明代刻本的《琵琶記》插圖的細膩揣摩，真是到了燭幽索隱、纖毫畢現的境界。一個真正的作家和藝術家的創作對象，不像哲學家和經濟學家那樣，研究的材料主要是思想的材料和經濟現象的材料，而是必須經過他自己深切地體驗過和感受過的「材料」，否則是不可能寫出真實的作品的。而一個真正的文學藝術的評論家和研究家，也不能像哲學家和經濟學家那樣，僅擅長把握概念和邏輯推理，而必須具有敏銳、細膩的藝術感受力。這也是文學藝術本身的特點和特殊的發展規律所決定的，是無論文學藝術的創作者，還是評論者都必須具備的基本素質，陳湧通過他的魯迅研究論文為我們提供了佐證。另外，僅從論文的寫作來說，陳湧的論文寫得既嚴密結實，又酣暢淋漓；既框架宏大，又豐滿充實；既思路清晰，又文采飛揚；既冷靜說理，又充滿激情，令人百讀而不厭。可以說，《為文學藝術的現實主義而鬥爭的魯迅》等論文不僅在中國魯迅學史上堪稱上品，就是在二十世紀中國文論中也是稀有的佳作。

刊於《文學評論》二〇〇四年第三期

唐弢魯迅研究論著的學術個性

內容提要：

唐弢先生的《魯迅雜文的藝術特徵》、《魯迅的美學思想》、《論魯迅小說的現實主義》等一系列論著，是中國魯迅學史上的經典之作。其特點是「言之有物」，具有獨到的見解；藝術感覺極好，審美評價精當；行文極講究文字、注意文體，形成了一種特異的「唐弢文體」。在唐弢先生逝世二十周年之際，對他的魯迅研究論著進行細膩的體悟和揣摩，對後人的學術研究有著巨大的裨益。

關鍵字：魯迅、唐弢、學術個性、藝術感覺、論文文體唐弢先生是魯迅研究學科的奠基人之一和海內外公認的權威學者。上世紀三〇年代因寫作雜文與魯迅相識起，到一九九二年逝世，留下未能完成的《魯迅傳》，撒手人寰，他的一生是與魯迅和魯迅研究緊緊聯在一起的：參加了一九三八年《魯迅全集》的編輯工作。隨後又獨自一人以十餘年的時間輯錄、考訂魯迅佚文，先後編就《魯迅全集補遺》和《魯迅全集補遺續集》，並寫出了《魯迅雜文的藝術特徵》、《魯迅的美學思想》、《論魯迅小說的現實主義》等一系列論著，在中國魯迅學史上享有很高的聲譽，對魯迅研究和中國現代文學研究的深入和發展起到了重要的作用。

在唐弢先生逝世二十周年之際，重溫他的魯迅研究論著，深深感到其中所包含的獨特、雋永的學術個性，至今依然閃爍著耀眼的光彩，對之進行細膩的體悟和揣摩，不僅對魯迅學的進展具有重要的推動作用，而且對後人的學術研究也有著巨大的裨益。

（一）

唐弢最主要的魯迅研究論著，當然首推《魯迅雜文的藝術特徵》。

這篇論文是一九五六年九月為紀念魯迅逝世二十周年而寫的，最初發表在一九五六年十月十九日《解放日報》上，後來於一九五七年一月由新文藝出版社出版單行本，又收入一九五七年十二月中國青年出版社出版的《魯迅在文學戰線上》和一九六二年八月作家出版社出版的《燕雛集》，後來歸入一九八四年九月人民文學出版社出版的《魯迅的美學思想》。這篇論文的核心論點是認為魯迅雜文的藝術特徵在於邏輯思維與形象思維的相互結合，這一論點並非作者的獨創，而是當時文藝理論界在講文學藝術特徵時的一個流行的觀點，因而並不能足以說明魯迅雜文獨立的特徵，可見那時占主流地位的政治文化對魯迅研究及其他研究領域的禁錮之深。然而，縱然如此，唐弢的這篇論文卻仍然不失為中國魯迅學史上一篇很難得的妙文，簡直是把魯迅雜文的藝術風貌活靈活現地和盤托出了，之前沒有人做到，之後也無人企及，可以說是空前絕後。唐弢之所以能夠做到這點，就在於他本身就是一位雜文家，具有長期的豐富的雜文寫作經驗，並且對雜文的藝術技巧情有獨鍾，特別以雜文藝術手法的靈活、秀雅見長，兼之多年潛心學習以至模仿魯迅雜文，對魯迅雜文的藝術特徵心領神會，因而雖然從核心論點上受到當時主流文化的禁錮，卻能在具體論述中顯示出活力與底蘊，勃發出一派生機。事實上，唐弢寫作此文的動因也是要沖決那時占主導地位的唯政治化傾向，強調魯迅雜文的藝術特徵本身就已經是對唯政治化傾向的挑戰了，何況還將藝術特徵顯現得如此出色呢？我們不能以現在的情況苛求前人。

唐弢的這篇論文寫得如此稱絕，還在於他很會寫文章，是以打磨雜文、散文精品的功力琢磨出了這篇論文。第一節就以詩性的語言展示了世界文學的廣闊視野：「一個偉大的作家常常選擇最適宜的文學形式來表達他對時代的見解，形成自己的獨特的風格，普希金用他的詩，巴爾扎克用他的小說。十九世紀初期，以十二月黨人為代表的當時俄國的民主自由的思想，產生了像《致西伯利亞》、《高加索的俘虜》、《葉甫蓋尼・奧涅金》那樣熱情奔放的詩歌；與此同時，在銅臭的暴發戶的不斷威逼下，空虛、腐朽、墮落的法國貴族社會逐漸走向滅亡的複雜的過程，也惟有在《人間喜劇》那樣巨大的畫幅裡，才能夠得到深刻而細緻的反映。」然後從這種世界文學的格局中去看魯迅雜文，就自然得出了這樣的結論：魯迅把雜文當作表達對時代見解的主要武器，創造出了獨特的戰鬥風格和藝術特徵，構成了出色的現實主義的史詩。研究魯迅，必須研究魯迅文學作品中這一重要的部分。第二節開始論述魯迅雜文的文體性質：就文體而論，魯迅的雜文在抒情的、政論性的、短評式的、還有隨筆、絮語、日記、通信、對話、速寫等等，展示了這種文學形式的豐富和多彩；就特徵而論，魯迅自己提到是「感應的神經」、「攻守的手足」、「論時事不留面子，砭錮弊常取類型」。可見戰鬥是魯迅雜文的生命，但是僅把雜文比喻成「匕首」和「投槍」是不夠的，還要研究它「給人愉快和休息」的文學風格的一面。總之，把筆力自然引進邏輯思維和形象思維相互結合的核心論點上。第三層論述魯迅雜文在邏輯思維方面的根本特徵：提出魯迅是一個偉大的結語號（。），認為魯迅「在思考過程中化了極大的科學的勞動，使文章的論點通過邏輯思維運轉自如，站得住，推不倒。」「他沒有在文章裡做結論，只是從生活的具體感受出發，在形象思考的同時作了細緻的科學的分析，揭示了事物的真相。」在運用邏輯思維的過程中又有如下具體特點：（1）「通過辨證的關係抓住事物的矛盾」，「揭櫫事物內在的矛盾」；（2）這種揭櫫不是如一般論文那樣作抽象的議論，而是「不斷地把不合理的社會制度通過各種具體現象觸目驚心地放在我們的眼前」，進行「具象的敘述」，「是通過具體的事例和生動的形象來展開他的邏輯思維的」。第四節，進一步論述魯迅雜文在形象思維方面的特徵：（1）借用現成的故事和比喻；（2）創造深刻的、典型化了的形象；（3）使抽象的感情或者平淡的敘述一齊化為生動的形象。所創造的形象又具有三個特點：（1）既平易近人、為讀者所熟悉又具有新鮮感；（2）真實、令人可信，往往又是漫畫化了的；（3）有趣、幽默，而又嚴肅。第五節，總結魯迅雜文的藝術特徵：「雜文的評論性和文藝性要求邏輯思維和形象思維在作者的創作過程中相互滲透、相互作用、相互生髮地結合起來，從這裡產生一篇完整的藝術品。」魯迅雜文的總體風格是「馳騁自如」：「題材的馳騁自如，形式的馳騁自如，語言的馳騁自如。最後，也是最重要的，馬克思列寧主義思想武裝了他，使他在思想上也一樣：馳騁自如。」這樣，層層遞進，步步深入，完美周密、引人入勝地闡述了自己的核心論點。

不僅在文章的邏輯層次上顯示了唐弢寫作的才能，而且在具體的闡述當中也反映出他的確很會寫文章。首先，他是從魯迅的創作實際出發，進行活的分析和活的表述，而不是把魯迅雜文的藝術特徵歸納為簡單的幾條，死板、呆滯地進行羅列。其次，舉的例證貼切、生動、新穎，闡發得靈活、形象，恰到好處。例如論述魯迅雜文的形象化傳神絕技時，舉了魯迅這樣一個比喻：「否則，縱有成千成百的天才，也因為沒有泥土，不能發達，要像一碟子綠豆芽。」這個例子，別人也舉過，但是唐弢卻對此作了進一步的闡發：「使我們極其形象地看到了蒼白、無力、得不到泥土培養的『天才』的變相。」有了這畫龍點睛的一句，魯迅「綠豆芽」比喻的神髓剎時被勾出來了。再次，語言活脫、跳蕩，對魯迅雜文風格的概括準確、新鮮。例如將魯迅寫雜文得心應手比喻成「舞臺上最出色的武生，一條棍棒在手，旋轉飛舞，指揮如意，既能拋得高，又能接得穩。我們自己往往因為生活經驗少，思想貧乏和知識淺薄，拿住棍棒不敢放出去，拋到一尺高就戰戰兢兢，趕緊接住，惟恐失手。……令人擔心的是這條棍棒一直飛到台下，也許會打破觀眾的腦殼。」這樣的生動比喻和「馳騁自如」的準確概括，一直是膾炙人口的。

這篇論文其實是唐弢長期積累的結晶。他早在一九三九年一月十一日上海《魯迅風》週刊一期上，就發表了《魯迅的雜文》。該文從生活的洗煉、教養、中國舊文學和西洋文學的影響、不妥協精神的反映、正確的馬列主義的應用、句法和章法的多樣性、土話古語和日本詞、歐化句法、行文的頓挫這九個方面概述了魯迅雜文的思想、藝術特徵，為作者以後展開的魯迅雜文研究列出了提綱。其中所作的一個重要判斷：「魯迅是由嵇康的憤世，尼采的超人，配合著進化論，進而至於階級革命論的」，後來經常被人引用。這一時期還他另有《從〈且介亭雜文〉論魯迅》和《從雜文得到的遺教》，或駁斥了蘇雪林對魯迅雜文的異議，或評述了魯迅雜文「形象的具體化，設境的富於詩意，舉例的切合現實，以及造句的慎重，用字的認真等等」藝術特點，都為這篇《魯迅雜文的藝術特徵》做了充分準備。

當然唐弢的這篇論文也其不足之處，除了前文所說的邏輯思維與形象思維的相互結合的核心論點未能說明魯迅雜文獨立的特徵之外，認為魯迅雜文創造了典型化形象的觀點也欠科學，後來在學術界引起了異議，認為魯迅雜文所創造的並非典型形象，而屬於「類型形象」。

（二）

《魯迅雜文的藝術特徵》發表不久，就出現了一九五七年的反右運動，強調藝術特徵已不可能，唯政治化的傾向達到極端化的程度。人們從中嘗盡了苦頭，六〇年代初開始批判極左思潮，向客觀真實性原則回歸。這樣，唐弢又從更深的層次強調魯迅作品的藝術特徵和其中所包含的藝術觀點，於一九六一年在《文學評論》第五期上發表了著名論文《論魯迅的美學思想》。

這篇論文的核心論點是闡發魯迅對於藝術特徵的深刻理解，仍然是唐弢一貫堅持的觀點，所運用的則是比較研究的方法，即以車爾尼雪夫斯基「美是生活」的主張為參照系，說明「雖然魯迅並不是美學理論家，在這方面沒有建立完整的體系，但就創作實踐反映出來的他的美學思想發展進程而言，車爾尼雪夫斯基達到的結論，實際上也就是魯迅的美學探索的起點」。比較了兩人之間的異同：「和車爾尼雪夫斯基不同，由於魯迅對於藝術特徵的深刻的理解，他不僅是一個唯物主義者，而且在美學問題上發表了許多合乎辯證法的意見；但是，又和車爾尼雪夫斯基一樣，魯迅當時也還沒有上升到馬克思和恩格斯的辯證唯物主義。」

這篇論文的論述方法則是抓住兩組矛盾展開文章的思路，這兩組矛盾是：「美和真——在文學藝術上相當於藝術和現實的關係問題」；「善和美——在文學藝術上相當於政治和藝術的關係問題」。說明魯迅幾乎和文學生涯開始的同時，就堅持了文學藝術的特徵，根據這點來看待美和真即藝術和現實的關係，也根據這點來看待善和美即政治和藝術的關係：主張一件完整的藝術品應該是「天物」、「思理」，「美化」三者的有機的統一，辯證地理解了藝術和現實、政治和藝術之間的關係；文學藝術的規律一直是魯迅這位偉大作家不斷探索的中心，堅定地重視藝術的特徵，認為那些直接為「五卅」事件而寫的詩，「情隨事遷，即味如嚼蠟」，因為「鋒芒太露，能將『詩美』殺掉」；反對「咀嚼著個人的小小的悲歡，而又看這小悲歡為全世界的描寫身邊瑣事」的傾向，也反對借政治點綴文藝的標語口號式的文學，認為有了真，有了善，還不一定能夠構成美，因此所寫的又得「是可以成為藝術品的東西」，善需要通過美來烘托和傳播，只有運用藝術的手段，才能加強思想的感染，所以「新聞上的紀事，拙劣的小說，那事件，是也有可以寫成一部文藝作品的，不過那紀事，那小說，卻並非文藝」；所以魯迅總是從更高的政治角度概括生活中的人物形象，以他的深廣的思想賦予平凡的生活以再生的靈魂，並把政治溶化在「直接性」裡面，匯成完整的情節和場面，例如《起死》中「沒有任何一句話是對《齊物論》的批判，然而沒有任何一個場面任何一個細節不是對《齊物論》的諷刺」，在雜文創作中，也是依據藝術本身的特徵，變化不同的形式和不同的風格。

這篇論文的論述語言也很有特色：靈動、秀雅、峻潔，不是乾巴巴地擺道理，而是富有詩意、引人入勝地描述，例如講述在魯迅早期論文裡理出分散著的屬於美學方面的觀點時，打了這樣的比喻：「恰如眺望著一片汪洋浩蕩的湖泊，回頭又看到從山間流來淙淙的溪泉一樣，憑藉這些材料可以了然於它的來龍去脈。」就頗富有美感，使讀者在明瞭理論的同時，又獲得了美的享受。概括魯迅雜文的不同風格時，用了「意激詞促，聲色俱厲」、「從容不迫，談笑風生」、「談言微中，一針見血」、「迴旋跌宕，銘心鏤骨」等語，既準確貼切，又豐瞻雅致，很有特色。唐弢論文中的這種譴詞煉句的功夫，是非常值得學習的。

這篇論文也有不足之處，由於那時占主流地位的政治文化對魯迅研究及其他研究領域的禁錮，作者難於暢所欲言，明明是要講魯迅對文學藝術特徵的深刻理解，卻先要強調文學藝術的政治性，努力把論點說圓，生怕招來災禍，這樣有時就使自己陷於兩難境地，難於把問題談透徹。另外，論文中說及王國維、蔡元培寫過許多美學教育的文章，但是具體論述時卻只談王國維的「為藝術而藝術」的觀點，蔡元培從對立一極闡發的唯功利觀點則未提及，這樣就未能將視野拓展到中國近代美學思想發展的歷史範疇內，對魯迅的美學思想進行史的審視和價值定位。這不能不說是一大遺憾，但也為後來的研究家提供了一個廣闊的空間，由此出發開始新的研究。

儘管這篇論文存在以上遺憾，然而仍不失為中國魯迅學史上一篇難得的論文。唐弢寫作此文的用意其實是很明確的，就是反對當時甚囂塵上的唯政治化傾向，他在文中說道：「當無產階級革命文學在群眾中間有了廣泛的影響以後，『為藝術而藝術』的思想被反對掉了，政治即藝術、善就是美的思想卻在一部分人的頭腦中更加滋長起來。他們抹煞了藝術的特徵，不瞭解文學藝術需要保持表達政治的特殊功能，正如文學藝術需要保持反映生活的特殊方式一樣。」所以他寫作此文的宗旨，就是為了反對以簡單的口號代替豐富的描繪、借政治點綴文藝的錯誤傾向，在當時那種政治氣氛下面能夠始終堅持探索文學藝術的特殊規律，抵制唯政治化的錯誤，是需要有理論勇氣和藝術功底的。在唯政治化的主流文化幾乎壓倒一切的情況下，一些文藝家以堅實的理論勇氣和深厚的藝術功底，像岩石下的萌芽頑強地從夾縫中伸出蔥綠的枝葉那樣，不斷重申著文學藝術的特徵，這是二十世紀中國精神文化史上一個獨特的現象。唐弢先生就是這些文藝家中一個傑出的代表，他這一歷史功績，將永載史冊。

八〇年代初，編纂《一九一三～一九八三魯迅研究學術論著資料彙編》時，建國後部分擬選唐弢先生的兩篇論文，究竟選哪兩篇好呢？我特地叩訪唐弢先生，徵求他的意見。他和藹地笑笑，反問道：「你說選哪兩篇好呢？」像是要考一考我，我沉思了一下說：「選《魯迅雜文的藝術特徵》和《論魯迅的美學思想》這兩篇。」唐弢先生立刻笑了，點頭稱是。可見這兩篇確實是他的代表作，唐弢雖然還寫了其他許多魯迅研究論文，然而這兩篇才最能代表他的魯迅論。一個魯迅學家，有此兩篇論文留於史上即已大為不易了。

（三）

但是唐弢先生並不滿足，上世紀六〇年代初主編《中國現代文學史》時，又親自撰寫了關於魯迅的專章，一九七九年十月由湖南人民出版社以《魯迅——文化新軍的旗手》為題單冊出版。這本書凝聚著唐弢大半生研究魯迅的心得體悟，副題為「論魯迅在五四時期和左聯時期的文學活動」，實際上可以看作是一部精要的魯迅評傳和一部獨立的學術著作。「生平和思想發展」一章簡明扼要地概括了魯迅一生的梗概和思想發展的輪廓；其他七章按時間順序評述了魯迅的小說、雜文和在文藝理論上的貢獻，提綱挈領，要言不煩，特別是把魯迅的雜文創作放在了很重要的位置，八節的篇幅中有三節專論魯迅的雜文。

首先，唐弢對魯迅雜文在各個歷史發展時期思想藝術風格的不同特點作了十分精闢的論述和概括：「《熱風》裡的短文精悍凝煉，明白曉暢，一篇篇銳利如匕首；收在《墳》裡的一些較長的雜感，則又氣勢跌宕，層層深入，表現了擒縱自如的特點。」《偽自由書》的特點是「言之有物，雖曲折而不失其犀利」，「其中有些篇什，旨在為青年辯護和向不抵抗主義追擊，立意遣詞，則又較為軒豁和明快」。而「從『風月』裡寫出『風雲』，正是收在《准風月談》裡許多雜感的特點。」《花邊文學》則是「魯迅對於社會批評的進一步的開拓。這些雜感涉及的內容更為廣泛。」「不少篇什，描摹和解剖了一部分人精神的空虛和卑下，以揭示病態社會嚴重的症候。」「從這些淋漓盡致的分析裡，可以看出魯迅對社會思想開掘的深度。」《且介亭雜文》一、二集及末編的特點是：「這些雜感不僅技巧圓熟，論證豐富，而且作者對於馬克思主義理論的運用，也大都經過融會貫通，遵循雜感的特點結合在具體的內容裡，符合於中國成語所謂『深入化境』，在藝術上表現了突出的簡約嚴明而又深厚樸茂的風格。」其次，唐弢對魯迅雜文藝術特色的綜合分析也更加細緻、精確、深化，例如分析魯迅雜文和中國的古代散文的深厚基礎相關聯時說：「以魯迅的雜感而論，析理嚴密，行文舒卷，於清峻中寓朴茂，於簡約中見恣放，這些就大抵受有魏晉文章的影響。」談形象化手法時沒有再提典型形象，而是說：「他不僅常常通過比喻的方法，援引例如『媚態的貓』等等動物的特點概括或一人群的精神面貌，便是描寫直接論列的對象，也往往能夠深入一點，繪聲繪色，鑄成『錮弊』的『類型』。」敘述議論「莫不簡括精到，一律以形象出之，表現了一種富有情趣的動人的風格。」

這本書充分發揮了唐弢本人的特長，對魯迅的雜文、特別是後期雜文作了精湛而獨到的分析，迄今為止仍然少有人超越。

（四）

在年近七旬之際，為了紀念魯迅誕生一百周年，唐弢於一九八一年又奉獻出一篇更為成熟的魯迅研究論文《論魯迅小說的現實主義》。

這篇論文發表於一九八二年《文學評論》一期，《魯迅研究》六輯，後收入《紀念魯迅誕生一百周年學術討論會論文選》。該文長達近四萬字，是一向惜墨如金的唐弢少有的一篇長篇論文，也是他自己魯迅研究和寫作生涯上的一次超越，魯迅小說綜合研究中的一次突破。唐弢在開場白中說：過去一些同題「文章的論點往往不是從作品裡總結出來，而是根據『五四』前後中國社會的性質，聯繫魯迅本人的政治思想，得出結論，反過來又用這個結論——魯迅的革命民主主義思想，直接分析作品，解剖人物。」而他的這篇文章則要力圖通過作品，研究文藝領域各種思潮、流派、創作方法等等在魯迅身上的影響與體現。於是唐弢在第一節「第一篇現實主義小說」中，通過扎實、細膩的文本分析，說明《狂人日記》雖然注入了一點象徵意味的暗示手法，但是仍然既不是浪漫主義也不是象徵主義，而是魯迅開展他的偉大的現實主義天才活動的第一篇現實主義小說。因為這篇作品本身包含著深刻的現實主義的格局與客觀的日常生活的描寫，它真實地寫出了一個實實在在的狂人，運用寓意的方法，通過狂人的譫言癡語、胡思亂想所作的暗示，動搖了幾千年來陳陳相因的封建禮教和倫理制度，促使人們蔑視它，抵制它，揭開它的吃人的本質。在第二節「從真實的基礎上繼續發展」中，認為魯迅繼《狂人日記》之後，重新鑽研中國說部，比較切磋，有會於心，技巧更加圓熟，刻劃更加深切，終於「脫離了外國作家的影響」，顯示了魯迅個人的現實主義的穩定特色。並通過大量的魯迅小說本身的細節分析，說明魯迅是從真實的基礎上發展，建立了自己的特點，又以這些經驗不斷地豐富現實主義。在第三節「栩栩如生的風俗畫」中，又以豐富生動的細節分析有力地說明「魯迅小說的現實主義的一個獨特的內容，是以多樣的形式為我們留下了生活的畫幅，真實的生活的畫幅。——我們民族生活方式的栩栩如生的風俗畫」。在第四節「動人心弦的抒情詩」中，說明「魯迅小說的現實主義的另一個獨特的內容，是它的抒情性，凝煉通達，酣鬯舒展，幾乎每一篇小說都是一首動人心弦的抒情詩」。又從哲理化、諷刺化和語言的迴旋反復這三個方面，細緻入微地分析了構成魯迅現實主義小說抒情詩特點的因素。最後，在結束語中這樣總結道：「既不隨意修改『自然』，也不一味服從『自然』，魯迅根據這一原則找尋小說的現實主義的道路，善於將別人的理論和自己的經驗結合起來，以豐富和發展這一創作方法。」從而「深深的徹到核仁，達了常人凡俗的目所不及的深處」。唐弢的這篇大論文，是多少年來含英咀華、從容把玩魯迅小說的結晶，其探幽發微、披沙揀金的細節分析，細微深邃、博洽明析的藝術體味，以及娓娓道來、如詩如畫的話語格調，都堪稱一絕，足為極品。可以這樣說，就審美體驗、藝術品位和論文文體的秀雅、完美來說，唐弢不僅在魯迅研究界首屈一指，就是在整個文學批評領域也是少有人能夠企及的。借用當年惲鐵樵對魯迅小說《懷舊》的評語來說，就是「才解握管，便講詞章，卒致滿紙餖飣，無有是處」的青年「極宜以此等文字藥之」。當下有些年輕人，一論魯迅小說就發宏篇大論，引外國名詞，從概念到概念全是抽象之論，沒有一點切實的作品分析，實在應該用唐弢的這篇論文醫治一下自己的毛病。但是，我並不因為高度讚揚唐弢的這篇論文，就否定那些從中國社會性質和民主革命的政治角度分析魯迅小說的論著，特別是陳湧的同題論文。唐弢是從敏銳的藝術感覺出發，由細膩的文本分析上升到現實主義的理論高度，陳湧則是站在時代理論思維的高峰上鳥瞰魯迅小說的現實意義。這兩篇不同視角、不同寫法的論文，雖然闡釋的方面和內容有所不同，論述的方式也各呈異彩，但都有益於對魯迅小說的理解。它們的關係是共存互補，而不是相剋相滅的。唐弢的這篇論文和其他主要的魯迅研究文章，都收入一九八四年八月人民文學出版社出版的《魯迅的美學思想》一書，已成為中國魯迅學史上公認的經典之作。

（五）

唐弢在學術上是永不止步的，他在研究魯迅小說之外，仍然繼續著對魯迅雜文的探索，在一九八一年十一月十一日人民日報上發表了他的《魯迅雜文一解》。

該文指出魯迅雜文中貼切、傳神的諢名似的形象中，包涵著詩的特徵，這是剖析魯迅雜文的一個重要的契機。魯迅正是以獨創的形象構成個人風格的戰鬥的雜文，建立了文學史上睥睨一代的文體。這些形象的獨創風格主要是：（一）形象的思想性：在魯迅雜文中，形象不只是理論的輔助，而是將思想熔鑄在形象裡，形象便是思想，有時還出現含有深刻社會意義的生活哲學，有時則含有銳利的政治預見性。（二）形象的現實性：魯迅雜文中的形象，無論取材於歷史還是外國，都是執著於中國的現在，充滿了現實的意義。（三）形象的新鮮的感覺：魯迅在雜文中善於將普通語言加工為形象語言，往往圖景既現，意義自明，給人以一種不落冗套的新鮮的感覺；至於造型最新、感人最深的，還是那些直接來自生活的形象，寥寥幾筆，如臨其境、如見其人地畫出了他的對象的性格；甚至複述別人的意見，也能以獨特的藝術手腕，使複述構成形象，形象產生思想，即以批評者所引的論據，駁覆批評者所持的論點，精到嚴密，化腐朽為神奇，使人有眼前一亮、面目全新的感覺。關於魯迅雜文是否塑造典型的問題，該文指出：「儘管雜文裡的形象不是小說裡的典型，而人們總是將他的形象和典型並提。」

唐弢的這篇文章比二十五年前的《魯迅雜文的藝術特徵》前進了一步。前進之點在於更明確地指出了剖析魯迅雜文的一個重要的契機乃是其獨創的形象。指出這個重要契機對於魯迅雜文研究是有指導意義的。文章所分析的形象的思想性、現實性和新鮮的感覺這三個特點，雖然看來平實，但是十分準確，分析又貼切、細緻，舉例恰到好處，對魯迅雜文獨創的形象提供了更為科學的解釋。另外，對於魯迅雜文是否塑造典型的問題，論析也更確切了。

（六）

唐弢為了魯迅研究事業，生命不止，奮鬥不息。在七旬以後，又在中國社會科學院立項，決心要寫出新的《魯迅傳》。

這部書原擬完成四十至五十萬字，但唐弢先生生前僅寫出十一章，從魯迅出生寫至自日本歸來，其中第一、二章係定稿，三至十一章為初稿，《魯迅研究月刊》徵得唐先生家屬同意，在一九九二年五至十期上連載了這十一章遺稿；《魯迅研究年刊一九九二》則刊出了遺稿的全部。

魯迅學家和散文家孫郁在《讀書》一九九三年第四期上發表了《未完成的雕像》一文，對唐弢這部未完成的魯迅傳作了極為精當、中肯的評價：「這十一章的遺稿，為當代傳記文學，提供了一個新的模式。唐弢以雜文家和藏書家聞名於世，他對筆記文學和版本目錄學的嗜好，也感染了這部傳記。其考據、鉤沉、議論、狀物、水乳交融的描寫，真是漂亮。」他「充分注重史實，從史實以及魯迅作品、日記、書信提供的線索出發，殊多考訂之筆。」而「專於考據，亦精於雜感。在詮釋之中，常露出鑒賞家的愜意。清幽舒朗的雅興，疏簡清秀的筆致，構成了唐弢作品極特別的文化品味。」孫郁的評騭是非常精粹的。

唐弢這種充溢著「精善秀雅之氣」的「書話」文體與雜文筆法，首先在對魯迅的週邊背景、即鄉俗、家世、時事、親友的描繪中閃出光彩。例如寫魯迅所處的歷史環境，沒有像其他魯迅傳記那樣從政治上敘述，而是從紹興的文化名人、名勝、長埋地下、質地醇厚的「女兒酒」以及「紹興師爺」、「錢猢猻」談起，評點了紹興士大夫之間的相罵之風，特別是頗為生動地詳述了紹興民間關於明代藝術家徐文長的傳說，認為這些故事「集中了紹興人的智慧、機靈、促狹、滑稽的風格」。未見其人，先聞其聲，傳主魯迅尚未出場，已從鄉俗氛圍中嗅出他的精神風味了。而對魯迅親人的描述中，最傳神的是祖父周介孚，他為人耿直、恃才傲物的性情、與越中文人李蒓客相投的罵風以及對小品文的特殊好感，都被唐弢寫得繪聲繪色、躍然紙上，從中更令人感到了魯迅性格的由來。唐弢也並不為賢者諱，開頭第一章結尾就歸納出了魯迅性格的特點：這樣的歷史背景與家庭境遇「使他懷疑，使他憂鬱，使他孤獨，使他有時瞧不起人，使他不斷向自己的心申訴。」「有時瞧不起人」，是魯迅自己總結的性格弱點，我們為什麼要替他隱諱呢？唐弢這樣寫，就是要把魯迅當作人而不是當作「神」來寫，寫出魯迅個性中的「野性」與「萊漠斯」精神，寫出一個特殊的人的個性特徵。以後，唐弢始終從文化源流和鄉俗本根上緊緊抓住魯迅精神氣質與個性特徵的形成緣由，從「喜漢魏六朝古典文學，時時誦讀」的壽鏡吾那裡，發現了魯迅喜好魏晉文章的最早源頭；「至於鬼而人，理而情，可怖而可愛的無常，則成為魯迅一生複雜性格的多元的綜合。浙東農村風習中立志復仇和善於詼諧的特有的氣質，哺育了正在成長的童年的魯迅。」又通過當時雜書、掌故、刊物的博覽和秋瑾、徐錫麟等浙東人物性格的描摩進一步烘托出魯迅的個性與氣質。

正是從對「魯迅的精神世界和氣質」的準確把握出發，唐弢對一些魯迅研究領域長期存疑的問題談出了他的灼見，並更為充分地發揮了他作為雜文家的辯才。例如認為魯迅對農民起義持批評態度的原因是「對於打倒了皇帝自己再來做皇帝的這種歷史循環表示過厭倦」，對於劉邦、項羽要「取而代」的秦始皇的「這個長期不變的『如此』感到深刻的不滿」。而那些過高評價農民起義、並以此貶低魯迅思想的歷史學家則是「受小農經濟思想的影響」。又認為魯迅是「用自己頭腦裡已有的思想形象去理解尼采」，「魯迅的介紹尼采思想是進步的，為當時中國改革所需要」，「魯迅後期對尼采雖然有進一步的比較客觀的認識，但並沒有全盤否定他，在某些方面甚至還有星星點點的思想聯繫」。這種聯繫的具體表現，就是魯迅思想、性格中「始終保持著一點野氣，一點非理性的因素」。這種非常新鮮的觀點，絕非是追求時髦而來的舶來品，而是老年唐弢從多年體驗、切實分析中自然得出的真知灼見。這些灼見，使得這部未完成的魯迅傳閃爍出異樣的光彩。令人想像到，倘若唐弢先生能夠全部完成，該會出現多少灼見？尤其是對魯迅晚年的評述，寫到唐先生的親身感觸時，該會是怎樣的異彩迸射呀！想到這裡，又不能不令人感到無限的遺憾！

當然，這部未完稿也存在難以避免的欠憾。主要是在局部和細節雖然時見灼識和光彩，但在整體思路上仍然沒有跳出舊的窠臼，沒有達到新的高度，缺少一種穿透力與結構宏大著作的大氣魄。同時，如樊駿所指出的：唐弢由於時代的限制存在著一些難免的「錯位」。他本擅長書話之類的學術小品，但身在文學研究所這種最高的學術單位，又不能不受到仿效蘇聯的結構宏大的理論文字模式的束縛，雖然有些章節，特別是第一章，有他所擅長的「書話」風味，但整體來說卻追求宏大結構，而他又善短不善大，結果不是揚長避短反而是恰巧相反的偏向，做了事倍功半、勉為其難的工作。倘若他發揮自己的所長，將魯迅傳寫成一部書話體的由學術小品構成的「一家言」，可能會事半功倍，在輕車熟路上道出一些惟有他才知曉、才能寫出的軼事珍聞，減少諸多遺憾。

唐弢先生畢生勤奮，筆耕不輟，他常說自己每寫一篇長一點的論文，都嘔心瀝血，竭盡全力，好比生了一場病那樣消耗體力和疲憊不堪。一九五六年為紀念魯迅逝世二十周年而寫的《魯迅雜文的藝術特徵》，就是完成後病倒住院，由別人在上海紀念大會上代為宣讀這篇論文。也由此昇華到了一個新的學術境界。但勤苦如此，留在中國魯迅學史上的文字卻主要是以上各篇。是不是太少了？不是。一位魯迅研究學者能夠留下這幾篇文字，成為魯迅雜文、小說研究的經典之作，任何時候任何研究者都不能邁過去，已經極為難得了。文章不在多，而在質，在史的價值。有些人著作等身，文字幾百萬，可能一個字都留不下來。多少年後，回頭一看，不過是人言之重複罷了！

小結

唐弢先生為魯迅研究辛勤耕耘了一生，寫出了一系列不朽的傳世之作。那麼，他的魯迅研究論著究竟具有哪些學術個性呢？

我認為，可以概括出以下三點：

一、唐弢的魯迅研究論著如他自己所要求的是「言之有物」，具有獨到的見解。他說過：「如果『無物』，……我以為最好一個字也不寫。」而這些「物」和見解又是建築在充分掌握魯迅的全部著作並長期深入研讀的基礎上的，是論從史出，觀由文得，絕對不是空中樓閣。

二、嚴家炎說過：唐弢「本身就是作家，藝術感覺極好，深知創作的甘苦，他談論作家作品，總是三言兩語就能抓住作家的風格特色和作品的獨特成就，把最有味道的地方傳達出來。……我認為，在審美評價的精當方面，唐先生在我們現代文學研究工作中簡直可以說並世無第二人的。」嚴先生說得極對！至今中國現代文學界甚至整個文學評論界，都無人在審美評價與藝術鑒賞方面超過唐弢。而且，唐弢先生愈到晚年，藝術感覺愈是靈敏，簡直到了出神入化的境界。例如他一九八二年八月八日在為英國倫敦大學《中國季刊》作的《關於〈故事新編〉》這篇短文中講：《故事新編》並不如有人所說的，可以「比之於繪畫中的畢卡索」，而是「有點接近格羅斯（George Grosz）——一個魯迅喜愛的德意志的畫家」。其中的藝術感覺真是只可意會，不可言傳。

三、唐弢行文極講究文字、注意文體，如藍棣之所言：他本質上是位「詩人」，他的文學論文像是「領異標新二月花」，充溢著「詩美」。讀之，是一種藝術享受。唐弢可稱是位「文體家」，已經形成了一種特異的「唐弢文體」。

唐弢是不朽的。他的魯迅研究論著無疑將銘刻在中國魯迅學史和中國現代文學研究史上，永遠散發著雋永的醇香。

刊於二〇一二年《現代中文學刊》第一期

文化的內蘊與對「人」的呼喚
——寫於林非先生著《魯迅和中國文化》再版的時候

魯迅研究著作目前很難出版，至於再版就更是難上加難了。而林非先生著的《魯迅和中國文化》一書卻在出版九年之後，又以嶄新的印裝再版了。我雖存有林先生九年前提贈的舊版本，但早已翻破，沒有新書那般好看，而且新版是大字本，正適應了已經大不如前的目力，然而新書雖好卻不忍向林先生索要，因為他為我和眾多中青年學者付出的實在太多了，自己所獲卻很少，同大多數知識份子一樣受著並不公正的待遇，就毅然從書店裡買了再版本。在盛夏酷暑中重新細細精讀，頗有舊友重逢、又獲新識之感。

林著之所以這樣耐得住時間考驗和反覆品讀，就在於林先生的這本書既有沉重、厚實的歷史積澱，又有銳利、透闢的思想鋒芒和老練通達而又充滿朝氣的邏輯分析與圓熟文體，讓人願意往復細讀，往覆品味。

最耐人咀嚼、發人深省的是林著從深邃、豐厚的文化內蘊中發出的對「人」的呼喚和對魯迅「立人」思想的闡發。「立人」是魯迅自己獨立思想的核心，對魯迅「立人」思想的闡釋與發揮是新時期魯迅研究最重要的收穫。林非先生在接近耳順之年時，仍葆學術朝氣，致力於這一前沿課題的研究，其本身就已難能可貴，而試將林著與相類課題的中青年學者論著稍加比較，又會發現林著自身獨具的老到與深沉，顯現出異常深厚的文化內蘊與耐得推敲的恒久的學術價值。

林著的老到與深沉，首先表現在對歷史的熟稔。林先生在該書附錄《我和魯迅研究》中再次強調他一向的主張：「應該把魯迅的思想，放在他所處的廣闊的時代背景前面來進行觀察」，「還應該放在中國近代思想史的長河中來進行觀察，要研究它在中國近代思想史上承前啟後的重要作用」，「對於魯迅批判封建傳統思想的獨特的貢獻，應該在研究當時各種社會思潮的基礎上，作出細緻和深入的分析。不僅跟同時代反封建的思想觀點進行比較，並且跟思想史上各種反封建的思想觀點進行比較，從而闡明它歷史和現實的意義，闡明它在思想史上的作用和價值。」而《魯迅和中國文化》一書則正是最典範地貫徹了林先生的這一主張：貫通古今中外，穿透共時歷時，縱橫交錯，上下遨遊，同中求異，異中求同，以對歷史的熟稔、感悟的深刻、辨析的精微凸現魯迅的獨到之處，與魯迅及其所處的歷史時代達到深度的契合。

例如在與嚴復、梁啟超的歷史比較中，林著首先指出魯迅與嚴、梁的歷史承續性：「從梁啟超的『新民』，嚴復的『鼓民力開民智新民德』，直至魯迅的『立人』，實質上都是側重於從提高『人』的思想文化素質這個視角得出的結論。」而「魯迅在這方面的建樹具有難以估量的巨大意義，是思想螺旋形前進過程中的一個新的頂端。」他們之間又存在著差異：嚴、梁是從社會群體的角度出發思考促使民族的覺醒這一問題，對怎樣促使這種社會群體從封建專制主義的重重桎梏中解放出來的問題未作出明確具體的回答。「這個傑出的答案是由魯迅完成的：『人立而後凡事舉；若其道術，乃必尊個性而張精神』（《墳・文化偏至論》），只有尊重和發揚人的個性，走個性解放的道路，像這樣不斷擴大和匯合，才能夠使『國民』的社會群體真正完成覺醒的過程。」「所以魯迅表述的『人各有己，而群之大覺近矣』（《集外集拾遺補編・破惡聲論》），是千真萬確的道理。」因此，嚴、梁在進一步探討如何「使民開化」和「新民」這些問題時，就沒有像魯迅那樣作出精確和細緻的答案，對於文學規律的理解與掌握也遠遠趕不上魯迅。這樣，既理出了魯迅承續嚴復、梁啟超思想的歷史脈絡，又凸現了魯迅自身的獨特貢獻。

魯迅與章太炎有著更為直接的師承關係，林著疏理出了魯迅「人各有己，而群之大覺近矣」與章太炎「大獨必群，群必以獨成」之間的淵源關係，肯定章太炎在中國近代思想史上的開拓之功，而又指出他「還帶上不少古奧的色彩，缺乏像魯迅『尊個性而張精神』那種口號的鮮明的近代涵義，展開的思想邏輯也不如魯迅那樣清晰明瞭，至於其立論的態度就更不如魯迅那樣堅定和昂揚了。」因此，「在中國近代思想史上張揚個性解放的主張，確實是從魯迅開始才比較全面地提出來的」。這種從具體的歷史範疇中顯現魯迅獨特價值的方法是科學的，令人信服的。

在與魯迅同時代人的比較中，林著同樣顯示出了功力：在肯定胡適提高國人思想能力主張的同時，又指出「他的側重點與魯迅不同，他不像魯迅那樣強調『人』的整個精神領域的澈底解放」，也「沒有像魯迅那樣深切地感到，在封建專制制度束縛底下的『人』，是完全處於『寂寞為政，天地閉矣』（《集外集拾遺補編‧破惡聲論》）的慘酷狀況之中，當務之急是必須衝破那樣的桎梏和羅網。」因而胡適也就缺乏魯迅那種敏銳和深刻的體驗，失去了開拓的氣魄與革新的精神。在肯定陳獨秀、李大釗對社會政治的注重的同時，又指出他們對精神獨立和個性解放命題的探討不如魯迅那樣專注、廣泛和深沉，而魯迅放棄了對於「群之大覺」的社會政治問題的思考，將個性解放的追求轉向人本主義途徑，又陷入了抽象、空洞和渺茫的境地，不及陳、李切實。這樣的歷史比較，使人感到真實、全面。

林先生在書中說的這段話很值得注意：「研究歷史確實需要有這兩種精神的結合：對於具體發展過程的細緻分析的能力，和對於其歷史意義總體把握的能力，這樣就更能形成宏觀與微觀相滲透的準確結論。」林著對於歷史的研究正是貫徹了這種精神。

林著不限於中國近代思想史上的人物比較，還把視野擴大到了中西方人的自覺與精神解放歷程的歷史比較，指出明中葉以後從李贄直至黃宗曦的將近一百年之間，「要求精神解放和追求科學知識的文化現象，十分相近於歐洲文藝復興的人文主義思潮，其產生的物質和精神動因與文藝復興也大致相似」。對歷史非常熟稔的林先生，對明以後的思想文化史更是造詣深厚。憑藉著這種深邃的歷史文化內蘊，他提出一個振聾發聵的觀點：對於明中葉以後精神解放的巨大思潮未予應有的注意，是魯迅這位偉大思想家的一個重要疏忽。

以歷史主義的觀點指出魯迅的侷限性，絕不是什麼貶損魯迅，恰恰相反，正是魯迅研究走向成熟的科學境界的重要標誌，是使魯迅具有了更為穩固、科學的歷史定位。

過去的魯迅研究往往陷於以魯迅的是非為是非的單一性思維窠臼中，把魯迅的話當作唯一的真理，只是作奴性的詮釋，不敢逾雷池一步，更不敢放到歷史的試金石上加以檢驗，這樣的研究不可能上升到科學的境界。魯迅從來沒有把自己當作可以脫離具體的歷史環境的神靈，他具有自覺的「中間物」意識，不斷反省著自身的侷限性。我們倘若不從特定的歷史範疇出發，在肯定魯迅的歷史貢獻的同時，實事求是地分析他的歷史侷限，其本身就違背了魯迅精神，必然會陷入謬誤。

除了歷史主義觀點之外，還存在思維方式問題：是進行單向性的一極化的片面思維，還是進行多向性的多極化的辨證思維？事物本來就是複雜的，充滿了悖論，魯迅更是如此，我們怎麼能夠用簡單化的思維方式研究魯迅呢？以魯迅的是非為是非，魯迅說是者皆為是，魯迅說非者皆為非；或者以前人的評價代替自己的分析，不是把魯迅捧為神靈、一切皆對，就是把魯迅打入地獄、一切皆錯，豈不與科學的魯迅研究相距十萬八千里？

林著則不然，是以魯迅精神正視魯迅自身的矛盾，把魯迅放到他所處的歷史環境中去進行全面的辨證的具體分析，一切都要經過科學的檢驗，以二律背反的思維邏輯全面闡釋魯迅本身客觀存在的種種悖論，並深入、準確地揭示出其內在的矛盾運動，使人們看到了一個真實、複雜而深刻的魯迅，感悟到了人類精神現象的複雜性與矛盾性。這正是林著老到與深沉的又一表現。

例如在批評魯迅否定資產階級民主政體的偏激態度的同時，又充分肯定魯迅對「人」以及科學啟蒙的根本問題的全力思考，稱之為「失之東隅而收之桑榆」，於得失之間闡發出了完整而準確的結論。在充分肯定魯迅「尊個性」的主張的同時，又指出他「排眾數」的命題侷限了思想的擴展，以至發展為「絕義務」的無政府主義觀點，由此說明「魯迅從正確的起點出發，卻裂變出了某些謬誤的結論，正是他當時思想不成熟的一種表現。」這一分析是符合實際的，魯迅當時才二十七歲，怎麼可能像有些人所說的已經形成什麼成熟的系統思想呢？他不可能脫離當時的時代環境，不可能不受到當時一些錯誤思潮的影響，也正如林著多次指出的那樣，不可能離開小農經濟的基地，這「決不僅僅是他個人的悲劇，而具有深刻的歷史與時代的原因。」像魯迅那樣始終沿著自己注視「人」的精神契機的軌跡往前走去，鍥而不捨地深入進某個側面的深層，就已極為了不起了！誠如林著所肯定的：「魯迅是一位異常犀利和深刻的思想家，像他這樣對於傳統文化的猛烈批判和深刻剖析，在中國文化史上可以說是絕無僅有的。」世上從來沒有天生完美、百分之百正確的神靈，也沒有全知全能、一切擅長的所謂全才，魯迅既不可能先知先覺，不出現矛盾和失誤，也不可能如專業學術家那樣對所有的問題「作出條分縷細的學術上的闡釋。他的傑出之處是在於宏觀性地揭示中國傳統文化中極端不合理性的一面，啟迪和鼓舞人們對它進行澄清。」他「只能從自己對於它進行犀利觀察和深邃感受的角度，作出了不少富有宏觀性和啟迪性的見解」。像這樣實事求是地為魯迅定位，不迴避他的矛盾和侷限，凸現他的真正傑出之處而不把他說成是神靈和全才，反倒有益於肯定魯迅的歷史功績，與魯迅的及其所處的時代達到深度的契合。因為這種科學的評價是穩固、堅實、耐得住推敲的，不像把魯迅捧上神壇者那樣虛空，用莫須有的神話捏造出一個假魯迅為自己服務，使不明真相的群眾將反感轉移到魯迅身上；也不像把魯迅打入地獄者那樣苛酷，拿著全知全能的尺子量人，一不合度就大加貶損，其實他們所要求的理想中的人壓根就是不存在的。科學就是要合乎實際，只有符合實際才能令人信服。

林著對魯迅與儒家關係的分析，也同樣顯現出辨證思維方法的科學性。過去研究者往往把魯迅說成是儒家文化的澈底絕裂者，林著則通過透闢、全面的分析，得出了魯迅激烈反對正統儒家尊卑觀念、貴賤原則的同時、也吸取了儒家學說中重實際、求進取等健康、合理的因素這一科學的結論。而對「中國根柢全在道教」這一魯迅的名言，林著卻沒有附合業已形成氣候的贊同之聲，指出：「這種見解肯定是過於誇大了，道教在中國思想文化史和民間風俗習慣中確實有較大的影響，不過它對於整個民族所引起的思想禁錮和箝制的作用，事實上是遠遜於儒家學說的。」

對魯迅與梁實秋「人性」與「階級性」論爭的分析，更考驗出林著思維方法的科學性，而且具有更為鮮明的現實意義。三〇年代初期，梁實秋對剛剛興起的無產階級革命文學運動發起了挑戰，宣揚了一系列人性論觀點。魯迅與經過革命文學論戰後逐漸聚集在一起的一批青年戰友們，對梁實秋展開了激烈的反批評，這就是中國現代文學史上頗為著名的對新月派的鬥爭。幾十年以來，我們對梁實秋當時的各種觀點仍然進行著尖銳批評。然而近二十年以來情況卻發生了變化，隨著對階級鬥爭理論的摒棄和改革開放後樑實秋等臺灣作家的作品在大陸出版並受到歡迎，開始出現相反的觀點，有些青年人認為梁實秋當時的理論是對的，魯迅等左翼作家對他的批評是錯的。究竟應該怎樣看待這個問題呢？確實很不容易解釋清楚。有些同志依然採取過去沿襲下來的簡單化的過左的方法，對梁實秋和同意他當時觀點的青年人一概予以貶斥，結果適得其反，難以服人。林著則不然，指出「那種以為不需要任何科學前提的批評人性論，就都是堅持了馬克思主義原則的認識，實際上是一種相當幼稚的見解，而我們長期以來卻常常停留在這樣的水準上」。林著則正是在這點上實現了重要的突破，不再是簡單化的一概否定或一概肯定，而是從魯迅與梁實秋的相同與相異處入手，力圖進行全面、科學的深入分析。當然，這種分析會是異常艱難的。林先生說道：「進行這種歷史的比較與分析，充分注意上述的某些命題和邏輯在中國近代思想史上相對的合理性，充分注意中國近代思想史上整體的聯繫性，肯定會比孤立和絕對地進行批評更具有科學的價值吧，然而區別於長期以來這種簡單化的思維習慣作出新的綜合分析，肯定會是比較艱難的，為了確切與科學地把握這些問題，我們又必須闖過這條艱難的路，使它變成一條思想的坦途。」林著確實是在走一條艱難的科學之路。

首先，林著肯定了魯迅與梁實秋在某些觀點上的相似之處：「在批評梁實秋時，我們總會引用《「硬譯」與「文學的階級性」》中不少精闢的話語，卻顯然是忘記了梁實秋的有些論點，竟和魯迅不少文章中的有關論述很為相似，如關於存在著『人性』的問題，關於『天才』和排斥『大多數』的問題，等等。」

然而，這種相似絕不意味著梁實秋的觀點是對的。因為魯迅在世紀之初運用「普遍的人性」作為思想武器提出「人各有己」的個性解放主張，是為了衝擊和擺脫封建專制主義的束縛，使中華民族的每個成員都能夠具有自覺的個性。與此同時，魯迅確實又出現了「排眾數」的偏頗，反映出他當時思想邏輯的矛盾與歧異，這正是他思想還沒有充分成熟和定型的表現。但是，魯迅隨著思想的發展，逐漸糾正了這種偏頗，到一九二五年左右就明確宣稱「世界卻正由愚人造成」（《墳・寫在〈墳〉後面》），在對於社會實踐的思考中產生了唯物史觀的萌芽，以後又

「從思考人性進而思考階級性，思考通過無產階級的革命鬥爭，以完成人性的更為澈底的解放，這正是從一般意義上的啟蒙主義昇華到馬克思主義思想啟蒙的表現」。「正是在魯迅糾正自己這些偏頗的時候，梁實秋卻重新提出了『一切的文明，都是極少數的天才的創造』，『大多數就沒有文學，文學就不是大多數的』這些命題」，這就只能說明他的全部主張確實都滲透和貫徹著貴族化的傾向，表現著對無產階級和勞動人民的卑視。因而他雖然以自由主義者的面貌出現在中國二〇年代文壇上，卻由於缺乏啟蒙主義的因素，封建主義的落後思想依舊殘存在腦海中，就只能熱心於接受白璧德的新人文主義思想，使自己的保守主義傾向始終未能改變，以致於「抹煞近代文明社會中間客觀上存在的階級性，抹煞這個社會階段文學藝術中必有的階級性的現象與本質，割裂人性和階級性之間的辨證關係」，甚至於「覺得『人』字根本的該從字典裡永遠登出，或由政府下令禁止行使，因為『人』字的意義太糊塗了。聰明絕頂的人，我們叫他做人，蠢笨如牛的人，也一樣的叫做人，弱不禁風的女子，叫做人，粗橫強大的男人，也叫做人，人裡面三流九等，無一非人」，似乎要把他所卑視的無產階級和勞動人民排除於「人」之外了。難怪魯迅批評他的見解「是矛盾而空虛的」，而這正是梁實秋的謬誤之所在，是魯迅與他的重大區別，是他們之間主要的相異之處。

這種充滿思辨性的歷史的比較與分析，充分注意某些命題和邏輯在中國近代思想史上相對的合理性及其不可避免的侷限性，因而充分反映出了中國近代思想史上整體的聯繫性，肯定會比孤立和絕對地進行批評更具有科學的價值，也就能夠令人信服。當然這樣區別於長期以來的簡單化的思維習慣作出新的綜合分析，肯定會是比較艱難的，林先生為此付出了無比艱辛的勞作。

對簡單化的思維習慣的破除，幾乎在林著中隨處可見。例如近來有些對魯迅持貶損態度的人，連《狂人日記》對中國幾千年歷史所作的「吃人」的概括也表反對，認為是一種偏頗。林著則並不簡單化地否定這種「偏頗」說，恰恰相反，倒承認這是一種「偏頗」。但是語氣一轉，又道出了其中真諦：「然而恰巧是這種憤懣和沉痛的呼聲，道出了中國傳統思想文化扼殺人民思想自由的本質特徵，因此這種揭示確實又是異常深刻的，這蘊含著偏頗與準確的二律背反現象，對企圖革新與前進的人們來說，該有多麼巨大的啟發與鼓舞作用。他對中國傳統思想文化的譴責與批判，從此就一發而不可收。」對於這種「蘊含著偏頗與準確的二律背反現象」的發現與揭示，實在是林著的一大貢獻，其意義可能超過了著作本身。

這種辨證的思維方法與科學分析才是全面、合理又富於獨創性的，誠如秦弓博士在一篇書評中所說：「魯迅的世界是一個矛盾的世界，在這個世界裡，有時代精神最激越的吶喊，也有傳統重軛底下最沉重的歎息，有足以令萬世信服的真知灼見，也有在後人眼裡顯而易見的『稚語』，有深刻得透徹骨髓的深邃性，也有犀利得一針見血的片面性，有對傳統文化的專制主義的基本框架與主導線索的最決絕的否定，也有對傳統文化中的合理因數最寬容、最精到的闡發……正視魯迅的矛盾，才能準確、完整地把握魯迅，與魯迅達到深度的契合。那種從現實功利出發，抓住魯迅的某個方面，今天說魯迅是傳統文化最徹底的批判者，明天又說魯迅是傳統文化最偉大的弘揚者，諸如此類，只能說翻跟斗的技巧高超，卻缺乏認識的科學性。」（《追求與魯迅的深度契合——評林非〈魯迅和中國文化〉》，載一九九一年《魯迅研究月刊》第四期）

林著科學的思辨性還表現在全書嚴密的邏輯性上，「魯迅論中國傳統文化」、「魯迅論啟蒙主義」、「魯迅論『人』的命題」、「魯迅論國民性」、「魯迅論中國新文化建設」這五章囊括了魯迅文化觀和「立人」思想的整個架構，在邏輯上環環相扣、層層遞進，形成一個無懈可擊的完整系統。在書的局部分析中同樣表現出了精密的邏輯性，例如對魯迅所剖析的國民性弱點進行了歸納，揭示出了其中的內在聯繫：「它的最初的根源是：（1）專制主義等級特權社會結構所必然會產生的『專制者』和『奴才』精神的複合物，從而派生出：（2）『怯弱』和『貪婪』這些自私自利的習性，而在這個自私自利的精神王國中間，又必然會流行：（3）『瞞和騙』，於是必然會形成：（4）『面子』和『做戲』，這又必然會最終導致：（5）『無特操』，實際上可以無所不為，其表現的形式卻是調和折衷的『中庸』之道，而在精神上最大的撫慰又是：（6）『精神上的勝利法』。」歷來研究魯迅改造國民性的著作不勝枚舉，而像林著這樣歸理得如此富有邏輯性的，實屬首屈一指。在論述中國新文化建設時，把魯迅所思考和期望的思想文化性格歸納為六個方面：第一是獨立精神；第二是追求真實；第三是博大雄偉；第四是思想深刻；第五是豐富多彩；第六是開拓創造。概括得既全面又充滿了邏輯力量，也是前所未有的。

什麼是深刻？林著指出：「所謂『深刻』就是透過表像，看出蘊藏在背後或深層中含意的洞察、分析和概括能力。」林著本身正是這種能力的體現。

林著內含的思維邏輯是成功的，而這又絕不僅是一本書或一位學者的成功，而是整個魯迅研究走向成熟的重要標誌。今後的魯迅研究要上升到科學的境界，就應努力運用這種思維方法。

林著之所以具有這樣的立場、觀點和方法，除了作者深湛的學養和難得的睿智等因素之外，與林非先生自身對專制主義的殘酷性有著深刻的生命體驗和切膚之痛是分不開的，而這種人生經驗則是年輕一輩所不能及的，這也正是林著老到與深沉的第三個表現。

令我感受最深的是林著對「五四以來的小改革」中的「小」字的透徹分析：這個「小」字，意味著五四以來的任何一種改革的方案和目標都未曾很好完成；這個「小」字，說明「五四」啟蒙運動的影響可以說是微小而又微小；這個「小」字，使人感悟到民主主義始終未能得到貫徹，最終導致了「文化大革命」悲劇的爆發。林著還分析了魯迅提起過的「《紅樓夢》中的小悲劇」這個話題，為什麼要將這部描繪了多少悲歡離合和生死痛楚的傑出的現實主義作品，標上一個「小」字呢？林非先生認為：大概是因為它側重在一個上層貴族的家庭裡面展開故事情節，而且又側重於敘述男女之間愛情和婚姻的波折，這跟魯迅從事小說創作時充分注視廣大民眾苦難的生涯，以及在精神上受盡折磨與蹂躪的剖析，存在著明顯的不同的緣故。如果更為仔細和深入地探討起來，賈寶玉那種蘊涵著追求男女平等、婚姻自由，以及明確和強烈地表現出來否定走上醜陋仕途的理想，應該說是超越了當時專制體制的常規，通向未來世界更為合理和美好的境界。魯迅對於「《紅樓夢》的價值」，有著很高的評價，正像他在《中國小說的歷史變遷》中說過的那樣，「自有《紅樓夢》出來以後，傳統的思想和寫法都打破了」。但與整個人類社會的大悲劇相比，《紅樓夢》還只能算是「小悲劇」。

林非先生在這部謹嚴、深邃的歷史文化著作中，傾注著他對現實的深切關懷，從內心深處和文化內蘊中發出了對「人」的誠摯呼喚，他以一位學者的歷史責任感和一顆佈滿傷痕的心嚮往著中國新文化和新人的到來，其情之深摯令我讀後潸然淚下。這種深沉的思索、火熱的激情以秀麗、圓潤的散文筆調與完美、和諧的論著文體表達出來，使人在理性的啟迪、深情的感染中又得到了美文的洗滌。

作家、學者的實績主要是他的著作，著作不朽，作者即不朽，這是任何人採取任何手段都無法抹煞的。《魯迅和中國文化》肯定是中國魯迅學史上的一部不朽的傳世著作，不僅現在再版，多少年後必定還會再版，那時的人們要瞭解魯迅和中國文化的關係，一定還要看這部深沉、厚重的必讀書，也一定會對嘔心瀝血寫出這部傳世之作、又為培養魯迅研究後繼力量付出無數心血的林非先生充滿了敬仰之情。

節選自張夢陽著《中國魯迅學通史》，二〇〇三年，廣東教育出版社
獲第六屆國家圖書獎，收入《中國文庫》第三輯

後記

一九六八年我恍然大悟，不再參加任何運動，全力以赴、一心一意看書學習。三年之後，一九七一年三月二十八日清晨六點慈愛的母親溘然長逝，我懷著極為沉痛的心情埋頭在魯迅著作中，完全被魯迅吸引住了，決心沉潛於此。當時，提倡學習馬克思主義，不要光注意詞句，而須學習其中的立場、觀點、方法，我覺得學習魯迅也須這樣，深入地去研究他的立場、觀點、方法。正好我對哲學一直具有濃厚的興趣，對黑格爾的辯證思維興致尤濃，於是就自我確定了《魯迅辯證思維方法初探》這一課題，一九七二年終於有了雛型，先是鼓足勇氣向正在「文革」中罹難的何其芳同志求教，經他指點修改後試投《人民日報》。再過十天，即五月十一日，就是這位仁厚的老者誕生一百周年的日子了。我衷心企盼地母永安他的魂靈。也對他說：我終於沒有令他失望，在整整四十年後仍然在孜孜不倦地研究魯迅，已經做出並繼續做出有益於後世的厚重的成果。

想不到文章居然得到了李希凡和姜德明同志的重視，親自接見了我。但覺得報紙難登長文，不如先寫成札記形式，分篇刊出。於是就有《短些，精粹些》、《談「分」——魯迅辯證思維方法札記》、《比較是醫治受騙的好方子》等短篇文章陸續見於人民日報。那時，人民日報幾乎是全國惟一的全民注目的大報，見一篇文章可不是小事，何況還連續見呢？縱然難免當時的時代印痕，但是與那些跟風的大批判文章不同，是研究魯迅的思維方法，具有相當的深度，進入了實質性的探究，因而引起有關同志的注意，也激勵了我的幹勁，積近一年功夫，寫了一萬六千字的長篇論文《魯迅辯證思維方法初探——〈「題未定」草（六至九）〉的哲學分析》交給姜德明同志。據說當時《人民日報》文藝部的很多同志都傳閱了，很讚賞。我又去報社見姜德明同志時，他說：很好！但一時發不出去。不過，我們還想留下等一段。然而那時發文章何其難也！何況如此長文呢？始終未能刊出。我則一直沒有放棄，不斷地修改、深化。

這促使我由此開始了漫長的魯迅研究歷程。到如今，二〇一二年，整整四十年了！才有機會把自己四十年來的一些魯迅研究心得編選成這本三十多萬字的集子。可見我的愚笨與緩慢。

學問只能「慢煨」，不可「急燒」。剛剛在《中國現代文學研究叢刊》第八期刊出的《論魯迅散文語言的藝術發展》一文，最早是受少年時代手把手教我寫文章的大散文家、北京二中韓少華老師的啟悟。他對魯迅《祝福》開頭極為欣賞：「舊曆的年底畢竟最像年底，村鎮上不必說，就在天空中也顯出將到新年的氣象來。」多次讓我默默「含詠」，「咂摸滋味」，並說尤其那個「畢竟」二字最是有味，既加重了筆調的婉轉，又使人預感到了小說的悲劇氣氛與「我」的無奈。當時我立即注意並記住了，但不是很理解。五十年後，通過對魯迅作品的反覆細讀和自己的散文寫作實踐，以及駱駝式的「反芻」，才霍然有所悟，寫出了這篇論文，試圖從筆調的婉曲等方面和細膩的藝術體味出發，談魯迅散文語言和語氣系統的變化與內韻，探索一條魯迅研究的新路。有些急功近利的年輕人，聽說我歷經五十年才有了這麼點兒體悟，很不以為然。其實這種體味是需要功力和時間的，甚至也需要對散文語言的天賦感覺。看不上這類文章，只仰視宏篇大論的「快人」，可能到頭來只是空對空，連這點兒體悟也得不來。

寫出真有所得的魯迅研究論著需要長期而緩慢的努力，這些論著為學界所接受同樣是很漫長的。這個集子下編中的《阿Q與世界文學中的精神典型問題》，兩萬五千字，我整整寫了半年，一九九二年在《阿Q——七十年》刊出後，幾乎沒有任何反響，直到二〇一一年王麗麗教授才在《重評魯迅闡釋史上的一件往事——耿庸的〈《阿Q正傳》研究〉對馮雪峰〈論《阿Q正傳》〉的批評》中指出：

對《論〈阿Q正傳〉》的理論潛力認識得最充分的可能要數張夢陽。通過學術史的考察，張夢陽斷言：「馮雪峰的『思想性典型說』與『精神寄植說』實質上是七〇年阿Q典型研究史上最值得珍惜、最接近阿Q典型意義與魯迅創作本意的理論成果」，儘管他同時承認，「思想性的典型」這一提法容易招人詬病，不如改用「精神典型」這一概念。由此出發，張夢陽全面推進並基本解決了馮雪峰遺留下來系列難題。

看到這段話後，我確實有一種知音之感。而這位知音竟然是二十年之後才遇到的。《魯迅雜文與英國隨筆的比較研究——兼論魯迅雜文在世界散文史上的地位》一文，下了更大的功夫。可以想想，既熟悉魯迅雜文，又瞭解英國隨筆，在二者之間進行比較，該是多麼艱難的事情？論文也是兩萬五千字，同樣用了整整半年，是一九九六年為紀念魯迅逝世六十周年國際學術研討會而寫的。這次會議的綜述承認這篇論文是所有論文中「學術品位最高的」。但是自此再沒有任何評議，既無人贊成，也無人反對。我頗嘗到了魯迅在《〈吶喊〉自序》中所說的感覺：

> 感到未嘗經驗的無聊，是自此以後的事。我當初是不知其所以然的；後來想，凡有一人的主張，得了贊和，是促其前進的，得了反對，是促其奮鬥的，獨有叫喊於生人中，而生人並無反應，既非贊同，也無反對，如置身毫無邊際的荒原，無可措手的了，這是怎樣的悲哀呵，我於是以我所感到者為寂寞。

我也同樣感到了寂寞，覺得可能因為中國魯研界懂英文的人極少，所以對此文不可能做出反應。然而在十四年之後又遇到了知音，首都師範大學文學院的陳亞麗教授一看到此文就表示贊同，特請我到他們學校講這個題目。我喜出望外，自印了數十本發給老師、同學，以示感謝。覺得這篇論文的知音來得越慢，越是可貴！其實，從文化人類學的視角，由隨筆、雜文這類文體產生的淵源上闡釋魯迅雜文的文學價值，才可能從根本上解決魯迅雜文文學性這一長期的疑難，也才能使國外學界服氣。

「慢」，是一種人生態度，學術風格，也是一種生活哲學。

看來我的確是一個笨人，是個「慢學者」。急功近利的領導者和出版人都是看不上我的。所以當《中國魯迅學通史》獲得國家圖書獎，在頒獎儀式上，新聞出版總署讓我代表獲獎作者發言時，我的開場白就是：「我是一個笨人，是笨人寫笨書……」

所以在本書下編「試以科學思維研究魯迅」中主要收錄了幾篇用慢功寫出的論文。但研究終歸要為現實服務，因而在附錄中又附了三篇針對現實的文章《論大躍進思維》、《再論「大躍進思維」》和《論「文革思維」》，因為「大躍進思維」和「文革思維」對中國的危害實在太大了。而至今遠遠沒有從理論上予以深刻批判，澈底肅清。

像我如此的笨人，居然能夠做出一些成果，應該感謝那些具有長遠眼光的幫助過我的人們。就這本書而言——首先要感謝陳漱渝學長和灕江出版社龐儉克、臺灣秀威出版公司蔡登山先生和妘甄編輯等諸位領導，要不是他們具有出版眼光，全力提攜，書稿會有出版的可能嗎？

當然，還須感謝林非、劉再復、張琢諸先生，如不是他們當時看到我在魯迅研究上的潛力，不惜排除萬難調我到中國社會科學院文學研究所魯迅研究室工作，說不定我還在什麼學校教書呢？哪裡談得上寫書出書？人的因素是第一位的，有了人，就會出成果。倘若沒有林非先生等的費力「一調」，我後來的所有成績都是不可能出現的。而這「一調」之所以最終成功，還須追溯到著名作家湯吉夫先生。他當時和我在一個縣裡教書，因「文學氣場」的相通而成為至交。湯兄先我調到廊坊，一九七八年經他向當時的廊坊地區教育局陳浩山局長力薦，使我調到正在籌備中的廊坊地區教育學院。因而才有了結識林非、劉再復、張琢等先生的機遇，得到陳浩山局長的默許、吳寶和副局長的贊成，潘樹增院長、劉俊田書記和齊惠恩、王寶林等領導的理解與支持，當時的地委幹部可志江等同志的協助，才使我終於調成。倘若仍然在過去那個縣裡，是無論怎樣使勁都很難成功的。看來，一個人一生中在關鍵的節骨眼上，真需要幾位好人的幫助！具有良知的人應該永遠牢記這些好人！絕對不能忘恩負義，因為知恩報恩是做人的底線！

張夢陽

二〇一二年五一國際勞動節寫於香山「孤靜齋」

五月二十日又補充、潤色

六月三日再潤色

附錄

論「大躍進」思維
——中國大躍進五十年祭

時間過得真快！一九五八年夏季那場席捲中國大地的大躍進熱潮已經過去五十年了。我們當時這些跟著去揀拾廢鐵的少先隊員們，如今也都是年過六旬的退休老人了。

但是，那場大躍進的鬧劇在我們這一代和上兩代人心中的印象實在是太深了。至今一閉眼就想起當年滿天飛的大話狂言：「超英趕美」、「十五年內超過英國」、「大煉鋼鐵」、處處建「土高爐」、年產一〇七〇萬噸鋼、農業放「衛星」、畝產萬斤甚至十萬、百萬斤……似乎一夜之間就可以實現共產主義，老百姓馬上就可過上天堂生活了。以至於我們這些少先隊員也停課到處撿拾廢鐵，連工地上的好鐵都當廢物「撿」了，家裡的鐵鍋也偷出去捐獻了。少先隊大隊部為了實現畝產兩萬斤的目標，在校園旁邊的空地上深掘兩米，鋪一層糞，再鋪一層土，鋪了不知多少層，結果一粒糧食也沒收到。老師們也在操場旁建起了「土高爐」，校長指揮男老師一個個上陣用鐵釺捅爐火，土法煉鋼，為實現一〇七〇做貢獻，後來只看見一堆廢鐵渣躺在校園角落，沒見一塊真鋼出爐……

此時各行各業都在大刮浮誇風，大放「衛星」，就連神聖的科學事業中也出現了吹牛皮、說大話的現象，一些科學家也捲進了放「衛星」的行列，要促進科學大躍進。認為理想的、極樂的世界不久的將來就會在我們這塊土地上建立起來。當時，流行一句名言：「不怕做不到，就怕想不到」。

高等學校的科研躍進也不甘落後，北京大學自稱在半個月內完成六百八十項科研項目，有五十多項要達到國際先進水準。南開大學提出了「與火箭爭速度，和日月比高低」的口號，在十幾天的時間裡，要完成研究工作一百六十五項，達到國際水準的十九種，世界獨創的兩種。這時，科學研究的牛皮還吹到國際上去了。中國生物化學代表團訪蘇時，有人向中國留蘇學生吹噓說：「我們不久就要放射人造地球衛星，很大，內裝有猴子，不僅一處放，北京、上海、南京都要放。」事實上，中國的人造地球衛星還剛剛列入研製計畫。十年之後，中國的第一顆人造地球衛星才發射成功，裡面也沒有裝什麼猴子。那時中國的浮誇、吹牛，可以說已經打破世界吉尼斯紀錄了。

哲學社會科學界的「大躍進」也進入了高潮。中科院哲學社會科學部召開北京地區各研究單位躍進大會。會上，各研究所爭先恐後地提出自己的躍進規劃。聲言要在幾年甚至幾個月內趕上或超過學富五車的老學者、老專家，在大話的衝擊下，像北大中文系那樣的紅色文學史也一部接一部地出來了。

結果沒過多久，中華民族就受到了大懲罰，連續三年的大饑荒，餓死了上千萬人。那些趕出來的所謂學術成果，也都成了垃圾和反面教材。

半個世紀過去了，時過境遷，一說起當年「超英趕美」、「大煉鋼鐵」、畝產萬斤的往事，簡直不敢相信，懷疑當時的中國人是不是發了瘋？然而又確實是自己親身經歷的。

現而今，那些畝產萬斤甚至十萬、百萬斤的大話當然是沒聽人再說了。「土高爐」煉鋼式的狂熱行動也不再出現了。這說明中國人在吃了大苦頭後是有了些許進步。但是，表面的大躍進現象不再重複了，其根子就拔除了嗎？不是的。

別的行業不敢妄說，就拿我所處的文學界和社會科學界來說，大躍進仍然在改頭換面、變相而行。九〇年代中期，就聽一位作家抱怨，他們的領導要求當地作家在本世紀內寫出超過《紅樓夢》的作品來。他們寫不出，壓力很大。文學研究界，也常聽到有人自稱「大師」，聲言自己的學術成就已遠遠超過了前輩那些學術大家，已經取得學術上的大躍進。

教育界，在不顧中國國情和社會需要的打造中國乃至世界一流大學的狂熱中，盲目擴建教學設施，在城市周邊瘋狂圈地，不僅滋生了多件建國以來罕見的腐敗大案，而且弄虛作假的「申博」風、「門面」工程等等，也極大地敗壞了以教書育人為宗旨的高校教育風氣，極大地損害了中國高校在人們心目中的形象，摧毀著中國文化教育的高貴血脈。

所以，縱然「超英趕美」等大躍進舊事已經為人所恥了，但是新瓶裝舊酒式的大躍進，實質上仍然普遍存在著，大躍進的劣根並沒有拔除。

這就不能不使我們在痛心疾首的同時，痛定思痛，深入思考一下造成這種大躍進怪異現象的深層原因，深挖一下根子。

要這樣做就不能不認真研究一下「大躍進思維」了。

所謂「大躍進思維」，就是造成大躍進現象的思維方式。「超英趕美」、「大煉鋼鐵」、畝產萬斤等不過是果，這種思維方式才是因。

大致來說，這種「大躍進思維」有以下特徵：

首先，這是一種懸空思維。經過一九七八年關於真理標準問題的討論，對於實踐是檢驗真理的惟一標準這個結論，大概已經沒有疑義了。然而，「大躍進思維」卻是不建立在實踐基礎上，也不要實踐檢驗的。當時，在一句有名的口號：「人有多大膽，地有多大產。」自己想什麼就是什麼，既不必調查實際情況，也不須考慮實踐效果，可以任意胡來。思維完全是懸空的。

產生這種現象的主要責任當然在最高領袖毛澤東。但是我不贊成因之完全否定毛澤東，因為毛澤東本人原來恰恰是反對這種思維的。在民主革命時期，他所主張的「反對本本主義」、「沒有調查就沒有發言權」等觀點，就是針對嚴重脫離中國實際的王明、博古而發的。上世紀二十年代，左傾機會主義提出的奪取一個或幾個城市再實現全國勝利的目標，恰恰就是中國革命史上一種大躍進現象。毛澤東與左傾機會主義路線的根本分歧也正在於是從中國實際出發、以農村包圍城市的策略逐步取得革命勝利，還是脫離實際搞左傾盲動招致整個失敗。當時的毛澤東是堅決反對這種革命大躍進的。毛澤東之所以能夠引領中國共產黨勝利奪取了全國政權，就在於他那時的思想和路線符合了中國的實際。上世紀三十年代，一位日本人說過這樣的話：「全中國只有兩個半人懂得中國：一個是蔣介石，一個是魯迅，半個是毛澤東。」毛澤東聽了哈哈大笑，然後沉思著說：「這個日本人還不簡單，他認為魯迅懂得中國，這是對的。」至於蔣介石的「一個」與他自己的「半個」並沒有表態，看來是未必認同。實事求是地說，真正懂得中國的，應該是一個魯迅，一個毛澤東，半個蔣介石。那個日本人把毛澤東說成是「半個」，恐怕是因為毛澤東當時尚未成功、還處於受壓階段的緣故。但是後來的事實倒證明毛澤東是「一個」，蔣介石只能算是「半個」。不然，他就不至於失去大陸，被趕到那個海島上去了。然而，任何人都不具備永遠使自己的主觀世界與客觀世界相契合的特權，也不具備永遠立足於現實硬地上的神力。毛澤東是人，不是神。在他堅實地站在現實的硬地上，一切從實際出發時，他就是正確的，戰無不勝的。而當他上升到權力的頂峰，耳邊全是頌歌和讚揚，嚴重脫離實際的時候，他也是會犯各種各樣的錯誤，甚至辦蠢事的。在取得全國政權、應該大抓經濟和人民生活的時候，他的頭腦卻依然停留在革命戰爭時期，依然要大抓階級鬥爭，大搞群眾運動，以為搞經濟建設與打仗一樣可以大規模作戰，搞人海戰術。於是，嚴重脫離實際的懸空思維在權力的駕馭下製造了「大躍進」運動，「大躍進」的狂潮又進一步促使人們頭腦發熱、思維懸空，更為積極地推動「大躍進」。這種熱烘烘的氣氛，也促使毛澤東的頭腦更為發熱。使一代偉人做出了天大的蠢事。據說毛澤東開始時還是理智的。他到安徽，省裡拿出「土法」小高爐「煉」的鋼向他報喜。毛澤東雖然在前蘇聯誇下海口十五年鋼產量「超英」，但一再估量能不能達到。他曾納悶地說：「如果小高爐可以煉鋼的話，為什麼還要那麼大的高爐呢？難道外國人都是笨蛋？」可是後來，毛澤東居然也相信了。回到中南海，就在中南海裡蓋起了小高爐。毛澤東顯然不懂工業，但是出身於農家的他，對糧食畝產是應該有所知的。他本來對那些放出來的農業高產「衛星」也是將信將疑的，出於群眾的幹勁只可鼓而不可洩的考慮，他對放糧食生產「衛星」沒有潑冷水，而有些科學家所謂依據科學原理對農業高產的論證，卻使他相信糧食高產是有可能的。

於是，他進而提出了糧食多了怎麼辦的疑問。這年八月四日，毛澤東來到河北徐水縣視察。在視察途中，徐水縣委書記告訴毛澤東：今年全縣夏收兩季一共計畫要拿到十二億斤糧食，平均每畝產兩千斤。毛澤東一聽，睜大了眼睛，問道：「你們全縣三十一萬人口，怎麼吃得完那麼多糧食啊！你們糧食多了怎麼辦？」徐水縣委書記只想到了放「衛星」，沒想到毛澤東當真了，只好答道：「我們糧食多了換機器。」毛澤東說：「不光是你們糧食多，哪一個縣糧食都多！你換機器，人家不要你的糧食呀！」旁邊有人說：「我們拿山藥造酒精。」毛澤東說：「那就是每個縣都造酒精，哪裡用得了那麼多酒精啊！」毛澤東邊說邊笑，左右環顧，這位縣委書記也笑著說：「我們只是光考慮怎麼多打糧食。」毛澤東說：「也要考慮怎麼吃糧食哩！」新華社和《人民日報》尚未將毛澤東徐水之行的消息發出，毛澤東關於要考慮糧食多了怎麼辦問題的指示，已由中央一位主管科技工作的負責同志，以最快的速度傳達給了中科院黨組。八月七日，在中科院整風領導小組的會議上，再次傳達了毛澤東的指示。會議指出，主席認為從現在起以後的七年時間很重要，要做到人家有的我們都有，人家沒有的我們也要有。國內新問題是糧食多了怎麼辦？糧食多了要研究用途。然而，沒過多久就出現了全國性的大饑荒，不是糧食多了怎麼辦的問題，而是糧食嚴重短缺餓死人怎麼辦了。這充分說明無論什麼樣的偉人或智者，只要一脫離實際，進行懸空思維，都無法避免走向混沌，陷入荒謬，墜入錯誤的泥坑。別的不敢多說，就拿我比較熟悉的文學創作來說，一部傳世傑作的產生是具有多種因素的，除了社會環境之外，個人的文學天賦起到極為重要的作用。譬如《紅樓夢》，曹雪芹的個人天才肯定起到了決定作用，絕對不是靠號召和下指標就能如願的。那位要求作家在幾年內寫出超過《紅樓夢》作品的領導，肯定是對文學創作實際一竅不通的，簡直是一種無知妄說。學術研究也是這樣，是靠一點一滴的資料發現、文獻考證、學術辨析推動的，自稱「大師」的狂言大話不過是泡影罷了，不會給學術史帶來任何新的東西，更不用說什麼大躍進了。教育也是要經過多少年的積累、培養，才能營造出良好的環境和風尚，逐步提高的，也不是可以隨人的主觀意志而大躍進，一夜之間就躍居世界一流。

其次，這是一種單向思維。人在思維的時候，不能僅從一面或一點即一個方向考慮問題，而應該上下正反順逆地左思右想、前瞻後顧，進行多向思維，把各種利弊得失都考慮得非常周嚴全面，才可能在實踐中獲得比較好的結果。人們當然都希望生產的數量越多越好，達到的指標越高越好，生活越美越好，但是我們不能僅從主觀願望出發單朝著一個方向思考，而應該反過來進行逆向思維，考慮一下實際的可能性。也應該聽取各方面的意見，歡迎不同意見的爭論。真理越辯越明。只有通過不同向度的思考、不同意見的爭論、交鋒，人的思想才可能逐步接近實際。然而，當時經過一九五七年反右，獨立的知識份子聲音已經消失。在黨內高層，經過毛澤東的力批「反冒進」，比較懂得經濟、注重實際的周恩來、陳雲等領導同志被迫做了三次檢討，也已經失去了發言權。而全黨全國實際上已經成為了毛澤東的一言堂，毛澤東這時已被神化，似乎毛主席說的都是正確的，都是真理，是永遠不會犯錯誤的。這樣，全黨全國都陷入了單向思維，只能朝著一個方向想問題，不能進行必要的反思。當時提出的口號是「多快好省」，實際上只強調快和多，把好和省撇在了一邊，更別說環境保護了。魯迅說過：「虛懸了一個『極境』，是要陷入『絕境』的。」結果當真陷入了「絕境」，碰了大釘子。

再次，這是一種專制思維。在懸空思維和單向思維的頭腦中製造出大躍進的錯誤方案後，就要通過專制體制一層層地往下施行。中華民族本是重實際，輕玄想的，多數人是富有實際頭腦的，全國上下對大躍進的荒唐做法是不可能都信以為真的。其實，當時就有很多人壓根不相信。我的一位姨父，一九三七年抗日戰爭前就是河北邢臺地區的一個縣委書記，一九四九年進城後在北京市法院任審判員，到一九七四年八十歲去世時仍然是縣級幹部。一輩子既沒升也沒降，沒有大紅大紫過，也沒有遭受任何衝擊。但從領導到群眾，都知道他頭腦清醒、冷靜，對他非常尊重。一九五八年夏天，當大躍進浪潮最洶湧的時候，我記得他就在家裡對我們說過：小麥畝產怎麼可能萬斤呢？別說是麥穗上的麥粒，就是把一畝地的麥子連秸稈一起捆起來稱，也不可能到萬斤。要說十萬、百萬斤就更沒門兒了，就是掘地三尺，連土一塊兒稱也不可能到百萬斤的。他說的這種常識，家裡人也都認可。但是在外面，他卻一語不發，只是消極應付，絕對不發這些異議。因為他心裡很清楚，如果稍有異議，輕者會被扣以保守落後的大帽子，重者則要予以各種懲罰，打成異類，甚至判以重刑。這樣，即使心裡明白的人，也只是敢怒不敢言，保持沉默、不跟風亂幹就很不錯了。在無人敢於反對的情況下，就只能任憑大躍進狂潮恣意沖決客觀現實的堤壩而無人阻攔。大躍進的指揮者一個個昏了頭，胡吹八捧瞎指揮。下面的阿諛之徒，更是曲意奉迎，倍加發揮。真個是指鹿為馬，點土為金。只有彭德懷同志一九五九年在盧山會議上仗義執言，結果被打成右傾機會主義分子，慘遭批鬥，最後含冤而死。我的那位姨父，在彭德懷出事後，不提具體事情，只在我們孩子面前說他過去在晉察冀邊區工作時，與彭德懷有過工作接觸，感到彭是非常樸實、親和、豪爽的等等，尊敬和傷感之情隱忍於心中。但在外面，仍然是一語不發，變得更沉默了。這時，全國人民都倍嘗了大躍進狂潮沖決現實堤壩的災難，驗證了專制的荒謬與可怖。

可見這種「大躍進思維」是多麼可惡了！

要醫治這種錯誤的思維方式，當然需要從哲學上進行深刻的反思，澈底地改變我們的思維。使我們多一些實踐理性，少一些虛思空想。然而，僅從頭腦中改變，還是不夠的。那些仍然在鼓吹變相大躍進的人，也並不都是思維錯誤，而是別有用心，例如有些大力擴建校園的大學掌權者是要從中貪污錢財，撈取好處。重要的是實行體制的改革，使那種進行懸空思維、單向思維和專制思維的人，不能把自己的思維轉化為實際的行動，也堵絕腐敗分子的貪污管道，使他們不能禍國殃民。而使人民能夠在民主的環境中，暢所欲言，充分發表不同意見，在多方面意見的爭論中形成科學的決策，對權力也有所監督。但是，筆者在行動上毫無能力，也只有紙上談兵，說說「大躍進思維」罷了。

但願「大躍進思維」能夠在中國失去市場！所以在揀拾廢鐵半個世紀後的今天，寫此「中國大躍進五十年祭」，希望大躍進從此不要在中國大地上再現。但不過是書生妄談，壓根無用矣。嗚呼！

原載二〇〇八年《隨筆》第三期

再論「大躍進思維」

寫過《論大躍進思維》後，感到意猶未盡，還需要再論一下「大躍進思維」的哲學根源。

「大躍進思維」有四個特徵：「懸空」、「表象」、「單向」、「專制」。那麼，我們不禁要追問：這些特徵是怎樣產生的呢？它的哲學根源是什麼呢？

一言以蔽之，就是：主觀唯心主義和唯意志論。

用長一些的話說，則是：不是從客觀實際出發，依順客觀事物的規律性，求得人類生活的和諧與發展；而是從主觀臆想出發，違背客觀事物的規律性，把主觀意圖強加於客觀現實，強行使自然與社會服從於自己的主觀意志。

主觀與客觀的關係問題，是歷來哲學論爭的焦點。有的哲學家持客觀崇拜論，他們無限崇拜客觀，認為主觀在客觀面前只能匍匐拜倒、無所作為，毫無主觀能動性可言。有的哲學家則持主觀崇拜論，誇大主觀力量，認為主觀可以決定一切，把主觀意圖強加於客觀，強行按照主觀臆想「改造」客觀。正確的觀點應該是，承認客觀是第一性的，主觀是第二性的。主觀要遵從客觀，但並不是說主觀只能做客觀的奴隸，在客觀面前束手無策，無所作為，而是強調主觀與客觀相統一，通過調查研究使自己的思想符合客觀外界的規律性，順應客觀規律性辦事，從而獲得人類生活的和諧與發展。魯迅在青年時代寫的《摩羅詩力說》中有這樣兩句話：「首在審己，亦必知人，比較既周，爰生自覺。」其意是：首先在於審視自己，也必須瞭解他人，相互比較周全合宜，才能產生自覺。用老子的話來說，就是：「知人者智，自知者明，勝人者有力，自勝者強。」用孫子的話來說，就是：「知己知彼，百戰不殆。」而用現代的哲學語言解釋，則是：認識自己，又認識世界，在周嚴的比較中達到主觀世界與客觀世界的統一，然後才能昇華到自覺的境界。直到一九三六年十月五日、即臨終前十四天發表的《「立此存照」（三）》中，魯迅還在諄諄教誨自己的同胞：「我們應該有『自知』之明，也該有知人之明……」其意也是要求中國人要正確地認識自己，認識世界，從而昇華到自覺的精神境界。魯迅之所以成為最懂得中國的智者，其認識論的根源也正在於此。

所謂「大躍進思維」，屬於主觀崇拜論，是一種主觀唯心主義和唯意志論的典型表現。這種思維顛倒了主觀與客觀的關係，不從占第一位的客觀實踐出發，而是把居於第二位的主觀擺在了首位，把主觀臆想當作辦事的出發點，妄圖把主觀強加於客觀，結果只能在客觀現實的硬壁面前碰得頭破血流，受到嚴厲懲罰。

具體而言，主觀與客觀的關係，表現在人與自然和人與社會兩大方面。

人與自然。人是主觀，自然是客觀。所以，自然是第一位的；人，只能屈居第二位。任何時候都是這樣的。倘若把人放在第一位，將自然擺在第二位，人類必然要受到自然的懲罰。一九五八年大躍進中，有人提出「人有多大膽，地有多大產。」就是顛倒了主觀與客觀、人與自然的關係，把人的主觀臆想誇大到第一位了，結果造成了大饑饉。《紅旗歌謠》上第一首就是：「喝令三山五嶽開道，我來了！」這是「人定勝天」的民歌化，把人類誇大到對大自然無所不能、發號施令的地步。結果呢？造成了自然環境的嚴重破壞，人類本身自食惡果。其實，人類不過是宇宙中一種很稀少又很偶然的生命現象，只有地球這一個家園。毀滅了這一個家園，人類就無家可歸，只能歸於滅亡。人，在宇宙中是很孤獨，也很脆弱的。人是肯定勝不了天的。所謂「天」，我認為就是無限綿延的宇宙，是無邊無沿，無盡無頭的。而宇宙中的某一星團、星系或恒星、行星以及地球上的人類，則是有生有滅、有始有終的。人，在宇宙中不過是極其渺小的一個分子，連滄海一粟都算不上。同每個人都會從生走向死亡一樣，地球人也早晚會消失的。這就是人在宇宙中的位置，是我們不能不承認的無法否認的客觀事實。每個個人都應在有限的生命期限內盡可能充分地發揮生命的價值，整個人類也應盡最大可能愛護自己所賴以棲棲的地球，盡最大限度延續人類的生存時間並生活得更加合理、幸福。

外星人和UFO熱已經持續很長時間了，但是我早在《〈精神現象史〉隨想錄》中就談過這樣的意見：不能不迎頭潑上一桶冷水！迄今為止，所謂外星人和UFO的存在都沒有發現充足、可靠的證據。這種熱不過是人類的孤獨精神在求友！是呵，當你在夜深人靜時，仰望繁星滿天的蒼穹，想到在茫茫的無邊宇宙中，地球是惟一存在智慧生物的天體，地球上的人類面對的是無生命、無智慧、無語言、無精神的無限虛空和無數星球，一種冰徹入骨的孤獨感不會油然而生嗎？人類是非常不願意承認這個極端冷酷的事實的，總想在宇宙中尋找自己的友伴，哪怕是細若遊絲、無法捉摸的一點點空想和自我安慰的幻覺也不願放過，也要死死抓住！這種心情是可以理解的，然而事實是殘酷無情的。地球文明很可能是宇宙中惟一的。因為產生地球文明這樣的高級文明的機遇是很偶然的。所存在的行星上要有適宜的大氣層和適當的溫度；有規則的軌道和旋轉，使這個行星和它所環繞的恒星之間保持一定的距離，並且使水可保持液態等等眾多複雜的苛刻條件。即使這些條件都符合了，在宇宙的某一恒星系的一顆類似地球的行星上出現了智慧生物和文明社會，也可能在時間上是與地球文明是相錯開的，有可能相差幾十億甚至上百億年。說不定當一個星球上偶然出現文明社會之時，另一個星球文明已經消失了。因為與無限綿延的宇宙時間相比，五十億或一百億光年不過是短暫的一瞬，而對智慧生物和高級文明來說又太漫長了，可能是整個歷史的終結。而且即使宇宙中同時在兩顆或若干顆行星上都有智慧生物和高級文明，但是相距幾億、幾十億甚至上百億光年，要進行聯繫，恐怕也是可能性極小的。

當然，人類還是要以極大的熱情、付出極大的代價去探索宇宙，探索外星，這樣做正是為了進一步認識自身，認識到自己所處的地球是多麼寶貴！探索的結果會使人類更加懂得應該怎樣珍惜和保護自己的惟一家園——地球。也有人提出了移居火星或者其他更為遙遠的外星系行星的想法，但是我認為這未免太天真了，可行性極微。與其癡心於飛往其他星球去營造新的家園，不如先把自己的惟一家園——地球保護好。

對地球的保護，具體來說就是對每一座山，每一條河的加倍愛護。對我們中國人來說，黃河、長江屬於我們只有一次，毀壞了是不會再生的。而多少年來我們又是怎樣做的呢？就拿黃河來說吧，一九五二年，毛澤東在鄭州登上邙山東壩頭眺望黃河，忽然心生驚懼：「黃河漲上天怎麼辦？」河流怎麼能漲上天呢？這是他浪漫的詩人氣質，使他產生了古詩人的聯想，古來許多關於黃河的佳句都跟「天」有關：「黃河落天走東海」，「黃河之水天上來」，「黃河怒浪連天來」，「黃河卻勝天河水」，「靈脈來天上」……於是就有人投其所好，建議在三門峽修築大壩，蓄水攔沙，還可發電。那個時候相信「蘇維埃加電氣化就等於共產主義」。

在周恩來總理親自主持的討論黃河規劃的會議上，有百名科學家對中央的決定和蘇聯專家設計的三門峽水電站的方案大唱讚歌，甚至喊出了「聖人出而黃河清」的口號。當時就在那種情勢下竟然還有一個人站出來力排眾議：「黃河不能清，黃河清不是功，而是罪！黃河雖然泥沙量世界第一，但她造的陸地也是最大的。歷史上有禹治水成功的經驗，和鯀治水失敗的教訓，禹成功在疏導，鯀失敗在堵。倘若用大壩在三門峽一攔，泥沙必淤塞上流河道，不僅不能發電，還會後患無窮……」這個人就是清華大學水利系教授、現代教育家黃炎培的三公子黃萬里。他於一九三二年自唐山交大畢業，一九三四年參加庚子賠款赴美留學考試被錄取，三年後成為第一個在伊利諾大學獲得工程博士的中國人。「當年因為聽說黃河最難治理，才立志學水利治黃河」，在美期間驅車四萬五千英里，他看遍美國各大水利工程。回國後沿河步行三千多公里，在頭腦中建立起中國的水文地貌觀點，黃萬里無疑是治理黃河的最佳人選，不幸的是沒有人聽他的。

三門峽大壩建成一年多就應驗了他的話，中國最富裕的關中平原被毀壞，大量農田淹沒，另有大片的土地因嚴重鹽鹼化而不能耕種，每年十六億噸的泥沙被攔截在三門峽到潼關的河道中，使河床急速增高近五米，河水暴漲，危及到中國西北經濟中心西安的安全。連毛澤東都著急了，發話三門峽大壩不行就把它炸掉！為事實證明是正確的黃萬里，卻為此被打入另冊，當了二十一年「右派分子」。更為嚴酷的是被下放到三門峽工地勞動改造，就是要用你認為的錯誤來糾正你的正確，並讓你真切地感受這種荒謬的嚴重和強大，無時無刻地不在嘲弄你的清醒和勇氣。正是在這漫長的勞動改造中他完成了對治理黃河的重要科學貢獻《論黃河治理方略》。還寫過一首詩叫《哀黃河》，當然也是哀自己：「廷爭面折迄無成，既闔三門見水清。終應愚言難蓄水，可憐血汗付滄溟。」

以後雖花鉅資打開了原應保留的六個泄沙洞，但整個黃河流域的生態已被嚴重破壞，奔流了數千年的黃河，自一九七二年開始斷流，到上個世紀九〇年代平均每年斷流一百天，一九九七年達兩百二十二天。黃萬里到晚年也只剩下了無奈：「居然白首成葫落，忍對黃河哭禹功。」黃河終於對人類發出了咒語！

黃河的教訓是慘痛的。應該使中國人從中省悟：寫詩可以浪漫，但是在處理人與自然的關係當中，可來不得絲毫的浪漫，絕對不能誇大人的主觀能動性，把自己的主觀臆想強加於自然。否則，一定會受到嚴厲的懲罰。尤其是水的懲罰可能更迫在眉睫，我曾經看到過一幅關於節水的宣傳畫，畫著一個人在低頭流淚，廣告詞的大意是：如果我們不注意保護水源，地球上最後的兩滴水可能就是我們的眼淚。……

人與社會。人是主觀，社會是客觀。所以，社會是第一位的；人，只能屈居第二位。任何時候都是這樣的。倘若把人放在第一位，將社會擺在第二位，人類必然要受到社會的懲罰。當然，社會是由人構成的。但是這個由眾人所組成的社會，對於具體的人來說，已經成為客體。這個客體歷經幾千年的發展，已經進入或正在進入現代形態。而各個形態的社會，都有其合理處，也有其不合理處。特別是進入資本主義之後，私有制和商品經濟的弊端日益顯現。資本家的貪婪，對工人階級的剝削和壓迫，也越來越兇惡。所以，這時無產階級革命和共產主義運動的興起是必然的，是有其歷史的合理性的。對資本主義和資本家確實起到了正面的抑制作用，促使社會向公平、合理的方面發展和完善化。但是，進而提出消滅私有制和實行無產階級專政的口號並以暴力革命的方式實行之，無處不實行工農革命和工農專政，「一切權力歸蘇維埃」，就難以經得住歷史的考驗了。至今我仍然堅持這樣的觀點：「歷史業已證明，無階級社會固然很好，但是恐怕是很難實現的烏托邦。而且通過無產階級專政的道路，不僅很難實現，反而會適得其反。我以為，任何階級的專攻，無論是無產階級專政，還是資產階級專攻，都是不能建立幸福、合理的社會的。幸福、合理的社會，只能有法治和管理，不能有階級的專政。」一九五八年推行人民公社化，搞「一大二公」，把農民最後的一點私有財產剝奪殆盡，連自己起火做飯的權利都沒有了，只能進食堂「吃大鍋飯」，想一下子就邁入共產主義，結果搞得大家都沒有飯吃了。文化大革命中，實行「工人階級領導一切」、「貧下中農管理學校」，把知識份子打成「臭老九」，排斥到自己的對立面。所有曾經富裕過的階層，也都要被當作敵人加以專政和管制。農村老太太賣個雞蛋，也要當作「資本主義尾巴割掉」，不允許任何「私」字存在，對所有個體經濟和個性化的思想甚至個人的隱私都要實行無產階級的「全面專政」，結果使社會變成一潭死水，國民經濟走向崩潰的邊緣。「文革」的失敗，絕不僅是某一派別對另一派別的失敗，歸根結底是一種哲學的失敗。這種哲學就是所謂鬥爭哲學，一味鬥爭，排斥一切。認為矛盾的雙方只能是一方吃掉一方，不能達到和諧統一，實現「雙贏」，共同昇華，結果只能是雙方受害，兩敗俱傷。現在中華民族終於開始拋棄這種鬥爭哲學，扭轉了以階級鬥爭為綱的錯誤路線，回到以經濟建設為中心的正確軌道，大力構建和諧社會。並且認識到商品的價值，認識到在社會主義的初級階段必須實行市場經濟、允許私有經濟的發展，實在是從反覆的挫折中終獲大悟，是一大進步。但是，商品經濟和私有制又確實有「惡」的一面。縱然「惡」有時會成為推動歷史前進的動力之一，但是必須有嚴格的法律控制之，民主的輿論監督之。由於我國目前民主和法制尚不健全，又出現了另一個極端：兩極分化，貧富不均，礦主和包工頭剝削、壓迫民工，官商勾結，大搞腐敗等等不合理現象，這又必須採取根本性的措施糾偏。但這只能用漸進的法律化的方法解決，再不能用過去那種暴力革命的方式造成社會動亂，或者回到過去的無產階級專政時代去了。倘若社會亂了，又實行什麼專政了，倒楣的只能是老百姓。最近蓋茨退休之後把所有的五百八十億美元全部捐給慈善機構，一分錢都不留給他的子女。這件事對我們很有啟發，促使我們重新去認識資本主義，有人認為十八世紀馬克思那個時候看到的資本主義是初級階段的資本主義，而現在是一個高級階段的資本主義，什麼叫高級階段的資本主義？就是資本主義再加社會主義，是比爾・蓋茨呼籲的「創新資本主義」精神，其核心是利用「服務富人的技術同時服務窮人」。私有制確實有其惡的一面，但又推動社會前進的一面。即使應該滅亡，也應是經過科學技術革新、政治體制改革和人的道德水準的提高，達到漸進的自然發展式的消亡，而不是依靠革命暴力加以消滅。革命暴力作為一種歷史過程，有其合理性，也有其過時性。

同任何事物都不可能十全十美一樣，任何社會也都存在這樣或那樣的弊端，不可能完全符合人們的理想。但客觀存在就是這樣，我們只能承認之，又順應社會的規律性逐步改良、完善之。逐漸健全民主與法制，就是重要的途徑。像「憤青」那樣，一味發洩對社會的不滿，從主觀臆想出發，把自己心目中的理想世界強加於客觀現實，只能是事與願違，出現與理想相反的效果。造成諸如失望、不滿、嫉妒、焦慮、恍惚、悵惘、恐懼、憂鬱、莫名其妙的煩惱不安等惡劣情緒的原因多種多樣，但最主要的還源於我們的思維處世方式，包括不能正確認識自己和正確對待世間的客觀事物。現實生活中，「不如意者常八九」，要說煩惱、不滿，那隨時隨地都會碰到，特別是在市場經濟新形勢下，各種矛盾關係、利益格局的變化確實會帶來許多意想不到的困惑和煩惱。我們應該認識到客觀世界本來就是這樣的，我們不能從天真的主觀臆想出發，去要求客觀世界怎樣符合自己的想像，把主觀強加於客觀，而應該正確認識和對待客觀世界的種種矛盾，對自身做科學的心理調試，提高自身的承受能力和化解能力，順應客觀外界的規律性，去逐步適應周圍環境。變通自身，也改善環境。如果不是這樣，就有可能如魯迅所說的像工人綏惠略夫那樣「一切是仇仇，一切都破壞」的反抗者，和張獻忠那樣「對於不是自己的東西，或者將不為自己所有的東西，總要破壞了才快活」，「於是就開手殺，殺……」的起義者，以及「擺著一種極左傾的兇惡的面貌，好似革命一到，一切非革命者就都得死」的左傾機會主義者，魯迅不僅不希望其有，而且是極端憎惡的。因為這種反抗，總是擺脫不了輪迴的可能性，結束不了至今為止的「爭奪一把舊椅子」統治階級的革命，像魯迅所預言的那樣使「革命」陷入「革革命的命」的無窮輪迴之中，讓人民遭受越來越深重的災難。魯迅的反抗，是在對中國人的精神進行了深刻反思、感到要其得到改變近乎絕望而卻偏要反抗絕望的一種理性的反抗，一種「並非教人死而是教人活」、讓人們「幸福的度日，合理的做人」的反抗，一種堅決反對壓制和扭曲人性、反對扼殺人的獨立精神與自由思想、反對專制與黑暗的反抗。這種反抗，目的不是為了「爭奪一把舊椅子」，使自己坐上奴隸主的位子，而是為了打破歷史的輪迴，使人類進入健康、合理的科學發展階段，過上幸福的生活。只有這種反抗才是魯迅的反抗，是值得提倡的有積極意義的反抗。而這種反抗，是以深刻的理性的反思為前提的。沒有理性的反思，也就沒有理性的反抗。

魯迅的反抗之所以那麼確定，那麼堅韌，那麼老練，就因為他的反抗是經過深刻反思的，而不是盲目的，衝動性的。今天的思想者們，有責任宣導清醒自覺的理性的反抗，而抵制那種盲目顢頇的非理性的反抗。我們並不否定那些歷史上曾經為理想境界奮鬥的志士，他們的精神永遠感動著我們。但是我們又不能不認真總結歷史的經驗，少走或不走歷史的彎路。

在學術研究與文學創作領域，道理也是一樣的。不能搞主觀唯心主義和唯意志論，要順應學術研究與文學創作本身的規律性，不能急躁、冒進。學術研究、文學創作是一種「慢功」，心急是不行的。吹噓和空話、大話不僅無濟於事，還會造成笑柄。這樣的事，歷史上不知出過多少回了。學術成果和文學作品也是客觀存在，本身是怎樣的，就是怎樣的。其價值不因「不虞之譽」而增加，亦不因「求全之毀」而減少。一個真正意義上的作家、學者，不能靠虛名，靠種種人事活動、互捧、炒作等外在的主觀虛幻的東西支撐自己，而應該以結結實實的客觀擺在那裡的著作作為生命的支柱，不把學術當做求利干祿的手段，而視作自己的生命。虛名浮利不過是過眼雲煙罷了，煙消雲散之後，最後剩下的其實只是真正有價值的著作。這是不以人的主觀意志為轉移的客觀規律。

我二〇〇四年七月在加拿大溫哥華出席「文明衝突與文化中國——從中西精神價值探討和諧之道」國際學術研討會之後，曾經寫過一篇隨筆《哲學的價值》，強調這樣一個真理：「錯誤的哲學可以使無數人的幾代努力付之東流，自食惡果，正確的哲學卻可以使人們自然而然獲得豐厚的回報，進入良性循環。」在《科羅拉多的晚霞——洛磯山下劉再復》一文中，與至交劉再復先生對話時，又重申道：「一個好的哲學，能夠拯救一個民族；一個壞的哲學，也能毀滅一個民族。這就是哲學的價值。」

這就是我們這一代人文學者，在經歷了反覆的磨難和坎坷之後，逐漸悟出的一個帶根本性的真理。我渴望我們的中華民族能逐步有一個好的哲學深入人心，也願為此貢獻自己一生的綿薄之力。

（此篇未能刊出）

論「文革」思維

二〇〇八年，我寫了《論「大躍進思維」——中國大躍進五十年祭》，刊載在當年《隨筆》第三期上，頗得同仁好評。吉林散文家桑永海先生在文章中將「大躍進思維」當作了一種專門術語進行評述，並注明我為首創，深受鼓舞。因而擬再寫《論「文革」思維》，二〇一六年中國「文化大革命」五十周年之際推出。但是看來可能等不到那一年了，一是因為我已到望七之年，且犯過心臟病，四年之後能否在世，尚屬未知數。二是「文革」雖然早在三十年多前就被中央從政治上否定了，然而思想上的流毒遠未肅清。說不定什麼時候，改頭換面，捲土重來，使中華民族又陷於大悲劇中，而且更難翻身。作為一名人文科學工作者和魯迅研究學者，特別是日漸稀少的親身經歷者，實在有責任從學術理論上對「文革」進行盡可能深刻的批判。

於是神差鬼使，不自主在電腦螢幕上打了《論「文革」思維》這個題目。

「文革」僅從政治上否定是不夠的，完全歸咎於個別領導人也是不全面的，必須從理論上深究一下這場大悲劇發生的原由。

人與動物的最大區別就在於人有思維，思維驅使人採取各種言行。為什麼當年有那麼多的人狂熱地投入了那場荒謬得近於瘋狂的運動呢？我認為：「文革」思維是導致錯誤的重要因素。

所謂「文革」思維有以下四點特徵：

（一）極端性

「文革」思維就是「極端思維」。愛走極端，一會兒在這個極端，一會兒又跳到另一個極端。凡事都往極處做，不知中和，不留餘地，就是這種思維的顯著特徵。

所謂「頂峰論」正是「文革」思維極端性的典型表現。林彪為了取悅毛澤東，說「高峰」不夠，一定要說「毛澤東思想是當代馬克思列寧主義發展的頂峰」。從哲學上看，任何事物都不可能達到「頂峰」。如稱之發展到了「頂峰」，也就凝固，不再可能發展了。而偏偏是這種違反一般哲學常識的錯誤論斷統治中國好幾年，誰要不同意，就立刻會被打成「反革命」。我在大學的一位同學就因之被迫害至死。

這種「極端思維」表現在生活的各個方面，對人對事往往不是舉之上天，就是捺之入地。

對最高領袖和各種「紅」事，極端崇拜。當時稱領袖為「最敬愛」不夠，要尊為「最最最敬愛」。說的話正確不夠，要「一句頂一萬句，句句是真理。」平時注意學習不夠，還須「早請示，晚彙報」，中午飯前朝領袖像敬禮，唱「語錄歌」，跳「忠字舞」。街上刷一條或幾條紅標語不夠，還要將所有的店面、房屋都刷成大紅色，造成「紅海洋」。

而對所謂的階級敵人呢？則是「鬥倒鬥臭」不夠，還要「踏上一萬隻腳，使他們永世不得翻身。」批鬥時，不僅要低頭、彎腰，還要「坐飛機」。現在的年輕人可能不懂什麼叫「坐飛機」了，就是兩個批鬥者駕著被鬥人的雙臂，一直扳到最上方，使被鬥人頭頂垂地，作成噴氣式飛機的姿勢。而且每次到食堂吃飯，都須低頭認罪，唱「牛鬼歌」，交待自己的「罪行」，吃難以下嚥的發黴變質的飯菜。這時人們的思維往往是極端和單向的，從來不轉轉彎子，進行一下換位思考，設身處地、將心比心地想一想，如果自己處於被鬥被打的境地，會是什麼感受？「己所不欲勿施於人」，自己不願承受的痛苦，為什麼要施於別人呢？然而，很少有人這樣去想。倘若這樣去想，有所表現，就會被批為資產階級「人性論」，被打入另冊，甚至落到被鬥者同樣的下場。似乎不對被鬥者施以極端手段，就不痛快，不過癮，不革命。

對古典文藝作品呢，不分青紅皂白，一律打成封、資、修大毒草，圖書館全封了，不許借更不許看。「十億人只有十個樣板戲」，只能是「唱支山歌給黨聽」，大唱「革命歌曲」。

對「文革」前十七年的工作，則全部否定，公、檢、法和文化、教育等部門一律「砸爛」。幹部多數被打倒，接受批鬥、酷刑、勞改直到關進監獄，甚至含冤而死；知識份子不可信任，被當作「臭老九」送到工廠、農村接受工人、貧下中農「再教育」，澈底改造。

總之，紅則紅得通紅、紅得發紫；黑則黑得透黑、黑得黴爛。無所不視其極，施其極，用其極，不達極處就不算「革命到底」。

魯迅有句名言：「虛懸了一個『極境』，是要陷入『絕境』的。」這種極端性的思維只能使人陷入「絕境」。因為世界上，極善極美或者極惡極醜的事物是不存在的，都是多種因素構成的。對任何事物都須進行分析，不可絕對肯定，也不可絕對否定。要學會分析，學會中和，學會拿捏事物的「度」。魯迅提出過「剜爛蘋果」的主張：「倘不是穿心爛，就說：這蘋果有著爛疤了，然而這幾處沒有爛，還可以吃得。」就將爛處剜去，留下好的吃。因為「首飾要『足赤』，人物要『完人』。一有缺點，有時就全部都不要了。」只會處在「絕境」中不可自拔。「文革」的發動者毛澤東，一九七五年讓助手從《魯迅全集》中找「剜爛蘋果」的話，說明他後來也感到「極端思維」只能引人落入誤區，是錯誤的。不從根本上扭轉這種思維習慣，就不可能從「絕境」解脫出來。

（二）運動型

「文革」思維是運動型思維。一有事由兒，就非發動運動予以解決不可。美之曰群眾運動，林彪稱之為「天然合理」。工廠停工，農業停產，學生停課，以「政治可以衝擊一切」的名義，強迫人人參加，不可消極，更不可抵觸。否則，就要受到群眾運動的猛烈衝擊，直至死於非命。

我認為「群眾運動天然合理論」，是典型的民粹主義表現。其實，群眾運動是天然不合理的。因為群眾多種多樣，魚龍混雜，各色人物都有，各種主張都存在，鬧不好必有人混水摸魚，把事情攪糟。「文革」中的「群眾專政」就是例證。多數人的意見並不一定就是對的，真理常常掌握在少數人手裡。例如張志新、李九蓮等「文革」中的先烈，當時就看出這種瘋狂運動的荒謬，但處於極少數，只能被殘酷地殺害了。可以說：無論什麼樣的好事，一旦成為「群眾運動」，就必定變成壞事。譬如讀魯迅的書，研究魯迅，本是一件好事，但是當作「群眾運動」來搞，全黨全民無人不讀魯迅、「研究」魯迅，就變成了壞事。當時的運動製造者出於一己私利將魯迅的「打落水狗」等鬥爭詞語脫離具體的歷史環境加以抽象化，變成一種政治口號傳播給群眾，將魯迅歪曲得面目全非，根本不知魯迅全貌的部分群眾，按照被扭曲的魯迅思想去行動，結果被教唆成了「打手」。以至使魯迅在群眾中產生了負面效應。像這樣好事變壞事的現象，在十年「文革」中不勝枚舉，比讀魯迅運動危害更大更嚴重的事情數也數不清！歷史的經驗告訴我們：一旦有什麼人大轟大嗡、大張旗鼓地搞起運動來，就應當對此人高度警惕了！真正有益於人民的好事實事，往往是在無聲無嗅中靜悄悄地辦成的。真正的好幹部，是低調、實幹的；那種喜好張揚、大搞政績工程的人，絕不是為人民的，很可能倒是大撈私利的貪官。作為知識份子，當前最重要的是要有獨立思考精神，不可「從眾」，更不可「媚俗」。

（三）造反式

「文革」中流行最廣的一句話是「革命無罪，造反有理。」於是稍有不滿，就採取革命、造反行動。什麼是革命呢？又會舉出一段「語錄」：「革命不是請客吃飯，不是做文章，不是繪畫繡花，不能那樣雅致，那樣溫良恭儉讓。革命是暴動，是一個階級推翻一個階級的暴烈的行動。」既然如此，就須以暴烈的方式造反，像李逵那樣「劫法場時，掄起板斧來排頭砍去，而所砍的是看客。」（《三閒集・流氓的變遷》）這樣的「革命」和「造反」實在是「有罪」和「無理」的。任其氾濫，只能使人民遭災。

早在二十世紀三〇年代，魯迅對革命就是有所分析的。他在《上海文藝之一瞥》中把「革命」分為兩種：一種是「要人活的」；另一種則是「將革命使一般人理解為非常可怕的事，擺著一種極左傾的兇惡的面貌，好似革命一到，一切非革命者就都得死，令人對革命只抱著恐怖。」對前一種革命，魯迅表示歡迎，並英勇參加；對後一種革命則堅決反對，不僅「告別」，而且予以嚴厲的批判。因為「革命是並非教人死而是教人活的。」

「文革」號稱「革命」，還是「無產階級文化大革命」，但卻是一場「教人死」而非「教人活」的浩劫。更不是什麼「文化大革命」，而是「大革文化命」。像這樣的「革命」與「造反」，但願不要在中國重演！

當然，目前中國問題很多，貧富不均、兩極分化日趨嚴重，貪污腐敗、黑惡氾濫、環境破壞等現象令人觸目驚心。面對這樣的現實，我們應該怎樣辦呢？按照「文革」的法子「革命」、「造反」、打倒一切嗎？不能的。倘若這樣做，只能使情況更糟！中國絕對不能亂！亂了將不堪收拾！倒楣的只能是老百姓。最要緊的是在中國建立真正嚴格、公平的法制。使我們能夠依照科學、理性的方式、沿著民主與法制的軌道，深化改革開放！改革應該是漸進式的，不可急躁、盲動、冒進；思想啟蒙也應是循循善誘、和風細雨式的。「震駭一時的犧牲，不如深沉的韌性的戰鬥。」改革是有階段性的，人民的覺醒也是逐步的。現在最需要的是魯迅所提倡的「緩而韌」的精神！我同意胡平先生在《百年誤讀》一書中的看法：「對於中國而言，一九七八年，決非一般里程碑的意義，其彪炳史冊的輝光是，在一個從來缺乏英美改良傳統、沉醉於法俄革命的磅薄激情的國度，倘若說，在一九四九年、一九七六年以前，她尚不具備改良的條件，那麼到了一九七八年，鄧小平、胡耀邦、葉劍英等老一代共產黨人，從根本上結束了中國未經宣佈卻實際長期存在的戰爭狀態，及時而又堅決地把握住了一個契機，一個從此將革命變為改良的契機。」如果說一九七八年十一屆三中全會以來的改革開放，是從政治上「將革命變為改良」的話，那麼，當前就特別需要從思想上將「文革思維」變為科學的理性的思維。

（四）暴力化

按照「文革」思維發展下去，必然是暴力化，從「文鬥」變為「武鬥」。開始時，還規定「要文鬥，不要武鬥」，一九六六年八月十八日毛澤東在天安門第一次接見紅衛兵時，提出「不要文，要武嘛！」馬上收不住了，全國立即「暴力化」。紅衛兵四處打人，打老師，僅北京市就打死了一千多人，北京師範大學女附中的校長卞仲耘等被一群女生活活打死，其他學校的校長、書記、老師也被關進「牛棚」，被打死打傷難以計數。整個國家一片恐怖，還要美之名曰「紅色恐怖」。似乎這也是一大中國特色，可以置不能隨便打人的世界普遍準則於不顧，在所謂「紅色」招牌下無法無天，草菅人命，並要標榜自己是「最最最革命」的。無論什麼惡事髒事壞事只要披上「紅色」的外衣，就化為最美好的事了。簡直豈有此理！

自此就出現了全國性的大武鬥，越來越厲害，直到十年後的一九七六年十月抓起「四人幫」，宣佈「文化大革命」結束，才逐步平息下來。

因此說所謂「文化大革命」，實質上是一場「武化大革命」，一場暴力化的惡性運動。這與人們頭腦中存在著暴力化的「文革」思維是分不開的，認為「槍桿子裡面出政權」、「武裝鬥爭可以解決一切問題」，崇拜脫離文明準則的「武化」行為。這樣下去，就只能退化到野蠻時代，永遠進入不到文明的現代民主社會。這個歷史的血的教訓，是應該深刻汲取的。可惜至今也沒有真正從理性上進行剖析。

其實，「文革」思維就是一種野蠻思維，是人類處於低級、蠻荒時期的粗俗思維。它形成於封建專制主義統治，也氾濫於個人專權的時代，並受到打家劫舍、殺富濟貧的《水滸》式中國民間「草莽」思維的浸透。人們受到這種思維的「馴化」和「奴化」，讓這種顢頇、渾噩的思維方式在自己的頭腦中跑馬，就自然會混淆黑白、是非顛倒，把歪理當作真理，把邪道當成正道，不自覺地成為某些別有用心者的幫兇和奴才，助長了悲劇的產生。悲劇之後，不要只是怨天尤人，更重要的是自省，深入內省自己的思維方式與行為準則，重新開始新的合理的生活。這絕對不是作者在教化別人，而是通過自己切身的痛苦經歷所悟出的做人之道。

僅以政治觀點的「左」或「右」區分人言的正確與否，也是靠不住的。有些人政治觀點完全相反，一個是「左派」，另一個是「右派」，但深究他們的思維方式則可能是一樣的——都在「文革」思維中運轉自己的頭腦，只是表現形態不同罷了。有些人強烈反對「文革」及其製造者，但採取的方式和頭腦中的思維活動與其反對者如出一轍，完全一樣，甚至有過之無不及。「極左」者一直往「左」走，「極右」派一直朝「右」行。然而地球是圓的，到頭來，兩人碰頭、相遇了，方明白彼此是一個樣，運轉著同一思維，臉上大概會「熱辣辣」的。由此可見，在理論與實踐中端正思維方式，根除「文革」思維，提高中華民族的理性境界是多麼當緊！

人民惟望過長治久安、幸福合理、民主自由的生活，不希望社會動亂，也反對退回老路。人民的生活實踐是判斷是非的惟一標準。應該以此為準繩決定中華民族的走向，實行政治體制改革，清除封建專制殘餘影響，從理論上肅清「文革」思維的流毒。否則，這種思維總會打著各種各樣的牌號，變換形形色色的面貌，捲土重來，使人民又遭遇難以自拔的歷史大悲劇！

世人要警惕啊！

原載二〇一二年《隨筆》第四期

語言文學類　AG0176　文學視界62

魯迅的科學思維
——張夢陽論魯迅

作　　者 / 張夢陽
主　　編 / 蔡登山
責任編輯 / 廖妘甄
圖文排版 / 楊家齊
封面設計 / 蔡瑋筠

發 行 人 / 宋政坤
法律顧問 / 毛國樑　律師
出版發行 / 秀威資訊科技股份有限公司
114台北市內湖區瑞光路76巷65號1樓
電話：+886-2-2796-3638　傳真：+886-2-2796-1377
http://www.showwe.com.tw
劃撥帳號 / 19563868　戶名：秀威資訊科技股份有限公司
讀者服務信箱：service@showwe.com.tw
展售門市 / 國家書店（松江門市）
104台北市中山區松江路209號1樓
電話：+886-2-2518-0207　傳真：+886-2-2518-0778
網路訂購 / 秀威網路書店：http://www.bodbooks.com.tw
國家網路書店：http://www.govbooks.com.tw

2014年12月　BOD一版
定價：530元
版權所有　翻印必究
本書如有缺頁、破損或裝訂錯誤，請寄回更換

Copyright©2014 by Showwe Information Co., Ltd.
Printed in Taiwan
All Rights Reserved

國家圖書館出版品預行編目

魯迅的科學思維：張夢陽論魯迅 / 張夢陽著. -- 一版. --
臺北市：秀威資訊科技, 2014.12
面； 公分. -- (語言文學類；AG0176) (文學視界；62)
BOD版
ISBN 978-986-326-297-8 (平裝)

1. 周樹人 2. 傳記 3. 學術思想 4. 文學評論

782.884 103020522

讀者回函卡

感謝您購買本書，為提升服務品質，請填妥以下資料，將讀者回函卡直接寄回或傳真本公司，收到您的寶貴意見後，我們會收藏記錄及檢討，謝謝！
如您需要了解本公司最新出版書目、購書優惠或企劃活動，歡迎您上網查詢或下載相關資料：http:// www.showwe.com.tw

您購買的書名：________________________________

出生日期：________年________月________日

學歷：□高中（含）以下　□大專　□研究所（含）以上

職業：□製造業　□金融業　□資訊業　□軍警　□傳播業　□自由業
□服務業　□公務員　□教職　□學生　□家管　□其它_____

購書地點：□網路書店　□實體書店　□書展　□郵購　□贈閱　□其他

您從何得知本書的消息？
□網路書店　□實體書店　□網路搜尋　□電子報　□書訊　□雜誌
□傳播媒體　□親友推薦　□網站推薦　□部落格　□其他__________

您對本書的評價：（請填代號　1.非常滿意　2.滿意　3.尚可　4.再改進）
封面設計____　版面編排____　內容____　文／譯筆____　價格____

讀完書後您覺得：
□很有收穫　□有收穫　□收穫不多　□沒收穫

對我們的建議：________________________________

____

____

____

請貼
郵票

11466
台北市內湖區瑞光路 76 巷 65 號 1 樓
秀威資訊科技股份有限公司 收
BOD 數位出版事業部

（請沿線對折寄回，謝謝！）

姓　名：＿＿＿＿＿＿＿＿　年齡：＿＿＿＿　性別：□女　□男

郵遞區號：□□□□□

地　址：＿＿＿＿＿＿＿＿＿＿＿＿＿＿＿＿

聯絡電話：(日) ＿＿＿＿＿＿＿＿ (夜) ＿＿＿＿＿＿＿＿

E-mail：＿＿＿＿＿＿＿＿＿＿＿＿＿＿＿＿